Trauer der Vollendung

BEAT WYSS

Trauer der Vollendung

Zur Geburt der Kulturkritik

Umschlagabbildung: Jean Auguste Dominique Ingres, *Ödipus löst das Rätsel der Sphinx*, 1808 (Ausschnitt). Paris, Musée du Louvre (Foto: Réunion des Musées Nationaux – R. G. Ojeda)
Frontispiz: Karl Friedrich Schinkel, *Mittelalterliche Stadt an einem Fluß*, 1815. Staatliche Museen zu Berlin – Preußischer Kulturbesitz, Nationalgalerie
Hintere Umschlagklappe/Autorenfoto: Ewa Wawrzyniak, Köln

Die Deutsche Bibliothek – CIP-Einheitsaufnahme

Wyss, Beat:
Trauer der Vollendung : zur Geburt der Kulturkritik / Beat Wyss. - Köln : DuMont, 1997
ISBN 3-7701-4271-3

3., durchgesehene Auflage 1997
© 1997 DuMont Buchverlag, Köln
Erstveröffentlichung 1985 bei Matthes & Seitz, München
Alle Rechte vorbehalten
Umschlaggestaltung: Groothuis + Malsy, Bremen
Satz und Druck: Rasch, Bramsche
Buchbinderische Verarbeitung: Bramscher Buchbinder Betriebe

Printed in Germany ISBN 3-7701-4271-3

INHALT

EINE UNHEILIGE ALLIANZ

EPILOG

VORWORT
zur zweiten Auflage

›Hegel? Ist doch abgehakt!‹ hieß es, als ich mich zu Anfang der 1980er Jahre an die Abfassung dieses Buches machte. In der Tat: Die Agenten des Weltgeists von 1968 hatten sich schon längst auf den Gang durch die Institutionen verlegt. Daß von dieser Seite die herbste Kritik käme, hätte ich eigentlich voraussehen müssen. Ich verstieß gegen das Gesetz der Verdrängung, wenn ich beabsichtigte, etwas vom utopischen Kulturinventar jener Zeit – auch meiner! – der ›Trauerarbeit‹ zu unterziehen. Im Rahmen einer intellektuellen Selbstanalyse ließ ich Auffassungen, die ich selber – virtuell oder aktuell – geteilt hatte, ungehemmt durch das räsonierende Ich, wieder aufleben. Die Gedankengänge meiner freundlichen und feindlichen Lehrmeister sollten dabei nicht bloß auf ›den Begriff gebracht‹, sondern versucht werden, ihre Argumente durch nachahmende Übertragung erfahrbar zu machen: Anamnesis, Wiedererinnerung im strengen Sinn. Die mimetische Methode, selbst im anderen Standpunkt zu verschwinden, paßt sich inhaltlich der Hauptabsicht dieses Buches an: Rettung der Bilder vor dem Begriff. Mein Unterfangen erschien mir zunächst aporetisch, da es galt, die Suprematie des Begriffs im begrifflichen Medium der Sprache anzuklagen. Ein Ausdruck Adornos kam mir zuhilfe: Als »Mimesis ans Verhärtete und Entfremdete« bezeichnet er eine Qualität der Kunst, hinter deren scheinbarem Ja-Sagen die Opposition und die Alternative aufblitzt. Die listige Nachgiebigkeit der Bilder mit Worten nachzuahmen, war Motiv meines methodischen Verfahrens. Die unmittelbar nachvollziehende Ausdrucksbewegung eines Gedankensystems erspart eine ganze Menge kluger Fachkommentare. Subversive Affirmation ist der Kampftechnik des Aikido vergleichbar: den Gegner an dessen eigener Energie zu überwältigen, indem man diese ins Leere hinaus verstärkt.

»Daß das weiche Wasser in Bewegung
Mit der Zeit den mächtigen Stein besiegt.
Du verstehst, das Harte unterliegt.«

Brechts Summe der Lehren von Laotse wurden von zwei linken Generationen gerne zitiert, ohne sich ihr gemäß zu verhalten.

Das zweite Kapitel, die »unheilige Allianz«, stieß auf Kritik. »Il n'y a que la vérité qui blesse«; ich scheute mich zunächst selber, den rechtsnationalen Propheten Spengler und den kommunistischen Rabbi Lukács auf gleicher Stufe zu vergleichen. Ich

12

hätte besser die unmittelbaren Nachfolger von Hegel – einen Ruge, Rosenkranz oder Vischer – nachzeichnen sollen, meint Werner Jung (Argument). Gewiß, diese Linie wäre einer Untersuchung wert; doch ich hegte nicht den Anspruch, die geschichtsphilosophische Ästhetik in ihren schulmäßigen Ausprägungen zu verfolgen; auf die Kunstkritik haben die Vertreter der direkten Hegel-Nachfolge eine bescheidene Wirkung gehabt. Nur an den Universitäten breiten sich Denkformen in Schulzusammenhängen aus. Wo sie zwar banaler, dafür aber wirksam bis populär werden – etwa in der Kunst- und Kulturkritik –, vermengen sich klare Denkanstöße mit der Verschwiegenheit privater Erbauungslektüre und Sinnstiftung. Diese Rezeptionsweise ist ein Grund, warum epochale Mentalitäten sich nicht wirkursächlich exakt wie der elastische Stoß auf dem Billardtisch verbreiten, sondern gasförmig diffus, häufig verschiedene, scheinbar unabhängige Entstehungsherde gleichzeitig bildend. Die mentale Wirksamkeit und nicht die philosophische Schärfe eines Gedankens entschied bei der Auswahl der Textbeispiele. Es ging mir darum, die Facetten einer modernen Mentalität zu entwerfen: jenen Anspruch auf Vollendbarkeit der Geschichte, in der sich wendezeitliche Prophetenhaltung mit Chaosangst verbindet. Der Darstellung unterbaut ist die These vom unspezifischen Charakter der Mentalität: Eine mentale Grundform kann ästhetisch, ethisch, politisch in verschiedene Richtungen kippen. Die beigezogenen Modelle von Kulturkritik verhalten sich im Zeitraum der Moderne in monadischer Parallelität. Hegel wurde am ausführlichsten behandelt, nicht weil er der direkte Anstifter der nachfolgenden Schriftsteller wäre, sondern weil er eine frühe, genial entwickelte Ausprägung einer modernen ästhetischen Haltung vorträgt.

Da ein abgeschlossenes Buch den Autor über den Standpunkt hinaus bringt, den jenes noch vertritt, sei an der Stelle eine Selbstkritik angebracht. Ich würde heute die ›Avantgarde‹ nicht mehr so pauschal in Schutz nehmen. Mit Jochen Nolte (FAZ) gehe ich einig, daß der im Buch zusammengestellte Kreis der unheiligen Allianz nicht vollständig ist. Natürlich kann man der Frankfurter Schule, kann man selbst Benjamin und Adorno Vollendungsabsichten nachweisen; sie entrinnen – auch nicht in der Negation – dem mentalen Dunstkreis der Zeitgenossenschaft. Noch einfacher wäre es, den Vollendungswahn am Pathos modernistischer Künstlergruppen darzustellen. Die Kunstgeschichte pflegt ja die Ausbreitung der Moderne als siegreiches Vorrücken in einem Angriffskrieg auf der Landkarte der Überkommenheit zu beschreiben. Allenthalben präsent ist die

13

Avantgarde in den Städten, wo Futurismus und Bauhaus an der Macht vollendete Tatsachen geschaffen haben.

Also doch postmodern? Mitnichten! Die Postmoderne entstammt dem Geist, den sie verneinen möchte: modernistisch ist schon ihr Name mit dem Anspruch, eine Wendezeit einzuläuten. Statt dessen plädiere ich dafür, das Wort ›Avant-Gardismus‹ richtig falsch durch ›Vorläufigkeit‹ zu übersetzen. Mein Buch versteht sich als Plädoyer für den skeptischen Schlendergang auf veränderliche und veränderbare Provisorien hin. Die Moderne hat schon viel zu viel getan; die Gegenwart müßte jetzt die Langsamkeit, das Lassen wieder lernen. Dazu kann der Umgang mit Kunst einladen. Ihre Betrachtung gehört zu den letzten Reservaten der ›Theorie‹, der reinen Schau. Kunstwerke sind zwar auch, aber nicht nur zum Verstehen gemacht; ästhetische Erfahrung erschöpft sich nicht in der emsigen Vermittlungsarbeit von Museumspädagogen, deren aufklärendes Angebot der Kunstmarkt nur zu gern als Kundenservice beansprucht.

Mit der Anerkennung der stummen Kontemplation als Möglichkeit ästhetischen Verhaltens nahm ich den Vorwurf in Kauf, hinter gewisse Ansätze ›zurückzufallen‹. Ich glaube nicht, daß es in der Geschichte der Philosophie einen Fortschritt gibt, vergleichbar der stetigen Verbesserung des Automobils; eher wird die Philosophie, die Kultur überhaupt, erst bereichert durch die Wiederentdeckung veraltet geglaubter Erkenntnisse. Ästhetische Kontemplation kann passiven Widerstand gegen die Sachzwänge moderner Zweckrationalität bedeuten. In diesem Sinne führte ich die Kunst der Interpretation als kritische Instanz zur scheinbar unwiderstehlichen Logik des Geschichtsprozesses vor. Kunstdeutung und Kunstbetrachtung bilden einen eidetischen Knoten, worin Dokumente der Vergangenheit und deren Auslegung in der Gegenwart zu ›Geschichten‹ geschürzt werden; über ihre Wahrheit befindet das epochal veränderliche Sinnbedürfnis immer von neuem.

Der Kunsthistoriker lebt unterwegs, vom Sammeln und Jagen. Die fließenden Übergänge vom Strandgut zur Beute, vom redlichen Handel zur Weglagerei kennzeichnen den Ἑρμηνευτής, den Boten, der von Hermes beflügelt ist: dem Gott der Diebe und der wandelnden Seelen. Seinem Schirm empfehle ich dieses Buch.

B.W.   Gomera, im Januar 1989

14

HEGELS LETZTER GANG DURCH EIN MUSEUM

Wenn die Philosophie ihr Grau in Grau malt, dann ist eine Gestalt des Lebens alt geworden, und mit Grau in Grau läßt sie sich nicht verjüngen, sondern nur erkennen; die Eule der Minerva beginnt erst mit der einbrechenden Dämmerung ihren Flug.[1]

Hegel hat dem Kunsthistoriker abgeraten, über das Schöne zu theoretisieren. Nur die Gelehrsamkeit der Kunstgeschichte habe ihren bleibenden Wert; das Geschäft dieser Hilfswissenschaft sei es, zu Händen der philosophischen Ästhetik »anschauliche Belege und Bestätigungen«[2] zu liefern. Gewiß hat Kunstgeschichte ihre Grundlage in der empirischen Sammeltätigkeit. Wenn trotzdem Hegels Mahnung im folgenden mißachtet wird, dann nicht aus der Vermessenheit, in systematische Philosophie abzugleiten; die vorliegende Arbeit versteht sich bloß als Revision philosophischer Buchführung in Sachen Kunst. Eine Prüfung drängt sich auf: Denn die Bilanz, welche Hegel aus seiner Ästhetik zieht, ist für den Kunstfreund wenig verheißend. Die Notwendigkeit der Kunst neige sich ihrem Ende entgegen; für den selbstbewußten Geist des Philosophen habe sie nichts mehr zu bieten.

Trifft Hegels Feststellung zu? Oder sollte seine Philosophie die Anhäufung kunsthistorischen Bienenfleißes in Spekulationsgeschäften verschleudert haben? Solche mißtrauischen Fragen waren der Anlaß zu diesem Buch. Wir nehmen uns die Freiheit und machen ein paar Schritte über den Lieferanteneingang der Philosophie hinaus: um auf Zehenspitzen einen Blick zu erhaschen von jenem dämmrigen Raum, wo die anschaulichen Belege verwertet werden.

Morgenländische Symbolik

Hegel dachte, über seiner Zeit wölbe sich die Abendröte. Der Mensch war mit seiner Geschichte alt geworden und konnte jetzt auf ein langes Tagwerk zurückblicken. In der Dämmerung lag vor ihm, ausgebreitet in die Ferne von Jahrtausenden, eine vollständige Sammlung der Weltkunst. Jedes Werk stellte eine versteinerte Form des Bewußtseins dar, welches die Menschheit zurückgelassen hatte auf ihrer langen Wanderung zu sich selbst. Die Kunst aller Zeiten und Völker war im Begriff, sich abzurunden zum Korollar des sich wissenden Geistes. Dieser Geist war zuletzt wohnhaft gewesen Am Kupfergraben 4 in Berlin; hier, in

1. Hegel, Recht, S. 28
2. Hegel, Aesthetik I, S. 38

Hegels Arbeitszimmer, endete die Prozession der Weltgeschichte. War es Zufall, daß das Schinkelsche Museum in unmittelbarer Nachbarschaft lag? Wie die Eule erst bei einbrechender Dämmerung ihren Flug beginnt[3], so schwangen sich Hegels Gedanken vor der aufziehenden Nacht über die Dächer von Dorotheenstadt. Unter ihm sanken die Humboldt-Universität und das Schloß an der Spree zurück in die Überschau, welche immer weiter sich dehnte, im Westen über die Festung von Spandau hinaus, bis diese sich jetzt als unbedeutender, brauner Fleck in der märkischen Ebene verlor. Die Prosa der Gegenwart schwand für Augenblicke, während der Geist des Philosophen die Reise zurück durchflog. Was den Gang der Geschichte nur blind und drängend vorangetrieben hatte, sollte als umfassende Rückschau im Wissen aufbewahrt werden. Unter den kräftigen Flügelschlägen von Minervas Wappentier zogen in der Tiefe die Kulturlandschaften vorbei: das Abendland, die Antike, der Orient. Der Flug führte nach Osten, denn dahin wiesen die Spuren der Wanderung. Wo das Licht aufging, hatte auch die Menschheit ihren Anfang genommen. Dem Lauf der Sonne war sie schließlich gefolgt nach Westen: Den Gang von Morgen nach Abend nannte Hölderlin die Reise des Weltgeistes durch die Geschichte[4]. Diesen Gang durchschritt Hegel denkend noch einmal von Anbeginn, um sich das Vergangene selber in allen Stufen gegenwärtig zu machen. Den Prozeß der Rückerinnerung hielt er fest in den Vorlesungen über Ästhetik und Geschichte: Das philosophische System, das er darin entwarf, bildete gleichsam das imaginäre Museum des Weltgeistes. In Gedanken gefaßt, barg es die bedeutendsten Kunstwerke aller Zeiten. Ihre Aufstellung erfolgte nach chronologischen Gesichtspunkten. Während der Betrachter den historischen Reigen verfolgte, erkannte er im allmählichen Wechsel der Kunstform das einwohnende Gesetz: den Fortschritt des Geistes im Bewußtsein der Freiheit[5].

Hegels imaginäres Museum bestand aus einer Flucht von drei gewaltigen Sälen: Der erste war dem Morgenland gewidmet, der mittlere beherbergte das antike Griechenland, das abendländische Christentum folgte als letztes. – Wir überließen uns Hegels Leitung beim Besuch des Museums. Indem wir jetzt die Bilder ausmalen, welche sich darin vorfanden, folgen wir, gehorsam zunächst, einem vorbestimmten Weg.

Vor dem Eintritt in den ersten Raum, dem Morgenland, stand eine schwarze Pforte: Der Anfang. Hier überraschte der Besucher das Bewußtsein des Geistes im Schlaf. Francisco Goya hat diesen Zustand in einer heftigen Federzeichnung festgehalten; sie zeigt die Gestalt eines Menschen, der sitzend am Schreibtisch einnickte. Der Körper ist vornüber gesunken, der Kopf ruht

3. Hegel, Recht, S. 28
4. Hölderlin, Friedensfeier, endgültige Fassung, Zeile 29ff.: »Das ist, sie hören das Werk, Längst vorbereitend, von Morgen nach Abend; jetzt erst, Denn unermeßlich braust, in der Tiefe verhallend, Des Donnerers Echo, das tausendjährige Wetter, Zu schlafen, übertönt von Friedenslauten, hinunter. Ihr aber, teuergewordne, o ihr Tage der Unschuld, Ihr bringt auch heute das Fest, ihr Lieben! und es blüht Rings abendlich der Geist in dieser Stille; Und raten muß ich, und wäre silbergrau Die Locke, o ihr Freunde! Für Kränze zu sorgen und Mahl, jetzt ewigen Jünglingen ähnlich.«
5. Hegel, Geschichte, S. 32

in den gefalteten Händen. Über ihm wogen Träume durcheinander zwischen Helle und Dunkelheit. Die undurchdringlichste Schwärze ballt sich im Rücken zusammen, wo kein forscher Blick je bannend hinreichen könnte. Da herrscht ein Flattern wie von riesigen Fledermäusen. Über dem schlafenden Haupt spielen groteske Zwitterformen, die in der Helle verschwinden: ein fahler Pferdekopf, die Schnauze eines hechelnden Tiers; ganz oben – und viel zu groß – zwei Vorderläufe mit Hufen, die sich kreuzen, wie die Pfoten eines ruhenden Hundes. Man möchte fast lachen über all den Schabernack, wenn er nur nicht so unsinnig wäre neben der Dunkelheit. Aus der wesenlos dämmrigen Mitte des Raums gaukelt nun ein Gesicht daher. Unkenntlich erst, eine Wolke mit scharfen Augen, flimmert es in der Luft, ohne dem Gesetz der Schwere zu gehorchen. Jetzt verfestigt sich sein Ausdruck und schaut mit ruhigem Ernst entgegen: Es ist das eigene Antlitz im Spiegel. Doch schon verzieht sich wieder die Gewißheit über sich selbst; aufgeregt von den Schatten, die überall hereindrängen, schnellt ein jäher Schalk über die Züge, scherzend zuerst, dann zum teuflischen Gelächter sich verwandelnd. Plötzlich entstellt ein Entsetzen das Gesicht zur Fratze. Als ein Lichtblitz gellt der Schrei durch die Stirn des Schläfers. Das Helle ist aber durch den Schrecken zu sich gekommen und unterscheidet sich von der Dunkelheit; dieser Schrecken erlöst die quälende Bangigkeit des Alptraums. Der Mensch wird darüber erwachen und sich sitzend wiederfinden am Schreibtisch.

»Der Schlaf der Vernunft gebiert Ungeheuer« nannte Goya seine Zeichnung. Dieser Titel überschreibt treffend den Eingang in den morgenländischen Kulturraum, wie Hegel ihn darstellte. Der Anfang des Geistes war ein Wogen zwischen Sein und Nichts, ein ungestaltes Werden; wüst und leer war er, wie das Chaos, das von Ewigkeit her bestand, bis Gott in seine Schöpfung trat. Er unterschied als erstes das Licht von der Finsternis. Der Eingriff teilte das gärende Nichts in zwei Orte: in den bestirnten Himmel als der Heimat des Geistigen und in die Erde als der Heimat körperlicher Schwere. Hegel ließ bewußt die Erinnerung an die biblische Schöpfungsgeschichte durchschimmern: So wie der Kosmos entstand mit einer ersten Unterscheidung, begann die Kulturgeschichte, indem sie sich besonderte in Ormuzd und Ahriman, den Herrn des Lichts und den Herrn der Finsternis. Beide rangen unermüdlich um die Herrschaft: sichtbar am steten Wechsel von Tag und Nacht, die einander stets vertrieben, ohne daß auf Dauer die eine Macht Oberhand gewonnen hätte. Die Lichtreligion wurde von Zarathustra gestiftet in einer Zeit vor dem persischen Großreich der Achämeniden, wo historische Überlieferung im Mythos verblaßte. Für Hegel war

Francisco Goya, *Der Schlaf der Vernunft gebiert Ungeheuer,* 1799. Radierung und Aquatinta

sie das älteste Zeugnis des Geistes. Am Weltende sollte, nach der Weissagung Zarathustras, das Licht den Sieg davontragen über die Finsternis und die Kraft des Bösen brechen.

Den Anfang des geistigen Selbstbewußtseins bildete eine Trennung, die kunstlos und abstrakt war. Feindselig standen sich die beiden Prinzipien: Licht und Dunkel; Geist und Natur; Gut und Böse gegenüber und begriffen sich nicht. Damit Bilder entstehen konnten, mußte das Licht die Dunkelheit durchdringen. Aus der Vermischung erst wurden die Symbole der Kunst geboren. Die geistige Lichtgestalt machte sich im Hof ihres Gegensatzes sichtbar. Daher schuf Gott die Welt: um sich selber darin zu spiegeln. In der Erzeugung des Kosmos erfuhr er seine Allmacht. Die geschaffene, körperliche Natur war gleichsam die Matrize,

auf welcher Gott sein Selbstbewußtsein eingrub. Dasselbe galt
für die Kunst; in ihr negierte der menschliche Geist seine Geistigkeit und vermischte sich mit seinem Gegenteil: dem künstlerischen Material. Naturformen waren die Symbole für den
Geist, der sinnlich erscheinen wollte. Sowohl die Schöpfung des
Kosmos als auch die Werke der Kunst waren Bedeutungträger
der geistigen Selbstreflexion. Die Kulturgeschichte war die Wiederholung der Kosmogonie durch den Menschen. Deshalb
nannte Hegel die Kunst auch: die verdoppelnde Arbeit des Geistes[6]. Lag schon der geschaffenen Natur ein geistiger Entwurf
zugrunde, verfeinerte die Kunst des Menschen deren sinnliches
Material noch einmal zum Geistigen hin. Im Kunstwerk begeisterte den Menschen das Pathos Gottes, welches zur Schöpfung
der Welt einst Anlaß war: sich im Geschaffenen selber zu
schauen.

Der Weltgeist überwand die kunstlose Starre der Frühzeit,
indem er fortschritt über die Gebirge von Balutschistan, hinunter an den Indus. Hier entfaltete der Geist seine erste künstlerische Gestalt. Sie äußerte sich im Sanskrit der Upanischaden und
den Opferformen der Brahmanas. Die persische Religion war
noch unsymbolisch gewesen: Die Sonne hatte nicht die Bedeutung des Göttlichen, sie war Gott selber. Kunst aber konnte erst
da entstehen, wo Bedeutung und Gestalt unterschieden wurden.
Dies geschah im indischen Kulturkreis. Der Geist deutete hier
durch seinen Gegensatz auf sich zurück; das natürlich Erscheinende war nur ein Zeichen: Ausdruck des Nichtidentischen. Die
ersten Gehversuche des Geistes in der Fremde außerhalb seiner
selbst fielen allerdings recht sonderbar aus. Er stürzte sich in das
Meer der Sinnlichkeit und erprobte daran seine Kraft. Die natürlichen Gebilde, in denen er sich anschaute, zeigten alle Maßlosigkeit der Erfindung. Menschliche und tierische Formen wurden willkürlich gemischt und »ins Kolossale und Groteske wild
auseinander gezerrt«. Es herrschte im indischen Mythos »die ver-
schwenderischste Übertreibung der Größe, in der räumlichen
Gestalt sowohl als auch in der zeitlichen Unermeßlichkeit«; göttliche Allmacht wurde umschrieben durch »die Vervielfältigung
ein und derselben Bestimmtheit, die Vielköpfigkeit, die Menge
der Arme usf.«.[7] Kein Zweifel: Der Weltgeist hatte, in seinem
durchaus redlichen Bemühen, sich in der Natur zu entäußern,
über das Ziel hinausgeschossen. Der ungewohnte Trank des
Sinnlichen machte ihn verwirrt. Oft fiel es Hegel nicht leicht,
dem frivolen Übermut indischen Denkens zu folgen. Einmal
entfuhr ihm gar ein leiser Tadel über dessen Unbekümmertheit.
Für einen anständigen Deutschen des 19. Jahrhunderts war
jedenfalls »die immer wiederkehrende Veranschaulichung natür-

6. Hegel, Aesthetik I, S. 51
7. Hegel, Aesthetik I, S. 436f.

lichen Zeugens«[8] schwer zu billigen. Der ganze morgenländische Kulturraum strotzte förmlich davon: Die Siegessäulen, Pagoden und Obelisken deutete Hegel als Phallussymbole. Mit ihnen feierte der Weltgeist die Macht seines Schaffens, das er, gleichsam im Überschwang der Adoleszenz, sich nicht anders vorstellen konnte denn als Geschlechtsakt. Die Grenze des Erträglichen war überschritten mit jener Episode aus dem Ramajana, welche die tausendjährige Umarmung von Uma und Schiwa beschreibt; vor dem angewiderten Publikum im Berliner Hörsaal deutete Hegel die Szene an, wo Schiwa auf die Bitten der Götter seine Zeugungskraft der Erde zuwandte: »Diese Stelle hat der englische Übersetzer nicht übertragen mögen, weil sie jede Zucht und Scham allzusehr beiseite setze«.[9]

In den Gestalten der indischen Mythologie konnte der Weltgeist seine Macht nur durch das Verschleudern sinnlicher Überschüsse ausdrücken. Als »phantastische Symbolik« umschrieb Hegel daher diesen Kulturkreis. In unbegriffenen Formen suchte vergeblich sich ein klarer Inhalt auszubilden. Die Unbestimmtheit der religiösen Vorstellungen sollte durch schwülstige Erfindung wettgemacht werden. So verschwommen sich aber der Weltgeist war, so fratzenhaft wurden die Götter: Ihre Ungeheuerlichkeit entsprach dem Geist, der sich im Labyrinth der sinnlichen Erfahrung verirrt hatte. Indische Kultur stand im Stadium des »Verrückens und Verrücktseins«[10]: Rastlos wurde die wahrgenommene Natur hin und her geschoben, aufeinandergetürmt und wieder verworfen. Der Geist war auf der Suche nach seinem Spiegelbild; doch er mußte erst vom Sinnlichen ernüchtert werden, um sich selbst näher zu kommen. Dies geschah bei der Wanderung nach Ägypten. Am Nil fand die morgenländische Kultur ihren Höhepunkt. Der Wandel gegenüber den indischen Wildheiten bestand in der Entsinnlichung der Anschauungsformen. Hegel verglich diesen Übergang mit dem Phönix, der aus der verbrannten Asche seines Leibs neu entstand. Ein zentrales Motiv ägyptischer Religion bildete der Totenkult. Das Absterben wurde aufgefaßt als ein Hinübergehen zur geläuterten Geistigkeit im Jenseits. Daran erinnerten die Pyramiden: »ungeheure Kristalle, welche ein inneres in sich bergen«.[11] Dieses Innere war die Mumie; als Überrest endlichen Lebens blieb sie aufgehoben in einem Denkmal, welches auf die Unendlichkeit verwies. Nicht das überquellende Leben der Zeugung, sondern der Tod war das angemessene Symbol für den Geist. Erst die ägyptische Kultur schuf daher die eigentliche Symbolik, von Hegel auch »Symbolik der Erhabenheit« genannt. Das eigentliche Symbol machte das Klaffen von Bedeutung und Gestalt zur Wesensaussage: ›Ich bin nicht Dieses, was ich bedeute‹ – sprach das Zeichen –, ›auf

8. Hegel, Aesthetik I, S. 444
9. Hegel, Aesthetik I, S. 445
10. Hegel, Aesthetik I, S. 432
11. Hegel, Aesthetik I, S. 459

das Göttliche zeige ich nur als dessen hinfälliger Gegensatz‹. In der Todverfallenheit verwies die Naturgestalt am unerbittlichsten auf die Gewalt des Geistigen. Das Symbol war spröde Larve: Sie barg die Imago unkenntlich in sich und mußte zerbrochen werden, damit die verheißene Gestalt erschiene. Das Symbol drückte in seinem Schweigen aus, was dem Geist auszusprechen noch nicht möglich war. Die Kunst der Ägypter bildete die versteinerte Mahnung, des Unfaßbaren inne zu werden über ihrem stummen Anblick. So deutete Hegel die Hieroglyphen. Dieselbe Sprache des Verschweigens kam ihm von den Pyramiden: riesigen stereometrischen Formen aus härtestem Gestein; abweisend in ihrer Einfachheit und symmetrischen Vollendung; ohne Tore und Fenster, welche den Zugang in ein inneres Leben eröffnet hätten. Als sphärische Dreiecke weisen sie von sich weg in den Himmel. Am Boden begann die Pyramide mit massiger Schwere; was sie mit zunehmender Höhe an materieller Substanz verlor, schien sie an Bedeutung zu gewinnen. Dort, wo die Kanten des Riesenkristalls sich in einem Punkt versammelten – ihr Aufstieg war aber nicht endlos genug gewesen und reichte nicht bis zum Blau des Äthers; die Bewegung brach schließlich ab in einer Spitze, die zu stumpf war, das Himmelsgewölbe zu durchstoßen –, dort hatte das Symbol um die erlösende Bedeutung gerungen und war dabei erstarrt. Vergeblich war der Versuch der Pyramide, sich nach oben so dünn zu machen, daß sie sich mit dem Geist Gottes verbände. Das Symbol blieb unten: ein plumper Klotz, dem selbst der Ausdruck der Sehnsucht mißlang.

Das unermüdliche und vergebliche Anrennen gegen die Bedeutung zeichnete nach Hegel auch das Leben des ägyptischen Volkes. Es entfaltete eine bienenhafte Betriebsamkeit im Bau enormer Architekturen. Im Labyrinth dämmriger Tempelhallen suchte es die Wahrheit zu entziffern. Rastlos wurden Steine aufeinander getürmt bei der Suche nach dem göttlichen Sinn des Lebens. Die Bauwerke dienten nicht dem praktischen Gebrauch, sondern wurden als Menschheitsrätsel aufgestellt, deren Lösung erst viel später erbracht werden sollte. Unbewohnbar, wie sie waren, nahmen sie den Menschen nur auf als Priester und als Toten. Ihre äußere Gestalt schwankte zwischen Architektur und Plastik. Oft fehlte ein Inneres überhaupt: Das Bauwerk verschloß sich nach außen zur Skulptur. Als Beispiel nannte Hegel die Memnonskolosse: jene zwei Sitzfiguren, welche in Theben stehen. Die fast zwanzig Meter hohen Skulpturen bildeten ursprünglich die Torfront zur Grabkammer von Amenophis III. (1403–1364 v. Chr.). Der Totentempel wurde bereits von Nachfolgern des ägyptischen Königs abgetragen. Geblieben sind

Die Memnonskolosse von Theben, Stich von Baltard nach einer Zeichnung von Dutertre, aus: Monuments de l'Egypte, 1809, Bd. II, Tafel 20

nur diese zwei Steinfiguren, die wie Findlinge aus der kargen thebanischen Ebene aufragen. Sie trugen einst die Züge des Herrschers, dessen Grab sie auf ewig bewachen sollten. So wenig sie ihren Auftrag erfüllten, so wenig gleichen sie heute ihrem Urbild. Die Gewalt der Zeit hat sie von der Menschengestalt zurückverwandelt in verschorfte Felsstücke aus den Steinbrüchen von Heliopolis, wo sie einst von Sklaven herbeigeschafft und behauen worden waren. Wie der Fels, witterte sich auch das Gedächtnis an den Urheber des Baus ab; der Beiname von Amenophis – Nimmuaria – verschliff in der Sprache der Griechen zu ›Memnon‹. Man hielt die Kolosse für Standbilder jenes sagenhaften Königs der Äthiopier. Der zersetzende Einfluß der Witterung war auch die Ursache für eine legendäre Erscheinung, von der schon Herodot berichtete: Bei Sonnenaufgang sei von den Memnonssäulen ein Raunen zu vernehmen. Nach andern Quellen soll dieses Wunder erst seit 27 v. Chr. aufgetreten sein, als bei einem Erdbeben der nördliche Koloß zerspalten wurde. Durch Erhitzung des Steins an der Morgensonne wären seither Partikel unter klirrendem Geräusch abgesprungen. Die Griechen deuteten das Ereignis mit dem Mythos: Memnon war der Sohn von Eos, der Morgenröte. Wenn die Rosenfingrige am Horizont erschien, rief Memnon seine Mutter. Jeden Morgen klagte er ihr sein Geschick: vor Ilion gefallen zu sein durch die Hand des

Achilleus. Zur römischen Kaiserzeit wurde die merkwürdige
Erscheinung das Ziel vieler Reisenden; selbst Hadrian und seine
Gattin Sabina ließen sich das Spektakel bei einer Ägyptenreise
nicht entgehen. Die wachsende Berühmtheit verscheuchte aber
schließlich die mythische Gegenwart. 199 n. Chr., unter der
Regierung des Septimus Severus, wurden am Koloß Reparatu-
ren vorgenommen. Seit diesem denkmalpflegerischen Eingriff
ist Memnon für immer verstummt: als trotzte er gegen Maßnahmen im Sinne des Fremdenverkehrs. Hegel nahm die Erinnerung an die klingenden Memnonssäulen wieder auf. Sie dienten
ihm als Metapher, um darzustellen, wie Bedeutung und Gestalt
sich im morgenländischen Symbol zueinander verhielten. Das
Zeichen selbst war tot, wie die sitzenden Kolosse: »in sich beru-
hend, bewegungslos, die Arme an den Leib geschlossen, die Füße
dicht aneinander, starr, steif und unlebendig«.[12] Die Kunst Ägyptens war ohne Seele, welche die Gestalten von innen heraus
belebt hätte. Es bedurfte der Sonnenwärme, damit Memnon zu
sprechen begann. Dem Innerlichkeitslosen[13] der Natur mußte
der Geist die Bedeutung von außen her aufzwingen. In der Baukunst begann der Geist, die rohe Materie sinnvoll zu gliedern.
Architektur war »Kunst am Äußerlichen«[14], denn sie errichtete
das Gehäuse, das ein Inneres einst bergen sollte. Noch war der
Ägypter erst zum Entwurf des Äußeren gekommen; seine skulpturalen Bauwerke waren rätselhafter Selbstzweck, der im Innern
unbewohnbar blieb. Noch hatte sich die Bedeutung nicht in die
Gestalt versenkt, um den Formen ihr ebenmäßiges Abbild zu lei-
hen. Ein »eisernes Band«[15] war um die Stirne des ägyptischen
Geistes gewunden und hinderte diesen an der freien Entfaltung
seiner Selbst im künstlerischen Material. Erst die Griechen sollten sich dieser Fessel entledigen. Immerhin war die Natur durch
Baukunst ein erstes Mal bezähmt. Die Steine wurden nach den
verständigen Gesetzen der Schwerkraft zusammengefügt. Die
indische Zügellosigkeit der Phantasie war aus diesen strengen
Werken verbannt. Maßlos blieben nurmehr die Dimensionen
der symbolischen Architektur. »Unförmliche allgemeine Vorstellungen«[16] suchten sich durch monumentale Größe eine anschauliche Gestalt zu geben. Schon der Bau von Heiligtümern war
kultischer Zweck. Der Weltgeist trieb Volksstämme und Sklaven-
heere zu dieser Aufgabe zusammen; großartiger Verschleiß
menschlicher Arbeit und menschlichen Lebens raunte von seiner
Herrlichkeit. »Mit afrikanischer Härte«[17] hatte er die sinnliche
Natur sich hörig gemacht. Er bannte die Dämonen des Morgen-
grauens in die starren Formen seiner skulpturalen Kunst. Noch
hatte der Geist sich nicht begriffen; die Kultur Ägyptens ver-
sinnbildlichte das objektive Rätsel, das in ihren Symbolen zwar

12. Hegel, Aesthetik I, S. 462
13. Hegel, Aesthetik II, S. 267
14. Hegel, Aesthetik II, S. 271
15. Hegel, Geschichte, S. 256
16. Hegel, Aesthetik II, S. 274
17. Hegel, Geschichte, S. 270

gestellt, aber noch nicht gelöst wurde. So wandelte der Morgen-
länder zwischen Vexierbildern herum, die ihn mit bohrenden
Fragen umringten. – Urbild des ägyptischen Symbols war die
Sphinx, »das Symbol gleichsam des Symbolischen selber. In
zahlloser Menge, zu Hunderten in Reihen aufgestellt finden sich
Sphinxgestalten in Ägypten vor, aus dem härtesten Gestein,
poliert, mit Hieroglyphen bedeckt, bei Kairo in so kolossaler
Größe, daß die Löwenklauen allein die Höhe eines Mannes
betragen. Es sind liegende Tierleiber, an denen aus dem Oberteil
der menschliche Körper sich herausringt, hin und wieder ein
Widderkopf, sonst aber größtenteils ein weibliches Haupt. Aus
der dumpfen Stärke und Kraft des Tierischen will der menschliche Geist sich hervordrängen, ohne zur vollendeten Darstellung
seiner eigenen Freiheit und bewegten Gestalt zu kommen, da er
noch vermischt und vergesellschaftet mit dem Andern seiner selber bleiben muß. Dieser Drang nach selbstbewußter Geistigkeit,
die sich nicht aus sich in der ihr allein gemäßen Realität erfaßt,
sondern nur in dem ihr Verwandten anschaut und dem ihr
ebenso Fremden zum Bewußtsein bringt, ist das Symbolische
überhaupt, das auf dieser Spitze zum Rätsel wird«.[18]

Der Schlaf der Vernunft erzeugte Ungeheuer; die Werke des
morgenländischen Kulturraums waren Ausgeburten eines
schweren Traums, der die Menschheit vor dem Erwachen äng-
stigte. Unentschieden, wie die Sphinx, die aus Menschenhaupt
und Tierleib bestand, wogten auch die Traumbilder der schlafenden Vernunft durcheinander. Als Verheißung zwar irrlichterte ihr
eigenes, helles Antlitz in der Schwebe, wurde jedoch vom dämonischen Spuk immer wieder verscheucht. Als letztes Standbild
morgenländischen Dämmergeistes kauerte die Sphinx am Ausgang: An ihr mußte vorbei, wer in den helleren Raum dahinter
gelangen wollte. Die Sphinx versperrte mit ihren Rätselfragen
den Zutritt zur klassischen Antike. Hegel ließ Ödipus vorangehen: Seine Wanderung nach Theben beschrieb den Übergang
von der morgenländischen Symbolik zum Griechentum. Kurz
bevor Ödipus die Stadt erreichen sollte, begegnete ihm die
Sphinx im Gebirge. Gustave Moreau hat in einem Gemälde den
Moment festgehalten, wo das Rätsel aufgebende Ungeheuer den
Wanderer angesprungen hat. Als quälender Nachtmahr sitzt sie
dem Menschen auf der Brust. »Wer ist es, der morgens auf vier
Beinen geht, mittags auf zweien und abends auf dreien?«[19] Noch
während des Fragens wird die Sphinx von der Gewißheit ihrer
magischen Stärke verlassen; sie liest aus dem forschen Blick des
Ödipus, daß dieser das Rätsel lösen werde. Schon buckelt sie sich
zum Sprung, um in der Felsschlucht zu zerschellen. Wie ein Alp-
druck dem Erwachenden, weicht vor Ödipus der atemberau-

18. Hegel, Aesthetik I, S. 465
19. Hegel, Aesthetik I, S. 466

Gustave Moreau, *Ödipus und die Sphinx,* 1864. New York,
The Metropolitan Museum of Art

Jean Auguste Dominique Ingres,
Ödipus löst das Rätsel der Sphinx,
1808. Paris, Musée du Louvre

bende Dämon. Frei steht er da, den Körper nur lose bedeckt von einem Mantel. Sein schöner Menschenleib deutet auf die Lösung des Rätsels: Es ist der Mensch; als Kind kriecht er des Morgens auf allen vieren; auf zwei Beinen schreitet der Mann durch den Mittag des Lebens; abends schleppt sich der Greis am Stock zum Grab. Der Mensch Ödipus hat die Larven vorbewußter Dämmerung verjagt und ist sich seines Menschseins innegeworden.

Γνῶθι σεαυτόν stand über dem Eintritt in den Kulturraum der Griechen: eine Aufforderung an den Geist, sich in der Gestalt des Menschen zu erkennen. Stracks folgte Hegel dem Wink und überschritt des Rätsels Lösung in die Helligkeit Griechenlands. Wir wollen kurz nur zögern, jener blendenden Aussicht stattzugeben. Noch ist das Antlitz der Sphinx uns im Gedächtnis nicht verblaßt. Hegel mochte ihren Ausdruck gedeutet haben als das schreckliche Erstaunen des dämonischen Wesens darüber, daß der Mensch mehr wußte, als es selber ihm zuberaumt hatte. Das

26

Rätsel aufgebende Ungeheuer wäre demnach an seiner eigenen Unwissenheit über den unbeirrt schreitenden Wanderer zerbrochen. Doch war nur Ohnmacht mythischer Vorwelt zu lesen im Gesicht der Sphinx? Lag in ihrer Blässe nicht auch das Grauen über die Zukunft von Ödipus? Buckelte sich ihr Katzenleib nicht zur Beschwörung? Halt inne, Wanderer! Löse das Rätsel nicht! Ein inniges Versprechen verheißt ihr Blick: Wenn du mir gehorchst, wird jener aufgeblasene Alte, den du aus dem Weg schafftest, dir bald vergessen sein; du wirst zum König und ein herrliches Weib nehmen, das dir Kinder gebiert. Vertraue dem blinden Geschick und frage nicht weiter! Wenn du mich aber besiegst, wirst du erkennen, daß du deine Mutter beschläfst und der Mörder bist deines Vaters, wie es der Spruch dir weissagte. Ödipus will die beschwörende Warnung nicht hören. Er löst das Rätsel und wird sich durch Selbsterkenntnis ins Unheil stürzen. Die Sphinx scheint es zu ahnen; schon sucht ihr Blick in den dunklen Augenhöhlen die Male der Blendung; Ödipus wird sie einst selber sich zufügen für die Schande, die erst durch Erkenntnis vollbracht ist. Der überwundene Dämon wird durch das Unglück gerächt sein, welches das Sehen-Müssen bereitet. – Mit der Deutung verlassen wir allerdings den vorgeschriebenen Weg des imaginären Museums. Dieser zwingt uns, die Pforte der Selbsterkenntnis zu durchschreiten. Wir nennen aber das Kommende: den blendenden Raum und bewahren uns dabei die Doppelbedeutung auf, welche das Wort ›Blendung‹ im Geschick des Ödipus gewonnen hat: daß Helligkeit blind macht.

Karl Friedrich Schinkel, *Sarastros Garten, Sphinx im Mondschein,* 1815, Dekoration für Mozarts Oper *Die Zauberflöte.* Staatliche Museen zu Berlin – Preußischer Kulturbesitz, Kupferstichkabinett, Sammlung der Zeichnungen und Druckgraphik

Mittags

Nun aber müssen wir uns sputen: Hegel war schon eingetreten in die Mittagsstunde des Geistes, wo die Griechen wohnten. Der Fortschritt kannte kein Zögern. Zu verlockend war jetzt auch der Gesang Hölderlins zu vernehmen, der zur Eile beflügelte:

»Drum an den Isthmos komm! dorthin, wo das offene Meer rauscht
Am Parnass und der Schnee delphische Felsen umglänzt,
Dort ins Land des Olymps, dort auf die Höhe Cithärons,
Unter die Fichten dort, unter die Trauben, von wo
Thebe drunten und Ismenos rauscht im Lande des Kadmos,
dorther kommt und zurück deutet der kommende Gott.«[20]

»Bei den Griechen fühlen wir uns sogleich heimatlich, denn wir sind auf dem Boden des Geistes«[21], rief Hegel jetzt aus, seine angeborene Bedächtigkeit beinahe vergessen. Nach den Schnurrpfeifereien und Chimären morgenländischer Phantasie war die Kunst Griechenlands eine Wohltat für das Auge. Hier hatte die Schönheit ihr heiteres Reich aufgeschlagen.[22] Wo man hinschaute: Anmut erfaßte der Blick. Ganz Griechenland war eine *ἀγορά,* wo sich wohlgestaltete Menschen im Spiel harmloser Lebendigkeit[23] bewegten. Im Takt von Ruhe und Schritt ergänzten sich geschmeidige Beine. Teils waren die Lenden ent-

20. Hölderlin, Brod und Wein III/49–54
21. Hegel, Geschichte, S. 275
22. Hegel, Aesthetik II, S. 26
23. Hegel, Aesthetik II, S. 401

blößt, teils verriet nur der Wellenschlag eines Mantels die Anmut
des Leibs. Arme griffen aus wie zum Tanz, und bewegliche
Hände wiesen müßig ins Offene oder umfaßten den schlanken
Speerschaft. Hier beugte sich ein Knabe vor und band die
Sandalen; dort dehnte sich der Jüngling, um den Wurfspieß
zu beflügeln. Aber in aller Beschäftigung lag nichts Heftiges.
Die Schönheit der Griechen äußerte sich als die ruhige Bemessenheit leiblicher Harmonie: Ein seliges Innesein war ihr Ausdruck. Im Anblick des klassisch-antiken Kulturraums, der sich
dergestalt im mittäglichen Licht ausbreitete, fühlte man sich
wirklich wie zu Hause. In der Gipssammlung der Berliner
Akademie waltete dieselbe edle Einfalt, während die Malschüler
in ihre Arbeit versunken waren; dieselbe stille Größe empfand
der Besucher im Antikenkabinett von Sanssouci, wo das Feiertägliche nur vom Knarren der eigenen Stiefel unterbrochen
wurde.

Den schönen Menschen zu bilden war das Zauberwort der
Griechen; mit einem Schlag vertrieb es die Schatten der Frühe.
Die Sphinx war an der wohlgebauten Brust von Ödipus abge-
prallt. Den Himmel bevölkerten nicht länger formlos unbegriffene Fabelwesen; die Gottheiten hatten sich zur menschlichen Gestalt ermäßigt. Der Mensch selber erkannte sich wieder
im Göttlichen. Vom Olymp zur ἀγορά vermengten sich die
Schritte, die menschliche und die göttliche Sphäre durchdrangen
sich mannigfach. Die griechische Religion sei eine Kunstreli-

Wilhelm Ahlborn, *Blick in Griechenlands Blüte,* 1836, kopiert nach einem um 1825 entstandenen Gemälde von Karl Friedrich Schinkel. Staatliche Museen zu Berlin – Preußischer Kulturbesitz, Nationalgalerie

gion gewesen, betonte Hegel, indem er den Ausspruch von Herodot zitierte: Homer und Hesiod hätten den Griechen ihre Götter gemacht.[24] Der griechische Mensch war also der Schöpfer seines Gottes: Er entwarf ihn nach seinem Bildnis. Die Künstler waren zugleich die Propheten des Mythos. Sosehr aber die Götter als Geschöpfe der Menschen erschienen, sie leiteten doch das Geschick der Sterblichen. Der Mensch lieh den Göttern die Gestalt, die Götter stifteten den Menschen ihr $\pi\acute{\alpha}\vartheta o\varsigma$ des Handelns. In den Leiden und Taten durchfuhr die Menschen das Wirken der Himmlischen:

»Vater Äther! so rief's und flog von Zunge zu Zunge,
Tausendfach, es ertrug keiner das Leben allein,
Ausgeteilet erfreut solch Gut und getauschet, mit Fremden,
Wird's ein Jubel, es wächst schlafend des Wortes Gewalt:
Vater! heiter! und hallt, so weit es gehet, das uralt
Zeichen, von Eltern geerbt, treffend und schaffend hinab.
Denn so kehren die Himmlischen ein, tiefschütternd gelangt so
Aus den Schatten herab unter die Menschen ihr Tag.«[25]

Die Natur war geschaffen worden, daß der Weltgeist sich in seinem Gegenteil erkenne. Im Menschen entfaltete sich die höchste Gestalt der Schöpfung, da dieser gleichermaßen Teil hatte an der Natur und am Geist. Das Äußerliche des Menschen allein war fähig, innere Geistigkeit in sinnlicher Weise zu offenbaren als »wirkliche Existenz des Geistes«[26]. Diese geistige Existenz faßten die Griechen in die Kunstform der Skulptur. Das Abbild des schönen Menschen im hellen Marmor und in Bronze brachte das Ideal vor das leibliche Auge. Durch die Schönheit des Körpers sprach sich das Göttliche aus als das »sinnliche Scheinen der Idee«[27]. An der symbolischen Kunst des Morgenlandes klafften Bedeutung und Gestalt auseinander. Die Pyramide war der ungeschlachte Versuch gewesen, von sich weg zu deuten auf ein Anderes, das unbegreiflich blieb. Diese Kluft überwand die griechische Skulptur: Bedeutung und Gestalt waren zum sichtbaren Ideal verschmolzen. Die Skulptur deutete auf nichts außerhalb als auf sich selber: ›Siehe, ich bin das, was ich darstelle‹. Dieser frei bewegte Leib war der erscheinende Gott. Die wohlgeformte Beweglichkeit der Glieder, wie sie die gemeißelten Heroen und Menschengötter zur Schau trugen, unterschied sich von der Starre ägyptischer Bildwerke. Die reglosen Memnonskolosse hatten warten müssen, daß die rosenfingrige Mutter den Stein zum Klingen brächte. Die griechische Plastik aber erwärmte das Prinzip des Geistigen von Innen heraus. Der Blitz des Genius[28] war in den Marmor gefahren und verlieh der plastischen Gestalt

24. Hegel, Aesthetik II, S. 76
25. Hölderlin, Brod und Wein IV/65–72
26. Hegel, Aesthetik II, S. 357
27. Hegel, Aesthetik I, S. 151
28. Hegel, Aesthetik II, S. 376

Apollo von Belvedere, kaiserzeit-
liche Marmorkopie einer
Bronzestatue von Leochares
(4. Jh. v. Chr.). Vatikan

die Seele. Der Inhalt griechischer Kunst war also mit Klarheit
gegeben: den Geist einzubilden in die Naturform des schönen
Menschen; diese Klarheit der gestellten Aufgabe entsprach dem
Ebenmaß, mit dem der Künstler den Stoff bewältigte. Nur wo
der Inhalt vom Bewußtsein durchdrungen war, konnte sich auch
die Form zur Vollendung abrunden. Deshalb hatte der morgenländischen Kunst etwas Unschönes angehaftet: Die Unklarheit
des Geistes über sich selber widerspiegelte sich in einer tastenden
Formensprache, die zur menschlichen Schönheit noch nicht
gefunden hatte.

Hegel nannte die griechische Antike: Kunst der Mitte; sie vollzog den Ausgleich von Geist und Natur. Mitte war sie auch im topologischen Sinne als Kulturraum zwischen Morgen- und Abendland. Eine Mitte verkörperte der Grieche schließlich als politisches Wesen; die Ansprüche des Besonderen und Allgemeinen lagen im harmonischen Gleichgewicht; subjektive Freiheit und sittliche Substanz[29] flossen im antiken Helden zusammen. Wie seine schöne Gestalt Natur und Geist zur Versöhnung brachte, so waren Gesetz und Handlung eins. Davon spricht der Anfang der Ilias:

»Singe den zorn, o göttin, des Peleiaden Achilleus,
Ihn, der entbrannt, den Achaiern unnennbaren jammer erregte
Und viel tapfere seelen der heldensöhne zum Aïs
Sendete, aber sie selbst zum raub darstellte den hunden
Und dem gevögel umher. So ward Zeus' wille vollendet:
Seit dem tag, als erst durch bitteren zank sich entzweiten
Atreus' sohn, der herrscher des volks, und der edle Achilleus.«[30]

In der modernen Gesellschaft stand dem subjektiven Willen des einzelnen das objektive Gesetz des Staates entgegen. Nicht so dem antiken Helden: Der Streit zwischen Agamemnon und Achilleus war eine Angelegenheit zweier Helden; Genugtuung wurde nicht über den Rechtsweg angestrebt, sondern über einen Schlagabtausch der Rache. Agamemnon war zwar der Führer der Griechen, aus seiner Stellung erwuchs ihm jedoch kein Rechtsanspruch; sein Wille war nicht allgemeines Gesetz, das Achilleus zum Gehorsam verpflichtet hätte. Dieser lehnte sich auf als Held gegen den Helden. Der Wille des Individuums war sich selber Gesetz, die heroische Handlung schuf eigenes Recht. Durch ihren Vollzug war die Tat gerechtfertigt. Selbst wenn sie Jammer erregte durch Totschlag und durch Schändung Unbegrabener – der Held blieb gerecht, weil sein Wille keinen moralischen Maßstab außerhalb seiner besaß. Gab erfahrenes Unrecht Anlaß zum Zorn, so konnte dieser nicht eher besänftigt werden, als jenes durch Rache gesühnt war. Durch subjektive Gewalt wurde subjektives Unrecht beglichen. Die Rache bildete das Recht des Handelnden. Die Vergeltung des Helden stand im Einklang mit dem Willen der Götter. Zeus selbst war verstrickt in den Streit zwischen Achilleus und Agamemnon. Die Olympier waren es, die, den Sterblichen ähnlich in ihrem ewigen Zank untereinander, den Menschen jenen $\pi\acute{\alpha}\vartheta o\varsigma$ einbliesen, der den Zorn aufglühen ließ, damit der Gang des Epos sich vollende, wie es von den unerforschlichen Moiren angesponnen war. Das heroische Handeln kannte keine Teilung der Gewalten. Der Held war

29. Hegel, Aesthetik II, S. 25
30. Homer, Ilias, Erster Gesang, Vers 1–7, nach der Übersetzung von Johann Heinrich Voss

Täter, Richter und Schuldner zugleich. Indem er seinem besonderen Willen stattgab, trat er ein in den allgemeinen Handlungsreigen. Dieser verlief nach dem Grundsatz, wonach jede Tat
den panischen Frieden der Natur störte. Der mutwillige Mensch
erzeugte einen Mißklang in der kosmischen Sphärenmusik. Wie
das flache Wasser durch einen Steinwurf kraus wurde, zerbrach
das Gleichgewicht ursprünglicher Ruhe und zog einen Ring
von Folgehandlungen nach sich. Jede Tat mußte vergolten werden bis ins fernste Glied ihrer Wirkung. Der Handlungsreigen
ruhte nicht eher, als alles gesühnt war. Von den Göttern gewollt
und von den Helden vollstreckt, besänftigte sich schließlich der
Katarakt von Unrecht durch Rache, wenn Schuldner, Richter
und Täter in den gleichmachenden Schatten des Hades getaucht
waren. Es blieb der Klang der Waffen, von Homer in Hexameter
umgeschmiedet für die Nachgeborenen. Der unnennbare Jammer wurde zur Dichtung, würdig, in den erinnernden Gesang
der Göttin einzugehen. Die Harmonie von subjektiver Freiheit,
die sich sittliche Substanz verschaffte durch die Tat, machte die
Schönheit griechischen Lebens aus. Die Helden schufen Poesie
durch zorniges Handeln. Daher konnte Homer an die Muse
Kalliope die Bitte stellen, sie möchte den Zorn singen.

Hegel bezeichnete den Kulturraum der Griechen als das poetische Weltalter. Schönheit war diesem Zustand des Geistes
wesentlich, denn ›Schönheit‹ bezeichnete den sichtbaren Ausdruck der Mitte. Die ästhetische Mitte der Griechen – wie auch
ihre politische – bestand in der Harmonie von Besonderem und
Allgemeinheit. Die schöne Skulptur typisierte und individuali-
sierte zugleich den Menschen, indem sie die beiden Gegensätze
versöhnte. Sie zeigte den idealen Typus, ohne in ägyptischen
Schematismus zu verfallen; ebenso schilderte sie lebendige Individualität, ohne ins Porträthafte überzugehen. Das mienenhaft
Charakteristische und das Häßliche, welches die Unverwechsel-
barkeit des besonderen Individuums ausmachte, wurden in der
Darstellung vermieden. Die plastische Göttergestalt war gleichsam das Urphänomen des Subjekts. Mit den zufälligen Elementen des Körpers hatte der Mensch auch die animalischen Züge
verloren. Ausführlich entfaltete Hegel diesen Vorgang in einer
Phänomenologie des griechischen Profils. Der klassische Grie-
che war ihm der schöne Mensch $\kappa\alpha\tau'$ $\dot{\epsilon}\xi o\chi\dot{\eta}\nu$. Weder Chinesen
noch Juden konnten sich mit dem Idealbild messen. »Das grie-
chische Profil darf als keine nur äußerliche und zufällige Form
angesehen werden, sondern kommt dem Ideal der Schönheit an
und für sich zu, weil es erstens diejenige Gesichtsbildung ist, in
welcher der Ausdruck des Geistigen das bloß Natürliche ganz in
den Hintergrund stellt und zweitens am meisten sich der Zufäl-

ligkeit der Form entzieht, ohne doch eine bloße Gesetzmäßigkeit zu zeigen und alle und jede Individualität zu verbannen«.[31] Von Grandville stammt eine Zeichnung, welche die Metamorphose beschreibt von einem apollinischen Menschenhaupt in einen Frosch. Es ist, als hätte die Karikatur Hegels Ausführungen über das griechische Profil illustrieren sollen. Der Übergang von der menschlichen zur tierischen Physiognomie stellte sich dar als ein zunehmendes Prognatisch-Werden des Profils. Das Tier hatte die Schnauze zuvorderst, »die sich als gleichsam nächste praktische Beziehung zu den Gegenständen nach vorne drängt«. Es dominierten die zwei niederen Sinnesorgane: das Maul und die Nase, ausgerichtet zum Schnuppern und Schnappen von Nahrung. Das Auge stand zurück; der Blick als das höchste Sinnver-

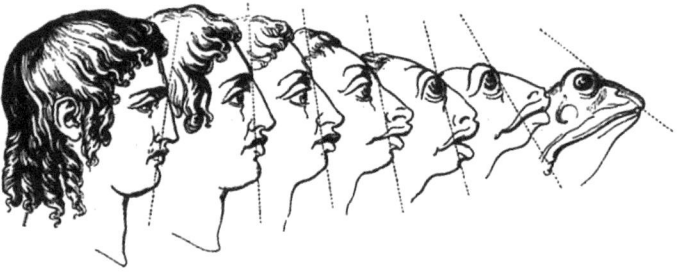

Grandville (Jean Ignace Isidore Gerard), »Apoll steigt zum Frosch hinab«, aus: *Le Charivari,* Heft 31, 1844

mögen diente der bloßen Wahrnehmung zweckmäßiger Naturfunktionen: Er spähte nach Beute. Diese Abhängigkeit »von dem nur Sinnlichen der Ernährung«[32] erzeugte im tierischen Kopf »den Ausdruck der Geistlosigkeit«. Während beim Tier die niedrigen Sinne dominierten, verkehrten sich im griechischen Profil die Gewichte ins Gegenteil. Die Stirn als der Sitz des Geistes war das Überragende im Antlitz. Unten war sie gewölbt zur Höhle, wo sich das »seelendurchgängige Auge«[33] auftat. Verschattet von den Brauen, richtete es sich nicht zum Spähen, sondern zum besonnenen Schauen. Die Nase bedeutete die Mitte im Antlitz; sie leitete von der hellen Stirn zu den Organen, die unter ihr lagen. Zwar wagte sich die Nase am weitesten ins Gegenständliche hinaus, aber nicht zu vorwitzig: Im griechischen Profil lag sie in der senkrechten Verlängerung der begeistigten Stirn. Das Organ war nicht geschaffen zum plump-wühlenden Beschnüffeln; es beschäftigte sich nur mit den Dünsten im Äther, welche die Stoffe bei ihrer heimlichen Auflösung freisetzten. Das Riechen wurde »gleichsam zu einem theoretischen Riechen, zu einer feinen Nase fürs Geistige«.[34] Die Nase bildete einen Bug, der sich dem Antlitz schützend voranstellte gegen die Zudringlichkeit der Natur. Aus der Luft entnahm sie die Warnsignale nahender Dreistigkeit. Die Backenknochen und der Mund stan-

31. Hegel, Aesthetik II, S. 387
32. Hegel, Aesthetik II, S. 384
33. Hegel, Aesthetik II, S. 385
34. Hegel, Aesthetik II, S. 386

den hinter der Nase zurück. Jene Organe, welche das tierische Interesse nach Vereinnahmung am weitesten vorantrieb, lagen beim Menschen im Schatten des Geistes und der Seele, verkörpert von Stirn und Augenpaar. Der Mund bezeugte die menschliche Doppelgestalt zwischen Natur und Geist. Das Naturwesen bedurfte jener Öffnung, um durch Essen und Trinken den irdischen Leib sich zu unterhalten. Doch war der Mund, im Gegensatz zum tierischen Maul, nur schmal, und es schickte sich nicht, diesen über das Maß geistiger Würde aufzutun. Denn nicht mit dem Verschlingen, sondern mit der denkenden Äußerung war dem Mund die vornehmste Aufgabe zugeteilt, und die Sprache brauchte kein breites Tor, um dem Körper zu entfahren. Der Mund war sinnlich und sinnig zugleich: Er vereinnahmte natürliche Kost und stiftete geistigen Sinn. Um der Schönheit willen empfahl Hegel, letzteres zu betonen. Der bildende Künstler sollte bei der Gestaltung des Mundes achtgeben, daß die Zähne nicht sichtbar wurden; sie erinnerten zu sehr an das Bedürfnis, sich in den Gegenstand zu verbeißen, was »mit dem Ausdruck des Geistigen nichts zu schaffen« habe. Um dem sinnlich-sinnigen Doppelwesen des Mundes gerecht zu werden, empfahl er das Studium der griechischen Skulptur: »Sie bildet deshalb den Mund überhaupt weder übervoll noch karg, denn allzu dünne Lippen deuten auch auf Kargheit des Empfindens; die Unterlippe voller als die obere, was auch bei Schiller der Fall war, in dessen Bildung des Mundes jene Bedeutsamkeit und Fülle des Gemüts zu lesen war. Diese ideale Form der Lippen gibt dem tierischen Maul gegenüber den Anblick einer gewissen Bedürfnislosigkeit, während man beim Tier, wenn der obere Teil sich vordrängt, sogleich an das Losfahren auf die Speise und das Ergreifen derselben erinnert wird. Beim Menschen ist der Mund, der geistigen Beziehung nach, hauptsächlich der Sitz der Rede, das Organ für die freie Mitteilung des bewußten Inneren.«[35] Hegels Kritik des griechischen Profils erweiterte Kants Aussage über das ästhetische Geschmacksurteil. Nach Kant erregte die Schönheit ein uninteressiertes Wohlgefallen im betrachtenden Subjekt. Hegel übertrug diese These auf das ästhetische Objekt: Die Schönheit selber war bedürfnislos. Hinter dem griechischen Profil trat ein Geist auf, welcher der natürlichen Welt uninteressiert gegenüberstand. Das theoretische Schauen überwog das praktische Anfassen. Schönheit war die Selbstdisziplin des Geistes im Angesicht des Sinnlichen.

Das Animalische im Menschen wurde durch Schönheit zurückgedrängt. Die ideale Verschränkung von Körper und Geist ging auf Kosten der Kreatur. Griechische Kunst erhob das Sinnliche in Sinniges[36]. In diesem Zusammenhang gehört auch das

35. Hegel, Aesthetik II, S. 394
36. Hegel, Geschichte, S. 291

Problem der Bekleidung klassischer Skulptur. Hegel war nicht der einzige Philosoph des 19. Jahrhunderts, der sich eingehend mit jener Frage beschäftigte, die als ›Costümstreit‹ in die Geschichte der Kunstwissenschaft einging. Der ästhetischen Beobachtung konnte es nicht entgehen, daß die griechischen Götter und Heroen auch nackt zu erscheinen pflegten. Hegels Urteil darüber blieb unentschieden, doch er äußerte sich diplomatisch: Gewiß kam in der nackten Menschengestalt sinnliche Schönheit ausführlicher zur Geltung; aber sinnliche Schönheit allein war nicht der letzte Zweck der Skulptur, »sodaß also die Griechen keinen Irrtum begingen, wenn sie die meisten männlichen Figuren zwar unbekleidet, bei weitem aber die Mehrzahl der weiblichen bekleidet darstellten«[37]. Der Körper mußte seiner höheren Bestimmung zur Geistigkeit Rechnung tragen. Es reichte daher, die Organe entblößt zu zeigen, welche »nach außen tätig«[38] waren; die geistige Gebärde war hinreichend dokumentiert durch die Stellung des Hauptes, der Arme und der Beine. Die Körperteile am Rumpf vermochten höchstens die Empfindung des bloß sinnlich Schönen zu befriedigen und konnten, da sie nur tierische Funktionen erfüllten, ohne Verminderung der Aussage verhüllt werden. Die Bekleidung verdeckte hier »den Überfluß der Organe, die für die Selbsterhaltung des Leibes, für die Verdauung usf. freilich notwendig, sonst aber für den Ausdruck des Geistigen überflüssig«[39] waren. Die ideale Kunst der Griechen hatte sich nicht auseinanderzusetzen mit der Bedürftigkeit des animalischen Lebens. Das Zurschaustellen der Geschlechtsorgane war unnötig; sie konnten durch einen Faltenwurf zum Verschwinden gebracht werden, so, wie der Künstler auch die Äderchen, Runzeln und Härchen am Kunstleib vertilgte zugunsten höherer Bedeutsamkeit. Wenn nun aber die griechischen Götter dennoch die Scham mit ihrer Kleidung abgeworfen hatten, geschah dies nicht aus Gleichgültigkeit gegen den geistigen Auftrag; eher aus Gleichgültigkeit gegen das bloß Sinnliche taten sie es: Die Götter opferten ihre Scham der Schönheit, damit sie erscheinen konnte. Bei aller Toleranz den Antiken gegenüber blieb sich Hegel bewußt: Wie die Götter konnte man in den Straßen Berlins nicht herumlaufen. Daß der Philosoph den Bildhauern die Einkleidung der Statuen nahelegte, war nicht nur eine Frage des rauheren Klimas im deutschen Norden. Die Klage Winckelmanns über den Mangel an Gelegenheit, heutigentags das Nackte zu studieren, wies Hegel zurück. Das verhüllte Ideal war dem Begriff moderner Sittlichkeit angemessener: »Wir brauchen es im ganzen nicht zu bedauern, daß unser Gefühl für Schicklichkeit sich scheut, ganz nackte Gestalten hinzustellen; denn wenn nur die Bekleidung, statt die

37. Hegel, Aesthetik II, S. 402
38. Hegel, Aesthetik II, S. 404
39. Hegel, Aesthetik II, S. 405

Stellung zu verdecken, sie vollständig durchscheinen läßt, so geht nicht allein nichts verloren, sondern die Kleidung hebt im Gegenteil die Stellung erst recht heraus und ist in dieser Rücksicht sogar als ein Vorteil anzusehen, insofern sie uns den unmittelbaren Anblick dessen entzieht, was als bloß sinnlich bedeutungslos ist.«[40] Die Kunst bestand im Weglassen; diesem Zweck diente auch die Kleidung. Sie filterte die zufälligen Momente des Leibes heraus und brachte nur das Wesentliche zum Vorschein.

Hegel hatte die delikate Frage nach dem Kostüm in guter Kenntnis des berlinischen Zeitgeistes beantwortet. Über sein Ableben hinaus blieb das Aufstellen nackter Skulpturen ein skandalon – beispielhaft abzulesen an der Rezeptionsgeschichte der Berliner Schloßbrückenfiguren[41]. Bei der Ausschmückung der neuen Brücke wäre man gut beraten gewesen, hätte man Hegels Ratschläge befolgt: Viel Spott und Ärger wären erspart geblieben. Die Schloßbrücke war noch zu Lebzeiten Hegels in den Jahren 1819–1824 errichtet worden zwischen dem Schlüterschen Schloß und dem Zeughaus nach Plänen von Karl Friedrich Schinkel. Das Bauwerk verband die königliche Stadtresidenz in gerader Linie mit der Promenade Unter den Linden. Dadurch entstand eine breite Achse quer durch Berlins Zentrum: die Idee einer via triumphalis vollendend, welche durch das Brandenburger Tor in den Tiergarten hinausführte. Der städtebauliche Eingriff erfolgte nach dem Befreiungskrieg gegen Napoleon. Der Erinnerung an den Sieg über die französischen Truppen ist das ikonographische Programm der Brückenplastik verpflichtet. Schinkel hatte zur Bekrönung der Landfesten und der Flußpfeiler acht Skulpturenpaare entworfen: je einen nackten Krieger in einer Kampfsituation, begleitet von der behelmten Göttin des Siegs im wallenden Gewand. Die Bildhauerarbeiten nach Schinkels Konzept erfolgten erst 1842, ein Jahr nach dessen Tod. 1857 vollendete August Wredow die letzte Gruppe mit dem Titel: »Der siegreiche Gefallene wird von Iris zum Olymp getragen«. Die klassizistische Gebärde wurde von der Bevölkerung nicht gebührend aufgenommen. Sittenstrenge Kreise nahmen Anstoß an der Nacktheit der Helden. Nach einer Bemerkung spöttischer Zeitgenossen empfanden jene das Antike zu lebendig. »Verletzung des Schamgefühls durch die öffentliche Aufstellung plastischer Kunstwerke«, kommentierte Kladderadatsch den juristischen Sachverhalt und schlug im Oktoberheft 1853 folgenden Gesetzestext vor: »... § 3 Jeder Bürger ist angehalten, sich 100 Schritt vor der Brücke mit Scheuledern zu versehen. § 4 Das Ansehen der Gruppen und das Stehenbleiben vor denselben ist mit hohen Geld- und Gefängnisstrafen zu belegen. § 5 Niemand darf vor zurückgelegter Majorennität die Brücke betreten. Der

40. Hegel, Aesthetik II, S. 406
41. Eine umfassende Darstellung in: Peter Springer: Berlin gegen die Antike. Antikenrezeption und Antikenkritik in der Nachfolge Schinkels. In: Berlin und die Antike, Ergänzungsband, S. 430ff.

Albert Wolff, *Athene begeistert
den Krieger,* 1853. Entwurf für die
Figuren auf der Schloßbrücke,
Berlin

dort befindliche Wachposten wird mit Revision aller Taufscheine
betraut…« usw. Die krampfhafte Witzigkeit in Flugschriften und
Illustrierten war bloß die Kehrseite der Prüderie. Eines machte
sie deutlich: Das nackte Ideal entsprach nicht dem Charakter
berlinischer Hemdsärmligkeit. ›Puppenbrücke‹ wurde der Spree-
übergang noch bis ins 20. Jahrhundert genannt. Ein Spitzname
mit politischer Reminiszenz erinnerte an die gescheiterte bürgerliche Revolution: ›pont des sanculottes‹ hieß die Schloßbrücke am Vorabend zur Bismarckära. Zum Jahresende 1857, kurz
nach Aufstellung der letzten Gruppe, überschlugen sich die Wellen des Spotts. Ein Aufruf zur Kleidersammlung wurde erlassen
»für die verschämten Armen auf der Schloßbrücke«. Eine Kari-

katur zeigt Viktoria, wie sie den Helden in eine preußische Uniform steckt. Sie verpaßt ihm die Spitzhaube, ein paar Hosen und Kommißbrot mit Schmalz. Selbst Fäustlinge bekommt der antike Held aus dem Land, wo die Zitronen blühn, zum Schutz gegen die kalten märkischen Wintertage. Humoristische Bilderbogen zum Neujahr übersetzten die Kampfsituation von Held und Viktoria in die Szenen einer Ehe. Die Göttin verwandelt sich in die bessere Hälfte, welche den Gatten nach durchzechter Silvesternacht in Empfang nimmt. »Mitten aus dem Glühweindampfe trägt dich Iris aus dem Kampfe.« Wredows hingeraffter Heldenleib wird zum konvulsivischen Ausdruck des Katzenjammers; in fürsorglichen Armen haucht der Mann seinen Weingeist aus und spricht »Zur Siegesgöttin Nike: ›Jetzt keenen Thee nich, liebe Riecke.‹«

Die letzte Gruppe auf der Schloßbrücke.

Nike, die den jungen Krieger anfeuert, ihn die Waffen führen lehrt, in die Schlacht führt, den Verwundeten stärkt, den siegenden Helden mit dem Lorbeer bekränzt, thut nun bei der herannahenden kalten Witterung noch ein Uebriges und bekleidet den alten Freund.

»Die letzte Gruppe auf der Schloßbrücke«, Karikatur im *Kladderadatsch,* aus: Berlin und die Antike, 1979, Ergänzungsband, S. 446

Hegels Haltung in der Kostümfrage wurde vom gesunden Volksempfinden bestätigt. Nacktheit ließ sich in der Kunst des 19. Jahrhunderts nicht mehr unbeschadet zur Schau stellen. Der heiter-unbefangene Kindersinn der Antike war gewichen: Eintrat die Prosa einer späten Menschheit. Diese erkannte im Griechentum bloß das Zerrbild ihrer eigenen Alltäglichkeit. Nur Mißverständnis – Entrüstung, verschämtes Kichern oder derben Spott erntete jetzt die Gestalt heroischer Blöße. Der Künstler tat gut daran, das Ideal zu verhüllen. Hegel wußte, daß der Mensch des Abendlands sich von seinem Körper entfernt hatte. Für sinnliche Schönheit gab es keine Wiederkunft. Der Fortschritt im Geist der Freiheit war durch die Tabuierung des Sinnlichen erkauft worden.

Von der Berliner Schloßbrücke zurück in den Olymp: Der Gang durch Hegels philosophisches Museum der Kultur hat gezeigt, daß bereits die Griechen die Unmittelbarkeit des Animalischen überwanden, indem sie – nach Hegels Formel – Sinnliches in Sinniges verwandelten. Die antike Klassik vollzog den ersten Schritt zur Degradierung der Natur – eine Errungenschaft, welche der Abendländer schließlich vollenden sollte. Im symbolischen Kulturkreis wurden die Tiere noch für heilig gehalten: Die Inder verehrten die Kuh, die Ägypter den Apisstier und die Katzen. Der griechische Mythos aber begann mit der Entthronung der Tiere samt den magischen Naturkräften, welche jene vertraten. Die erste Aufgabe des Herakles war die Erlegung des Nemäischen Löwen; die zwölf Arbeiten bedeuten die Zähmung der Natur für die Zwecke des Menschen, der sich dadurch in den Rang der Götter erhebt.

Die antike Kosmogonie erzählt vom Übergang der symbolischen in die klassische Götterwelt. Der Sturz der Titanen besiegelte die Überwindung der animalischen Mächte durch die selbstbewußten Olympier. Die titanischen Götter verkörperten die Sphäre des Vorbewußten. Der archaische Göttervater Saturn fraß die eigenen Kinder: In seiner vitalen Blindheit und Gier war er der ewig zeugende Augenblick des Lebens, das sich in seiner Dumpfheit stets wieder vernichtete. Die Olympier stürzten jene ungeschlachten Dämonen und verbannten sie in den Tartaros. Unmäßig wie deren Kraft, so maßlos waren jetzt die Qualen der Gefangenschaft. Atlas blieb verurteilt, für alle Zeit das Himmelsgewölbe bei den Hesperiden auf den Schultern zu tragen. Rohe Gewalt wurde zum Nutzen eines geordneten Kosmos umgemodelt. Aus den grausamen Herrschern der Vorwelt gestaltete der Mythos die nützlichen Idioten der Sphärenharmonie: Als dumme Handlanger hatten sie die Elemente in Gang zu halten. Die zügellose Gier der Titanen war ohne Moral, aber auch ohne

Berechnung gewesen; ihre Naivität war ebenso grenzenlos wie ihre sinnlichen Kräfte. Selbst in der entsetzlichsten Tat hatte nur kindliches Wollen gehandelt. Ihre Schwäche war die Dummheit. Der List der Vernunft hatten sie nichts entgegenzusetzen. List aber begann mit der Fähigkeit, zu verzichten, um mit wohlberechnetem Maß seine Kräfte einzuteilen für nützliche Zwecke. Über dieses Können verfügten die Olympier. Sie glichen darin dem klugen Menschen, welcher seine fehlende physische Kraft wettmachte, indem er die Natur listenreich in seinen Dienst zwang. Mensch und Natur waren wie Odysseus und Polyphem: Der gefräßige und bärenstarke Titanensohn ging jener berechnenden Verlogenheit auf den Leim, zu der nur der Mensch fähig war.

Der Sieg der Olympier über die Titanen entsprach in mythologischer Verkleidung dem Sieg des Ich über das Es. Der Titanensturz bedeutete die Geburt des Subjekts. Zeus und seine Geschwister verkörperten selbstbewußte Naturmächte; im Gegensatz zu den bewußtlosen, unersättlichen Titanen verfügten jene über geistige Individualität[42]. Hegel bewunderte die Haltung der Göttergestalten, welche diese in der Skulptur zum Ausdruck brachten: »Ihr Stehen ist ein Wollen«[43], bezeichnete er ihre Gebärden. Dies war das Neue an den Olympiern: Sie hatten ihre Natur dem Willen unterworfen. Der olympische Gott war subjectum: ein Unterworfenes seiner selbst. Selbstbeherrschung bildete die Grundlage zur Beherrschung der Natur. Die Titanen waren nicht fähig, die Macht aufrechtzuerhalten, weil sie im blinden Zwang der Gier befangen blieben. Sie repräsentierten die Tyrannei der Elemente in doppelter Bedeutung: Sie galten als die symbolischen Träger einer Gewalt, der sie zugleich ausgeliefert waren; weil sie den Zwangszusammenhang nicht durchschauten, erfuhren sie diesen als Sklaverei an sich selber. Die Titanen waren keine sub – jecta: Sie hatten sich nicht dem eigenen Willen unterworfen, sondern waren durch äußere Übermacht gebannt worden. Das Subjekt erst leistete die Verinnerlichung der Herrschaft über die Natur.

Hegels Deutung des Titanensturzes als Übergang von der blinden Natur zum Subjekt erinnert an Freuds These von den zwei mythologischen Stufen religiöser Entwicklung.[44] Die Ablösung der symbolischen Götter durch die klassischen entsprach dem Übergang vom Animismus der Dämonen zu den Göttervorstellungen einer ausgebildeten Religion. Mit der Verbindung der alten Götter, jenen dumpfen Kräften des Es, war der Mythos gleichsam zu sich gekommen. Die Menschengötter des Olymp markierten die Ich-Werdung der Kultur durch die Bezähmung des Natürlichen mit dem selbstbewußten Willen.

42. Hegel, Aesthetik II, S. 48
43. Hegel, Aesthetik II, S. 398
44. Freud, Totem und Tabu, S. 318

41

Im klassischen Kulturraum entdeckte der Weltgeist seine Subjektivität.

Mit dem Sturz der alten Götter war zwar deren Macht gebrochen, nicht aber deren Anwesenheit. In erniedrigter Form lebten die titanischen Kräfte weiter in den Mysterien.[45] Die Repräsentanten des Triebs blieben im Mythos sichtbar als die Beherrschten, die Übertölpelten und Gequälten. In gleicher Weise erschienen auch die Tiere als gezähmte Kreatur. In der Bildhauerkunst begleiteten sie die Menschengötter als deren Attribute. Wie Hieroglyphen waren sie den schönen Gestalten beigegeben, um auf die symbolische Herkunft zu deuten, welche der Menschengott überwunden hatte. So zeigte sich Artemis mit der Hirschkuh; daran, daß sie einst selber sich diesem Tier entrungen hatte, erinnert nur noch der Blick, den Homer als »kuhäugig« bezeichnete. Bis auf die Augen war das Animalische abgestreift und hatte sich zur Menschengestalt veredelt. Der antike Mythos wußte allerdings auch von Rückverwandlungen zu berichten. In krausen Geschichten sanken die Olympier zuweilen ins Untermenschliche zurück. Vor allem Zeus verfiel in Metamorphosen, wenn er seinen sexuellen »Liederlichkeiten«[46] nachging: Er verrichtete sie in der Gestalt eines Stiers, eines Schwans oder als niederströmender Regen. Hegel deutete diese Verwandlungen als Rückfall ins Symbolische; der Göttervater zog gleichsam seinen guten Anzug aus und schlüpfte in den abgetragenen Rock, als scheue er sich, die schöne Menschengestalt durch den Geschlechtsakt zu verunreinigen. Doch die Regression ins Animalische vermochte die neue göttliche Würde nicht zu schmälern; die frivolen Gerüchte, welche sich um Zeus rankten, waren bloße Erinnerungen an eine überwundene mythologische Stufe. Die natürliche Zeugung entsprach einer symbolischen Gottesvorstellung, die dem Geist der Klassik nicht mehr gemäß war. Hegel verteidigte in männlicher Solidarität Zeus gegen den Vorwurf der Untreue zu Hera. Der Raub der Europa, die Affäre mit Leda und Danaë sowie alle übrigen Abenteuer entsprächen menschlicher Zufälligkeit und Schwäche und hätten bloß den Stellenwert willkürlich erfundener Geschichten aus dem Bodensatz archaischer Überlieferung. Als subjektiver Gott des klassischen Kulturkreises ließe Zeus keine Zweifel bestehen, daß »die Ehe mit Hera als das feste substantielle Verhältnis anzusehen«[47] wäre. Der engagierte Anwalt göttlicher Entgleisungen mochte das Argument auch für sich in Anspruch genommen haben. Hegel schwärmte für Opernsängerinnen und machte der Sopranistin Anna Milder-Hauptmann den Hof. Seine Marie zu Hause könnte er wohl mit Worten besänftigt haben, mit denen er schon den kulturphilosophischen Haussegen der Olympier wieder ins Lot brachte.

45. Hegel, Aesthetik II, S. 66
46. Hegel, Aesthetik II, S. 44
47. Hegel, Aesthetik II, S. 73

Im griechischen Kulturkreis erkannte der Geist seine Subjektivität, indem er seine eigene Natur sich unterwarf. Der klassische Geist wußte jetzt, daß die Natur da sei, um ihm zu dienen. Die symbolische Stufe war bezeichnet gewesen durch das Ringen des Geistes mit der Natur bei unentschiedenem Ausgang. Dieser Kampf hatte seinen künstlerischen Niederschlag gefunden in jenen unmäßigen Gebilden, schwankend zwischen Plastik und Architektur. Die Klassik vermochte endlich den Kampf zu entscheiden. Damit trennten sich Architektur und Skulptur zu selbständigen Gattungen, wobei sich die Plastik zur führenden Kunstform erhob. In der Statue fand das Subjektive seinen lebendig erscheinenden Ausdruck. Die Kunst hatte sich aus dem Massenhaften zurückgezogen, um sich in die wohlbemessenen Proportionen der Menschengestalt zu versenken. Die Architektur war eine niedere Kunstform; so wie Atlas zu einem nützlichen Handlanger des Kosmos gebändigt wurde, erhielt nun auch die Baukunst eine dienende Funktion. Die symbolischen Bauwerke waren riesige Rätselgebilde gewesen, jenseits vernünftigen Zwecks: wüst und maßlos wie die archaischen Dämonen. Durch geometrische Ordnung wurde Architektur jetzt gezähmt durch die Formen des »streng Regelmäßigen, Geraden, Rechtwinkligen, Kreisförmigen, den Verhältnissen bestimmter Zahl und Anzahl, dem in sich selbst begrenzten Maß und der festen Gesetzmäßigkeit«.[48] Der griechische Tempel entstand. Er war das Gehäuse für den erscheinenden Gott, die dienende Umgebung für das heilige Standbild und den Menschen, der jenem huldigte; außerdem hatte das Haus keine Bedeutung in sich selber. Es deutete von sich weg auf das, was es in seinem Innern barg. Damit vollzog die klassische Kultur eine Trennung von Mittel und Zweck: Auf der einen Seite stand »der Mensch, das Subjekt oder das Bild des Gottes als der wesentliche Zweck, für welche auf der andern Seite die Architektur nur das Mittel der Umgebung, der Hülle usf.«[49] lieferte. Architektur der antiken Klassik war Mittel zum Zweck; sie bildete die Naturgrundlage, auf welcher der Geist erscheinen konnte. Indem das Haus einen ebenmäßigen Raum schuf, bereitete es den Auftritt für die Schönheit der menschlichen Gestalt. Die durch strenge Ordnung gemaßregelte Baukunst glich dem gestürzten Titanengeschlecht: Das Vernunftlose wurde in gedemütigter Form unter die Menschengötter gestellt, um deren triumphierenden Glanz zu erhöhen.

Architektur war die Kunst, die Schwerkraft zu überlisten, jenes dumpfste Gesetz, das den Kosmos erhielt. Schwerkraft wollte nur fallen, so tief und wuchtig wie nur möglich. Unersättlich zog sie alles an sich, was Masse besaß. Ihre Endgestalt wäre ein unermeß-

48. Hegel, Aesthetik II, S. 302f.
49. Hegel, Aesthetik II, S. 268

licher, niederdrückender Klumpen. Der schwache, aber vernünftige Mensch verstand es, diese rohe Gewalt in Bahnen zu zwingen. Auf künstlichen Umwegen wurde die Schwerkraft in zweckmäßige und schöne Formen geleitet. Über Giebel, Gebälk und Säulenreihen floß die Schwere als harmonischer Ausgleich von Ruhen und Tragen im behauenen Stein herunter. »Gefrorene Musik«: Diesen Ausspruch Friedrich Schlegels begleitete auch Hegels Begriff der Baukunst.[50] Das Urphänomen gebauter Dienstbarkeit war die griechische Säule. Hegel bezeichnete sie als »Grundelement architektonischer Zweckmäßigkeit und Schönheit«.[51] Sie hatte keine andere Bestimmung, als dem einwohnenden Gott das Dach zu tragen. Die Gestalt der Säule war ganz von dieser Bedeutung des Tragens geprägt. Die Entasis, die Verjüngung des Schafts nach oben, gab dem Betrachter den Eindruck von der Last, welche die Säule, nach unten zunehmend, auszuhalten hatte. Dies unterschied sie vom abstrakten Pfosten, auch wenn dieser denselben Dienst versehen mochte; die Säule war ein organisches Wesen, die Anstrengung des Dienstes stand abzulesen an ihrer Erscheinung. Vergleichbar einem Lebewesen, besaß sie Kopf und Fuß, Anfang und Ende, »indem es der vernünftige Organismus selber ist, der die Begrenzung der Gestalt von innen heraus«[52] machte. Die dienstbare Säule war durch künstlerische Formung beseelt. Basis und Kapitell bildeten nicht bloßen Zierat, sondern gehörten zur leiblichen Ganzheit dieses tragenden Gebildes. Es war kein freies und wildes Leben, welches die Säule der Griechen durchströmte; die ungezügelten Bilder wuchernder Ornamentik, wie sie die indischen Pagoden und die ägyptischen Säulenhallen noch hervorgebracht hatten, kannte sie nicht mehr. Die Griechen dämmten jenes Ungestüm zurück, indem sie »die Formen des Organischen zur Regelmäßigkeit verständig«[53] modifizierten. Anspruch auf Lebendigkeit hatte die Säule nur soweit, als ihre Organe den Dienst am Zweckmäßigen ausdrückten: Basis und Kapitell waren zugleich die Anfallspunkte der Lasten; die Entasis verteilte den Druck auf eine größere Grundfläche. Der ornamentale Wildwuchs war weggestutzt worden bis auf die wesentlichen Merkmale der Dienstbarkeit. Auch in der Architektur hatte der Feldzug gegen das Animalische sich siegreich durchgesetzt.

Für Hegel war der griechische Tempel der Inbegriff schöner Architektur. Ein stumpfwinklig verlaufender Giebel, der sich sacht zur Bedachung niedersenkte; unter den Traufen das horizontal verlaufende Gebälk, das Symbol der Last; eine wohlberechnete Anzahl von Säulen als Trägerinnen des Ganzen: diese drei Elemente bildeten das bergende Gehäuse schlechthin. Mit einem Blick konnte das Auge die wesentlichen Funktionen

50. Hegel, Aesthetik II, S. 305
51. Hegel, Aesthetik II, S. 310
52. Hegel, Aesthetik II, S. 311
53. Hegel, Aestehtik II, S. 298

44

›Urhütte‹: die ›natürliche‹
Vorform des griechischen
Tempels, gestochen von Charles
Eisen. Frontispiz aus: Marc
Antoine Laugier, Essai sur
l'architecture, Paris 1755

erkennen: Einen »sättigenden Anblick«[54] bot solches Bauwerk.
Das klassische Ideal der Mitte bestimmte auch den Tempel. Den
Peripteros umgab keine abschließende Wand; der Säulenumgang
machte das Gebäude durchlässig und ohne feste Begrenzung,
»so daß man halb innen, halb außen« war »und wenigstens überall unmittelbar ins Freie treten« konnte.[55] Öffentlichkeit und
Geborgensein standen in gleichmäßigem Verhältnis. Die Vorhalle
deutete auf die Versöhntheit des Besonderen mit dem Allgemei-

54. Hegel, Aesthetik II, S. 318
55. Hegel, Aesthetik II, S. 320

45

nen. »Heiter, offen und behaglich« luden die Tempel ein zum »Umherstehen, Hin- und Herwandeln, Kommen und Gehen«[56] zwischen privatem Bedürfnis und gesellschaftlichem Anspruch. Der architektonische Ausgleich zwischen Innen- und Außenwelt entsprach dem Wesen des antiken Helden, der seinen subjektiven Willen mit dem objektiven Geist der sozialen Umgebung harmonisch verbunden hatte. Die abschließende Mauer war mit dem Ideal der Baukunst nicht zu vereinbaren, weil sie unerbittlich das Äußere vom Innern unterschied. Mauern waren »die Sache der Not und des Bedürfnisses, nicht aber der freien architektonischen Schönheit«.[57] Daß man sie benötigte, wies auf die historische Entfernung vom Ideal der Antike. Nicht nur klimatische Unbill, sondern das bürgerliche Subjekt selber verlangte nach abschließenden Wänden, um sein privates Leben, seinen persönlichen Besitzstand von der Öffentlichkeit abzuschirmen. Dieses Bedürfnis war nicht zu gestalten mit Schönheit, sondern nur zu erklären mit der Notwendigkeit des historischen Fortschritts. Daß die späteren Baumeister Mauern errichten mußten, obwohl sie nicht schön waren: Dafür hatte Hegel keine Begründung geliefert; nicht, weil er um Argumente verlegen gewesen wäre, sondern weil sie ihm selbstverständlich waren. Der Zwang zum Mauerbau nach der Antike folgte derselben Einsicht, sich lieber zu bekleiden, als nackt zu gehen, nachdem die Welt der sinnlichen Schönheit verlassen war. Der Verlust des poetischen Zustandes betraf auch die Architektur; die fortschreitende Menschheit bedurfte der Mauern, und alsobald waren sie da.

Das Ideal der Mitte mußte vergehen. Die Antike war ein geglückter Balanceakt des Geistes mit der Natur, welchen jener ewig nicht durchzustehen vermochte. Die Götter und Helden waren klug und schön wie die Menschen, aber ohne deren Notdurft. Sie hatten »über die Endlichkeit der Sorge und verderblichen Leidenschaften hinaus zur seligen Stille und ewigen Jugend«[58] gefunden. Diesem Ausspruch von Hegel lag Winckelmanns berühmte Formel von der edlen Einfalt und stillen Größe des Griechentums zugrunde. Edel und doch einfältig; groß, aber ohne laute Gebärden: Als schöner Ausgleich von Gegensätzen stellte sich die klassische Harmonie dar. In allen Bewegungen lag »nur ein Beginnen«[59]; nichts Heftiges erschütterte die schönen Gestalten. Ihr Auftreten eröffnete ein »heiteres Spiel harmloser Lebendigkeit«[60]. Spiel war es von jener Art, von der Hegel sagte: Es besäße einen höheren Ernst als das Leben.[61] Höher war der Ernst des Spielens, weil seine Regeln, im Gegensatz zum praktischen Leben, nicht von den Niederungen der Bedürftigkeit abgeleitet wurden. Ernst war im Spiel, weil darin der Geist sich äußerte; und dieser Ernst war wiederum Spiel, weil der Geist

56. Hegel, Aesthetik II, S. 321
57. Hegel, Aesthetik II, S. 318
58. Hegel, Aesthetik II, S. 423
59. Hegel, Aesthetik II, S. 399
60. Hegel, Aesthetik II, S. 401
61. Hegel, Geschichte, S. 298

nichts wollte, als nur sich selber zu genießen in freier, absichtslo-
ser Bewegung. Das Spiel stand über dem Lebenskampf; der
Kampf ums Fressen und Gefressenwerden war in dieser göttlichen Sphäre bereits entschieden. Mit den Naturgesetzen zu jonglieren, ohne ihnen verfallen zu müssen, bewies bedürfnislose
Erhabenheit. Der spielende Gott tanzte mit der Natur und ließ
sie dann stehen, um ihr zu sagen: ›Ich brauche dich nicht, ich
genüge mir selber.‹ Vollkommene Beherrschung bestand darin,
das Beherrschte soweit zu demütigen, daß man den herrischen
Mißbrauch an ihm nicht einmal kosten mochte. Im souveränen
Verzicht spottete das Spiel der Naturverfallenheit des Lebens.

Jacob Burckhardt schrieb in seiner Griechischen Kulturgeschichte, ἀταραξία sei das Lebensideal der Antike gewesen: die
Seelenruhe und Unerschütterlichkeit vor den Verlockungen der
Sinneswelt. Solche Gedanken konnten sich auf Hegel berufen;
schon dieser wollte im Ausdruck der klassischen Skulpturen eine
gewisse Teilnahmslosigkeit entdeckt haben. Die Göttinnen wurden kinderlos dargestellt; ihr Leib, oft von knabenhafter Jungfräulichkeit, verschwieg die Naturbestimmung des Weibs. Die
Schönheit war unnahbar, fast abweisend und kühl. Regungen
des Gefühls unterblieben in den Bildwerken der Menschengötter. Lebensfreude im Augenblick, menschliche Begehrlichkeit
und Sinnengenuß durften nur die niederen Halbgötter zeigen.
Die Zwitterwesen zwischen Tier und Mensch – die Satyrn und
Faune – lebten das, was die hohen Olympier um ihrer Grazie
willen abgelegt hatten. Hegel mochte sich an jenen Silen erinnert haben, der sich im Louvre befindet als römische Kopie eines
Originals aus hellenistischer Zeit. Der Dämon lehnt sich gegen
einen Baumstrunk und hält den Dionysosknaben in den Armen.
Der Säugling zappelt vor Vergnügen über den herzlichen Schalk,
der im zerfurchten Gesicht des Alten über ihm sich ausgebreitet
hat. Solche Szenen waren für Olympier nicht statthaft; sie überließen ihre Kinder den dienstbaren Flurgöttern und Säugetieren
zum Ammendienst, um ganz ihrer idealischen Ruhe pflegen zu
können.

Etwas Merkwürdiges geschah nun: Bei andauerndem Aufenthalt im Licht des griechischen Mittags begann die Heiterkeit in
diesem Kulturraum sich schmerzlich zu verändern. Hegel schien
es, je länger er in die Betrachtung versunken war, daß ein
Schleier der Melancholie sich niedersenke über die vollendeten
Bildwerke. Ihr Anblick verdüsterte sich. Es war zunächst nicht zu
entscheiden, ob Hegels Auge sich getrübt hatte aus Trauer über
die Entrücktheit der schönen Antike; oder trauerten die Götter
etwa selbst über ihre Vollendung in Schönheit? Hegel gelangte
zur zweiten Ansicht. Ein »Hauch und Duft der Trauer«[62]

62. Hegel, Aesthetik II, S. 85

umwölkte die Stirn der Himmlischen. Sie sannen darüber, daß ihre Hoheit nur sinnliche Schönheit besaß, um sich auszudrükken. Der Geist begann zu ahnen, daß die Menschengestalt selbst im Wohllaut ihrer Vollkommenheit dem Erkennen nicht gemäß war. Ein letzthinniges Unerfülltsein schimmerte über die makellos gebauten Flanken. Der Schmelz leiblicher Rundungen verblich. Die Marmorhaut fühlte sich kalt an. Die Körper waren lebendig nach ihrer stereometrischen Form; doch der weiße Marmor blieb blutleer. Die Götter hatten im Kampf gegen das Animalische ihre Natur verloren. Sie durften nicht mehr leidenschaftlich sein; ihre Schönheit war nicht da, um sich zu genießen, sondern um angeschaut zu werden ohne Begier. Aus der kreatürlichen Einheit mit den Sinnen hatten sich die Götter selbst entfernt durch ihre Erhebung gegen die titanischen Väter. Doch ein wahrhafter Ersatz im Geist fand sich für den Verlust noch nicht. Es gab Höheres als die harmonische Vereinigung des Geistes mit der Natur. Fade wirkte mit einem Mal jene Leiblichkeit, die zwar das Tierische abgelegt hatte, ohne aber einen neuen Inhalt zu benennen. So blieb der Geist auf halbem Weg im spröden Stoff schöner Formen stecken. Die Subjektivität der Götter war nicht vollendet: Sie hatte sich nur den Leib unterworfen, den Geist begriff sie nicht. Hegel deutete die Monochromie der antiken Skulpturen in diesem Sinne. Der weißen Marmorstatue fehlte die Farbe des wirklichen Lebens. Vor allem fehlte ihnen der Augenstern, wo sich der seelische Ausdruck zum Punkt konzentrierte. Blicklos starrten die Standbilder ins Leere. Die Subjektivität war in der bewegten Ausdehnung des Körpers zwar angedeutet; zur Innerlichkeit einer lebendigen Seele war die griechische Kunst nicht vorgedrungen.

Die Schönheit mußte sich gegen sich selbst erheben, um dem Geistigen näherzukommen. Denn bloß sinnlich sich zu genießen hätte den höheren Auftrag des Ideals widerlegt. Es gab für die Schönheit nur diesen einen Weg, sich über ihren Begriff hinaus zu vollenden: indem sie ihr leibliches Gut verschwendete, daß es dem Anblick weh tat. Eine verächtliche Gleichgültigkeit begann den Weltgeist zu zeichnen. Er wurde vom Drang beherrscht, den Körper, dieses ungenügende Gefäß der Subjektivität, zu zerschlagen, als wäre dadurch ein Inneres freizusetzen. So sind seine klassischen Abbilder schließlich den späteren Zeiten erschienen: schadhaft, zersplittert, die schimmernde Marmorhaut von den Verletzungen überdauerter Jahrtausende verschorft, mit fehlenden Gliedern, oft nur noch porös verformtes Gestein mit der Ahnung eines Rumpfes oder eines Kopfes ohne Nase und Ohren. In solcher Selbstverstümmelung lag eine hämische Genugtuung: Die Schönheit hatte ihre Erscheinung erfolgreich

verneint. Das Ideal sperrte sich gegen seine ewige Jugend. Es ließ sich begraben unter dem Schutt der Geschichte, welcher aufgetürmt wurde von der negativen Arbeit der Witterung und der bebenden Erde, die ebenso unverständig das Schöne zerschlugen wie die Horden einfallender Barbarenheere. Was schließlich übrigblieb, waren nur noch die Schatten vergangener Vollendung. Vernünftigere Epochen haben die Scherben geborgen und aufbewahrt in ihren dämmrigen Schatzkammern und Kabinetten. Die bürgerliche Wehmut nach Ursprung errichtete der zerstörten Pracht endlich neue Tempel: die Museen. Doch was emsiger Archäologenfleiß hier versammelte an Fragmenten, entstammte nicht mehr dem leiblichen Ideal der griechischen Klassik. Dieses blieb zumeist verschollen in der Nacht der verflossenen Zeit oder war in die Elemente zurückverwandelt, aus denen es einst sich entfaltet hatte. Repliken aus dem Hellenismus und dem Römerreich bildeten den Grundbestand der Überlieferung. Griechenland war unterworfen von den Herren fremder Völker, als man deren Kunst für eine späte Zeit zu retten versuchte. Die Sehnsucht der Erinnerung kopierte ein erloschenes Ideal. Der Geist der griechischen πόλεις war nicht wieder zu beleben; nur die Sage von der Schönheit ihrer Götter konnte nachgeahmt werden mit dem Meißel. Solche Abbilder beflügel-

Grabungsarbeiten auf der Athener Akropolis, bei der Korenhalle, inspiziert von Disdár-Agá (mit Pfeife), im Vordergrund rechts das Selbstbildnis von James Stuart, aus: James Stuart, Antiquities of Athens, Band 2, Tafel II

49

ten die Renaissancen. Was von den Nachgeborenen also verehrt wurde, waren nicht die ursprünglich geschauten Ideen selber, sondern deren εἴδωλον: das nachahmende Trugbild.

Ein solcher Schatten des Ideals war der Torso von Belvedere. Er verdankte seinen Ruhm den späten Bewunderern: Winckelmann[63] hatte ihm eine hymnische Beschreibung zugeeignet. Das Fragment war in Rom gefunden worden. Im ersten Viertel des 16. Jahrhunderts gelangte der Torso in den Garten des vatikanischen Belvedere, wo ihn der Medicipapst Clemens VII. hinschaffen ließ. Michelangelo gehörte zu den Künstlern, welche von der durch Zerstörung vollendeten Gestalt begeistert wurden. Der Sockel trägt die Inschrift, das Werk sei von Apollonios, Nestors Sohn, dem Athener. Apollonios war ein Neu-Attiker aus dem ersten vorchristlichen Jahrhundert. Graeculi nannten die Römer verächtlich jene griechischen Künstler, welche das Reich mit einer Kultur versorgten, die bereits historisch war. Die herablassende Arroganz des Herrenvolks verbarg den Neid der instrumentellen Vernunft über die machtlose Schönheit. Das Werk des Apollonios ist beeinflußt von der hellenistischen Plastik. Die

63. Winckelmann, Torso, S. 269–276.

Apollonios, *Torso von Belvedere*, 1. Jh. v. Chr. Vatikan

Betonung der Muskelkraft erinnert an Lysipp, der drei Jahrhunderte früher am Hof Alexanders gearbeitet hatte; möglicherweise ist der Torso eine Replik auf einen lysippischen Herkules. Das Fragment zeigt einen kräftigen, aber schlanken Rumpf in sitzender Stellung. Die Oberschenkel sind ungleich voneinander abgespreizt, die Unterschenkel sind abgebrochen. Die gewölbte Brust ist aufgerauht und verunstaltet, wie durch die Wunde einer furchtbaren Verbrennung. Nur noch ein Stumpf des Halses ragt aus der verwitterten Schulterpartie. Die Arme fehlen. Der Oberkörper ist leicht geneigt, wobei die rechte Schulter vornüber ausschwingt. Der zertrümmerte Held hat den Eindruck hinterlassen, als hätte er aus dem Sitzen heraus jäh die Rechte ausgestreckt, um etwas Flüchtiges zu erhaschen. Merkwürdig ist das Momentane, Plötzliche und Zufällige im Ausdruck. Die fehlenden Glieder werden in der Phantasie lebhaft ergänzt; die vielfachen Möglichkeiten des Ergänzens halten den Torso gleichsam in Bewegung. Flüchtig, wie die angedeutete Gebärde, so vielgestaltig waren die Deutungsvorschläge. Man hielt den Torso für Polyphem, wie er nach Galateia Ausschau hält, oder wie er vom Sitz aufspringt, als das Schiff des Odysseus naht; für Prometheus, beschäftigt mit dem Modellieren des ersten Menschen; für Skiron, den Wegelagerer von Megara, welcher den arglosen Wanderer mit einem Fußtritt ins Meer schleudert; für Marsias, wie er sich wiegt in seinem Flötenspiel. Winckelmann hielt den Torso für den »Trunk eines Herkules«. Als eine umgehauene Eiche mit abgeschlagenen Ästen sah er das Fragment vor sich ausgestreckt. Winckelmanns Sprachbilder überquellen von Naturmetaphorik: Der gefällte Held ist gleichsam zu den Elementen zurückgekehrt, gegen deren dämonische Gewalt er zeit seines Lebens gekämpft hatte. Der Torso verwandelt sich beim Beschreiben zu einer Abbreviatur des Kosmos. Die poetischen Beschwörungen werden zum Spaziergang auf dem Körper, der sich durch die nachvollziehende Rede ins Unendliche ausdehnt. Nachdem Winckelmann den Rücken erklommen hat, blickt er vom Gebirge der Schultern hinunter und sieht »eine von der Höhe der Berge entdeckete Landschaft, über welche die Natur den mannichfaltigen Reichthum ihrer Schönheiten ausgegossen. So wie die luftigen Höhen derselben sich mit einem sanften Abhange in gesenkte Thäler verlieren, die hier sich schmälern und dort erweitern: so mannichfaltig, prächtig und schön erheben sich hier schwellende Hügel von Muskeln, um welche sich oft unmerkliche Tiefen, gleich dem Strome des Mäanders, krümmen, die weniger dem Gesichte, als dem Gefühle offenbar werden.« Die Evokationen Winckelmanns verschmelzen die Kunstformen mit der Phantasie des Betrachters. Über den Gipfeln der

Marmorschultern wölbt sich jetzt der unfaßbar blaue Himmels-
kreis, den Herakles an Atlas' Stelle einst auf sich geladen hatte.
Aus der Ferne strömt das Meer entgegen und brandet ans Ufer
bei den Lenden des Halbgotts. Die Muskelschwellen am linken
Brustkorb bilden den krausen Saum des Okeanos: »So wie in
einer anhebenden Bewegung des Meeres die zuvor stille Fläche
in einer neblichen Unruhe mit spielenden Wellen anwächset, wo
eine von der andern verschlungen, und aus derselben wiederum
hervorgewälzet wird: ebenso sanft aufgeschwellet und schwebend gezogen fließet hier eine Muskel in die andere, und eine
dritte, die sich zwischen ihnen erhebt, und ihre Bewegung zu
verstärken scheinet, verlieret sich in jene, und unser Blick wird
gleichsam mit verschlungen.« Die Augen verschwimmen ins
Uferlose, als sie über die Hüfte streichen, um erschauernd in die
Schatten einzutauchen, die zwischen den Schenkeln sich aus-
breiten. »In diesem Augenblicke durchfährt mein Geist die ent-
legendsten Gegenden der Welt.« Das Spiel der Flanken, das jetzt
versteinert ruht, hat Winckelmann an die Grenzen der heroischen Mühsal geführt; an das Ende des Kosmos; zu unbekannten
Völkern; bis zur Unsterblichkeit. Die erotische Vereinigung des
Sängers mit dem Werk ist vollzogen. Der zerstückelte Held ging
auf in die Allnatur wie Dionysos Zagreus. Die Auflösung des
irdischen Körpers ist ein Sinnbild sexueller Verschmelzung: So
vollkommen der Torso erscheint, »hat weder der geliebte Hyllus,
noch die zärtliche Jole den Herkules gesehen; so lag er in den
Armen der Hebe, der ewigen Jugend, und zog in sich einen
unaufhörlichen Einfluß derselben«. Winckelmann trieb den Sensualismus seiner Kunstbetrachtung auf jene letzte paradoxe
Spitze, die nach dem Verlöschen der Sinne im Nirvana drängte.
Ahnte er in solcher Sehnsucht seine Ermordung voraus? Der
homophile Verehrer griechischer Nacktheit hatte, wie die antiken Helden, sein Los gefunden in einer gewaltsamen Grenzüber-
schreitung, jenseits deren Tod und Liebe vermählt waren.
    Die leibliche Zerstörung leitete die Apotheose des Helden
ein. Die Menschengestalt bildete das Gefäß, welches zerbrach,
damit sein Inhalt: das Göttliche, sich freisetzte. Der Torso als
Kunstleib entsprach jenem irdischen Körper des Herakles, der
im verhexten Gewand von Deianeira, der Eifersüchtigen, verbrennen mußte, bevor ihn Athene in den Kreis der Unsterblichen aufnahm. Das Fragment von Belvedere deute, schrieb
Winckelmann, auf den lodernden Herakles, »der auf dem Berge
Oeta von den Schlacken der Menschheit gereinigt worden«. Wie
das Feuer den mythisch-wirklichen Herakles einst läuterte, so
hatte die alles verzehrende Zeit dessen plastisches Abbild ins
Übersinnliche erhöht; durch die Vernichtung des künstlerischen

Materials wurde das Werk vergeistigt. Der Torso zeigte den Helden im Zustand des vollbrachten Menschenlebens. Die Gebärden waren nur mehr ein Nachsinnen über das abgegoltene Leben im Dienst der Gerechtigkeit. »Mich deucht, es bilde mir der Rücken, welcher durch hohe Betrachtung gekrümmt scheinet, ein Haupt, das mit einer frohen Erinnerung seiner erstaunenden Thaten beschäftiget ist.« Das Fragment als pars pro toto: Das ganze Epos eines Heldenlebens blieb aufbewahrt darin. Es beschloß den Kreis der Handlungen als eine Kadenz, in der sich das Verklungene noch einmal spiegeln konnte. Gleichsam schürzte sich die irdische Erinnerung des Herkules zusammen zu einer Figur, deren Zerbrochenheit über das Hinfällige hinauswies zum Olymp.

»Was unsterblich im Gesang soll leben,
muß im Leben untergehn.«[64]

Winckelmanns Verehrung des Griechentums hatte Generationen beeinflußt. Für Hegel war Winckelmann die unantastbare Fachautorität, auch wenn ihre kulturphilosophischen Ansichten auseinandergingen. Einen oberflächlichen Unterschied bildet gewiß Winckelmanns Sensualismus: Mit erotischer Direktheit wandte sich dieser an die Skulpturen der Antike. Die geschichtliche Ferne, welche durch das Beschädigtsein der Gestalten zum Ausdruck kam, erlebte er körperlich als Verlust. Der Schluß in der Beschreibung des Torso von Belvedere liest sich wie ein Abschiedsbrief an einen Geliebten. Die Vereinigung mit der Antike war nicht möglich; nur von weit winkte ihre Verheißung, unsäglich schön und unerreichbar zugleich: »Voller Betrübnis aber bleibe ich stehen, und so wie Psyche anfing, die Liebe zu beweinen, nachdem sie dieselbe kennen gelernet; so bejammere ich den unersetzlichen Schaden dieses Herkules, nachdem ich zur Einsicht der Schönheit desselben gelanget bin. Die Kunst weinet zugleich mit mir …« Hegel lehnte die sensualistische Ästhetik des 18. Jahrhunderts entschieden ab. Für ihre Epigonen hatte er nur Spott übrig; über die Lehrmethoden Karl August Böttigers mokierte er sich: Das »Herumtatscheln an den weichen Marmorpartien der weiblichen Göttinnen«[65] gehöre nicht zur Kunstbeschauung und zum Kunstgenuß. So distanziert er sich aber gab gegenüber der Schwärmerei der Winckelmann-Schule, ein zentrales sensualistisches Motiv hatte sich in Hegels Denken eingeschleust: die Trauer der Götter. Bei der Transformation vom Sensualismus ins geschichtsphilosophische System wechselte dabei das Trauern seinen Träger. Nicht der nachgeborene Betrachter, sondern die Götter selbst trauerten über die verlo-

64. Friedrich Schiller, Die Götter Griechenlands
65. Hegel, Aesthetik II, S. 255

rene Schönheit. Hegel verschob seine Trauerarbeit über den Verlust des Ideals auf das Objekt. Er wußte um die Endgültigkeit des Abschieds. Die antike Schönheit war vergangen und nicht wieder zu erneuern. Aber Tränen darüber ausgießen wie Winckelmann? Das wäre einem Philosophen des Fortschritts unziemlich. »Hier ist die Rose, hier tanze«[66], sagte er sich und ging den Weg, welchen der Zeitgeist Richtung Gegenwart unbeirrbar voranging. Die geschichtsphilosophische Härte, welche er sich auferlegte, ließ keine Sentimentalitäten zu, und er versuchte bei einem letzten Blick zurück möglichst unbewegt zu erscheinen. Das Trauern über die Trennung überließ er den Göttern; er verließ sie nüchternen Geistes.

Archäologische Gelehrsamkeit heute hätte gewiß allerhand einzuwenden gegen Hegels Deutung der Antike. Den Mangel an innerer Subjektivität wollte dieser aus der Monochromie der Statuen herausgelesen haben. In der zweiten Hälfte des 19. Jahrhunderts setzte sich jedoch die Erkenntnis durch, daß die Griechen ihre Skulpturen bunt bemalt hatten. Diese durch Forschung erhärtete Tatsache mußte sich gegen eine hartnäckige Stilgewohnheit behaupten: Schwer trennte sich der Klassizismus von jenem gipsfarbenen Schönheitsideal, in dem auch Hegel befangen war. Ein Irrtum lag ferner vor, wenn Hegel den Blick des Auges in den Bildnissen der Götter und Helden vermißte. Die Iris war einst sorgfältig aufgemalt, und die leeren Höhlen hatten täuschend nachgeahmte Augäpfel enthalten. Die Blicklosigkeit der antiken Götter scheint damit widerlegt. Und zuletzt: Die Sache mit der Trauer! Hat die Epoche Winckelmanns das Fragmentarische griechischer Plastik nicht spekulativ überladen? Die Male der Zerstörung seien Ergebnisse späteren Zufalls, dem Kunstwerk selber uneigentlich; ihre Schöpfer hätten den Ausdruckswillen auf das Fertige und Ganze gerichtet. Die These vom göttlichen Überdruß widerspiegle doch bloß das Problem eines Klassizisten, der sein normatives Schönheitsideal mit dem unumkehrbaren Gang der Geschichte auszusöhnen versuche mit Tränen. – Dem wäre entgegenzuhalten, daß positivistische Kritik immer zu kurz greift: weil sie kurzsichtig ist im buchstäblichen Sinne. Mit Fakten a posteriori sind keine philosophischen Systeme aufzubrechen. Das System widerlegt nur, wer seiner Logik folgt bis ans Ende, wo die Irrationalität des unbedingt Schlüssigen sich entlarvt. Mit Leichtigkeit hätte Hegel die Einwände der neueren Gelehrsamkeit weggefegt. Es gab neben der Monochromie und dem Fragmentcharakter griechischer Kunst noch triftige theologische Ursachen, welche das Ende der antiken Klassik zur geschichtsphilosophischen Notwendigkeit machten. Da war der Polytheismus, dessen Aufbau mit Schwä-

66. Hegel, Recht, S. 26

chen behaftet war. Der Olymp wurde beherrscht von einer Vielzahl von göttlichen Individuen, die sich nicht immer wohlgesinnt waren. Eine geordnete Kompetenzverteilung der Macht fehlte unter den Himmlischen, und nicht selten gab es Konflikte deswegen. Gewiß war Zeus das Haupt der Olympier, aber es mangelte ihm sowohl an Kraft als auch am Willen, klare Herrschaftsverhältnisse zu schaffen. Seine göttlichen Brüder und Schwestern waren mit genügend List und Eigensinn ausgestattet, seinen Machtanspruch zu durchkreuzen. Mit dieser holprigen Vielfalt hatte sich der griechische Himmel bevölkert; eine allgemeine, lenkende Mitte war nicht da. Der Mythos kannte keinen göttlichen Repräsentanten, der das Schicksal planend angeleitet hätte. Die Moiren spannen die Verhängnisse ohne wissende Absicht blind vor sich hin. Über die unberechenbare ἀνάγκη gebot kein Gott. Ἀνάγκη war der blinde Fleck in der griechischen Götterwelt. Die Himmlischen selber waren ins Schicksal verstrickt. Ihr Handeln trug die Züge des Zufalls und der Laune. In den bunten, oft auch grotesken und absonderlichen Geschichten, welche der Mythos erzählte, blieb ein archaischer Wesenszug sichtbar, der aus der Tiefe der schönen Menschengötter hervorschimmerte. Gewiß war die Naturhaftigkeit des Symbolischen gebrochen; aber manchmal noch regte es sich, und seine drängende Gewalt suchte sich Erleichterung zu verschaffen in einer unbesonnenen, blutrünstigen oder leidenschaftlichen Tat. Die Götter Griechenlands waren darin den Menschen noch ähnlicher. Eine lebhafte Beziehung verknüpfte den Olymp mit den Sterblichen. Durch den πάϑος nahmen die Götter Anteil an menschlichem Handeln. Oft genug wurde die Friedlosigkeit auf der Erde als Schauplatz mißbraucht, um ein Gezänk vom Himmel auszutragen. Der Eigensinn gab dem einzelnen Gott etwas Unberechenbares: Er war vom Augenblick beherrscht wie der Mensch. Die Menschenähnlichkeit der Götter bedeutete auch Nähe zur sinnlichen Welt, bei aller Entrücktheit, die sie zur Schau trugen. Schon der Ausdruck ihrer Hoheit war bloß ein sinnlicher: denn Schönheit konnte sich nur in Körpern offenbaren. An ihrem Schönsein erfuhr die Hoheit der Götter ihre unübersteigbare Grenze. Als die antike Kultur zur Spätzeit versuchte, ihre Kunst zu vollenden, indem sie eben diese leibliche Schönheit ins Schmelzende steigerte, verfiel sie der Anmut und dem Reiz am Äußerlichen. Es war das Problem des Hellenismus, daß die geistige Substanz sich in seinen schönen Gefäßen verflüchtigte.

Die substantielle Göttlichkeit wurde dadurch getrübt, sinnlich in Erscheinung treten zu müssen in Gestalt verschiedener Individuen. Der griechischen Religion fehlte die systematische Geschlossenheit. Nur der Monotheismus war fähig, im göttlichen Haushalt Ordnung zu schaffen. Die untergehende Antike sehnte sich nach diesem Einen und Allgemeinen, der kommen sollte, den Olymp zu überstrahlen. Die Verheißung sollte sich erfüllen in der Offenbarung des alleinen Gottes der Christenheit.

»Thebe welkt und Athen; rauschen die Waffen nicht mehr
In Olympia, nicht die goldnen Wagen des Kampfspiels,
Und bekränzen sich denn nimmer die Schiffe Korinths?
Warum schweigen auch sie, die alten heil'gen Theater?
Warum freut sich denn nicht der geweihete Tanz?
Warum zeichnet, wie sonst, die Stirne des Mannes ein Gott
    nicht,
Drückt den Stempel, wie sonst, nicht dem Getroffenen auf?
Oder er kam auch selbst und nahm des Menschen Gestalt an
Und vollendet' und schloß tröstend das himmlische Fest.«[67]

Bevor aber Christus kam – in den Worten Hölderlins: jener stille Genius, welcher »des Tags Ende verkündet«, um die Pforten des heiteren Griechentums für immer zu schließen –, vollstreckte die Antike ihr Geschick an sich selber. Der Geist, überdrüssig seines schönen Gehäuses, verließ die Sinnlichkeit. Er hatte erkannt, daß die äußere Realität ihm nicht mehr gemäß war. War während der klassischen Blüte das Allgemeine harmonisch mit dem Besonderen verwoben, verfeindete sich jetzt das Private und die Öffentlichkeit. Schmollend zog sich das Subjekt von der ἀγορά zurück: unbefriedigt und im Mißklang mit einer entgötterten Welt. Einer schönen Kunst war der Geist jetzt fremd; die schneidende Satire des Aristophanes aber gedieh in dieser zerfallenen Zeit. Auch Sokrates mit seinen bohrenden Fragen bestimmte den Ausdruck der Epoche. Er überwarf sich mit den konventionellen Überzeugungen der Gesellschaft, ohne daß der Staat seinen Eigensinn hätte brechen können. Die Hinrichtung war bloß das erbärmliche Eingeständnis der Macht, daß ein widerspenstiges Subjekt nicht anders zu behändigen war als durch physisches Auslöschen. Im Andenken seiner Schüler strafte die stolze Unversöhnlichkeit des Philosophen den Zugriff über den Tod hinaus. Sokrates war ein untersetzter Mann mit breitem Kopf und stumpfer Nase gewesen. Das bärtige Froschgesicht zeigte mit aller Deutlichkeit: Ein stänkernder Philosoph konnte nicht schön sein. Das Zerwürfnis zwischen Geist und Natur äußerte sich auch an den Trägern kritischen Denkens.

    Die zersetzende Subjektivität löste den Gemeinsinn der πόλεις auf. Fremde Herren bestimmten seither das politische Geschick. Die Römer kamen als die Vollstrecker des griechi-

67.   Friedrich Hölderlin, Brod und Wein, VI/100–108

Marmorbüste des Sokrates. Neapel, Museo Archeologico Nazionale (links)

Marmorbüste des Gajus Julius Cäsar. Vatikan, Museo Chiaramonti (rechts)

schen Fatum. Machte der späte Grieche den Schritt in die eigensinnige Innerlichkeit des Besonderen, so vertrat der Römer die Seite des abstrakt Allgemeinen. Mit kalter Härte unterwarf er sich die vielfältigen Völker rund um das Mittelmeer. Eine »geistlose Einheit«[68] herzustellen war der Trieb imperialer Unterwerfung. Dem Römerreich wohnte keine innere Rechtfertigung ein. Seine Ausdehnung war die bloße Manifestation des Willens zur Macht; überdies wollte die Plebs in Rom mit Triumphzügen bei Laune gehalten sein. Den Zerfall von Allgemeinem und Besonderem schilderte Hegel im drastischen Bild eines modernden Leichnams:

»Wie, wenn der physische Körper verwest, jeder Punkt ein eigenes Leben für sich gewinnt, welches aber nur das elende Leben der Würmer ist, so hat sich hier der Staatsorganismus in die Atome der Privatpersonen aufgelöst. Solcher Zustand ist jetzt das römische Leben: auf der einen Seite das Fatum und die abstrakte Allgemeinheit der Herrschaft, auf der anderen die individuelle Abstraktion, die Person.«[69]

Nach dem Zerfall der antiken Harmonie hatte der Körper gleichsam seinen Geist ausgehaucht: Die Gestalt der Gesellschaft ging in Verwesung über. War die klassische Blüte mit dem lebendigen, schönen Menschen bezeichnet, entsprach die Form der Spätzeit dem Kadaver. Der Staat bildete den Zwangsapparat, welcher die widerspenstigen Subjekte herrisch zur Räson brachte. Die Person war im Römischen Recht zwar verankert; die Autonomie des einzelnen hatte darin einen gesetzlichen Ausdruck erhalten. Doch dieses Subjekt war nichts als der nackte Men-

68. Hegel, Geschichte, S. 373
69. Hegel, Geschichte, S. 384

schenwurm im riesigen Staatsleib. Vernichtet war die beseelte Einheit von Held und geselliger Umwelt. Zwei Menschentypen prägten die Entzweiung: der sokratische Querulant und der Cäsar. Während der Intellektuelle sich in den »Geist tugendhafter Verdrießlichkeit«[70] zurückzog, griff der Usurpator anmaßend in das Geschick der Völker. So wenig wie dem Philosophen kam auch dem Mächtigen eine schöne Erscheinung zu. Naturalistische Zufälligkeit verleihen die römischen Porträts ihren Kaisern. Die vatikanische Büste des Julius Cäsar zeigt ein mageres Gesicht. Asketische Furchen zerklüften die Wangen zwischen dem Jochbein, der Nasenwurzel und einer kantigen Kinnlade. Die Stirn ist gefurcht von schlaflosen Nächten im Feldherrenzelt. Das Antlitz wird verklammert von einer großen und geraden Nase, die in den Raum ausgreift ohne Umschweife, und von einem rund vortretenden Kinn, dem Ausdruck des Willens. Der Mund dazwischen tritt zurück. Er ist nur schmal, und sparsam, wie von leisem Spott überspielt. Solche Lippen formen Worte mit einer Entschlossenheit, die selbst im Lächeln Befehle erteilt und mit einem Flüstern den hintersten Mann der Legion als Blitzstrahl trifft. Der Feldherr und Staatsmann mit den wulstigen, leicht abstehenden Ohren konnte sich mit dem Ebenmaß polykletischer Standbilder nicht messen: Aber kein griechischer Held hatte je so viel Macht auf sich vereinigt. Die Zufälligkeit der Physiognomie entsprach der Willkür des Herrschens. Begierde, Lust und Leidenschaft bestimmten die Machtausübung im römischen Kaisertum. Der Wille eines einzelnen schuf Gesetz und Ordnung. »Sie haben nur zu wollen, gut oder schlecht, und so ist es«.[71] Um es mit einem Wort Oswald Spenglers, eines heimlichen Hegel-Schülers, zu benennen: Das Römerreich war ein Raubtierstaat.[72] Mit eiserner Gewalt schlug er die antike Kultur zu seinem Erbe, um den ehrlosen Zustand in seiner Ohnmacht des Niedergangs durch starre Herrschaft aufzuheben. Das Imperium war das »zertrümmernde Schicksal«[73] der Antike. Die edle Einfalt und die stille Größe waren untergegangen. Begonnen hatte es mit der Renitenz und der Häßlichkeit eines Sokrates. Der Widerspruch im Subjekt forderte den unerbittlichen Machthaber heraus: Dieser mußte einer von ätzendem Eigensinn befallenen Kultur eine Gestalt aufzwingen, damit die innere Auflösung durch das Korsett einer oktroyierten Ordnung wenigstens äußerlich gehalten werde.

70. Hegel, Aesthetik II, S. 124
71. Hegel, Geschichte, S. 383
72. Siehe auch Hegel, Geschichte, S. 344: »Räuberstaat«
73. Hegel, Geschichte, S. 338

Abendland

»Schöneres kann nicht sein und werden«[74]: Mit diesem Satz
nahm Hegel Abschied vom griechischen Kulturraum. Er be-
sagte, daß die klassischen Götter an Schönheit nicht zu übertreffen waren; zugleich aber zerstreute er die Hoffnung auf eine
Wiederkunft. Die Antike war nur ein kurzer Übergang zwischen
Morgen und Abend, eine heitere Windstille in Sorglosigkeit.
Eigentümlich bleibt, mit wieviel Erwartung Hegel eingetreten
war in diesen Raum, nachdem die düstere Sphinx besiegt ward.
Zunächst hatte er die Menschengötter gefeiert als den neuen
Schritt des Weltgeistes zu sich selber; jetzt lagen seine Standbilder
zerbrochen da. Mittag war's bei der Ankunft, doch rasch aufzie-
hendes Gewölk hatte mit einem Mal die Landschaft verschattet.
Es gab kein Halten mehr; Hegel drängte es weiter in seiner
Wanderung. Entschlossen wandte er sich dem letzten Raum zu,
den abzuschreiten noch offen stand: dem Abendland. Nachdem
die griechische Harmonie im Römerreich ohnehin schon zertrümmert war, fiel der Abschied leichter. Gerade die Trostlosig-
keit der späten Antike gab dem Geist seinen Antrieb, voranzuge-
hen. Eine Zeit des Advent erflehte den Erlöser. Die schmerzliche
Sehnsucht, welche die Menschheit im Römertum durchleiden
mußte, waren die »Geburtswehen von einem anderen höheren
Geist«. Und er kam, als die Zeit erfüllt war. Es begab sich in jenen
Tagen, als Cyrinus in Syrien Statthalter war unter Kaiser Augustus: Da offenbarte sich der absolute Geist; in Bethlehem wurde
sein wahrhafter, leiblicher Sohn geboren. Die Niederkunft des
Gottessohns brachte die Wende im Gang der Menschheit. Daß
die Geschichtsschreiber später das Vergangene einteilten in ein
Vor und ein Nach Christi Geburt, war von innerer Bedeutung:
Der Einschnitt in der Zeitrechnung bildete »die Angel, um
welche sich die Weltgeschichte dreht«[75]. Die Menschwerdung
Gottes allein war aber noch nicht der Hauptinhalt der neuen
Religion; auch die antiken Götter wandelten in Gestalt von
Sterblichen auf der Erde. Die Offenbarung des Christentums
vollendete sich erst mit dem Tod des Menschensohns am Kreuz.
Golgatha, die Schädelstätte, war der Berg, den der Weltgeist überschreiten mußte auf der Reise zum Abendland. Ausgebreitet lag
es nun da, als dieser, dem Kreuzweg folgend, eines Freitags den
Gipfel erreichte. Die Gewitterwolken des römischen Nachmit-
tags wichen dem milden Licht der untergehenden Sonne. Eine
versöhnliche Dämmerung ergoß sich über den Raum, welcher
den Abend der Menschheitsgeschichte beherbergte.

Das Leben Jesu war nichts anderes als das ganze Schicksal des
Weltgeistes, das im Leidensweg einer Person beispielhaft zusam-

74. Hegel, Aesthetik II, S. 128
75. Hegel, Geschichte, S. 386

mengedrängt erschien. Geburt, Sterben und Auferstehen bildeten die Stationen jedes dialektischen Dreischritts. Alle Schöpfungen des Geistes geschahen nach diesem Gesetz; so auch die Passion Christi: In ihr äußerte sich die göttliche Offenbarung als
Dialektik des erscheinenden Geistes. Aus der Ewigkeit des an sich
seienden Absoluten besonderte sich der Geist in die Natur; er
versenkte sich in sein Gegenteil, um sich für die leibliche Welt
erkennbar zu machen. Die Erniedrigung zur Gestalt eines vergänglichen Körpers entzweite ihn mit seinem unsterblichen
Wesen. Um geläutert zu sich zurückzukehren, mußte diese
natürliche Erscheinung wieder ausgelöscht werden. Gott starb in
seiner Schöpfung, um die physische Natur als Nichtigkeit darzustellen. Dieser Prozeß befreite den Geist aus seiner Entäußerung:
Er konnte für sich werden, was er an sich in Ewigkeit schon war.
An den Göttern der Antike hatte sich der Geist durch leibliche
Schönheit verkündigt. Das Neue am Christentum bestand darin,
daß Gott in die Welt kam, um durch die Häßlichkeit des Todes
sich zu offenbaren. Die Auferstehung des geläuterten Geistes
vollzog sich als Negation des Negativen: Das zum Sterben
Bestimmte mußte wirklich den unerbittlichen Gang der Natur
durchleiden, damit auf diese doppelte Verneinung der Geist sich
bejahte. Die höchste Aufgabe abendländischer Kunst sah Hegel
im Darstellen des Gottmenschen in seiner Selbstverneinung. Der
leidende Christus verkörperte die Dialektik des Geistes in jenem
mittleren Drehmoment der Antithese: dem Tod zwischen Geburt
und Auferstehung.

Passion war das Leitmotiv des letzten Kulturraums. Ein un-
scheinbares Bildchen aus einem unermeßlichen Chor göttlichen
Jammers sei herausgegriffen: Christus als Schmerzensmann von
Geertgen tot Sint Jans. Der Haarlemer Meister hat das Werk – es
befindet sich heute im Kunstmuseum von Utrecht – zu Ende des
15. Jahrhunderts gemalt, zur gleichen Zeit, als Leonardo jenseits
der Alpen für das Refektorium des Mailänder Klosters Santa
Maria delle Grazie das Abendmahl entwirft. Altertümlich wirken
die Gestalten auf dem kleinen Gemälde; die hölzernen Gebärden
und die gezackten Faltenwürfe erinnern an gotische Schnitz-
kunst. Die Figuren sind traditionell vom Goldgrund eingerahmt.
Und doch verrät das Bild seine Zugehörigkeit zur Epoche der
entdeckten Zentralperspektive: Die Figuren sind diagonal in die
Tiefe gestaffelt; die dadurch geschaffene Asymmetrie auf der
Bildebene ist eine moderne Eigenwilligkeit, welche zu den
archaisierenden Gestaltungsmitteln im Kontrast steht. Die Bild-
ränder scheinen willkürlich gewählt, der Rahmen fährt brüsk
ins Dargestellte hinein, so daß der Eindruck entsteht, die Tafel
sei später beschnitten worden. Geertgen hat auf erzählerische

Momente verzichtet. Diese Askese ist bemerkenswert, da in anderen Gemälden des Haarlemers nicht gespart wird mit der Schilderung landschaftlicher Weite und Vielfalt. Mit franziskanischer Inbrunst kann er sich in die Natur versenken; der Hintergrund bildet den notwendigen Rahmen des Heilsgeschehens. Sorgfältig beschreibt der Maler alles, was zur Schöpfung Gottes gehört, denn jedes Ding ist geschaffen, um einzustimmen in den Preis des Allmächtigen; der Grashalm, die grünen Hügel mit Baum und Tier; die Menschen auf freiem Feld und die fernen Städte. Im Bild vom Schmerzensmann schweigt aber das bunte Psalmodieren des Meisters hinter der strengen Würde eines Goldgrunds. Nichts darf von der Trauer Christi ablenken, der am Kreuz von Gott und den Menschen verlassen ward. So wie der Sohn Gottes seinen Leib aufopfert, tilgt der Maler die Erinnerung an die physisch erscheinende Welt. Der Schmerzensmann repräsentiert keine reale Lebenssituation: Die Figur stellt Christus dar, der den Kreuzweg bereits hinter sich gelassen hat; die Wundmale sind empfangen, der Tod ist eingetreten, und jetzt steht der Leichnam auf im Bild als Allegorie der durchlebten Selbstaufgabe. Seine Augen suchen nach dem Blick des Betrachters, um seinen Jammer anzuklagen. Anleitung zum Teilnehmen an der schmerzlichen Andacht gewähren dem Betrachter die drei Adoranten – rechts im Bild Johannes und Maria, links Magdalena –, welche Christus in Trauer umgeben. Dahinter schweben drei Engel vorbei; sie tragen die Leidenswerkzeuge: die Nägel, das Rohr mit dem Essigschwamm und die Lanze. Am rechten Bildrand erhebt sich die Martersäule, an die Geißel und Rute geheftet sind. Mit dem Sichtbarmachen mehrerer Stationen des Kreuzwegs in Gleichzeitigkeit wird die Passionsgeschichte zum simultanen Bilderlebnis gerafft. Das ganze Gewicht aller Peinigungen wird auf einen Augenblick zusammengedrängt. Der ›Schmerzensmann‹ zeigt den Menschensohn in seiner leiblichen Vernichtung. Doch die Negation ist nur der Mittelpunkt der Dialektik; Geertgen versäumt es nicht, auf den Anfang und das Ende des göttlichen Dreischritts zu deuten. Geburt und Auferstehung, welche die Passion umsäumen, sind im Bild verschlüsselt enthalten. Christus steht im offenen Sarkophag. Die Frauen knien ihm zu seiten. Die Mutter Gottes erinnert an das Sinnbild vom Grab als dem Schoß der Erde. Die Figur Magdalenas verweist auf den versöhnenden Schluß der Dialektik. Versunken blickt sie in das geöffnete Grab. Sie gehört zu den drei Frauen, die sehr früh am Ostermorgen zum Grab gehen, um den Leichnam mit Spezereien zu salben. Doch sie finden es leer vor, und ein weißer Jüngling sagt ihnen: ›Was sucht ihr Jesus, den Nazarener, unter den Toten? Er ist auferstanden.‹ Diese Botschaft

Geertgen tot Sint Jans, *Christus als Schmerzensmann,* Ende 15. Jh. Utrecht, Museum Het Catharijneconvent

besänftigt den Ausdruck der Trauer, den Geertgen in das Antlitz der betenden Magdalena gelegt hat. So weist das Andachtsbild über die Negativität des Leidens hinaus auf die Verklärung. Der Schmerzensmann ist der schon Auferstandene, der erscheint, um Zeugnis zu geben von seiner Göttlichkeit. Seine Hand weist zum Wundmal in der Brust: Nicht nur Thomas wird mit dieser Gebärde der Unglaube genommen; die ganze Welt sollte einst durch die Offenbarung des Leidens bekehrt werden.

Gott, der sich darstellt als die verneinte Natur, war das höchste Motiv für die religiöse Kunst des Abendlands. Die Passion hatte das Absolute für den Menschen sichtbar gemacht. Ex negativo deutete Gott in Christus auf sich selber zurück. Problematisch erschienen Hegel die Versuche, Gottvater als menschliche Figur darzustellen. ER hatte Moses zugeraunt im brennenden Dornbusch: Ich bin der Ich bin. ER war die reine Identität, ein Subjekt zwar, aber gestaltlos. Für den Menschen war ER nur faßbar in der Abstraktion des Gedankens. Als vortreffliches Beispiel eines gemalten Gottvaters schätzte Hegel die Tafel im Giebel des Genter Altars, den er bei seiner Reise durch die Niederlande im Herbst 1822 gesehen hatte. Doch auch in dieser vollendeten Figur blieb »für unsere Vorstellung etwas Unbefriedigendes. Denn das, was als Gottvater vorgestellt wird, ein zugleich menschliches Individuum, ist erst Christus, der Sohn. In

Brüder van Eyck, *Gottvater,*
Mitteltafel in der oberen Bild-
reihe des geöffneten *Genter
Altars,* 1426-1427. Gent,
Sankt Bavo

ihm erst schauen wir dies Moment der Individualität und des
Menschseins als ein göttliches Moment.«[76] Hegels Kritik erhält
Unterstützung durch neuere Untersuchungen der Kunstwissenschaft, die vermutet, daß die thronende Mittelfigur ursprünglich
einen Christus darstellen sollte im Segensgestus des Pantokrator.
Nach dieser These hätte Jan van Eyck erst nach Abschluß des
zentralen Altarbildes den Sohn Gottes durch Attribute zum
Gottvater umgerüstet. Die bloßen Füße wären mit Schuhwerk
übermalt worden, um die Wundmale zu verdecken. Tatsächlich
unterläuft der Gottvater von Gent die gläubige Einbildungskraft. Sein Habitus gleicht eher einem ernsten Kirchenfürsten;
dem Antlitz möchte man nicht zutrauen, daß es bei der Erschaf-
fung der Erde zugegen war: Zu jung wirkt das schwarz sprie-
ßende Barthaar. Michelangelos Gottvater bei der Erweckung
Adams in der Sixtina gehört zu den wenigen Bildern, die überzeugen. Meist aber haben die Künstler Gott nur symbolisch
dargestellt als das Auge, das alles sieht. Scheu vor der Abbildung
dessen, der ist der ER ist, kennzeichnete die Haltung der Kunst
im Monotheismus. Die Juden verordneten ihrer Kunst ein Bild-
verbot, das sich selbst auf das Wort erstreckte: JAHVE war un-
aussprechlich. Auch der Islam gestattete nur die Arabeske der
Umschreibung; der Hundertste Namen Allahs war keinem
Sterblichen bekannt. Im Christentum erschien ER den Menschen nur in den leiblichen Entäußerungen der Passion und der
Heiligenlegende. Die Opfergänge des Gottessohns und der
Märtyrer, die ihm nachfolgten, waren das Ornament seiner
unbegreiflichen Allgegenwart.

Gottvater verlangte von seinem Sohn ein Opfer von unsägli-
cher Härte: das »Ertöten der unmittelbaren Wirklichkeit«[77], dieses ärmste und letzte, woran ein Menschenleben sich mit Verzweiflung klammerte. Die göttliche Subjektivität wurde nur
erlöst, nachdem die Menschennatur aufs tiefste gedemütigt war.
Über dem unbedingten Gehorsam Christi glänzte die Allmacht
Gottes. »Vater, in Deine Hände befehle ich meinen Geist.« Mit
diesen Worten, erzählt Lukas (Luk. 23/46), habe Christus seine
Seele ausgehaucht. Nach Markus (Mar. 15/34) soll der Sterbende
gesagt haben: »Eloi, Eloi, warum hast Du mich verlassen?« Die
überlieferten Worte sind verschieden, doch ihr Sinn ist derselbe:
Es war ein Aufschrei der Ergebung nach einem ohnmächtigen,
letzten Aufbäumen vor dem Tod. Nur der Mensch in Christus
konnte so empfinden. Gott, der Allmächtige, blieb unbewegt zur
Neunten Stunde und nahm das Opfer schweigend an. Die
furchtbare Botschaft, welche die Passion für den Gläubigen enthielt, hieß: ›Folge mir nach!‹ Christus lehrte die Selbstverleug-
nung vor dem höchsten Prinzip des Allgemeinen. »Heroismus

76. Hegel, Aesthetik III, S. 46
77. Hegel, Aesthetik II, S. 134

der Unterwerfung«[78] nannte Hegel den Inhalt der Passionsgeschichte.

»Glaube, wer es geprüft! aber so vieles geschieht,
 Keines wirket, denn wir sind herzlos, Schatten, bis unser
 Vater Äther erkannt jeden und allen gehört.
 Aber indessen kommt als Fackelschwinger des Höchsten
 Sohn, der Syrer, unter die Schatten herab.
 Selige Weise sehn's; ein Lächeln aus der gefangnen
 Seele leuchtet, dem Licht tauet ihr Auge noch auf.
 Sanfter träumet und schläft in Armen der Erde der Titan,
 Selbst der neidische, selbst Cerberus trinket und schläft.«[79]

Die neue Botschaft glich der Kerze, die Helligkeit verbreitete,
indem sie sich aufzehrte. Das empfangene Licht flackerte, mit
klammer Hand sorgsam gehütet, durch den Erdwinter der
inbrünstig Entsagenden. Zur Osternacht geschah, was seither all-
jährlich in ewiger Wiederkehr gefeiert wurde: Überall auf dem
christlichen Erdkreis schritt am späten Karsamstag eine Prozession in den lichtlosen Kirchenraum. Vornweg trug der Priester
die große Osterkerze; am Feuer draußen vor dem Eingang ent-
zündet, neigte sich diese jetzt den vielen kleinen Kerzen zu, welche die Gläubigen entgegenstreckten. Unerschöpflich konnte
sich die Osterflamme auf die Dochte vervielfältigen. Was als ein
verstreutes, scheues Aufzucken in der Finsternis begann, ver-
stärkte sich durch allseitige Mitteilung, und die Helligkeit
schwoll an, bis endlich das zage Leuchten der einzelnen in einem
einzigen Lichtschein über den Gewölben ertrinken konnte. Jetzt
erkannte Vater Äther jeden unter den Gläubigen, und allen
gehörte sein himmlisches Licht. Das Licht vom syrischen Fackelschwinger war heller als das Feuer, welches Prometheus einst den
Sterblichen gebracht hatte. Es überstrahlte den Olymp: »In diesem Pantheon sind alle Götter entthront, die Flamme der Subjektivität hat sie zerstört.«[80]

Kein Bauwerk veranschaulichte die Auszehrung der antiken
Götterwelt durch den kommenden Monotheismus besser als das
Pantheon in Rom. Bereits unter Augustus war »Allen Göttern«
ein Tempel errichtet worden. Nach einem Brand wurde er zur
Regierungszeit Hadrians zwischen 118 und 128 in der heutigen
Gestalt wieder aufgeführt. Am Gebäude überrascht die monumentale Strenge, erzielt durch das Ineinanderfügen einfacher ste-
reometrischer Formen. Der Tempel besteht aus einem Zylinder,
der von einer Stichkuppel gedeckt wird. Daran schließt ein Risa-
lit mit weit vorspringendem Portikus aus drei zu acht korinthischen Säulen. Die kolossale Betonung des Innern bedeutet eine

78. Hegel, Aesthetik II, S. 137
79. Hölderlin, Brod und Wein,
IX/152–160
80. Hegel, Aesthetik II, S. 130

Franceso Piranesi, Pantheon, Rom, Inneres der Rotunde, um 1786

Umwälzung im antiken Tempelbau. Abweisend und eng waren im Vergleich die Cellae der griechischen Heiligtümer. So ungewohnt mußte damals der Baugedanke erscheinen, daß man ihn nach außen verschwieg. Die Rotunde war im Altertum durch Anbauten unkenntlich; sie wurde erst später freigelegt. Auch die Kuppel ist zur Hälfte versenkt in den Tambour: Erst die entfaltete Architektur des Abendlands würde weithin sichtbare Kuppeln errichten zur Bekrönung der Städte. Dem Verdecken diente auch der Portikus; die Tempelstirn war ein Zugeständnis an die religiöse Überlieferung. Am Pantheon vollzog sich eine kulturgeschichtliche Pseudomorphose: Eingezwängt in die Konventionen der Antike, weitete sich – äußerlich unbehelligt – in einem Hohlraum das neue Gottesgefühl aus. In die Kultformen des römischen Kaisertums begann der christliche Monotheismus einzuströmen. Als der Tempel zwischen 608 und 610 zur Kirche geweiht wurde, war gleichsam nur der Geist bestätigt worden, den das Bauwerk je schon belebt hatte.

Der zylindrische Innenraum war von kosmischer Symbolik. Zwei Geschosse umfaßt die Wandgliederung; die untere Ordnung ist in sieben Nischen gegliedert, so daß sich die Rotunde zusammen mit dem Eingang in acht Segmente teilt. Die Sieben-

66

zahl galt als heilig, die Pythagoräer hatten in ihrem Namen Eide geleistet. Vielfältig war ihre Bedeutung; so verwies sie auf die sieben himmlischen Sphären, die fünf damals bekannten Planeten Merkur, Venus, Mars, Jupiter, Saturn sowie den Mond und die Sonne. Sieben Stufen hatte auch die Tonleiter. Ihre Töne schwangen, unhörbar für die Sterblichen, im Kosmos, erzeugt von der Reibung der sphärischen Schalen. Darin waren die Gestirne gefaßt: wie der Edelstein im Reif. Die Klänge der Tonleiter begleiteten den ungeheuer langsamen Tanz der sich drehenden Himmelskreise. In der Oktav kehrte der Ton zu sich selber zurück. Die Acht war die Erde im Sphärenreigen oder das achte Wandsegment: der Eingang zum Pantheon. Dieser Tempel bildete ein mikrokosmisches Abbild des Weltalls. Was war dagegen der Olymp, der umwölkte Berg? Gewiß stand er hoch und abweisend da: ein eingeschlafener Riese, welcher den Zugang von Tessalien ins makedonische Tiefland bewachte; aber vor der Majestät der Sphärenharmonie schrumpfte er zusammen zum lächerlichen Buckel auf der Erdscheibe. Die Anwesenheit aller Götter beschwor das Heiligtum durch die strenge Rationalität seiner Gestalt. Eine Vielfalt geometrischer Beziehungen bildeten ein Geflecht unausgesprochener Bedeutsamkeiten. Die Maßverhältnisse repräsentierten die würdige Choreographie einer allgöttlichen Versammlung. So entspricht beispielsweise die Länge des einbeschriebenen Quadrats im Kreisgrundriß der Höhe vom Scheitel des Kuppelraums bis zum Gesimse, das die beiden Wandgeschosse trennt. Der doppelte Radius der Kuppel erreicht den Raum in der Breite, Tiefe und Höhe: Ideell ist dem Heiligtum eine Kugel eingeschrieben. Das Göttliche stellte sich dar im klaren Geheimnis der Mathematik. Wurden im Pantheon noch die Olympier gefeiert? Oder spottete nicht vielmehr das Heiligtum der zerstrittenen Sippe der Titaniden? Wie schnatterndes Gezänk der Vögel im Donner erstarb, wurde der launige Eigensinn der Menschengötter von der Sphärenharmonie im Pantheon verschluckt. Ein neuer Gott war in das Gehäuse eingezogen: der Gott der Vernunft. Schon der Name wies den Übergang vom alten zum neuen Gottesbegriff: Das Wort πὰν θεόν war fließend in seiner Bedeutung; es hieß ›Allen Göttern‹ so gut wie ›jedem Gott‹; seinen Sinn erfüllte es aber in der ›Allgottheit‹. Der alleine Lenker des Kosmos wurde hier verehrt. Das Prinzip der zentralen Alleinherrschaft durchflutete die Rotunde. Nicht zu Unrecht hat man sie einen künstlichen Monolithen genannt. (In der Sieben verehrten die Pythagoräer das Symbol des Verstandes und des Lichts.) Der überkuppelte Zentralraum findet seinen Abschluß im kreisrunden Okulus. Durch dieses einzige Oberlicht erhielt die strenge Konstruktion die Weihe der Klarheit.

Vernunft und Mythos vereinigten sich in der Verehrung des Tageslichts. Der Okulus war das Auge Gottes, welches sein vernünftiges Werk mit Wohlgefallen betrachtete: Und er sah, daß es gut war. Das Auge des Lichtgotts hatte den Olymp überstrahlt. Was Hegel von den Standbildern sagte: sie hätten keine Augen gehabt, traf auch für die Tempel zu. Die Cella war blicklos. Erst im Übergang zum Christentum öffneten sich die Innenräume dem unendlichen Himmel. Durch das Fenster gewährte der Bau dem Allerhöchsten den Blick in sein Inneres. Zugleich auch bedeutete die Öffnung in der Mauer ein Sich-Hinaussehen ins All, wo Gott wohnte.

Dieser neue Gott war das allgemeine Subjekt, das Prinzip der Subjektivität überhaupt. Denn der eine und absolute Geist hatte sich die Natur seines Gegenteils vollständig unterworfen. Wie das Netz von Kassettenfeldern in der Kuppel wölbte sich über die Welt das Regelmaß seiner Vernunft: Ordnung war die neue Zierde des Geistes. Der Allmächtige und Allwissende hatte sich der ἀνάγκη bemächtigt; jener unbewohnte, blinde Flecken des Olymp wurde zum Zentrum der christlichen Gottesidee. Gott war das Schicksal. Wer sich ihm unterwarf, nahm teil an der göttlichen Subjektivität. Der Gläubige erfuhr die Allmacht an sich selber, nachdem er seine zufällige Menschennatur aufzehren ließ von der Flamme Gottes, die das All durchloderte. So hatte Christus gelehrt und war im Beispiel vorangegangen. Gewiß hatten schon die antiken Götter Subjektivität geübt; doch die Unterwerfung der Natur unter das Selbst war nicht radikal genug gewesen. Noch hielten sie fest an der Schönheit ihres Leibs. Deshalb konnten sie die dämonischen Naturmächte niemals vollständig unterjochen. Immer wieder tauchten diese auf und rasselten mit den Ketten, in welche sie die Olympier geschlagen hatten. Sie waren wach und sannen stets auf Ausbruch. Manche Derbheit der Götter ließ zudem erkennen, daß der Drang der überwundenen Väter in ihren Leidenschaften noch weiterlebte. Der neue und eine Gott erst bändigte die Dämonen ganz. Seit der Fackelschwinger in die Welt gekommen sei, schrieb Hölderlin, habe sich der Titan besänftigt; er sah ihn schlafend in den Armen der Erde. »Selbst der neidische, selbst Cerberus trinket und schläft.« Christus hatte den Wächter der Unterwelt übermannt. Der animalische Zwangszusammenhang des Lebens befahl die Selbsterhaltung bei Strafe des Todes. Wer aber, um der Ewigkeit des Absoluten willen, sein Leben hinwarf wie ein abgetragener Lumpen: Dem hatte die Natur keine Gewalt mehr entgegenzusetzen.

Die abendländische Kunst verließ das Reich der Schönheit. Es gab Höheres für den Geist, als zu erscheinen im sinnlichen

Material. Des Geistes letzte Aufgabe wurde die Erhebung zu sich selbst. Damit sollte das Künstlerische schließlich verlassen werden. Die Kunst im Abendland ließ durchschimmern, sie selbst sei zuletzt überflüssig. Der antike Mythos war eine Kunstreligion gewesen; denn die Künstler verliehen den Göttern ihre Gegenwart durch ideale Gestaltung. Das Christentum aber war eine Religion des Glaubens; Gott hatte sich den Menschen unmittelbar als Geist offenbart, der über die Natur seines Sohnes triumphierte. Die Kunst zeigte diesen Prozeß, indem sie die sinnliche Erscheinung als negiert schilderte. Christus wurde gemalt als der geschundene Mensch. Die Darstellung des Moribunden und Hinfälligen setzte das Geistige frei. Nicht um der vergänglichen Erscheinungen willen war die Kunst da, sondern um darüber hinaus auf ein Prinzip zu verweisen, das sie selbst nicht mehr zu gestalten vermochte. Durch den Tod Christi hatte Gott als Geist seine Negation abgeschlossen. Hegel nannte diesen Prozeß: einen vollendeten Anthropomorphismus. Gott vollendete seine Selbstentäußerung ins Menschsein, indem er sich auch vom furchtbarsten Gesetz seiner Schöpfung, der Vernichtung, überrollen ließ. Demgegenüber – betonte Hegel – blieb der Anthropomorphismus der Griechengötter unvollständig. Diese nahmen zwar die Gestalt der Menschen an; von deren Leiden wußten sie nichts. Sie waren nicht verwundbar und daher unempfindlich für die Botschaft des Absoluten, die nur der vernahm, dem sein Tod widerfuhr. Erfüllungslose Resignation trieb die Unsterblichen in den Verfall. Aber selbst da überwanden sie die Schönheit nicht; sie haftete unverlöschlicher noch an ihren versehrten Leibern, an den Wundmalen vergangener Vollendung leuchtete sie auf. Das Sinnliche wirklich loszulassen blieb den Menschengöttern verwehrt, denn ohne Leib waren sie Nichts. Trauerarbeit leistete erst der Gott des Christentums: In der Gestalt Jesu trennte sich der Geist vom natürlichen Leib. Abschied vom Körper war der endgültige Sinn der Kulturgeschichte. Im Abendland trat das plastische Prinzip zurück, das die Antike bestimmt hatte. Neue Gattungen prägten den letzten Kulturraum: die Malerei, die Musik, die Poesie. Sie alle brachten keine greifbaren Gegenstände hervor. Die Malerei tilgte die dritte Dimension, indem sie sich auf die Fläche beschränkte. In der Musik zog sich die Materie zusammen auf einen unsichtbar verschwingenden Punkt. Die Poesie machte sich vernehmbar durch das stofflose Wort, das nur vom Geist begriffen wurde. Der Übergang der abendländischen Kunst zu Malerei, Musik und Poesie bezeichnete eine zunehmende Entmaterialisierung der Form. Die Malerei war die erste Stufe dieses Prozesses. Der gemalte Körper besaß nur den Schein räumlicher Ausdehnung. In der Bildfläche war das reale Dasein der Objekte aufgehoben und umgeschaffen zu einem geistigen Dasein für den Geist des Betrachters. Dieser fügte in Gedanken die dritte Dimension hinzu. Dem unmittelbaren Zugriff entzogen, schwebten die Dinge als reine Ideen stofflos und scheinbar hinter der Leinwand, wo sie die Kunst des Malers festgehalten hatte.

Die antike Skulptur genügte sich selbst. Sie entfaltete sich im Raum als körperliche Objektivität, welche für sich rund und abgeschlossen dastand, auch wenn niemand sie anschaute. Anders die Malerei: Hier mußte das erkennende Subjekt hinzutreten, damit das Kunstwerk sich vollendete. Erst in der Innerlichkeit des Betrachters rundete sich der gemalte Eindruck zur Totalität einer Bilderfahrung. Der Geist des Sehenden fuhr gleichsam als Lichtstrahl in die Bildfläche, um die Textur der Farbflecke zu räumlichem Leben zu erwecken. Hegel bezeichnete es als die Aufgabe abendländischer Malerei, das Licht des inneren Auges darzustellen. Diese Überzeugung verband ihn mit Goethe:

»Wär nicht das Auge sonnenhaft,
Wie könnten wir das Licht erblicken?
Lebt nicht in uns des Gottes eigene Kraft,
Wie könnt uns Göttliches entzücken?«

schrieb Goethe in seiner Einleitung zur Farbenlehre.[81] Das Licht hatte das Auge hervorgerufen, damit es von ihm erkannt werde und sich entfalte zu seinesgleichen: »So bildet sich das Auge am Licht fürs Licht, damit das innere Licht dem äußeren entgegentrete.«[82] Der Mensch nahm in dem Maß teil an der Lichtgestalt der Welt, als er fähig war, sie zu erkennen. Das Licht offenbarte sich in den Farben, die es in die Natur ausgebreitet hatte. Licht, Gott, Geist: Für Goethe waren es synonyme Begriffe für dieselbe Energie, die alles Leben hervorrief. Goethes Metaphorik der Farben entsprach der Geistmetaphysik Hegels. Die philosophischen Anschauungen des Idealismus versenkte die Farbenlehre in die Sprache der Dichtung.

Die Farben entstanden durch Taten und Leiden des Lichts. Das Licht selbst bezeichnete Goethe als gestaltloses Abstraktum: unbegreiflich wie Hegels absoluter Geist in seinem Ansichsein. Damit das Licht sich offenbare, mußte es in die Materie eintauchen; diese war die Unterlage für das Sichtbarwerden der Helligkeit. Der Eintritt des Lichts in die Materie erregte Farben: »Entstehen der Farbe und Sichentscheiden ist eins.«[83] In Farbgestalt hatte sich das unfaßliche Licht zu einer bestimmten Aussage entschlossen. Aus der weißen Unermeßlichkeit besonderte sich ein

81. Goethe, Farbenlehre, S. 324
82. Goethe, Farbenlehre, S. 323
83. Goethe, Farbenlehre, S. 477

benennbarer Farbton. Er kam zustande durch die Trübung des Lichts in der Materie: σκιερόν τι, ein glänzender Schatten entstand, wo Helle und Finsternis sich verwoben. An dieser Vermählung übernahm das Licht die aktive männliche Rolle, die Materie aber die weiblich empfangende. Die eindringende Energie des Lichts konnte der Betrachter an sich selber feststellen: Kam dem im Dunklen ruhenden Auge ein plötzlicher Lichtstrahl entgegen, so bildete sich um die Erscheinung ein Nimbus, der das leuchtende Bild begleitete. Einen subjektiven Hof nannte Goethe dieses Phänomen. Er erinnerte sich zum Beispiel eines solchen Eindrucks, als er »mehrere Nächte in einem Schlafwagen zubrachte und morgens bei dämmerndem Tageslichte die Augen aufschlug«[84]. Einen begleitenden Nebelschein konnte auch sehen, wer in einer dunklen Kammer stand und gegen eine mäßig große Öffnung im Fensterladen blickte. Subjektiv war dieser Hof zu bezeichnen, da er nicht die tatsächliche Lichterscheinung erfaßte, sondern von einer Überreizung der Netzhaut herrührte. Die energische Wirkung des Lichtstrahls verbreitete sich über die Retina wie Ringe im Teich, den ein Stein getroffen hatte. Der subjektive Hof entstand aus einem »Konflikt des Lichtes mit einem lebendigen Raume«[85]. Damit war das Licht charakterisiert als eine tätige Kraft; indem die Materie dessen Einwirkung erlitt, erzeugte sie Farben.

Die Farbenlehre stellte sich polemisch gegen Newtons Spektraltheorie; Goethe verglich diese mit einer alten Burg, die es endlich zu schleifen gelte:

»Es ist also hier die Rede nicht von einer langwierigen Belagerung oder einer zweifelhaften Fehde. Wir finden vielmehr jenes achte Wunder der Welt schon als ein verlassenes, Einsturz drohendes Altertum und beginnen sogleich von Giebel und Dach herab es ohne weitere Umstände abzutragen, damit die Sonne doch endlich einmal in das alte Ratten- und Eulennest hineinscheine und dem Auge des verwunderten Wanderers offenbare jene labyrinthisch unzusammenhängende Bauart, das enge Notdürftige, das zufällig Aufgedrungene, das absichtlich Gekünstelte, das kümmerlich Geflickte. Ein solcher Einblick ist aber alsdann nur möglich, wenn eine Mauer nach der andern, ein Gewölbe nach dem andern fällt und der Schutt, soviel sich tun läßt, auf der Stelle weggeräumt wird.«[86]

Goethe argumentierte gegen Newton wie der klassizistische Stadtplaner gegen einen alten Festungsring: Die muffigen Wehrtürme und Vorwerke mußten beseitigt werden zur Anlage eines breiten Boulevards mit Parkgelände für den freien Verkehr. Luft

84. Goethe, Farbenlehre, S. 352
85. Goethe, Farbenlehre, S. 353
86. Goethe, Farbenlehre, S. 318f.

und Licht sollten an die Stelle treten, wo die Konstruktion eines altmodischen Rationalismus sich aufgetürmt hatte. Der gepuderte Zopf von Newtons Gelehrsamkeit mußte fallen. Goethe sah sich bei Abfassung der Farbenlehre in der Rolle des Revolutionärs, der zum Sturm der Bastille blies: »Denn kein aristokratischer Dünkel hat jemals mit solchem unerträglichen Übermute auf diejenigen herabgesehen, die nicht zu seiner Gilde gehörten, als die Newtonsche Schule.«[87] Die dichterische Freiheit des Schauens mußte dem starren, wissenschaftlichen Rationalismus die Macht entreißen. Goethes poetischer Zorn über Newton richtete sich gegen dessen anmaßende These, wonach die Spektralfarben durch Brechung des Lichtstrahls in einem durchsichtigen Prisma entständen; die Brechung zerlege das weiße Licht in seine farbigen Bestandteile. Newton beschmutzte buchstäblich das Weiße des Lichtstrahls. Die Spektraltheorie war so ungeheuerlich, wie wenn einer behauptet hätte, der absolute Geist sei im Innern von Fleisch und Blut. Das Licht war das Unteilbare; wer diesem Grundsatz widerredete, verging sich an dessen Reinheit. Die Farbe entstand durch Trübung, nicht durch Brechung. Ungebrochen strömte das Licht in die Materie und machte sich sichtbar durch Vermischung. So waren die dioptrischen Farben in der Atmosphäre zu erklären: Die Sonne zeigte sich am hohen Mittag als blendend gelbes Licht; fast ungetrübt sandte sie ihre Energie auf die Erde. Durch die Röte des Morgens und am Abend verkündigte sie hingegen, daß sie durch eine größere Masse von Dünsten zum Menschen hernieder strahlen mußte. Je größer die Trübung, desto eindringlicher waren die Leiden und Taten, welche das Licht auf dem Schauplatz der Farbe ausfocht. So war das Licht aktiv und die Materie passiv beteiligt am Entstehen bunter Eindrücke. In der Farbenlehre bestätigte sich der Grundsatz, wonach alles Lebendige sich entfaltete aus einem ewigen Kampf, »der durch keinen Frieden und durch keine Entscheidung geschlossen werden«[88] konnte. Das Leben war ein Kräftespiel von Polaritäten. Die Komplementärfarben folgten diesem Gesetz: Auf das bunte Licht antwortete der Schatten mit einem Wert, welcher auf der gegenüberliegenden Seite des Farbkreises lag. Goethe belegte das Wechselspiel mit folgender Beobachtung:

»Auf einer Harzreise im Winter stieg ich gegen Abend vom Brocken herunter; die weiten Flächen auf- und abwärts waren beschneit, die Heide von Schnee bedeckt, alle zerstreut stehenden Bäume und vorragenden Klippen, auch alle Baum- und Felsmassen völlig bereift, die Sonne senkte sich eben gegen die Oderteiche hinunter.

87. Goethe, Farbenlehre, S. 319
88. Goethe, Farbenlehre, S. 369

Waren den Tag über, bei dem gelblichen Ton des Schnees, schon leise violette Schatten bemerklich gewesen, so mußte man sie nun für hochblau ansprechen, als ein gesteigertes Gelb von den beleuchteten Teilen widerschien.

Als aber die Sonne sich endlich ihrem Niedergang näherte und ihr durch die stärkeren Dünste höchst gemäßigter Strahl die ganze mich umgebende Welt mit der schönsten Purpurfarbe überzog, da verwandelte sich die Schattenfarbe in ein Grün, das nach seiner Klarheit einem Meergrün, nach seiner Schönheit einem Smaragdgrün verglichen werden konnte. Die Erscheinung ward immer lebhafter, man glaubte sich in einer Feenwelt zu befinden, denn alles hatte sich in die zwei lebhaften und so schön übereinstimmenden Farben gekleidet, bis endlich mit dem Sonnenuntergang die Prachterscheinung sich in eine graue Dämmerung und nach und nach in eine mond- und sternhelle Nacht verlor.«[89]

Goethe selber hat zugegeben, daß ihm die Mathematik nie gelegen war. Um Newton zu schlagen, mußte er den Theorienstreit von der Physik auf das Feld der Dichtkunst verlegen. Hier war er jedem Gegner gewachsen. An der Schwelle zur industriellen Zivilisation schwebte Goethe die Aussöhnung von Naturwissenschaft mit Poesie vor Augen. Das Vorhaben ist durch die fortschreitende Vernunft widerlegt worden; sie hat sich, wohl oder übel, für Newton und gegen Poesie entscheiden müssen.

Alles Lebendige strebte nach Farbe und zur prallen Undurchsichtigkeit der Oberfläche. »Am farbigen Abglanz haben wir das Leben«, erkannte Faust, als Ariel die Ankunft der Sonne verkündigte.[90] Erst mit dem Tod brach die belebende Spannung ab; mit ihm verschwand auch die Farbe. Das Verstorbene nahm die reine Lichtgestalt wieder an. Der Tod überzog das Wesen mit Weiß: dem abstrakten Schein der Allgemeinheit und der Verklärung. Daher war die Farbe gekommen, und dahin kehrte sie im Verbleichen zurück. Die Hierarchie des Lebendigen drückte sich in Farben aus. Zuunterst standen die mißfarbig-fahlen Würmer, welche, das Licht scheuend, im Finstern wühlten. Erst das lichtdurchlässige Wasser tauchte die Lebewesen in jene Buntheit, wie sie an Korallen, Schalentieren und Fischen zu beobachten war. Die höchste Farbenpracht entwickelte das Gefieder der Vögel, die sich am nächsten beim Sonnenlicht aufhielten. Die Säugetiere hingegen verließen die Elementarfarben. Die höchste Stufe des Lebens zeichnete sich aus durch »bezwungene Farben«[91], welche sich dem reinen Licht annäherten. Farbigkeit deutete auf die Tiefe des Animalischen zurück:

89. Goethe, Farbenlehre, S. 348
90. Goethe, Faust, Zweiter Teil, Vers 4727
91. Goethe, Farbenlehre, S. 470

»Wenn bei Affen gewisse nackte Teile bunt, mit Elementarfarben erscheinen, so zeigt dies die weite Entfernung eines solchen Geschöpfs von der Vollkommenheit an: Denn man kann sagen, je edler ein Geschöpf ist, je mehr ist alles Stoffartige in ihm verarbeitet; je wesentlicher seine Oberfläche mit dem Innern zusammenhängt, desto weniger können auf derselben Elementarfarben erscheinen.«[92]

Der fahle Mensch schließlich war dem Geist am ähnlichsten. Den Überfluß des Organischen barg eine glatte und weiße Haut. Zu starke Behaarung und Muskulatur hielt Goethe eher für eine Erinnerung ans Untermenschliche denn als Zeichen von Stärke. Daß die weiße Menschenrasse die schönste war, ergab sich notwendig aus der Skala des Farbkreises. Dem humanistischen Zweifler hielt Goethe die »Mohrenphysiognomien« entgegen: Ihre offensichtliche Häßlichkeit war der schlagende Beweis, daß »gewisse Farben mit gewissen Bildungen zusammentreffen«[93]. Schwarz war die Nicht-Farbe, welche durch das Weiße überwunden werden mußte.

Im Bereich von Gebrauch und Sitte gebührte dem Weiß und den gebrochenen Farben der Vorrang. Allzu Buntes und Grelles schickte sich nicht für einen kultivierten Menschen. Kinder, Wilde und Wahnsinnige neigten zu starken Farben: Besonders die Verbindung von Gelb und Rot zog sie an. Auch pathologische Farbempfindungen bei Star- und Wurmkranken, Luftfahrern und disharmonischen Künstlern hatten grelles Gepräge. Der Gebildete hingegen bewies seine Nähe zum Geistigen durch Scheu vor bunten Farbtönen: Er kleidete sich bevorzugt in Schwarz und Weiß. Die gelbe Weste des jungen Werther deutete nach der sittlichen Wirkung der Farbe auf ein jähes und leidenschaftliches Wesen. Goethe lobte an den Deutschen die Schlichtheit ihrer Gewandung; man sehe sie »viel in Blau gehen, weil es eine dauerhafte Farbe des Tuches ist, auch in manchen Gegenden alle Landleute im grünen Zwillich, weil dieser gedachte Farbe gut«[94] annehme. Dieser Biedersinn kontrastierte mit den Gewohnheiten der Franzosen, Italiener und Spanier, welche in lebhaften Farben stolzierten. Vornehme Blässe forderte Goethe auch von der Malerei. Als Ästhet von klassizistischem Geschmack warnte er den Maler vor schroffen Hell-Dunkel-Effekten, die zur Barockzeit im Schwange waren. Der Kampf der Elemente sollte besänftigt erscheinen. Das Lokalkolorit der Gegenstände war zu brechen: »Die Hauptkunst des Malers bleibt immer, daß er die Gegenwart des bestimmten Stoffes nachahme und das Allgemeine, Elementare der Farbenerscheinung zerstöre.« Dem Ton des Fleisches war dabei die höchste Aufmerk-

92. Goethe, Farbenlehre, S. 471
93. Goethe, Farbenlehre, S. 472
94. Goethe, Farbenlehre, S. 507

samkeit zu schenken: Sie zu bewältigen bildete die höchste Schwierigkeit. Das helle Fleisch entsprach der aktiven Seite des Menschen; in der Malerei konnte es gehemmt werden durch die Beimischung von Blau, der passiven Seite des Farbkreises. Solche Fleischfarbe war »durchaus ihrem elementaren Zustande entrückt und durch Organisation neutralisiert«[95]. Dämpfung des Lokalkolorits war der künstlerische Beitrag zur Überwindung des Animalischen im Menschsein. Die Farbe mußte veredelt werden unter dem Leitstern des Weißen. Das zufällige Kunterbunt im Leben galt es zu übersteigen: hinan, zur Geistigkeit der allgemeinen Lichtgestalt.

Goethes Farbenlehre sprach von der Materie, die durch das Licht verklärt wurde. Seine poetische Naturwissenschaft stand in der Tradition der christlichen Theologie. Die Offenbarung Gottes war das Licht, das in die Finsternis leuchtete. Die abendländische Kunst hat den Heilsgedanken in der Verkündigung Mariä anschaulich gemacht. Der Lichtstrahl Gottes trifft die Magd des Herrn, und sie empfängt vom Heiligen Geist. Eine berühmte Darstellung stammt von Fra Angelico; der sogenannte Verkündigungsaltar, um 1430/32 entstanden, befindet sich im Prado, Madrid. Maria sitzt im offenen Gehäus. Auf ihren Knien ist das Buch aufgeschlagen, wo der Ratschluß Gottes zu lesen ist. Sie verschränkt die Arme unter der Brust und neigt sich demütig nach vorn: damit erfüllt werde, was geschrieben steht. Bei dieser leisen Bewegung hat sich der lose, blaue Mantel über den Schultern geöffnet und gibt die purpurne Tunika frei. Der göttliche Wille erscheint als jäher Lichtstrahl. Er schießt nieder vom Himmel, durchs Gehäus, trifft Maria, welche geduldig nach innen horcht, als vernähme sie jetzt einen seligen Schmerz im Leib. Die Verkündigung erfolgt durch einen Engel, der als ein Abgesandter des Lichts in Erscheinung tritt: Fra Angelico hat seine Flügel in Gold gemalt, goldbestickt ist auch sein Gewand. Eine Aura von Helligkeit umgibt den Eintretenden.

Maria war das abendländische Ideal geistiger Schönheit. Verkörperte Christus, um es mit Schelling zu benennen, den »letzten Gott«[96], der die Antike beschloß durch die Verneinung des Lebens, drückte Maria die bejahende Seite der abendländischen Frömmigkeit aus. Christus stellte das Leiden im Menschsein dar; die Gestalt Mariens aber deutete auf die Versöhnung des Menschen mit dem absoluten Geist. Die Vereinigung mit Gott vollzog sich durch aufopfernde Liebe: ›Siehe, ich bin die Magd des Herrn, mir geschehe nach Deinem Wort.‹ Die Liebe überhaupt bildete die Grundlage abendländischer Sittlichkeit. Lieben war: das Bewußtsein seines Selbst aufgeben, sich einem andern hinneigen und sich darin vergessen; wer sich im Lieben ganz ver-

95. Goethe, Farbenlehre, S. 513
96. Schelling, Philosophie der Kunst, S. 76

schwendete, nahm sein Selbst erst richtig in Besitz, vermehrt um die Erfahrung eines seligen Verlusts. Die Antike hatte dergleichen nicht gekannt. Selbstgenügsam zehrten die Götter von ihrer Harmonie. Als fürchteten sie ein Verströmen, blieben sie streng eingegrenzt in die Wohlbemessenheit ihrer Gestalt. Schön standen sie da, aber einsam. Die höchste Form der Liebe war das Sichvergessen in Gott. Sooft man sich an ihn verlor, fand man sich in ihm zu Hause, für immer. Einssein im andern bildete den Grundgedanken des Abendlands. Das christliche Ideal hieß: Innigkeit. Kunst offenbarte sich nicht mehr durch leibliche Schönheit; der Körper war nur mehr die Monstranz, welche das Geheimnis der Verbundenheit mit dem All in sich barg. Nur ein Anfallspunkt war der Mensch für die perspektivischen Linien, welche die umfassende Liebe nach innen zog: hinein in einen tiefhallenden Raum, der zuletzt in Gott flüchtete. Der unendliche Gang nach innen führte nicht unmittelbar zum Glück; er ließ aber, zum Trost, das Versprechen künftiger Seligkeit voranleuchten. Man erreichte sie hinter den Klippen seines gebrochenen Herzens. Ein Triumph über das irdische Leiden war der Preis des Versöhntseins in Gott. Er verlieh eine stille Heiterkeit, »das Gefühl der Seele, welche das Sinnliche und Endliche in sich ausgetilgt und damit die Sorge abgeworfen hat, die immer auf der Lauer steht«[97]. Lächeln unter Tränen, Beruhigtsein nach durchgestandener Qual, entsprach dem höchsten Lebensgefühl des Abendländers. So bildete er seine Gestalten in der Kunst: Fast durchsichtig schienen die Leiber der Heiligen und zerbrechlich, als hätte eine lange Krankheit sie gezeichnet. Über dem Antlitz lag die Abgeklärtheit wie der Silberstreif einer Genesung. Diese Seligkeit in Tränen war nicht zu vergleichen mit der Trauer der antiken Götter. Ihr Ausdruck war kalte Melancholie: »ein erfüllungsloses Ertragen des Schicksals«[98]. Das Christentum erst bejahte den Schmerz über den vergänglichen Leib und warf sich der Allmacht bedingungslos in die Arme.

Maria war gleichsam der Brennspiegel, den das Licht Gottes durchdrang, um sich im farbigen Abglanz zu offenbaren. Goethes Farbensymbolik und Fra Angelicos Verkündigung können synoptisch gelesen werden. Weiß und Schwarz bilden die allgemeine Voraussetzung zur Erregung von Farbe. Sprechend ist Goethes Wortgebrauch: Das Bunte wird »erregt« durch die Einwirkung des Lichts auf die Materie. Damit reiht sich die Farbe in die analogia entis der gesamten Schöpfung, die hervorging aus der Scheidung des Chaos in Helle und Finsternis. Die erste Form der Einwirkung von Weiß und Schwarz ist das Grau. Fra Angelico malt damit das Gehäuse, welches drei Viertel der rechten Bildseite einnimmt als Rahmen für das Geschehen der Verkündi-

Fra Angelico, *Mariä Verkündigung,*
Altartafel, 1430-1432. Madrid,
Museo del Prado

gung. Grau ist die allgemeine Mischfarbe, der Grundton des
Mischens überhaupt. So zerfällt die Gesamtheit aller Farben auf
einem Kreisel bei schneller Drehung ins Graue. Das Grau ist
Schattenfarbe, das *σκιερόν*, das zwischen Licht und Finsternis
entsteht. Damit symbolisiert es den Geist, der aus seiner Reinheit
herausgetreten ist, um sich zu zeigen. Der zierliche, graue Portikus verkörpert die vernünftige Schönheit der Schöpfung. Die
Säulen, Bögen und Gewölbe veranschaulichen im stereometrischen Modell die Gesetze, welche unsichtbar den Kosmos
durchwalten. Da Grau das Sinnbild alles Geschaffenen ist, bedeutet es auch die Farbe der Weltlichkeit. Links neben dem Gehäuse
Mariens ist ein Streifen Paradies zu sehen. Adam und Eva werden
vom Würgeengel vertrieben in ein Leben in Schweiß, Arbeit
und Tränen. Zum Zeichen der Scham haben sich die Verstoße-
nen in Kleider gehüllt: Hart kontrastiert deren Grauton mit der
Buntheit des Gartens, den sie verlassen müssen. In diesem Bild-
kontext kehrt das Grau noch die Bedeutung der getrübten
Reinheit hervor.

Die graue Mischfarbe bleibt abstrakt, wie das reine Schwarz und das reine Weiß, aus deren Vereinigung es hervorgeht; im wirklichen Leben sind diese Unfarben nicht anzutreffen. Eigentliche Farbigkeit ergibt sich erst, indem das Schwarze und das Weiße ihre Reinheit je verlassen. Die beiden abstrakten Prinzipien müssen den Gegensatz in sich aufnehmen. So verdunkelt sich das Weiß ins Gelb, und im aufhellenden Schwarz erscheint Blau. Sie bilden Grundfarben der sichtbaren Welt. Das Gegensatzpaar Blau und Gelb tritt im Himmel über dem Paradies auf. Gelb ist die tätigste Farbe, da sie dem Licht zunächst ist. Fra Angelico malt mit ihr den Strahl Gottes, dessen Kraft die Schöpfung erzeugt hat. Blau ist ihr Komplement: die Matrize und Symbol des Geschaffenen. Während das Gelbe vordringt, verflüchtigt sich Blau stetig: Es ist ein »reizendes Nichts«[99]. Unaufhörlich weicht der Horizont vor dem Wanderer ins All zurück. Ein gemalter Sternenhimmel im Kreuzgewölbe des Portikus bildet für Maria ihr Gehäus, den Baldachin. Blau ist auch der Mantel der Gottesmutter: wie das Firmament, welches geduldig das Licht trägt, damit es leuchte. Die erste Vermischung von Blau und Gelb bringt Grün hervor. Im Gegensatz zum abstrakten Grau ist es eine lebendige Mischfarbe. Der Garten Eden ist mit Grün gemalt. Grün ist die Farbe des Ursprungs der Natur. »Unser Auge findet in derselben eine reale Befriedigung. Wenn beide Mutterfarben sich in der Mischung genau das Gleichgewicht halten, dergestalt, daß keine vor der andern bemerklich ist, so ruht das Auge und das Gemüt auf diesem Gemischten wie auf einem Einfachen. Man will nicht weiter und man kann nicht weiter.«[100] Aber der Mensch muß weiter. Aus der primären Harmonie des Paradieses wird er vertrieben. Er muß das Jammertal der Entzweiung erdulden, bis ihm eine neue Verheißung wird im Rot. Maria und der Engel tragen diese Farben. Rot ist das Symbol einer höheren Einheit. Als zweite Harmonie wölbt sich Rot eine Stufe über dem erdhaften Grün ins Erhabene und Übersinnliche. Bot das Grün des Paradieses reale Befriedigung, so deutet das sich steigernde Rot auf das verheißene Ideal. Man könnte beiden Mischfarben die Begriffe Schillers unterlegen: Das naive Grün ist die Farbe Arkadiens, wohin es kein Zurück gibt; es bleibt nur der Gang nach Elysium, dem rot geleuchtet wird. Die Farbe der untergehenden Sonne ist Ort der Sehnsucht und zugleich Ziel der Reise. Ideale Befriedigung kennt kein endgültiges Sattsein; ein leises: ›Mehr noch!‹ mischt sich in das Gefühl der Versöhntheit. So wirkt das gesteigerte Rot, der Purpur: Blau schwingt darin nach, die Farbe des unnahbar Flüchtigen, dem das Auge immer und unendlich nachdrängen möchte. Das Fortstrebende im Purpur wird noch vermehrt durch die

99. Goethe, Farbenlehre, S. 498
100. Goethe, Farbenlehre, S. 501

78

Zusammenstellung mit Blau. Maria ist bekleidet in diesen beiden
Farben: »Sie stimmen zu einer unruhigen, weichen und sehnen-
den Empfindung.«[101] Blau und Purpur stehen auf der Minusseite
des Goetheschen Farbkreises. Ihr Akkord hat etwas Unerlöstes;
doch Fra Angelico weiß ihn zu dämpfen: Zwischen die rote
Tunika und den blauen Mantel hat er im umgelegten Saum
einen schmalen Streifen grün gemalt; Grün als die Aussicht darauf, daß der Hunger nach Erfüllung einst gesättigt sein werde. So
liest sich der Dreiklang von Blau, Rot und Grün an den Gewän-
dern Mariens wie der Satz von Augustinus: »inquietus est cor,
usque ad requiescat in Te, Domine!« Rot wirkt die Beruhigung
über den vergehenden Schmerz. Ein gewaltsamer Lichtstrahl
oder ein heftiger Druck aufs Auge klingt purpurfarben ab. Pur-
purn ist die innere Gewißheit, keine Qual sei so unmäßig, daß sie
einst nicht schwände.

Goethes Farbenlehre erregte seit ihrem Erscheinen im Jahr
1810 eine geteilte Aufmerksamkeit. Bei den zünftigen Physikern
fand sie am wenigsten Zuspruch. Von dieser Seite mußte die
Theorie als der Versuch erscheinen, das Ideal einer poetisch
dominierten Universalwissenschaft zu rekonstruieren in einer
Zeit, da der naturwissenschaftliche Fortschritt sich anbahnte
dank zunehmender Spezialisierung. Anerkennung fand die Farbenlehre jedoch bei den Malern. Der erste war Philipp Otto
Runge, welcher mit Goethe seit 1806 im Briefwechsel stand.
Sein 1809 abgeschlossenes Manuskript über die Farbkugel war
von kongenialen Überlegungen geleitet. Zustimmend waren
auch die Philosophen Schelling und Hegel. Eine gemeinsame
Basis bildete die Kritik an Newtons Spektraltheorie. Die emphatische Auflehnung gegen jenen Übervater der Aufklärung war
kennzeichnend für den deutschen Idealismus des frühen
19. Jahrhunderts. Hegel hatte sich 1817 in seiner Enzyklopädie
der philosophischen Wissenschaften gegen die Spektraltheorie
ausgesprochen. Goethe sah sich durch den prominentesten
Philosophen bestätigt und schickte Hegel ein Exemplar der
Abhandlung über die entoptischen Farben. Zwischen beiden
entspann sich ein freundlicher Briefwechsel. Aus Dankbarkeit
für die Schützenhilfe von akademischer Seite sandte Goethe
zudem ein kleines Präsent nach Berlin: ein gelb gefärbtes Trink-
glas, welches innen mit schwarzer Seide ausgeschlagen war. Das
trübe Glas ließ das Schwarze blau durchschimmern – quod erat
demonstrandum. Bemerkenswert ist die beigefügte Widmung:
»Dem Absoluten empfiehlt sich schönstens zur freundlichen
Aufnahme / das Urphänomen.«[102]

Hegel verschmolz Goethes Lichtmetaphysik mit seinem geschichtsphilosophischen System. Die Farbenlehre diente ihm zur

101. Goethe, Farbenlehre,
S. 497
102. Aus: Wiedmann, S. 85f.

Erklärung kunsthistorischer Phänomene. Hegel hielt die Malerei der Niederländer und der Venezianer für die beste; in diesen Regionen hatten die Künstler eine besondere Beziehung zur Farbe, weil hier die Taten und Leiden des Sonnenlichts im Klima besonders hervortraten:

»Beide der See nahe, beide in einem niedrigen Lande, durchschnitten von Sümpfen, Wasser, Kanälen. Bei den Holländern kann man sich dies so erklären, daß sie bei einem immer nebligen Horizonte die stete Vorstellung des grauen Hintergrundes vor sich hatten und nun durch dieses Trübe um so mehr veranlaßt wurden, das Farbige in allen seinen Wirkungen und Mannigfaltigkeiten der Beleuchtung, Reflexe, Lichtscheine usf. zu studieren, hervorzuheben und darin gerade eine Hauptaufgabe ihrer Kunst zu finden. Gegen die Venezianer und Holländer gehalten, erscheint die sonstige Malerei der Italiener, Correggio und einige andere ausgenommen, als trokkener, saftloser, kälter und unlebendiger.«[103]

Hegel hatte die Niederlande bereist, in Italien war er nie gewesen. Correggio kannte er von den Berliner Sammlungen, die »sonstige Malerei« aus Stichwerken. Die Anwendung von Goethes Farbenlehre auf die Kunstgeschichte brachte im nachhinein die Gewißheit, daß sich eine Reise über die Alpen zum Zweck der Bildung kaum gelohnt hätte.

Die abendländische Malerei hatte das Licht in sich aufgenommen, so wie der Leib Mariens vom Geist Gottes empfing. Seinen Sinn vollendete das Gemälde, wenn es das Bewußtsein Gottes im Subjekt zur Anschauung brachte. ›Innere Beseeltheit‹ war für Hegel der Richtwert ästhetischen Urteilens: Die schönsten Gemälde offenbaren das Durchscheinende im hellen Inkarnat des Fleisches, das schillernd sich aufzulösen schien zur Lichtgestalt. Der vollendete Kunstleib kehrte zum Geist zurück, von dem er entstammte. Das Gegenständliche im Bild war soweit getilgt, daß nur mehr ein objektloses Spiel des Kolorits sichtbar wurde. In den besten Werken wurden die Körper vom Schein der Farbe verbrannt. Die Malerei läuterte die Gegenstände und vollzog die Transfiguration in die Welt der Ideen.

Malerei war die Kunst des Scheinens: Schein im Sinne der Täuschung aus Wahrhaftigkeit. Das Gemälde zeigte die Dinge nicht, wie sie waren, sondern wie sie erschienen. Also war Malerei wahrhaftiger als die antike Skulptur, welche die Gestalt als wirklichen Körper vortäuschte. Unerschöpflich waren die Möglichkeiten des Scheins; die ganze Welt konnte abgespiegelt werden auf der Bildfläche eines Gemäldes. Nicht nur das Licht

103. Hegel, Aesthetik III, S. 69f.

gestaltete die Malerei aus sich selber heraus, sondern auch den Raum: Sie lieferte den innewohnenden Geist samt seiner Umgebung. Ein Gemälde vereinigte die Kunst der Architektur und die Kunst der Plastik. Hegel empfahl den Malern Innenräume für die Staffage; die architektonische Begleitung unterstütze die Aussage des Motivs, während Szenen unter freiem Himmel zu versinken drohten. Die durch Menschen gestaltete Umwelt war das Höhere als die unberührte Natur. Schon in Fra Angelicos Verkündigungsbild stand zu lesen: Von der Wildnis des Paradieses war der Mensch vertrieben, mit dem Auftrag, sich die Natur zu unterwerfen durch Arbeit. Grün war der verlorene Ursprung und Grau die architektonische Vernunft, in deren Rahmen das Heilsgeschehen gefaßt war. Nicht im Freien empfing Maria vom Heiligen Geist, sondern in einem Gehäuse, das durch tektonisches Regelmaß gezähmt war. Der Fortschritt des Geistes war ein Weg von der Natur zur Kultur. Elysium, das verheißene Ziel, war die gebaute Landschaft. Hegel glaubte nicht an bukolische Schlaraffenländer, wo man sich tatenlos im Gesträuch rekelte. »Der Mensch darf nicht in solcher idyllischen Geistesarmut hinleben, er muß arbeiten.«[104] Vehement war die Kritik gegen die zeitgenössische Mode des englischen Parks: Es gebe nichts Abgeschmackteres »als solche überall sichtbare Absichtlichkeit des Absichtslosen, solcher Zwang des Ungezwungenen«[105]. Die künstlich inszenierte Wildnis, die Chinoiserien, Schweizerhäuschen und Einsiedeleien waren »langweilig und lästig«[106], denn sie lenkten ab vom ernsthaften Gedanken oder dem philosophischen Gespräch im Freien. Natur hatte bloß Umgebung zu sein für den Menschen; wo immer sich Wildnis entgegenstellte, war sie zu überwinden. Deshalb bevorzugte Hegel den französischen Garten. Sein geometrischer Aufbau beschrieb den Gang eines Vernünftigen, welcher denkend – den point de vue vor Augen – an den frisch geschnittenen Boketten vorbeischritt. Kein wirrer Schößling sollte die zielstrebige Logik zum Stolpern bringen. Der französische Garten war Natur, umgebaut zur »zweiten Wohnung unter freiem Himmel«[107]. Die Leidenschaft des Spaziergangs, welche die Empfindsamkeit des 18. Jahrhunderts entfacht hatte, vermochte Hegel nicht mehr aus der Studierstube zu locken. Daß schon der junge Hauslehrer aus Schwaben in der Schweiz wenig Begeisterung für das Wandern entwickelte, soll eingehender noch behandelt werden.

Die Loslösung von der äußeren Natur und die Erhebung zur Innerlichkeit schwang als Generalbaß durch die abendländische Kultur. Der christliche Kirchenbau schuf dem entrückenden Geist die großartigsten Gefäße. Das christliche Heiligtum war ein von Mauern gänzlich umschlossenes Haus, welches sein

104. Hegel, Aesthetik I, S. 336
105. Hegel, Aesthetik II, S. 349
106. Hegel, Aesthetik II, S. 350
107. Hegel, Aesthetik II, S. 350

Syrakus, Dom S. Maria del Piliero o delle Colonne, nördliche Seitenfassade. Fotografie Archäologisches Institut der Universität Zürich

Inneres abschirmte gegen außen. Es widersprach der heiteren Offenheit des griechischen Tempels; doch dem Gott des Christentums begegnete man nicht im hellen Mittag, die Zeit der Dämmerung war seine Stunde. Die Kirche drehte sich ab, nach einwärts. Diese Bewegung ist beispielhaft zu verfolgen am Dom von Syrakus. Kaum ein Kulturraum in Europa hat so vielen Göttern gedient wie S. Maria del Piliero o delle Colonne. An der Stelle, wo heute die Kirche steht, im Zentrum der sizilianischen Stadt, hatten schon die Sikuler vor drei Jahrtausenden ein Heiligtum unterhalten. 480 v. Chr. ließen die griechischen Tyrannen Gelon und Hieron einen dorischen Tempel errichten. Die Mittel stammten aus dem phönizischen Silberschatz, den sie in der Schlacht von Himera erbeutet hatten. Der Sieg drängte die Ansprüche der Barbaren auf die Insel Sizilien einstweilen

82

zurück. Der neue Tempel wurde als ein Zeichen griechischen Triumphs der Athene geweiht; die Schirmherrschaft der Göttin über Syrakus sollte die Verbundenheit der Kolonie mit dem Mutterland bekräftigen. Spätestens im 7. Jahrhundert nach Christus erfolgte der Umbau in eine Basilika. Als die Araber Sizilien im Jahr 901 besetzten, wurde das Gebäude für anderthalb Jahrhunderte zur islamischen Gebetsstätte. Die Normannen, welche unter Roger I. Syrakus 1084 eroberten, führten die christliche Religion wieder ein. Seither ist die Kirche Bischofssitz. Die üppige Barockfassade wurde dem ehemaligen Tempel im ersten Viertel des 18. Jahrhunderts vorgeblendet. Spuren eines vielfältigen Gottesdienstes haben sich am Bauwerk abgelagert und sind zum Teil noch erkennbar. Die Umwandlung des griechischen Tempels in eine Basilika illustriert Hegels These von der Inversion des Kultraums im Christentum. Das Athene-Heiligtum bildete einen dorischen Peripteros mit sechs auf vierzehn Säulen. Die christlichen Bauleute beseitigten jene »heitere Offenheit«[108], indem sie die Joche der Peristasis allseitig zumauerten. Die gedrungenen Säulenschäfte sind teilweise noch zu sehen, da sie

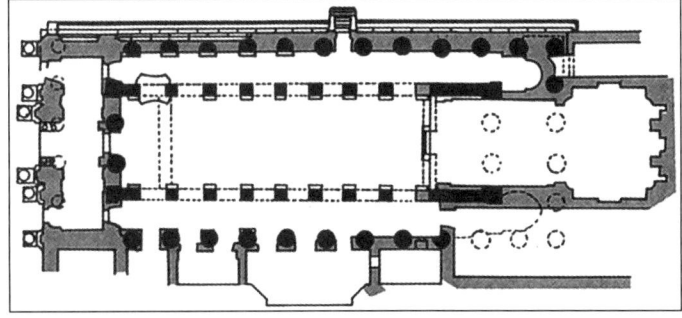

Syrakus, Dom S. Maria del Piliero o delle Colonne, Grundriß

über die Mauerstärke vorkragen. Die durchlässige Vorhalle verwandelte sich zur dichten Verschalung. Das Innere erhielt einen dreischiffig basilikalen Querschnitt. Dabei durchbrach man die Cellawände; in deren Längsseiten wurden zwei Arkadenreihen zu sieben Jochen ausgeschnitten. Die antike Cella bildete jetzt das Mittelschiff der christlichen Kirche. Der allerheiligste Raum, ausgespart für das Götterbild und die eingeweihten Priester, wurde aufgebrochen, damit die gläubige Gemeinde einströmte. Der Umbau fußt auf einem reziproken Raumgedanken: Was offen war, wird verschlossen, und was verschlossen war, wird geöffnet. Die christliche Kirche war der umgestülpte Tempel der Antike.

Die Baukunst des Abendlands fand nach Hegel ihre Vollendung in der gotischen Kathedrale. Ihre Außenhülle war von der

108. Hegel, Aesthetik II, S. 332

Struktur des Innenraums bestimmt. Das Strebewerk ließ an den Umfassungsmauern die innere Disposition durchscheinen. Es leitete die Last des Gewölbes ab und entsprach der Anzahl von Jochen, die das Kirchenschiff gliederten. Was nach innen die Bewegung des Umschließens unterstützte, trat nach außen als aufstrebendes Element zutage. So hatte der Strebepfeiler zwei Richtungen: Als konstruktiver Teil wies er in das umschließende Gehäuse, als ästhetisches Zeichen aber deutete er wie ein Finger in die Höhe. Der Strebepfeiler war das Scharnier, in welches die zwei Baugedanken der Kathedrale – das Umschließen und das Aufstreben – ineinander gefügt waren. Der Anstieg gipfelte im Turm: Hier schien das Gebäude seine Schwere abstreifen zu wollen, um sich an das Gewölk zu verlieren. Auch das Fenster durchbrach die Masse der Steinwand: Als leuchtende Brücke verband es den Gläubigen mit dem Himmel. Dieses heilige Fernweh war am griechischen Tempel nicht abzulesen: Breit lagerte er in der wirklichen Welt; die fensterlosen Raumkörper waren gleichsam blind für das Absolute.

Die Schönheitslinie abendländischer Architektur war der Spitzbogen; Hegel definierte ihn als das »freie Aufstreben und gipfelnde Zueinanderneigen«[109]. Die Pfeiler des Kirchenschiffs verbanden sich in dieser Form. Im jähen Aufstieg wurde die entbehrliche Masse abgestreift, die Stützen entfalteten sich zu Bündeln schlanker Dienste. In schwindelnder Höhe begann jede Linie ihr Gegenüber zu erkennen. Wie Knospen brachen die Kapitelle auf und entließen einen Fächer zierlicher Kreuzrippen. Die Linien neigten sich aus ihrer senkrechten Bahn, um sich in ihrem andern zu vereinigen. Das allseitige Verströmen knüpfte das Netz der innern Gewißheit: Indem die Rippen ineinanderstürzten, hielten sie das Gewölbe als Ganzes in harmonischer Ruhe. So blieb jeder einzelne Kraftstrom in seinem Drang nach Höhe erhalten. Der Chor der Zuneigungen fügte sich zum Gleichgewicht. Der Spitzbogen war das architektonische Zeichen für die besänftigte Sehnsucht, vergleichbar mit dem Purpur in der Malerei.

Hegel hatte den Gang von der morgenländischen zur klassischen Architektur bezeichnet als den Fortschritt vom selbständigen Rätselgebilde zum dienenden Gehäuse. Der griechische Tempel war geschaffen, das heilige Standbild zu bergen. Entsprechend seinem dienstbaren Auftrag blieb der Bau funktional beschränkt auf ein Ruhen und Tragen, das durch Gebälk und Säule erfüllt wurde. Sie fügten sich zusammen nach der zweckmäßigsten Verbindung: dem rechten Winkel. Diese einfache Konstruktion überstieg der Kathedralbau im Spitzbogen. Der Zweck des Gebäudes: Hülle zu sein für die Gläubigen, bildete

109. Hegel, Aesthetik II, S. 334

Sulpiz Boisserée, *Das Innere des Kölner Doms,* aus: Ansichten, Risse und einzelne Teile des Domes von Köln, München 1842, Tafel XVI

nur einen Teil des architektonischen Auftrags. Über die Zweckmäßigkeit hinaus war die Kathedrale ein selbständiges Gebilde, welches das Symbol gläubiger Erhebung verkörperte. Die Baukunst des Abendlands vereinigte somit beide Merkmale der vorangehenden Kunstperioden: Sie war dienendes Gehäuse und bedeutendes Sinnbild zugleich. Architektonische Klarheit tauchte wieder in die Schatten der Symbolik zurück. In den dämmernden Gewölben erlosch die Erinnerung an die konstruktive Notwendigkeit, und aus den Formen schien das Raunen einer Natursprache vernehmbar zu werden:

»Betritt man das Innere eines mittelalterlichen Domes, so wird man weniger an die Festigkeit und mechanische Zweckmäßigkeit tragender Pfeiler und eines darauf ruhenden Gewölbes als an die Wölbung eines Waldes erinnert, dessen Baumreihen ihre Zweige zueinander neigen und zusammenschließen.«[110]

Im Gegensatz zur Antike war die Plastik des Abendlandes nicht mehr Hauptinhalt der Architektur. Vielmehr kehrte sich das Verhältnis um: Die Kathedrale bediente sich der Skulptur als Element ihres Schmucks. Während das Bauwerk als Ganzes die Vernunft des alleinen Gottes symbolisierte, erzählte die Bauplastik von der Mannigfaltigkeit der himmlischen und irdischen Welt. Nicht nur das Heilsgeschehen wurde ausführlich geschildert, die Anekdote, das Groteske und Dämonische hatten einen festen Platz in den gewaltigen Baumassen. Die allgemeine Gebärde der Architektur entblätterte eine unermeßliche Vielfalt besonderer Ausdrucksformen. An den Kapitellen rangen Greifsgestalten mit wucherndem Rankenwerk; grinsende Teufel reckten sich aus Gesimsen hervor; Reliefs zeigten den Bauern bei den Arbeiten, die ihm das Jahr voll machten. Die ganze Welt war abgebildet an der Kathedrale; jeder konnte sich wiedererkennen in seinen Ängsten, Pflichten und Zerstreuungen. Die Vielfalt der Bauplastik war ein Zeichen für das umfassende Wesen der Schöpfung: Für jedes hatte der Allmächtige gesorgt und auch dem Geringsten seinen Platz zugewiesen. So wie das Kapitell mit der Szene eines Hahnenkampfs sich einfügte in den großartigen Schwung des Gewölbes, pries jeder Mensch in der Rolle, die das irdische Leben ihm zuwies, die Ehre Gottes. Im Schmuckwerk fand sich das besondere Subjekt widergespiegelt. Es war in der Architektur, als der versteinerten Bewegung des Wahren und Ungeteilten, aufgehoben. Die Kathedrale bot das Schauspiel eines Hin- und Herwogens von der Einheit in die Vielfalt: dem Sinnbild einer Christenheit, die aus ungezählt vielen Gliedern zusammen einen Leib bildete.

»In solchem Dom nun ist Raum für ein ganzes Volk. Denn hier soll sich die Gemeinde einer Stadt und Umgebung nicht um das Gebäude her, sondern im Innern desselben versammeln. Und so haben auch alle mannigfaltigen Interessen des Lebens, die nur irgend an das Religiöse anstreifen, hier nebeneinander Platz. Keine festen Abteilungen von reihenweisen Bänken zerteilen und verengen den weiten Raum, sondern ungestört kommt und geht jeder, mietet sich, ergreift für den augenblicklichen Gebrauch einen Stuhl, kniet nieder, verrichtet sein Gebet und entfernt sich wieder. Ist nicht die Stunde der großen Messe, so geschieht das Verschiedenste zur gleichen Zeit. Hier wird gepredigt, dort ein Kranker gebracht; dazwischen hindurch zieht eine Prozession langsam weiter; hier wird getauft, dort ein Toter

110. Hegel, Aesthetik II, S. 335f.

durch die Kirche getragen; wieder an einem anderen Orte liest
ein Priester die Messe oder segnet ein Paar zur Ehe ein, und
überall liegt das Volk nomadenmäßig auf den Knien vor Altä-
ren und Heiligenbildern. All dies Vielfache schließt ein und
dasselbe Gebäude ein. Aber diese Mannigfaltigkeit und Verein-
zelung verschwindet in ihrem steten Wechsel ebensosehr gegen
die Weite und Größe des Gebäudes; nichts füllt das Ganze aus,
alles eilt vorüber, die Individuen mit ihrem Treiben verlieren
sich und zerstäuben wie Punkte in diesem Grandiosen, das
Momentane wird nur in seinem Vorüberfließen sichtbar, und
darüber erheben sich die ungeheuren, unendlichen Räume in
ihrer festen, immer gleichen Form und Funktion.«[111]

Die gotische Kathedrale war das Abbild der Himmlischen Stadt.
Ihre Mauern umschlossen die Weltbühne, wo der Mensch flüchtig auftrat und wieder verschwand. Im Grundriß aber wurde die
göttliche Verfassung erkennbar, welche beim Spiel der irdischen
Gesellschaft die Regie führte.

Zwei Welten verschränkten sich im abendländischen Kunstwerk: die Vielfalt der empirischen Wirklichkeit und die Allein-
heit Gottes. Damit war die antike Kongruenz von Geist und
Natur durchbrochen. Stellte man sich die beiden Prinzipien vor
als zwei Geraden, so scherten diese jetzt aus wie die Schenkel
eines Zirkels. Nach der einen Richtung kreuzten sie sich in
einem Punkt: Gott. Er war der absolute Inhalt des Geistes ohne
jede Ausdehnung und Bestimmtheit. Nach der andern Richtung
aber öffnete sich der Winkel und griff aus in die schrankenlose
Unermeßlichkeit der erscheinenden Natur. Nach der göttlichen
Seite verengte sich der Inhalt der abendländischen Kunst in dem
Maße, als er sich erweiterte im weltlichen Bereich. Das Ausche-
ren des Inhalts wurde besonders anschaulich in der Entwicklung
niederländischer Landschaftsmalerei. Als Dürer in den Jahren
1520/21 Joachim Patinir in Antwerpen besuchte, schrieb er ins
Tagebuch von seinem Malerfreund als dem »gut landschafft
mahler«. Erstmals war damit im Deutschen der Begriff ›Landschaft‹ in den Zusammenhang mit Malerei gestellt worden. Tatsächlich öffnete Patinir den Blick für die erscheinende Welt zur
umfassenden Überschau. Die religiösen Motive verloren sich in
der Weltbühne, die unter dem Betrachter im Flug ausgebreitet
lag. Alles war zu sehen, was die Natur besaß: Himmel und
Gewölk; Meere, die vom Horizont silbern zur Küste hinflute-
ten; die Mündung von Flußläufen; unglaublich aufgetürmtes
Gebirge, daß jedem Holländer der Atem stockte; schließlich die
Zeugnisse der menschlichen Arbeit in ausgedehnten Weiden,
Äckern, Bäumen, Häusern und befestigten Städten. Die Welt-

111. Hegel, Aesthetik II,
S. 340f.

landschaft war nicht bloß Kulisse für ein geistliches Erbauungs-
stück; sie bildete vielmehr das Gerüst, das die ausgebreitete
Pracht der Schöpfung trug. Die gemalte Umgebung war so notwendig wie die Gewölbekonstruktion der Kathedrale: Beide
hielten das Vielfältige zusammen in der Einheit der göttlichen
Idee. Auf diesem abgebildeten Kosmos erschien der Mensch
ganz winzig; als homo viator säumte er die gewundenen Landstraßen, er ging seines Wegs, war mit sich beschäftigt oder mit der
Arbeit, die sein Erdenleben zugleich erhielt und sauer machte.
Im Vordergrund des Gemäldes waren die Hauptdarsteller zu
sehen: Kaum ausgezeichnet von den übrigen Dingen der Welt,
wurden sie von dieser scheinbar nicht beachtet. Unbehelligt
führten die Heiligen ihr entrücktes Leben: Hieronimus hält
betende Zwiesprache mit dem Crucifixus; Antonius widersetzt
sich den Anfechtungen des Leibhaftigen und seiner weiblichen
Gehilfen; Josef und Maria mit dem Jesuskind ziehen vorbei, auf
der Flucht nach Ägypten. Patinirs Aufmerksamkeit galt jenen
Momenten, wo die Seele aufbricht vom Ort der Sünde, der
Gleichgültigkeit und des Unglaubens: So wie Lot Sodom verließ – Patinir hat das Motiv mehrmals gemalt. Je umfassender das
All sich darstellte, desto verschwindender wurden darin die
Figuren, die den Sinn des Gemäldes zu tragen hatten. Die Orte
der Bedeutsamkeit zogen sich zum Punkt zusammen, wo die
Farbe nicht mehr hinreichte, um den letzten, absoluten Inhalt
zu bezeichnen.

Bei Patinir ist der Vordergrund als Bedeutungsträger entkräf-
tet. Das zentrale Motiv auf dem vordersten Plan ist meist aus
einiger Entfernung gesehen. Manchmal fehlt der nahe Bühnen-
streifen ganz: beispielsweise in der Landschaft mit der Erhebung
der Maria Magdalena. Der Bildraum beginnt unmittelbar mit
einem draufsichtig wiedergegebenen Mittelgrundplan. Im Kontrast zum verblauenden Horizont ist er im schweren Dunkel-
grün gehalten und belebt vom Baumschlag eines lockeren Wald-
stücks. An eine sanfte Welle im Gelände schließt ein heller
Streifen Weidland. Darüber ragt eine bizarre Felsformation; sie
dient dem Bildraum als Versatzstück, um den Konflikt zwischen
Mittelgrund und Fernsicht zu verdecken. Der Berg hat das Aussehen eines geborstenen Vulkans. Ummantelt von der Krater-
wand, steht auf halber Höhe eine Einsiedelei: So hat sich
Patinir die Felsgrotte von Ste. Beaume vorgestellt, wo Maria
Magdalena dreißig Jahre lang büßend gelebt haben soll. Die
Legenda Aurea erzählt, Magdalena sei zusammen mit Martha
von Bethanien, Lazarus, dem jüngeren Maximin und dem blinden Cedonius mit einem Schiff nach Marseille gelangt. Die
Hafenstadt an der Mündung der Rhône hat Patinir geschildert;

davor erhebt sich das Gebirge der Provence mit der Stadt Aix. Nach der Sage wurde Magdalena zu allen sieben Gebetsstunden von Engeln in die Höhe getragen. Im Bild ist eine elevatio festgehalten. Eine Schar von elfenhaften Himmelsgestalten schwebt mit der Heiligen über dem Kraterrand. In herkömmlicher Weise ist die Eremitin nackt dargestellt; durchsichtige Reinheit gibt Patinir ihrem Leib. Die Wandlung der schönen Sünderin zur Büßenden findet darin ihren Ausdruck. Hure und Heilige: Diese Doppelnatur versöhnt das Frommsein mit der Sinnlichkeit. Madeleine, die christianisierte Felsgrottennymphe, verkörpert die Entsagung als Begierde. Die Erhebung zum Geist kann auch schön sein: wie das Fliegen. Das Irrlicht der elevatio wird vom hellichten Tag fast verschluckt. Niemand nimmt Notiz vom übernatürlichen Geschehen; auch der Bildbetrachter übersieht die Himmelserscheinung zunächst. Doch die Gleichgültigkeit der Welt ist nur scheinbar. Die Gegenwart des Göttlichen hat sich in die Landschaft eingesenkt. Als innere Gewißheit ist sie da; unverlierbar; Gott ist in allen Dingen. Nur der Zweifler bedarf lärmiger Spektakel. So genügt es dem Künstler an der Schwelle zur Reformation, diesen winzigen Lichtfleck zu malen

Joachim Patinir, *Landschaft mit der elevatio der heiligen Maria Magdalena,* um 1512-1515. Zürich, Kunsthaus Zürich
© 1997 by Kunsthaus Zürich. Alle Rechte vorbehalten

89

als Kryptogramm des Wunderbaren. Ob sich dieses Wunder von Ste. Beaume wirklich zugetragen habe oder ob bloß das Auge eines müden Wanderers getäuscht ward: Diese Frage zu stellen hatte Christus schon verworfen, wenn er sagte, selig seien jene, die nicht sähen und doch glaubten. Daher ziehen die Pilger unbeirrt weiter ihren Weg, einzeln oder in Gruppen, zerstreut über die unermeßliche Landschaft. Sie tragen das Gebot der Nachfolge Christi in sich selbst nach überall hin – bis ans Ende der Welt.

Patinir malte den Menschen, wie er der Natur entsagte, die ihn satt und bunt umgab. Nach einem Jenseits hinter den Wolken strebten die Pilgrime und Heiligen. Ihre Sehnsucht konnte der Maler nicht anders darstellen als durch die Weite der Landschaft. Der innere Drang wurde in der Kunst sichtbar als äußere, irdische Vielfalt. Sie galt es zu durchwandern bis an jene Grenzen der Ferne, wo die Nähe Gottes begann. In die Weltlandschaft hatte der Maler sein Gemüt ausgedrückt, das von der heiligen Allgegenwart angerührt war. »Unbestimmtere Vorstellungen«[112] vermochten seine Zeichen bloß zu bilden. Der Landschaftsmaler versuchte, die göttliche Eins stammelnd zu umschreiben, indem er die gesamte sichtbare Wirklichkeit wieder und wieder aufzählte. Er pries Gott durch Attribute, die dessen Schöpfung zahlreich bereithielt. Doch der Hundertste Name, der das Wesen des absoluten Geistes mit einem Zauberschlag benannt hätte, war mit Kunst nicht zu erfassen.

Patinirs Bilder entstanden im ersten Viertel des 16. Jahrhunderts, zur gleichen Zeit, als Luther das Neue Testament ins Deutsche übersetzte. Dem göttlichen Wort wurde im Hier und Jetzt, in der Sprache des Volks, Gültigkeit zugeschrieben. Nicht das muffige Kirchenlatein, auf dem der Staub scholastischer Bücherweisheit lag, sondern der freie Ausdruck, mit dem der Gläubige seine aktuelle Umgebung wiedererkannte, sollte fortan das Gefäß bilden für die Frohe Botschaft. Die Weltlandschaften des frühen 16. Jahrhunderts waren beseelt von der pantheistischen Inbrunst, welche den Geist der Schöpfung auch im Alltäglichen entdeckte. Der künstlerische Pantheismus bildete die Voraussetzung einer säkularisierten Bildersprache. Die Kunst begann sich in die Endlichkeit der Welt einzuhausen.[113] Von der irdischen Erscheinung schnürte sich der religiöse Anspruch allmählich ab. Hegel hatte dies an der niederländischen Malerei des 16. Jahrhunderts festgestellt. Ein Künstler, der mit manieristischer Entschiedenheit die Bildmotive in eine sakrale und eine profane Sphäre spaltete, war Joachim Beuckelaer aus Antwerpen. Der Kunstgriff – er hatte ihn bei seinem berühmteren Meister Pieter Aertsen gelernt – war stets derselbe: Ein Genremotiv mit Stille-

112. Hegel, Aesthetik III, S. 25
113. Hegel, Aesthetik II, S. 221

90

ben beherrschte den Vordergrund; das religiöse Motiv bildete die
Kulisse dahinter. Zu den besten Gemälden Beuckelaers gehört
eine Marktszene mit Kreuztragung, Ecce Homo und Geißelung
aus dem Jahr 1561. Die Bildmitte wird von einem Gemüsestück
in Beschlag genommen. Um die vollen Körbe gruppieren sich
einige Marktfahrer: beschäftigt mit dem Präsentieren der Ware,
mit Feilschen und Schäkern. Erst der zweite Blick dringt hinter
den bunten Lärm des vordergründigen Treibens zum Horizont
des Bildraums. Dieser wird zu zwei Dritteln begrenzt durch eine
unwirklich-klassische Architekturkulisse mit Ruinen. Links
außen öffnet sich freies Feld. Der Hintergrund der Marktszene
bildet den Schauplatz für eine Passion Christi. Mehrere Stationen sind gleichzeitig sichtbar: in einem Kellergewölbe rechts die
Geißelung; Ecce Homo auf dem Sockel der Tempelanlage; gegen
die offene Landschaft der Zug mit der Kreuztragung und in der
Ferne der Berg Golgatha. Bei Patinir bildeten das religiöse Motiv
und die landschaftliche Umgebung zusammen eine Totalität: Das
Heilige war mitten im wirklichen Leben eingepflanzt. Bei Beuckelaer, dem Manieristen, hat sich 50 Jahre später die Trennung
von religiösem und profanem Bereich vollzogen. Aufdringlich
schiebt sich das lärmige Diesseits in den Mittelpunkt des Interesses. Das Besondere verlangt nach seinem Recht: die alltägliche
Welt, die »sich auf ihre eigenen Füße stellt und in ihrem eigenen
Bereiche selbständig ergeht«[114]. Der Prozeß der Heilsgeschichte
wird nochmals aufgerollt, aber diesmal von den Rändern her,
welche die Überlieferung stets verschwieg: Der ewige Zuschauer im großen Spektakel der Weltbühne ist Gegenstand der
Kunst. Beuckelaers Bildregie mochte vom zeitgenössischen Pas-
sionsspiel beeinflußt sein, das auf verschiedenen Schauplätzen
der Stadt die Leiden Christi vorführte. Dazwischen drängte sich
das Publikum, das zugleich Statist war in diesem Theater. Hier,
am Spalier der Geschichtsprozession, sind die Übergänge zwischen dem Ernst der Ereignisse und der Heiterkeit von Volksauf-
läufen stets fließend geblieben. Seine Machtlosigkeit begann das
bürgerliche Subjekt in der Kunst zu durchschauen, indem es sich
respektlos abwandte von den Schauplätzen, wo die Herren auf
dem Buckel der Knechte im Namen von Ideen für Interessen
kämpften. Brechts Formel, daß zuerst das Fressen kommt und
dann die Moral, ist auch den Genrebildern des mittleren
16. Jahrhunderts zugrunde gelegt. Hegel bezeichnete die Beja-
hung des materiellen Diesseits als entscheidendes Merkmal der
abendländischen Neuzeit. Der Bürger wollte zunächst sich selber
erkennen mitsamt den Dingen, die er mit Fleiß geschaffen hatte.
Nicht große Ideen, sondern die täglichen Kümmernisse und
Zerstreuungen sollten durch die Kunst geadelt erscheinen; dies

114. Hegel, Aesthetik II, S. 195

bildete die Grundhaltung des bürgerlichen Realismus. An den
Künstler stellte der Bürger die Erwartung, ein Korb voll Zwie-
beln sei so abzuschildern, daß sie mit den Vorräten in der Küche
zu verwechseln waren. Wenn das gelang, hatte der Künstler
gezeigt, daß er mehr konnte als nur Brot essen; dann waren seine
Bilder ihren Preis wert, und man freute sich über die künstliche
Arbeit wie über ein paar wirkliche, gut genähte Stiefel. Die sub-

Joachim Beuckelaer, *Marktszene mit Kreuztragung, Ecce homo und Geißelung,* 1561. Stockholm, Nationalmuseum

jektive Geschicklichkeit des Künstlers wurde zum entscheidenden Kriterium des ästhetischen Urteils. Das Bild mußte nicht nur solid gemalt sein, sondern auch mit Witz erzählt. Der Bürger wollte unterhalten werden durch die Originalität der Erfindung. Das Versteckspiel mit dem Motiv war ein beliebtes Bildschema bürgerlicher Kunst. Man entzifferte die Malerei wie einen Rebus. Beuckelaer kompliziert die Entschlüsselung des Bilder-

93

rätsels, indem er den Betrachter an den Nebenschauplätzen verweilen läßt. Die Marktfahrer versperren förmlich den Weg zum Heilsgeschehen. Ihre Gesichter sind frontal oder im Dreiviertelprofil uns zugewandt; sie verleiten zu einem saumseligen Sehen und Gesehenwerden. Dieser optische Querriegel gegen den Zug in die Tiefe wird einen Spalt weit geöffnet durch die Figur des Eierverkäufers in der rechten Bildhälfte. Die Gestalt bildet ein Repoussoir, das nach hinten schaut, in die Richtung, wo die bedeutsamen Ereignisse sich abspielen. Doch auch dieser Blick ist nicht entschieden genug und irrt vom Eigentlichen ab: Nicht den gemarterten Christus hat der Eierverkäufer im Auge; seine Aufmerksamkeit gilt dem Brunnen am Platz, wo Maria Magdalena mit einem fliegenden Händler um den Preis einer Salbe feilscht. Erst hinter der müßigen Neugier des Marktfahrers kommt Bewegung in die Menge: Ein Wagen setzt sich nach hinten in Fahrt; davor gehen zwei Reiter im Schritt; ein Auflauf bildet sich vor der Rampe. Jetzt sammelt sich auch der zerstreute Blick des Bildbetrachters, und er sieht, wie zwei fremdländisch kostümierte Männer einen Gefangenen vorführen. ›Seht diesen Menschen!‹ ruft einer. Doch die Aufforderung findet wenig Gehör. Ungerührt bleiben die Marktfahrer: mit sich und mit ihrer Ware beschäftigt.

Die Geschicklichkeit des Malers und sein erzählerischer Witz gingen auf Kosten der Substanz. Während die bunte »Heimatlichkeit im Gewöhnlichen«[115] die Blicke anzog, verflüchtigte sich unvermerkt die geistige Bedeutung. Dem bürgerlichen Betrachter war der Reiz der künstlichen Arbeit gut genug; er fand sich und die tatsächliche Welt als Doppel im Bild bestätigt. Die Kunst der Neuzeit kümmerte sich um die Empirie, die auch den Alltag beherrschte. Die Dinge waren abgebildet in ihrer prosaischen Objektivität. Säuberlich ausgebreitet lagen die Kunstformen da, wie Marktware. Eine fast spröde Sachlichkeit kennzeichnete auch den Ausdruck des Menschen: Mit klaren Konturen, in sich geschlossen, trat jeder auf; jeder ausgestattet mit einem besonderen Eigensinn und dem Zufall seiner Interessen nachgehend. Die Gesichtszüge betonten nicht das Ebenmaß, sondern das Abweichende. Der porträthafte Zug der Malerei stieß bis zur Karikatur vor. Die Annäherung ans Unmittelbare und Ungeglättete widersprach der antiken Ästhetik; sie war bestrebt, in der Kunstgestalt das Besondere mit dem Allgemeinen versöhnt zu zeigen. Die Ästhetik des Abendlands hingegen hob das Besondere hervor: Das Porträt hielt die physiognomische Devianz fest, die den einzelnen vom Typus unterschied. Die Kunst der Niederlande bildete einen Höhepunkt dieser Entwicklung; für Hegel begann mit der Genremalerei des 16. Jahrhunderts die Moderne. »Cha-

115. Hegel, Aesthetik II, S. 146

94

rakteristisch« nannte er den Stil der abendländischen Neuzeit in Übereinstimmung mit der zeitgenössischen Kunsttheorie. ›Charakter‹ war der Gegensatzbegriff zum ›Ideal‹. Die Kunst des christlichen Abendlands galt nicht eigentlich als schön, aber sie hatte Charakter. Schön war nur das Ideale, das die Antike hervorgebracht hatte. Die idealistische Ästhetik des 19. Jahrhunderts definierte den Gegensatz zwischen Antik und Modern als ein reziprokes Verhältnis zwischen dem Allgemeinen und dem Besonderen, Typus und Einzelheit. Nach diesem Muster konstruierte Schelling seine Kunstphilosophie. Die Antike ließ die Einzelheit im typischen Ideal zerfließen; die Neuzeit setzte das einzelne als charakteristisches Beispiel für den Typus. Da der charakteristische Stil die Eigentümlichkeit der Gestalten betonte, öffneten sich die Pforten der Kunst auch der irdischen Bresthaftigkeit. Wie die barmherzige Kirche für alle offenstand, strömten jene herbei, die vom Ideal vernachlässigt waren: Neben dem genügsamen Durchschnitt und der gewöhnlichen Häßlichkeit begann auch das Lächerliche, das Verkrüppelte und das Abnorme den Bildraum zu bevölkern. Hegel ahnte in dieser Entwicklung bereits das Ende der Kunst voraus; denn Kunst war für ihn an den Harmonieanspruch klassischer Schönheit geknüpft. Kunst hatte den Auftrag, schön zu sein; sie mußte die Natur, das Rohmaterial, von den Schlacken des Zufälligen befreien. Wo die Idealisierung der Natur durch die Kunst nicht mehr geleistet wurde – etwa in den derben Genrebildern Jan Steens und Brouwers –, lag für Hegel »die Frage nahe, ob denn dergleichen Produktionen überhaupt noch Kunstwerke zu nennen seien«[116].

Wir wollen Hegels letzten Gang durch das Museum des Weltgeistes nicht unnötigerweise beflügeln. Noch mußten einige Werke betrachtet werden. Daß Hegel aber dem Ausgang zustrebte, wurde aus seinen Äußerungen jetzt bemerkbar: als empfände er eine leise Ungeduld, endlich ins Freie zu gelangen. Daß die Kunst nunmehr ihren Zenit überschritten hatte, mochte man an Beuckelaers Gemälde feststellen. Gewiß: Die Umkehrung der Werte, welche sich hier zur Schau stellte, konnte als Fortschritt gedeutet werden. Von der erratischen Strenge der Kultform hatte sich die Kunst zur profanen Beweglichkeit verflüssigt. Doch mischten sich in diese Denkmäler des Alltags nicht auch Zweifel? Die Angst vor dem Mißlingen überfällt hinterrücks jeden Glauben an einen Fortschritt. Je fragloser die Zuversicht voranstürmt, desto ätzender höhnt den Wanderer sein Schatten. Gewiß: Der Humanismus des 16. Jahrhunderts rückte die Frage nach der Menschenwürde in ein neues Licht. Aber hatte sich der Einsatz gelohnt? Daß die Niedrigen erhöht wurden – vergalten sie es jetzt? Was waren diese Menschen des All-

116. Hegel, Aesthetik II, S. 223

tags, genau besehen, anderes als kleinliche Krämer, die den Tempel der Kunst mit nichts als nur mit Marktlärm anfüllten? Oft nur schwer niederzuringen war dem Humanisten ein Anflug aristokratischer Verachtung gegen jene, die nur die Schule des Heißhungers durchlaufen hatten; denen fehlte offenbar die Voraussetzung, an den Oden des Horaz Geschmack zu finden. Beuckelaer stellte die Ecce-Homo-Szene auf eine erhöhte Rampe. Die schräg nach hinten gestaffelten Versatzstücke antiker Architektur erinnern an Sebastiano Serlios Vorschlag für die Gestaltung der tragischen Bühne. Serlios Schriften waren 1553 auf Holländisch erschienen unter dem Titel »Den tweeden boek van architecturen«[117]. Im Bildzusammenhang bezeichnet die Theaterarchitektur die Passion als Tragödie; sie hat sich vergeblich abgespielt. Die Umkehrung von Staffage und religiöser Handlung symbolisiert die verkehrte Welt. Jeder ist besessen vom Wahn seiner Begierden, jagt seinem eigenen, beschränkten Glück hinterher und bleibt dabei taub für die wahrhafte Botschaft des Geistes. Christus hatte die Krämer aus dem Tempel gejagt; jetzt sind sie wieder da und machen sich breit. Wenn der Gottessohn heute zurückkehrte unter die Niederländer, es würde ihm das gleiche widerfahren, wie vor fünfhundert Jahren. Alles dreht sich wie die Windmühlen. Die Geschichte ist die ewige Wiederkunft menschlicher Torheit.

Der Pessimismus der Humanisten sollte sich aber mit dem Fortschritt des Geistes verflüchtigen. Die Konsolidierung der bürgerlichen Gesellschaft zerstreute die Befürchtung, der Lauf der Welt könne sich in närrische Blindheit verkehren. Unbeirrbar entwikkelte sich die Menschheit der vollkommenen Vernunft entgegen. Hegel war durchdrungen von diesem Optimismus. Jede neue Jahreszahl befestigte das Weltgebäude. Mit einigem Recht zwar mochte der Humanismus zu Beginn der Neuzeit noch gezweifelt haben über den erfolgreichen Ausgang der Zukunft. Um die Reformation zu zerschlagen, zog Herzog Alba 1567 mit den spanischen Truppen durch die Niederlande und verbreitete die Schrekken der Inquisition. Nach achtzigjährigem Krieg erst konnten sich die Nordprovinzen 1648 unter Friedrich Heinrich von Oranien von der spanischen Monarchie und der katholischen Kirche befreien. Der prozessierende Geist der Geschichte hatte sich endlich mit Entschiedenheit auf die Seite der fortschrittlichen Kräfte geschlagen. Hegels Zuversicht in die Zukunft des Bürgertums fand ihren anschaulichen Beleg in der Kunst des befreiten Holland. Der erfolgreiche Kampf um die nationale Selbständigkeit und der Reichtum, welcher vom Handel mit Indien und Amerika zu fließen begann, stärkten den Sinn für die profanen Bereiche des Lebens. Das unmittelbar religiöse

117. Eine nähere Untersuchung dieses Zusammenhangs liefert Moxey.

Motiv verschwand aus dem Bildraum. Waren in der Epoche zuvor die profane und die sakrale Welt oft polemisch gegeneinander aufgetreten, dominierte im bürgerlichen Realismus des 17. Jahrhunderts der Alltag unbestritten. Selbstbewußt ließ sich der Bürger darstellen vor dem Hintergrund seines behäbigen Haushalts. Der Dritte Stand nahm das Recht auf Repräsentation in Anspruch, das bisher dem Klerus und dem Adel vorbehalten blieb. Hegel verteidigte die holländische Genremalerei gegen den Vorwurf, es mangle ihr an geistigem Gehalt. Im Sittenbild setzte der Holländer seiner Rechtschaffenheit ein verdientes Monument.

»Die Befriedigung an der Gegenwart des Lebens auch im Gewöhnlichsten und Kleinsten fließt bei ihnen daraus her, daß sie sich, was anderen Völkern die Natur unmittelbarer bietet, durch schwere Kämpfe und sauren Fleiß erarbeiten müssen und bei beschränktem Lokal in der Sorge und der Wertschätzung des Geringfügigsten groß geworden sind. Andererseits sind sie ein Volk von Fischern, Schiffern, Bürgern, Bauern und dadurch schon auf den Wert des im Größten und Kleinsten Nötigen und Nützlichen, das sie sich mit emsiger Betriebsamkeit zu verschaffen wissen, von Hause aus angewiesen. Ihrer Religion nach waren die Holländer, was eine wichtige Seite ausmacht, Protestanten, und dem Protestantismus allein kommt es zu, sich auch ganz in die Prosa des Lebens einzunisten und sie für sich, unabhängig von religiösen Beziehungen, vollständig gelten und sich in unbeschränkter Freiheit ausbilden zu lassen. Keinem anderen Volke wäre es unter anderen Verhältnissen eingefallen, Gegenstände, wie die holländische Malerei sie uns vor Augen bringt, zum vornehmlichsten Inhalt von Kunstwerken zu machen. In allen diesen Interessen aber haben die Holländer nicht etwa in der Not und Armseligkeit des Daseins und Unterdrückung des Geistes gelebt, sondern sie haben sich ihre Kirche selber reformiert, den religiösen Despotismus ebenso wie die spanische weltliche Macht und Grandezza besiegt und sind durch ihre Tätigkeit, ihren Fleiß, ihre Tapferkeit und Sparsamkeit im Gefühle einer selbsterworbenen Freiheit zu Wohlstand, Behäbigkeit, Rechtlichkeit, Mut, Fröhlichkeit und selbst zum Übermut des heiteren täglichen Daseins gekommen. Dies ist die Rechtfertigung für die Wahl ihrer Kunstgegenstände.«[118]

Die Reformation machte den Weltgeist auf die Füße aufmerksam, die ihn durch die Geschichte trugen. Der Bürger erkannte jetzt, daß die Gesetze des Marktes vernünftiger waren als die blutrünstigen Heiligenlegenden, die den gesunden Menschenverstand betäubten wie der Weihrauch den Kirchgänger.

118. Hegel, Aesthetik II, S. 225f.

Mit der Darstellung des Alltags vollendete die Malerei die Möglichkeiten ihrer Gestaltung. Die Genreszene war der letzte Inhalt, den bildende Kunst am Abend des Abendlands hervorzubringen noch fähig war. Zu ihren Meistern gehört Jan Vermeer van Delft. Seine Interieurs gewähren dem Betrachter Einblick in die gute Stube des Bürgers. Vermeer malte den Stolz, den das Besitzen auslöst. Die meisten Bilder beschreiben eine Zimmerecke: Beleuchtet von einem Fenster, hat hier der Maler alle Dinge ausgebreitet, die ihm teuer sind: seine Gattin; die messingbeschlagenen Lederstühle; seine Tochter mit den Perlohrgehängen; die schweren Teppiche; das Dienstmädchen; das Spinett und die üppig gerahmten Bilder. Mensch und Gegenstand fügen sich zum Stilleben. In immer neuer Anordnung vergewissert sich der malende Bürger seines Hausstands. Nicht aus Angst, ein Stück könnte fehlen, wird der Inhalt der Schatztruhe wieder und wieder gezählt. Der Wiederholungszwang des Nachzählens ist vielmehr die einzige Möglichkeit, angehäuften Besitz zu genießen: indem man die Gulden durch die Finger gleiten läßt, zurück in die Schatztruhe. Vermeers Juwelen der Häuslichkeit sind zum Anschauen, nicht zum Verbrauchen.

Beim Genuß des Besitzens ist die »Goldwägerin« dargestellt. Mit einer Handwaage mißt die Frau das Gewicht ihrer Schmuckstücke, die sie den Schatullen auf dem Tisch entnommen hat. Das hochliegende Fenster in der Ecke ist halb verdeckt durch einen Vorhang; das Dämmerlicht breitet über die Szene eine Aura feierlicher Verschwiegenheit. Eine große Perlenkette quillt über den Rand der Schatulle: Ihr Glitzern ist ein Flüstern von verbotener Hoffart. Die ehrbare Bürgersfrau weiß sich der Verführung zu wehren. Sie wägt nur ihren Schmuck, er ist das materielle Pfand ehelicher Treue, das sie zum Hausstand beigesteuert hat. Vermessen wäre es, sich mit dieser atemberaubenden Pracht zu schmücken am hellichten Tag. Nur einmal hat die Frau ihren ganzen Schmuck am Leib getragen, als sie ihre Jungfräulichkeit eintauschte gegen die Würde des Ehestands. Bis ihre Tochter verheiratet wird, soll kein Tageslicht den Glanz des Geschmeides aufwecken. Nur manchmal, wie jetzt, huscht die Bürgersfrau in ihre Kammer, zieht den Vorhang vor den Nachbarn und holt die Schmuckkästchen aus ihrem Versteck hervor. Schon vor dem Öffnen weiß sie, daß alle Stücke säuberlich daliegen wie je in den scharlachroten Polstern. Sie wägt dann die Perlen mit Gold auf, als kennte sie nicht schon längst den Wert ihres Frauenguts. Sinnt sie beim Messen nicht eher über das Gleichgewicht der Goldwaage, das so empfindsam schwankt wie das Glück im Leben, wenn Mädchenträume gegen die Wirklichkeit abgewogen werden? Nur kurz und verstohlen horcht die Frau in

Jan Vermeer van Delft,
Goldwägerin, 1662–1663.
Washington (D.C.), National
Gallery of Art

sich zurück. Bald wird sie mit entschlossener Gebärde die Schatulle wieder an ihrem sichern Ort verwahren. Sie wird zum
Kontor ihres Mannes zurückkehren, um die Rechnungsbücher
des gemeinsamen Geschäfts nachzuführen.

Verzicht auf unmittelbare Befriedigung bildete das Geheimnis
des Wohlstands. Besitz häufte sich an, indem man die Dinge
aufhob, statt sie sogleich zu verzehren. Durch haushälterischen
Umgang mit den Begierden regulierte der Bürger sein Leben.

»Tages Arbeit, abends Gäste!
Saure Wochen, frohe Feste!
Sei dein künftig Zauberwort.«

Dies zu beherzigen riet Goethe dem Schatzgräber. Kein aben-
teuerliches Vabanquespiel, keine nächtlichen Exzesse, keine dionysischen Feiern, sondern der vernünftig eingeteilte Wechsel von
Werktag und Feierabend machten das Glück voll. So wie das
Leben selbst wurde die ganze Welt in zählbare und meßbare
Dinge eingeteilt. Unter dem Messen und Zählen verwandelten
sich Dinge in Waren. Zweck der Herstellung von Waren bildete

nicht der unmittelbare Verzehr, sondern der Tausch. Sollte der reisende Kaufmann von Westindien zurückkehren, um die gut abgewogenen Tabakfässer alle selber zu rauchen? Er ließ sie unangetastet und veräußerte sie mit dem Gewinn, der ihm durch Einsatz von Arbeit, Reisekosten und Risiko zustand. Nicht die getrockneten Blätter selbst interessierten den Handelsmann, vielleicht verabscheute er sogar den Geschmack der Tabakspfeife. Er tauschte den Stoff gegen Geld, zog gleichsam aus dem Material einen abstrakten Wert heraus. Dieser Tauschwert, Geist der Ware, war unsterblich, im Gegensatz zum Warenkörper. Während der genußfreudige Raucher das erworbene Ding in qualmende Luft auflöste, ging der Tauschwert auf seine Seelenwanderung durch die Börse des Kaufmanns, wo sie als klingende Münze in den Chor ewiger Wertvermehrung einstimmte.

Vermeers Goldwägerin ist beschäftigt, den Wert: die Seele des Schmucks, zu wägen. Gold und Edelsteine bilden, wie das Geld, eine reine Wertform; die Lust am Schmuckstück kann nicht durch Verzehr befriedigt werden, sondern nur durch die Vergewisserung des Wertes im Nachmessen. Nicht sein reales Dasein wird am Geschmeide konsumiert, sondern der Glanz, der von ihm ausgeht und die erregende Vorstellung hervorruft, wie viele Stoffballen man gegen ein so kleines, aber funkelndes Ding wohl bekäme.

Die Magie des Scheinens darzustellen bezeichnete Hegel als Hauptzweck bürgerlicher Kunst. Reizen sollte am Gemälde nicht die vorgestellte Realität, sondern das Erscheinen der Dinge als reine Kunstwesen. Der Betrachter bezog sich auf ein gemaltes Stilleben mit einem Wohlgefallen ohne praktische Begierde. Er glich darin dem Kaufmann, der den Wert seiner Ware zu schätzen wußte, ohne sie selber zu verzehren. Hegel wandte sich gegen die naive Ästhetik eines Sensualismus, welcher in der täuschenden Nachahmung den Zweck der Kunst sah. Von dieser Seite wurden stets die gemalten Weintrauben des Zeuxis als Beispiel vollkommenen Kunstwerks genannt, weil sie nach der Sage so täuschend wiedergegeben waren, daß die Tauben daran pickten. Hegel ergänzte die antike Anekdote mit einer neueren, um die Lächerlichkeit der sensualistischen Auffassung herauszustellen. So soll der Affe des Naturforschers Christian Wilhelm Büttner die Illustration eines Maikäfers zernagt haben, weil sie ihm so naturgetreu erschien. Solche Kunstbetrachtung war verkehrt. Die bloße Anstiftung zum physischen Verzehr war nicht Aufgabe der Kunst, im Gegenteil: Geistige Interessen sollten geweckt werden. Der Schein der Dinge und seine Übereinstimmung mit sich selbst waren darzustellen. So wie der Kaufmann aus den Waren die Wertform destillierte, erfaßte der

Künstler von den Gegenständen die Aura ihrer Schönheit. In diesem Sinne waren die Genremalerei und das Stilleben eine Schule für das theoretische, begierdelose Schauen. Ihre Bilder zogen den Betrachter zwar in den Bann der alltäglichen Welt, lehrten ihn aber zugleich den Verzicht. Berühr mich nicht! sprachen die üppigen Fruchtkörbe und die lächelnden Gesichter blühender Frauen. Die Malerei »zerriß die Fäden der Bedürftigkeit, der Anziehung, Neigung oder Abneigung«; sie führte zur Einsicht in den ästhetischen Selbstzweck der Dinge.[119] Die praktische Ökonomie lehrte es: Durch Verzicht konnte der Wert einer Ware verewigt werden. Indem der Kaufmann den Tabak nicht rauchte, blieb ihm die Wertform davon erhalten durch den Verkauf.

Den Triumph über die Vergänglichkeit feierte auch die bürgerliche Kunst. Ihre Malerei liebte den Augenblick: ein Lächeln, das in Wirklichkeit rasch wieder verglomm; das jähe Glitzern auf einem erlesenen Gefäß; die flüchtige Bewegung eines vertieften Musikanten. Warum diese Vorliebe des Bürgers für den Augenblick? Weil er ihn nicht selber genießen durfte. Untätiges Verweilen widersprach dem Willen, Besitz anzuhäufen. Zeit verschwenden bedeutete soviel wie: die zur Veräußerung bestimmten Waren selber verbrauchen. Weil der Bürger im Kontor keine Zeit hatte für den Augenblick, ließ er ihn durch den Maler einfangen, damit jener am Feierabend künstlich nachgeholt werde. Kunst bildete den Schein dessen, was man unmittelbar zu genießen sich stets vorenthalten mußte. Im Gemälde wurde das Leben geronnen, weil man es lebendig nicht aufbewahren konnte. Darin glich das Genrebild einer Schatulle voll Schmuck: Hier waren Werte eingefroren, die man zwecks Verewigung dem Kreislauf des Verbrauchs entzogen hatte. Kunst und Schmuck konnten nur betrachtet werden mit dem interesselosen Wohlgefallen des Besitzenden. Der Schein ihrer Kostbarkeit schwebte als versöhnliche Fata Morgana über dem enthaltsamen Einerlei des Alltags. Kunst entschädigte den Triebaufschub, indem sie das ›Hier und Jetzt‹ in konservierter Wertform vorspiegelte. Bürgerliche Ästhetik war unberührbar gemachtes Leben. Als Kunstschönes kehrte das Aufgeschobene zurück: unmittelbar nur zum Anschauen, denn weit entrückt blieb es in der unbetretbaren Ferne des Bildraums. Ungewollt verewigte sich so auch die Melancholie über den tatsächlichen Verlust des Augenblicks. Zur Strafe dafür, daß der Bürger die Welt der Dinge in eine Welt von Waren verwandelt hatte, wurde ihm der Kunstgenuß auferlegt: Vergleichbar mit den Qualen des Tantalos, hielt dieser den Hunger nach den Dingen des Lebens stets wach, um ihn sogleich zu enttäuschen. Es wiederholte sich in der ästhetischen Erfahrung der Entzug des

119. Hegel, Aesthetik III, S. 65

praktischen Genusses, den schon der Alltag bestimmte. Kunst war die hohe Schule des Verzichts. Sie nahm den Dingen die Brauchbarkeit, aber wog sie – zum Trost oder zur Verschärfung der Qual über das Unerreichbare? – mit Schönheit auf.

Wie schon erwähnt, fügt sich in den Gemälden Vermeers der Mensch unter die Dinge als Teil eines Stillebens. Meist sind die Figuren ganz versunken in ihre augenblickliche Situation, nur wenige nehmen den Blickkontakt mit dem Betrachter wahr. Dieses Innesein in der gegenständlichen Welt nannte Hegel die »Harmonie des Subjekts mit seiner besonderen Tätigkeit«[120]. Art und Zweck der dargestellten Handlung zu erklären war dem Künstler nebensächlich; es ging ihm zur Hauptsache darum, die Seele der Lebendigkeit herauszustellen, wie sie im freien und zweckvollen Handeln zutage trat. Der Mensch war die bewegende Kraft in den Gegenständen; er hielt den Alltag in Gang, so wie der Demiurg im Universum wirkte. Gott hatte sich im Menschen sein mikrokosmisches Abbild gestaltet. Bedeutend ist in diesem Zusammenhang das Tafelbild, welches das Zimmer der Goldwägerin schmückt. Es stellt ein Jüngstes Gericht dar: Am endzeitlich geschwärzten Himmel erscheint Christus, umgeben von einer glänzenden Mandorla; er scheidet die Seligen und die Verdammten auf der Erde. Das Bild des Weltenrichters, welcher gleichsam über dem Haupt der Goldwägerin schwebt, bezeugt die Seinsanalogie zwischen Gott und Bürger. So wie Gott am Jüngsten Tag die Menschenseelen wägen wird, so wägt die Bürgersfrau ihre Waren. Die Waage ist das Zeichen der göttlichen Gerechtigkeit. Der Mensch benutzt denselben Maßstab; dieselben Gesetze, welche der Schöpfer für den Kosmos verbindlich erklärte, sind auch gültig für die Sphäre des Warentauschs. Die Verkehrsformen der bürgerlichen Gesellschaft sind Teile der Theodizee. Der gerechte Tausch von Waren gegen Werte ist von Gott im Schöpfungsplan vorgesehen seit Anbeginn.

Nach Leibniz war jedes Ding in der Schöpfung von einer Monade beseelt: einem gestaltlosen Kraftmittelpunkt ohne körperliche Ausdehnung. Jede Monade glich ihrem Schöpfer; sie unterschied sich von ihm nur durch den Grad an Vollkommenheit. Weil alle Monaden dieselbe Struktur aufwiesen wie die Urmonade, konnte nichts abweichen vom Plan des himmlischen Mechanikers. Der Mensch war, wie jedes Geschöpf, ein Spiegel des Alls: wohlbemessen, wie der Lauf der Gestirne, den Gott nach bestem Willen erschaffen hatte. Die Vorsehung Gottes und das vernünftige Handeln der Menschen verliefen parallel, so wie Körper und Geist nebeneinander harmonierten. Leibniz verglich ihr Gleichmaß mit zwei Uhren, welche dieselbe Mechanik

120. Hegel, Aesthetik III, S. 62

aufwiesen und gleich gerichtet waren, so daß sie immer dieselbe Stunde anzeigten. Der Verstand des Menschen verhielt sich ähnlich zur Allwissenheit; nur in der minderen Klarheit und Ausprägung der Wahrheit unterschied sich das irdische Denken vom absoluten. Auf dem Grundriß der Wahrheit waren alle Monaden aufgebaut; daher benötigten sie keine Fenster, um die Offenbarung von außen zu empfangen. Der Mensch brauchte nur in die Dinge hineinzuhorchen, und sie gaben ihren Sinn preis. Durch Rückerinnerung erlangte er das Wissen über die Welt, deren Struktur in ihm selber als Mikrokosmos vorgezeichnet war. Mit Wägen, Zählen und Messen lauschte er hinein in die innere Verfassung des Alls. So ahmte die wissenschaftliche Erkenntnis die Schöpfung nach. Weil der Allmächtige, Allwissende und Allgütige immer nur das Beste wollen konnte, war diese seine Welt die vollkommenste aller Möglichkeiten. Als unsichtbares Band verknüpfte das Gleichmaß aller Monaden die ganze Schöpfung zu einem System der prästabilierten Harmonie. Nichts konnte aus der großen Ordnung herausfallen. Vernunft und Glaube waren eins. Das Dasein Gottes rechtfertigte sich dem Menschen durch die wissenschaftliche Einsicht in die Vollkommenheit der Naturgesetze.

Aus Vermeers Goldwägerin spricht der Optimismus, daß der Mensch parallel stehe zum göttlichen Willen in der bestmöglichen Welt. Der Bürger hatte die Heilslehre derart in sich aufgenommen, daß sein gesellschaftliches Handeln von vornherein sittlich war. Dies entsprach dem Fortschritt des abendländischen Geistes. Die Menschen des Mittelalters brauchten noch die Androhung von Strafen, um dem Gesetz zu gehorchen; der Bürger aber folgte einem innern Antrieb zum Guten, wenn er die Gebote erfüllte. Mit der Verinnerlichung der Sittlichkeit entfiel auch das Bedürfnis nach großartigen Gesamtkunstwerken. Als einschüchternder Zeigefinger reckte sich die Kathedrale auf und drohte dem elenden Sünder mit dem Jüngsten Gericht. Die Reformation machte die Kunst als Mittel der Erziehung überflüssig: Der Mensch war der heilsgeschichtlichen Zuchtrute entwachsen und vernünftig geworden.

Nach innen, wie die Sittlichkeit, ging der Weg der Kunst. Hegel stellte fest, daß die Kunstformen des Abendlands sich allmählich von der Architektur abzulösen begannen. Immer weniger dienten sie als Bildprogramm für Kirchen und Schlösser; sie zogen sich zurück in die Innenräume. Die Malerei machte sich im Tafelbild beweglich. Zugleich wurden die Formate kleiner, die Motive inniger und paßten sich den schlicht-behäbigen Ratsstuben und der Privatheit von Wohnzimmern an. Der entscheidende Bestandteil eines Bilds war der Rahmen: Er markierte die notwendige Grenze zwischen Sein und Schein. In Vermeers Goldwägerin ist das gemalte Heilsgeschehen durch einen schwarzen Holzrahmen vom bürgerlichen Interieur abgetrennt. Schilderte Patinir die Bibelgeschichten und die frommen Legenden inmitten der irdischen Weltlandschaft, entrückte Vermeer das religiöse Motiv zum Bild im Bild. Hermetische Innerlichkeit kennzeichnete seine Vorstellung des Glaubens. Der strenge, schmucklose und breite Bildrahmen des Jüngsten Gerichts markierte den Wall zwischen himmlischem und irdischem Geschehen. Seine Undurchlässigkeit entsprach einer Eigenschaft der Monaden: Sie waren fensterlos. Die Gerechtigkeit des Weltenrichters und die Gerechtigkeit der Goldwägerin verliefen zwar parallel, waren aber niemals identisch. Gott hätte sich nicht angemaßt, mit Donnerschlag und widernatürlichen Wundern in die bürgerlichen Verkehrsformen einzugreifen. Der gerechte Warentausch wiederholte ja die göttliche Vernunft, daher waren Korrekturen von oben überflüssig. Der Bildrahmen glich einem fetten Merkstrich unter den Satz Luthers: »Der Glaube allein macht selig, der frommen Werke bedarf es nicht.« Fort mit der unnützen Wallfahrerei und den kirchlichen Feiertagen; eine Religion, welche zu sehr in den Alltag regiert, fördert den Müßiggang. Schade um die Arbeitszeit, welche durch Kirchgänge verlorenging. Unmißverständlich wurde Gott der Wink gegeben, sich nicht einzumischen in die weltlichen Geschäfte. Den Himmel überließ man ihm bei dieser Gütertrennung gerne. Der Bildrahmen schützte vor Übergriffen des Bildinhalts in das wirkliche Leben. Durch Rahmung wurde das Kunstwerk neutralisiert. Es war gezeichnet als bewegliches, in sich geschlossenes Ding. Vermeers Innenräume sind oft mit Gemälden geschmückt; die Wände können aber ebensogut ausgestattet werden mit Landkarten, mit einem Spiegel oder einem Vorhang. Bilder wurden austauschbar gegen andere dekorative Gegenstände. Seine Botschaft verblaßte zum gerahmten Farbfleck, welcher die gute Stube belebte. Kunst gehörte zum Mobiliar, das der Bürger sich erwarb zur Verschönerung des privaten Wohnraums.

Der Weltgeist stand auf der Seite der Reformation, wo sich die fortschrittlichen Elemente der abendländischen Kultur versammelten. Der Barock fehlt in Hegels imaginärem Museum. Die Kunst der katholischen Gegenreformation war bloß das Rückzugsgefecht einer überlebten Epoche, welche die prozessierende Vernunft hinter sich zurückgelassen hatte. Die Reformation stellte die Botschaft des Christentums auf die geistige Grundlage allgemeiner Sittlichkeit. Dem mittelalterlichen Menschen mochte die blumige Sprache der Legenden notwendig sein: Sie umschrieben den Heilsgedanken für das einfache Gemüt.

Der reformierte Christ verstand die Lehre auch ohne die Umschweife treuherziger Märchen. Im Gegensatz zur »barbarischen Religiosität«[121] des Katholiken mußte der mündig gewordene Abendländer keine Blutopfer sehen, um in die Knie zu fahren. Die Nachfolge Christi war ihm innere Haltung: Verzicht, Buße und Selbstaufgabe drückten sich aus in den bürgerlichen Tugenden der Genügsamkeit und des Fleißes. Sein Kreuz nahm auf sich, wer als nützliches Glied der Gesellschaft einen sittlichen Lebenswandel pflegte. Die drastischen Züchtigungen des Körpers, welche der Katholizismus seinen Mitgliedern vorschrieb, wurden überflüssig. Das übermäßige Fasten, die flagellatio und das Pilgern schwächten die Arbeitskraft. Nützliche Arbeit aber war schließlich Zweck der Sittlichkeit; indem das Subjekt sich als nützlich erwies, opferte es sich den Bedürfnissen der Allgemeinheit. Also tat der gläubige Bürger, wie Christus geheißen hatte. Hegel bezeichnete den Protestantismus als eine höhere Wahrheit, in welcher der Heilige Geist zu sich gekommen war.[122] Das Rankenwerk der Legenden und Gleichnisse wurde entfernt, und es erschien darunter der reine Glaube, »abgetrennt von aller Naturgrundlage«[123]. Dagegen blieb die Sprache der katholischen Kirche in der sinnlichen Anschauung verhaftet; die Kunst des Barock bot abschreckende Beispiele genug. Hegel fand für diese Epoche nur pauschale Worte der Ablehnung. Ihre schwülstigen Äußerlichkeiten verdienten es kaum, in einer ästhetischen Abhandlung erwähnt zu werden. Anstößig fand Hegel die Darstellung von Wundern: Die Heiligen und Engel, welche als krause Luftfahrer die Wolken bevölkerten, mußten jedem Aufgeklärten ein Kopfschütteln abnötigen. Das Gesetz der Schwerkraft war von Gott selbst in die Welt gesetzt; die Darstellung widernatürlicher Transfigurationen verstieß gegen die göttliche Vernunft selbst, die sich in einer verständigen Schöpfung ihren unabwendbaren Nachdruck verliehen hatte. Luftsprünge machte die Natur so wenig wie der Wille Gottes. Schwerer noch wog die Entartung in den Motiven, wo die Glaubenshelden ihre Standhaftigkeit durch »Schinden und Braten«[124] unter Beweis stellten. Was da nicht alles der künstlerischen Darstellung würdig befunden ward: »die Verzerrungen und Verrenkungen der Glieder, die leiblichen Martern, die Henkersgestalten, das Köpfen, Rösten, Verbrennen, in Öl sieden, aufs Rad flechten usf.« – dies alles machte den katholischen Kirchenraum zum Gruselkabinett ekelhafter Äußerlichkeiten. Die christlichen Folterszenen beleidigten nicht nur die Schönheit, sondern widersprachen auch dem modernen sittlichen Empfinden. In diesem Sinne waren die Märtyrerlegenden sogar »ein sehr gefährlicher Stoff für die Kunst«[125]. Lächerlich fand Hegel schließlich jene allegorischen Glaubensfiguren, wel-

121. Hegel, Aesthetik II, S. 166
122. Hegel, Aesthetik II, S. 159
123. Hegel, Aesthetik II, S. 158
124. Hegel, Aesthetik III, S. 58
125. Hegel, Aesthetik II, S. 162

che unter Konvulsionen ins Jenseits schmachteten, statt sich mit der Vernunft der Wirklichkeit auseinanderzusetzen.[126] Da lobte sich Hegel die knorrigen Stifterfiguren auf Andachtsbildern eines van Eyck oder eines Holbein. Diese Gestalten waren geprägt von der harten Schule des Alltags als Staatsmänner und Bürger. In ihren zerfurchten Stirnen hausten andere Sorgen als bigotte Flausen: Ihnen war anzusehen, »daß sie auch außerdem noch etwas sind, andere Geschäfte haben und hier nur gleichsam am Sonntag oder morgens früh in die Messe gehen, die übrige Woche aber oder den übrigen Tag anderweitige Geschäfte treiben«[127]. – Kurz zusammengefaßt: Die Darstellung von Frömmelei, widernatürlichem Spuk und blutrünstigen Greueln lag nicht im Interesse einer »gesunden Kunst«[128]. Das harte Urteil Hegels sollte nicht nur die traditionelle katholische Kirche treffen; es

126.   Hegel, Aesthetik III, S. 57
127.   Hegel, Aesthetik III, S. 55f.
128.   Hegel, Aesthetik II, S. 162

Hans Holbein d. J., *Die Madonna des Basler Bürgermeisters Jakob Meyer zum Hasen,* 1526–1530. Hessische Hausstiftung, Schloß-museum Darmstadt

war auch gerichtet gegen die Romantiker. Diese modernen Künstler gefährdeten die Gesundheit der Kunst, indem sie sich sentimental an eine überkommene Bildersprache anlehnten.

Hegel charakterisierte den Fortschritt der abendländischen Religiosität als einen Abschied von ›Diesem‹[129]. Die ursprüngliche Frömmigkeit bezog sich auf die authentischen Zeugnisse des Heilsgeschehens: auf die Reliquien und auf das Grab Christi in Jerusalem. Diese Gebeine, dieser geschichtliche Ort verkörperten je die sinnlich anwesende Wirklichkeit der göttlichen Offenbarung. Sie waren Heilstatsachen. Deshalb versuchte die Christenheit während der Kreuzzüge, den Felsendom den Ungläubigen zu entreißen, um ihn dem Abendland einzuverleiben. Hier, in diesem Stück Erde, war Christus, diese wirkliche Spitze der göttlichen Individualität, begraben worden. Nach jahrhundertelangem, aussichtslosen Kampf nahm das Abendland Abschied von der Idee, das Heilige Grab zum Fundament eines Christenreichs auf Erden zu machen. Man erkannte, daß der Glaube nicht abhing vom physischen Besitz seiner Überlieferung. Wichtiger als das Heilige Grab bloß äußerlich zu behändigen war es, dem Herrn in seinem eigenen Herzen eine Ruhestätte zu bereiten. Die innere Gewißheit war jetzt Jerusalem; die himmlische Stadt barg jeder in sich selber. Ein vergeistigter Glaube trat an die Stelle des fetischhaften Kultes mit Gegenständen. Eine entscheidende Rolle bei der Vergeistigung der religiösen Gefühle spielte die Kunst: Sie verklärte den Fetischismus zum Scheinen. In ihr waren die Heilstatsachen nicht unmittelbar physisch ausgestellt, sondern nur Abbild, geschildert nach der Vorstellung eines Künstlers. Die religiöse Kunst überstieg die Äußerlichkeit des ›Diesen‹. Sie lehrte den Gläubigen trennen zwischen Zeichen und Bedeutung. Der Fetisch war als Körper mit Heiligkeit aufgeladen; Kunst verwies nur auf das Heilige, das außerhalb der Bildsphäre als reiner Geist thronte. Der Fetisch war der Dukaten, die Kunst jedoch die Banknote mit einer Wertbezeichnung jenseits ihrer Materialität. Allerdings gab es Zwitterformen im religiösen Brauchtum; die hohe Sphäre des Künstlerischen wurde vom naiven Volksglauben nicht immer rein gehalten. Mischwesen zwischen Fetisch und Kunst verkörperten beispielsweise die Einsiedler Madonna oder die Maria von Tschenstochau. Solche Gebilde waren zwar von Menschenhand geformt, wurden aber durch brauchtümliche Riten mit Authentizität versehen. »Wundertätige Bilder« nannte Hegel diese künstlichen Reliquien der Volksfrömmigkeit und beurteilte sie sehr abschätzig: »Als zu etwas Stupendem hat der Mensch zu ihnen nur ein stupides Verhältnis.«[130] Auch hier zeigte die Reformation ihre Überlegenheit über den katholischen

129. Hegel, Geschichte, S. 472
130. Hegel, Aesthetik III, S. 85

Fetischismus: Im Verfahren des Bildersturms hatte sie die Götzenbilder aus der Kirche geworfen.

Kunst bildet eine Stufe zur Vergeistigung der Religion. Doch der Abschied von ›Diesem‹ machte noch einen weiteren Schritt und verzichtete auch auf die äußeren Zeichen der Bildwerke. Der protestantische Bildersturm verwies den mündigen Christen auf den reinen Glauben ohne Krücken. »Stäb oder Stecken für die Blöden« nannte Zwingli die Kunstwerke, als er 1524 das Zürcher Großmünster ausräumen ließ. Der reformierte Christ bezog seine Unterweisung aus der Lektüre der Bibel. Die Erfindung des Buchdrucks ermöglichte es, die Heilsnachrichten mit geringem Kostenaufwand massenhaft zu reproduzieren. Was bedurfte es der gemalten und gemeißelten Belehrung, wenn man alles klar und deutlich genug in der Heiligen Schrift nachlesen konnte? Besser sparte man sich die Arbeit der Steinmetzen und Maler. Der Verzicht auf die öffentliche Ausschmückung der Kirchen kam dem privaten Akkumulationsbedürfnis des Bürgers zugute. Bildende Kunst überließ man den katholischen Analphabeten, der Prunksucht ihrer Pfaffen und dem höfischen Müßiggang.

Den Abschied von ›Diesem‹ feierte Hegel als wesentlichen Kulturfortschritt im Abendland. Der Geist zog sich aus der religiösen Kunst zurück. Diese allgemeine Richtung bestätigte Vermeers Goldwägerin: Als nunmehr schemenhafte Erinnerung an die Kindheit der christlichen Religion hängt das Jüngste Gericht im Halbschatten des Zimmers. Um so kräftiger leuchtet die Welt der Gegenstände. War das Prinzip des ›Diesen‹ also ganz verschwunden im Kulturfortschritt? – Präziser wäre die Feststellung, der Drang nach ›Diesem‹ habe sich verlagert. Der Bürger machte sich nichts mehr aus Reliquien; er hatte jetzt seine Pfandbriefe, die er sorgfältig verwahrte. Die Ware sei »ein sehr vertraktes Ding …, voll metaphysischer Spitzfindigkeiten und theologischen Mucken«[131], notierte Karl Marx. In den Waren steckte in der Tat mehr als nur Masse und Gewicht; der Tauschwert weilte in ihnen, jener regsame Dämon, welcher die Verkehrsformen der bürgerlichen Gesellschaft in Gang hielt. Im Schmuck der Perlenwägerin offenbarte sich der Wert in unvergänglichster, erhabenster Gestalt. Gewiß: Die Wertform, als Ding für sich genommen, war so wenig brauchbar wie die Knöchelchen eines heiligen Märtyrers. Entscheidend aber war die Aura, die der Schmuck ausströmte. In seinem Glitzern machte sich eine magische Kraft vernehmbar, welche, aus den Kirchen verbannt, in die Warenfetische gefahren war. Ihr Besitz verlieh die Macht, Berge zu versetzen durch die Arbeit anderer. Wer seine aufgehäuften Schätze pflegte, wie die Römer die Penaten, dem

131. Marx, Kapital I, S. 85

war eine sichere Zukunft in Wohlstand und Ehrbarkeit beschieden.

»Wenn wir irgendeine partikulare Gemütsrichtung deutsch nennen können, so ist es diese treue, gemütvolle Bürgerlichkeit, die im Selbstgefühl ohne Stolz, in der Frömmigkeit nicht bloß begeistert und andächtelnd, sondern im Weltlichen konkretfromm, in ihrem Reichtum schlicht und zufrieden, in Wohnung und Umgebung einfach, zierlich und reinlich bleibt und in durchgängiger Sorgsamkeit und Vergnüglichkeit in allen ihren Zuständen, mit ihrer Selbständigkeit und vordringenden Freiheit sich zugleich, der alten Sitte treu, die altväterische Tüchtigkeit ungetrübt zu bewahren weiß.«[132] Mit diesen behaglichen Worten schloß Hegel seine Würdigung der holländischen Malerei.

Biedere Behäbigkeit und sorgsamer Genuß von Besitz waren die Motive, in denen sich die bildende Kunst der abendländischen Neuzeit ausdrückte. Doch nicht nur die ordentliche Innenwelt des Bürgers wurde geschildert; Hegel stellte fest, daß der Sinn für das diesseitige Geschehen »auch in das Bäurische, die rohe und gemeine Natur«[133] fortging. Die derben Bauernstücke bildeten die Gegenwelt zur Wohlanständigkeit des bürgerlichen Interieurs. Herrschten hier Zucht, Ordnung und eine fast stillebenhafte Ruhe, wurde dort erzählt von Raufereien, Saufgelagen und Kartenspiel. Der Bauer erlaubte sich – wenigstens in den Gemälden –, was der Bürger sich versagte: die Verausgabung im Augenblick. Der Bürger war ewig besorgt, sein Schäfchen im trockenen zu halten; ›spare in der Zeit, so hast du in der Not‹ war seine Maxime. Der Bauer jedoch lebte hier und jetzt und darbte, wenn er nichts mehr hatte. Bauer und Bürger als komplementäre Kunstfiguren entsprachen der antiken Gegenüberstellung von Titan und Olympier. Die Bauern wurden dargestellt als derbe Naturwesen, die der blinden Notdurft und Gier verhaftet blieben. Die Figur des Bürgers hingegen bildete das bewußte, kalkulierende Subjekt. Es zügelte seine Begehrlichkeit, denn es hatte gelernt, aus dem Verzicht Gewinn zu schöpfen.

Die Genremalerei mit Bauernszenen war seit dem 16. Jahrhundert ein beliebtes Motiv für bürgerliche und höfische Sammler: je deftiger, desto besser. Bis in die Galerien hoher Fürstenhäuser hielt der gemalte Bauer Einzug; ein wirklicher wäre, vor Respekt schlotternd, nie so weit in die Epizentren der Macht gedrungen wie seine künstlichen Vettern. Das habsburgische Königshaus beispielsweise sammelte die Bilder von Pieter Brueghel, dem bedeutendsten Anreger dieser Gattung. Man amüsierte sich über seine dümmsten Untertanen. Hierorts bestätigten die Bauernstücke die Überzeugung, solche grobschlächtigen Blödiane seien nur mit fester Hand zu regieren. Adriaen

132. Hegel, Aesthetik III, S. 128f.
133. Hegel, Aesthetik III, S. 130

Brouwer gehört zu den Meistern des bäuerlichen Genrebilds. Seine Schilderungen sind von unerhörter Derbheit. Die Gemälde führen in das gottverlassene Elend einer Armut, deren rohe Gier nach dem Überleben kaum noch Gefühle des Mitleids weckt. Der Kampf um die Wurst, das illusionslose Fressen und Gefressenwerden, wird auf der untersten Stufe der Kreatur am brutalsten ausgetragen. Brouwers Verhältnis zu seinen Figuren ist gespannt: Einerseits verachtet er ihre Dummheit, die das Unrecht, das ihnen widerfährt, bloß abbildet und an sich selber fortsetzt; andererseits liegt im geduldigen, präzisen Abschildern die Solidarität kritischer Beobachtung, welche den Blick nicht abläßt vom Elend, auf daß es schließlich verschwinden möge. Nur zu gut war Brouwer jener Antrieb zum Selbstvergessen bekannt, den er seinen Bauern zueignete. Ihm mißlang die Arbeit am Ich. Sein Leben verlor sich in ausschweifenden Zechgelagen irgendwann im Winter 1638 in den Straßen von Antwerpen. Der ungeklärte Tod im zweiunddreißigsten Altersjahr traf einen Maler, der schon zu Lebzeiten berühmt war. Sein prominentester Sammler war Rubens: Der Malerfürst hatte in seinem bohemehaften Freund ein Alter ego gefunden. Brouwers Lumpengesindel sind die äffenden Schatten des gesellschaftlichen Aufstiegs. Gegen die unbeherrschten Dämonen des Es hatte Brouwer vergeblich gerungen. Seine Bilder sind der gebannte Blick vor der Übermacht. Daher rührt die Ambivalenz von Mitleid und Selbsthaß, deren Kreislauf Brouwer selber niemals durchbrach. Den unentschiedenen Kampf konnte er nicht beenden, höchstens vergessen, wenn das schwache Selbst im Alkohol und Kneipenlärm zum Schweigen gebracht wurde. Ein Gratwanderer war Brouwer auch in den Einflüssen zwischen zwei Kulturlandschaften. Die holländische Nüchternheit schlug sich bei ihm nieder in der minutiösen Sachtreue. Aber die bürgerliche Kühle Vermeers fehlte dem impulsiven Flamen. Seine Szenen lieben den Überschwang, die erzählerische Breite und eine Dramatik, die im Spätwerk sich zur barocken Monumentalität verdichtete.

Ein frühes Gemälde heißt: »Singende Bauern beim Mahl«. Noch ist der gedrungene Spätstil nicht ausgeprägt; erzählerisch breit erfüllen die Gegenstände einen Bildraum, der das Vorbild Brueghels in Erinnerung ruft. In einer ebenerdigen Hütte hat sich eine zechende Bauerngesellschaft eingefunden. Der Raum, voll von verlottertem Hausgerät, wirkt stickig und eng. Auch die offene Tür führt den Blick nicht ins Weite: Ein Mann hat sich im Türrahmen aufgepflanzt und verrichtet ungeniert seine Notdurft. Was oben hineingeschüttet wird, läuft unten heraus, so ist der Gang der Welt. Die Bildaussage würde jedoch falsch verstan-

den, wenn man bloß die Wiedergabe derber Volksbelustigung sähe. Gewiß kommt Freude am Klamauk auf, sonst würde ihn Brouwer nicht so sorgfältig schildern. Aber er bleibt nur eine Seite der Mitteilung; die zweite Sinnschicht ist durchsäuert von Moral. In die oberflächliche Heiterkeit sind allegorische Anspielungen eingewirkt. So etwa ist der sitzende Geigenspieler links außen als aufbrausender, geiler Bock bezeichnet; das Kurzschwert und die Hahnenfeder im Hut verraten diese Eigenschaften. Mit der Fiedel wird der Voluptas aufgespielt. Daß man die ungehemmte Sinnenlust zwar in ganzer Breite zuläßt, sie aber zugleich verdammt: Dieser Zwiespalt ist ein Grundzug des Barock. Das ausgelassenste Fest wird jäh beendet, wenn, mit dem Totenkopf in der Hand, die spröde Vanitas eintritt. Alle Töne der allegorischen Zeichensprache sind auf eine Bildbedeutung gestimmt: Gula, die Völlerei, wird illustriert. Doch vom religiösen Hintergrund ist in der mahnenden Darstellung des Lasters wenig geblieben. Den saufenden Bauern wird nicht mit der Strafe Gottes gedroht. Brouwer verurteilt die Völlerei aus dem Blickwinkel des Bürgers. Exzesse widersprechen dem Sparsamkeitsgebot. Die Bauern verstehen es nicht, ihre Güter schatzbildend anzuhäufen. Den gesamten Trinkvorrat in den irdenen Krügen haben sie zum Tisch geschleppt, um sogleich alles zu vergeuden. Sorgfältiges Umgehen mit den Waren ist hier unbe-

Adriaen Brouwer, *Interieur mit singenden Bauern (Bauernmahlzeit)*, um 1628. Zürich, Kunsthaus Zürich © 1997 by Kunsthaus Zürich. Alle Rechte vorbehalten

kannt: Die einschenkende Bäuerin vergießt das halbe Bier auf den Tisch. Wohin solche Bedenkenlosigkeit führt, belehrt die Szene zur rechten Seite der Zechenden. Eine blödsinnige Magd wird bei der Fütterung des Kinds von einem Freier bedrängt. Während er an ihr herumzerrt, sie aber stoberen Blicks ihre Pflicht vergißt, fällt der Eßnapf zu Boden. Dem Kleinkind bleibt ein hilfloses Nachsehen und dem Betrachter die Lehre: daß, wer sich nicht beherrschen kann, noch um das wenige gebracht wird, was er hat. Häßliche Gesichtszüge, die zum Kretinismus übergehen, kennzeichnen die ungezügelten Wesen. Mangelnde Zucht verunstaltet auch den Körper. Brouwer versäumt es trotz dem kleinen Format der Bildtafel (35 × 53 cm) nicht, den ungesunden Lebenswandel der Figuren durch blutunterlaufene Augen zu kennzeichnen. Arbeit am Ich prägt auch die leibliche Gestalt; Schönheit wird nur dem Subjekt zuteil, das seine Triebe haushälterisch in Schranken verweist.

Die Bildaussage verdichtet sich im Vordergrund rechts, wo ein Stilleben mit Gerümpel aufgetürmt ist. Keineswegs sind es bloß malerische Utensilien einer Genreszene. So wie in der barocken Kosmologie jedes Ding seinen Sinn hat nach Plan des Schöpfers, so ist auch in der Kunst die letzte Scherbe ein Träger emblematischer Bedeutung. Zwar kann nicht mehr alles entziffert werden. Welche Botschaft sollte beispielsweise jener Schuh übermitteln, welcher, mit dem Schnürsenkel befestigt, an einem Faß hängt? Der Sinn ist verschollen. Wahrscheinlich illustrierte der hängende Schuh ein Sprichwort oder eine private Anspielung, die der Künstler dem Auftraggeber also verschlüsselte. Erklären läßt sich hingegen die Pfeife und das Häufchen Tabak, ausgebreitet auf der Krempe eines breitrandigen Hutes. Die Gegenstände sind arrangiert vor der Magd und ihrem Buhler und dienen der emblematischen Beschriftung dieses Bildausschnitts. Die Tabakspfeife deutet auf die Nichtigkeit der Liebe. 1627, zur Zeit, als dieses Bild entstand, erschien in Rotterdam die Emblemensammlung »Proteus« von Jacob Cats. Es enthielt ein Gedicht, auf welches sich Brouwer bezogen haben mochte:

»Cupido, wie man sagt/
will nun zum Handel greiffen/
Zum Handel den man treibt mit dem Toback und Pfeiffen:
Rauch ist sein gantzer Krahm/
Rauch ist sein bester Fund/
Rauch fliegt ihm aus dem Halss/
mit Rauch stopfft er den Mund.
Nach seiner Wahre doch darff man so sehr nicht greiffen;
Gleich wie ein Vögeler so braucht er seine Pfeiffen:

Und alles was er gibt in heisser Liebes-Brunst/
Ist wahrlich anders nicht als Nebel/
Rauch und Dunst.«[134]

Dem Tabakrauch, mit dessen Genuß der Bürger Geschäfte zu machen versteht, erliegt der bäurische Mensch. Das Gedicht warnt vor Cupidos haltlosen Angeboten. Die Dämpfung der Begierden ist Sisyphusarbeit; sie verursacht vergebliche Unkosten, denn immer wieder wacht die Lust von neuem auf. Eine dauernde Befriedung ist auf dem Weg des Willfahrens unmöglich. Allein der endgültige Verzicht bringt die Gelüste zum Schweigen. Ungebändigte Leidenschaft ist wie jenes Küchenfeuer in der rechten Bildecke, wo unbewachte Glut gefährlich über den Herdrand herausspringt. Ein Rest theologischer Überlieferung spricht aus dem zerbrochenen Geschirr im Vordergrund: Es verleiht der ganzen Szene die moralische Wertung. Die Bauern gleichen mißratenen Töpfen, welche Gott, der große Hafnermeister, zerschlagen wird. Ihnen wird geschehen, was Jeremia über das Schicksal Jerusalems weissagte: »So spricht der Herr Zebaoth: Eben wie man eines Töpfers Gefäß zerbricht, das nicht kann wieder ganz werden, so will ich dies Volk und diese Stadt zerbrechen« (Jer. 19/11). Im bürgerlichen Zeitalter bedarf es keines Blitzstrahls vom Himmel her, damit die Strafe Gottes erfüllt werde. Die Bauern werden zerbrechen an ihrer Unfähigkeit zum ökonomischen Handeln. Die Unerbittlichkeit, die im Gesetz von Soll und Haben beschlossen liegt, wird das Urteil an diesen Kreaturen vollstrecken. Dominierend im Bildraum steht ein Faß, das einem singenden Bauern zum Sessel dient. In diesem Emblem drängt sich die ganze Bildaussage noch einmal zusammen: Ein leckes Faß ist der Mensch, der seiner Begierden nicht Meister wird. Nichts wird von den geborstenen Dauben zusammengehalten. So verrinnt dem Gierigen alles Geschaffene sogleich zwischen den Fingern. Dem fließenden Drang nach Unmittelbarkeit im Genuß stellt sich kein beschränkendes Ich entgegen. Deshalb werden diese Bauern leer ausgehen. Subjektivität ist Selbstzucht und zugleich Quelle des Reichtums. Der Bürger hat daraus gelernt; indem er sich das abschreckende Gegenbild des Bauern vorhält, schaut er – halb mit Hochmut, halb neidvoll – zurück auf den dionysischen Zustand der Vitalität, dem er durch Arbeit und sauren Fleiß entronnen ist.

Arbeit am Selbst bildete den Hauptzweck abendländischer Kultur. Ihr Kunstwollen wurde bestimmt von der Aufspaltung zwischen Ich und Welt. Auf der einen Seite stand das eigenwillige, vereinzelte Subjekt, auf der anderen Seite die entgötterte Natur. Die antike Harmonie des Helden mit seiner Umgebung

134. Zitiert aus: Emblemata. Handbuch zur Sinnbildkunst des XVI. und XVII. Jahrhunderts. Hg. v. Arthur Henkel und Albrecht Schöne, Stuttgart 1967, S. 1127. Deutsche Übersetzung aus dem Holländischen nach einer Hamburger Ausgabe von 1710.

im poetischen Zustand war unwiederbringlich vergangen. Der abendländische Mensch erkannte seine Gestalt im Ritter, der sich gegen eine drohende Übermacht bestätigte. Seine Einzigkeit, sein Erfülltsein von sich selbst sollte von der Allgemeinheit anerkannt und gewürdigt werden. Deshalb stand als erstes Tatmotiv des Ritters die Verteidigung der Ehre. Der Ehrbegriff des Abendländers umfaßte nicht einen sachlichen Wert, sondern einen ideellen: Er beschrieb die Schätzung, die ein Subjekt sich selber gab. Als »in sich reflektierte Selbständigkeit«[135] definierte Hegel die Ehre. Der Ehrbegriff setzte eine Gesellschaft mit freien Personen voraus. Verletzt wurde das Ehrgefühl, wenn dieses freie Selbst von einem andern mißachtet wurde. Die äußern Umstände mochten zufällig, oft sogar lächerlich erscheinen; aber das betroffene Subjekt ruhte nicht eher, als bis dieses stolze, angegriffene Ich, dieser unendliche Punkt im Weltinnenraum des Menschen, durch Genugtuung besänftigt war. Eine Realisationsform der Ehre war die Liebe, eine gemüthafte Empfindung, da die Geschlechtsdifferenz hineinspielt. Mit dem Ehrgefühl war die Liebe verwandt, weil auch sie von der Wertschätzung des Subjekts ausging. Während sich aber die Ehre an der Allgemeinheit der Gesellschaft orientierte, äußerte sich in der Liebe das Bedürfnis, die Unendlichkeit seiner Person von einer andern Person angenommen und geschätzt zu wissen. In der Kunst war die Rolle des Liebens bei den weiblichen Charakteren am schönsten ausgeprägt. Von der Ehre schließlich war auch die Treue abgeleitet. Aufgrund subjektiver Wertschätzung anerkannte darin eine Person die Interessen einer andern für verbindlich. Treue war in der ritterlichen Welt ein Verhältnis zwischen Männern verschiedenen Ranges. Der Vasall fand seinen Wert in der Anlehnung an den Herrn. Die Diensttreue war gleichsam die männliche Form des Liebens.

Ehre, Liebe, Treue: Sie bildeten nach Hegel die drei Elemente, welche das abendländische Epos und das Drama bewegten. Durch Konflikte auf diesen drei Ebenen wurde die Kette der Handlung in Gang gesetzt. Immer war es das Subjekt, welches nach der Verletzung seines Selbstgefühls hinaustreten mußte in die Welt, um seinen Anspruch auf Unverletzlichkeit wiederherzustellen. Das Gemüt drängte nach Abenteuern, um daran sein Ich zu erproben. In der Kollision mit der äußeren Wirklichkeit übte das Subjekt seine Selbstachtung. So brachen die Ritter auf, um in der Fremde sich selber zu erfahren. Der Aufprall mit Fremdheit grub sich im Menschen ein als Charakterzug. Der Charakter war die Korrosionslandschaft, welche im Kampf mit der objektiven Welt sich am Subjekt ausfällte. Als Furchen im Antlitz trat der Eigensinn an die Oberfläche und machte das

135. Hegel, Aesthetik II, S. 181

Subjekt auch äußerlich zum unverwechselbaren Wesen. Gezeichnet von der Arbeit am Ich, konnte der Abendländer nicht schön sein wie der antike Held, dem die Götter nur die Verlängerung seines eigenen, kindlichen Willens waren. Der Abendländer hatte den poetisch-naiven Narzißmus der Antike überwunden und wuchs zum reifen Menschen heran. Die unbeschriebenen Züge der Jugend verloren sich in der Erfahrung seines Schicksals. Der eigene Wille wurde nicht länger vom starken, mütterlichen Arm des Himmels begleitet. Was er wollte, mußte der Abendländer selbst ertrotzen gegen eine schroffe Welt, welche, geistentlassen, ihre verwirrende Zufälligkeit wie Stolpersteine ausgebreitet hatte. Die einzige Versöhnung, welche das Individuum unverlierbar besaß, war seine Identität; »seine Unendlichkeit-in-sich«[136] konnte es einzig gegen ein Geschick aufbieten, das manchmal mit furchtbarer Notwendigkeit hereinbrach. Diese Festigkeit in der Verfolgung seines eigenen Zwecks, durch alle Prüfungen des empirischen Lebens hindurch, unbeirrt auch im endgültigen Scheitern: Dies machte die abendländische Subjektivität erhaben.

Das Zerwürfnis mit der objektiven Welt konnte sich steigern bis zur Verrücktheit und zur Komik. Zu den ergreifendsten Zeugnissen des abendländischen Geistes zählte Hegel die Figur des Don Quijote von la Mancha: dem Ritter von der traurigen Gestalt. Zwar überschlug sich in diesen Geschichten der subjektive Eigensinn zum unfreiwilligen Humor; gerade deswegen aber bewies Don Quijote tragische Größe: Der Glaube an seinen Selbstwert ging über das Hohngelächter der andern hinaus. Unbeirrt hielt er an den Ideen fest, die sein Inneres bewegten. Mochte ganz Spanien strotzen vor bäuerlich-bürgerlicher Alltäglichkeit – für Don Quijote galt ein Leben, das er von den Ritterromanen kannte. Üble Schenken mit lockerem Gesindel verwandelten sich vor seinen Augen in Kastelle mit höfischer Geselligkeit; reisende Benediktiner, getarnt mit Brillen und Sonnenschirmen, entlarvte er als Entführer einer Prinzessin; ein ganzes Araberheer trieb er vor sich her wie eine blökende Schafherde. Zwecklos waren jeweils die Ermahnungen seines Knappen Sancho, sich der gemeinen Realität zu vergewissern: ›Ich denke so, und so ist es‹ war der Grundsatz des letzten Abenteurers vom Orden der Christlichen Ritterschaft. Der Kampf gegen die Windmühlen bewies es: Der Eigensinn des Subjekts war zäher als der hagere Leib, dem die Wirklichkeit allerlei Schrammen zufügte. Nach einer rühmlichen Schlacht, als Don Quijote wieder einmal furchtbar verdroschen worden war, mußte ihm Sancho die übriggebliebenen Zähne im Mund nachzählen. Der Rapport über die Gefallenen brachte den Feldherrn in Verlegen-

136. Hegel, Aesthetik II, S. 183

Gustave Doré, *Don Quijotes Kampf gegen die Windmühlen,* Illustration, 1868, aus: Cervantes 1868, Bd. 1, S. 39

heit: »Denn du mußt wissen, Sancho, ein Mund ohne Backenzähne ist wie eine Bäckerei ohne Backofen.« Doch ungeachtet der Verluste wurde der Kampf weitergeführt. Ohne Gebiß war die Objektivität der Welt vielleicht noch erfolgreicher zu bezweifeln.

Doch die Auflehnung des Subjekts blieb stets abstrakt; unbarmherzig rollte die Logik des Allgemeinen über es hinweg. Don Quijote mußte schließlich resignieren. Auf dem Sterbebett schwor er den Ritterbüchern ab, und als er nach Pfarrer und Notar rufen ließ, blieb den Umstehenden kein Zweifel mehr: Señor war wieder christlich und vernünftig geworden. Der Notar konnte den schneuzenden Erben bestätigen, »er habe noch in keinem einzigen Ritterroman gelesen, daß irgend ein fahrender Ritter auf seinem Bette so ruhig und christlich gestorben wäre, wie Don Quijote«. Nur als Scheiternder konnte sich der Eigensinn verwirklichen. Davon handelte die gesamte Dramenliteratur des Abendlands. Hegel gedachte nicht zuletzt all der Frauen und der Angehörigen niederer Stände, deren Rolle es war, zu verstummen vor der Übermacht des Schicksals. Durch die Qual jedoch wurde ihr unaufgeschlossenes Gemüt aufgebrochen, und die Subjektivität setzte sich frei am offenen Nerv der Verwundung; so, wie ein ungeschliffener Edelstein, der, von jähem Licht getroffen, »nur an einzelnen Punkten zum Scheinen kommt, zu einem Scheinen, das dann ein Blitzen ist«[137]. Was das einzelne Subjekt in seiner Beschränktheit wollte und strebte, war zufällig; notwendig war nur die Vernunft des Wirklichen, an der alles zerbrach, was sich ihrem Weg entgegenstellte. Mochte der menschliche Wille noch so sehr auflodern, er wurde von der unausweichlichen Katharsis am Ende gelöscht. »Dies bleibt die Seite der Kälte, die in aller Hitze der Leidenschaft in ihrer Darstellung uns durchdringt«: Hegel selber erschauerte vor der kühlen Logik, die sich wie ein Rauhreif über den letzten Kulturraum legte.[138] Die Dämmerung des Abendlands begann nun immer längere Schatten zu werfen; man näherte sich der Gegenwart.

Gewiß: Es war eine unverlierbare, abendländische Leistung, im Kampf mit der empirischen Natur das selbstbewußte Individuum hervorgebracht zu haben. Doch der einzelne durfte nicht in der abstrakten Negation verharren, er mußte sich versöhnen mit dem Objekt seiner Abgrenzung. Die Möglichkeit zur Versöhnung von Ich und Welt war gegeben mit der Entwicklung des bürgerlichen Staats. Die Gesellschaft war darin zur Vernunft gekommen und verlangte dasselbe nun auch von jedem einzelnen Mitglied. Das Scheitern von Don Quijote bezeichnete den geschichtlichen Übergang zur Neuzeit. Anachronistisch wurde die Absicht des Subjekts, seinen Wunschträumen durch abenteuerliche Heldentaten zum Durchbruch zu verhelfen. Polizei, Gerichte und die Staatsregierung sorgten nun von Amtes wegen dafür, daß alles mit rechten Dingen zuging. Das Ideal des Versöhntseins ist in Vermeers Goldwägerin zu Gestalt gekommen: Es zeigte den Bürger als Mikrokosmos der umfassenden Weltordnung. Das Handeln des einzelnen war frei und zugleich im Einklang mit der allgemeinen Sittlichkeit. Die Parallelität von Ich und Welt in Freiheit war das Höchste, was der Fortschritt der Geschichte zu erbringen hatte. In der erreichten Harmonie des autonomen Selbst mit dem bürgerlichen Staat spiegelte sich, als letzter Schritt der dialektischen Trias, die Rückkehr des Weltgeists zu sich. Noch war diese harmonische Endlösung nicht erreicht. Auch in der Gegenwart gab es noch jene Glücksritter, die an ihrem Eigensinn festhielten:

»Besonders sind Jünglinge diese neuen Ritter, die sich durch den Weltlauf, der sich statt ihrer Ideale realisiert, durchschlagen müs-

137.   Hegel, Aesthetik II, S. 204ff.

138.   Hegel, Aesthetik II, S. 190

sen und es nun für ein Unglück halten, daß es überhaupt Familie, bürgerliche Gesellschaft, Staat, Gesetze, Berufsgeschäfte usf. gibt, weil diese substantiellen Lebensbeziehungen sich mit ihren Schranken grausam den Idealen und dem unendlichen Rechte des Herzens entgegensetzen. Nun gilt es, ein Loch in diese Ordnung der Dinge hineinzustoßen, die Welt zu verändern, zu verbessern oder ihr zum Trotz sich wenigstens einen Himmel auf Erden herauszuschneiden; das Mädchen, wie es sein soll, sich zu suchen, es zu finden und es nun den schlimmen Verwandten oder sonstigen Mißverhältnissen abzugewinnen, abzuerobern und abzutrotzen. Diese Kämpfe nun aber sind in der modernen Welt nichts Weiteres als die Lehrjahre, die Erziehung des Individuums an der vorhandenen Wirklichkeit, und erhalten dadurch ihren wahren Sinn. Denn das Ende solcher Lehrjahre besteht darin, daß sich das Subjekt die Hörner abläuft, mit seinen Wünschen und Meinen sich in die bestehenden Verhältnisse und die Vernünftigkeit derselben hineinbildet, in die Verkettung der Welt eintritt und in ihr sich einen angemessenen Standpunkt erwirbt. Mag einer auch noch so viel sich mit der Welt herumgezankt haben, umhergeschoben worden sein, zuletzt bekommt er meistens doch sein Mädchen und irgend eine Stellung, heiratet und wird ein Philister so gut wie die andern auch; die Frau steht der Haushaltung vor, Kinder bleiben nicht aus, das angebetete Weib, das erst die einzige, ein Engel war, nimmt sich ungefähr ebenso aus wie alle anderen, das Amt gibt Arbeit und Verdrießlichkeiten, die Ehe Hauskreuz, und so ist der ganze Katzenjammer der übrigen da. – Wir sehen hier den gleichen Charakter der Abenteuerlichkeit, nur daß dieselbe ihre rechte Bedeutung findet und das Phantastische daran die nötige Korrektion erfahren muß.«[139]

Der Sturm und Drang der Jugend war nur ein letztes Aufbäumen vor dem Vernünftig-Wirklichen. Nicht immer beurteilte Hegel die Abweichung von der gesellschaftlichen Norm so gelassen wie auf dem Feld des Ästhetischen. Wenn Querulanz politisch wurde, verließ ihn die Bonhomie. In der Vorrede zur Philosophie des Rechts wurde den Studenten klargemacht, wo der Fortschritt entlang zu gehen habe. Politische Reflexion durfte dem Staat nicht vorschreiben, wie er sein soll, sondern umgekehrt: Das Denken hatte sich der Logik des Staates anzubequemen. Die ewigen Weltverbesserer, jene modernen Ritter von der traurigen Gestalt, merkten nicht, daß Philosophie ohnehin immer zu spät kam: Sie begriff immer erst, was an Tatsachen schon geschaffen war. Der Weltgeist bedurfte der Karlsbader Polizeibeschlüsse – und alsobald waren sie da. Die Staatsräson schlug den Takt an beim Tanz um die Rose. Wer da nicht mit-

139. Hegel, Aesthetik II, S. 219 f.

halten wollte, der riskierte, wie Don Quijote, die Zähne. Was Hegel an den dissidenten Jünglingen besonders ärgerte, war ihr Hang zu emphatischen Männerfreundschaften. Das Verbrüderungswesen unter den Studenten hielt er für schädlich. Die Männerbünde unterhöhlten die Architektonik der staatlichen Vernünftigkeit; das öffentliche Leben versank im »Brei des Herzens«[140]. Unter Gralsrittern mochte die Mannestreue ihre gesellschaftliche Berechtigung gehabt haben, im modernen Staat hingegen waren die Gepflogenheiten der Verbindungsstudenten ein Ärgernis. »Es gehört wesentlich zum Prinzipe unseres tieferen Lebens, daß im Ganzen jeder für sich sorgt, d. i. selbst in seiner Wirklichkeit tüchtig ist.«[141] Hegel argumentierte nüchtern im Sinne des wirtschaftlichen Liberalismus gegen liberale Sozialromantik. Der gegenseitige Vorteil war einziger Zweck von Bündnissen; diese sollten so locker sein, daß die private Tüchtigkeit nicht gehemmt werde. Die idealistischen Eide der Jugend konnten dem späteren Vorankommen schädlich sein, wenn sie − was am häufigsten der Fall war − nicht einfach gegenstandslos wurden. Hegel kannte den jugendlichen Überschwang aus eigener Erfahrung: Auch er hatte einst im Tübinger Stift, zusammen mit Hölderlin und Schelling, eine neue Welt beschworen. »Das ganze elende Menschenwerk von Staat, Verfassung, Regierung, Gesetzgebung« sollte »bis auf die Haut entblößt« und auf den Kehricht der Geschichte geworfen werden. Die Vernunft mußte diesen Umsturz anführen, der die »allgemeine Freiheit und Gleichheit der Geister«[142] zur Herrschaft brächte. Daraus war nichts geworden. Hingegen kam Hegel mit den Jahren zu akademischen Würden, so daß er seinen Sinneswandel später selbst kommentieren konnte: »Wem Gott ein Amt gibt, dem gibt er auch Verstand.«[143] Wohlgenährt und bestätigt von der gesellschaftlichen Wirklichkeit, wurde der philosophische Atem ruhiger und kürzer. Die einstigen Bundesgenossen entfremdeten sich voneinander. Der eine wurde sein beruflicher Konkurrent, und der andere − Hegel sprach ungern darüber − wurde wahnsinnig. Unerbittlich waren die modernen Gesetze des Lebens: Wer sich von seinen Jugendträumen nicht lösen konnte, ging darin unter.

Das Verbrüderungsunwesen ergriff nicht nur die politische Szene; auch Künstler begannen sich zu chimärischen Zwecken zu vereinen. Am 10. Juli 1809 gründeten die Maler Friedrich Overbeck und Franz Pforr in Wien die erste moderne Sezessionsbewegung. Anlaß war die Ablehnung jener klassizistischen Sprödigkeit, wie sie in der Akademie gepflegt wurde. Insbesondere gegen ihren Lehrer, Heinrich Friedrich Füger, lehnten sich die Schüler auf. Zu den Verbündeten der ersten Stunde gehörten auch Joseph Wintergerst und Ludwig Vogel. Die Vereinigung

140. Hegel, Recht, S. 19
141. Hegel, Aesthetik II, S. 191
142. Systemprogramm. Zit. nach: Frank und Kurz, Schelling, S. 110ff.
143. Hegel, Recht, S. 116

nannte sich »St. Lukasbund« in Anlehnung an die mittelalterlichen Malerinnungen, welche unter dem Patronat des Evangelisten standen. Ein Vorbild fanden die jungen Männer in Eberhard Georg Friedrich von Wächter: Dieser Deutschrömer führte in Wien mit seiner italienischen Frau ein streng katholisches Familienleben. Wenige Wochen vor der Gründung des St. Lukasbundes, am 13. Mai 1809, nach kurzer Belagerung und Bombardement, war Wien von den Truppen Napoleons gestürmt worden. Der Kaiser, »diese Weltseele«[144], war im Begriff, Europa zur Vernunft zu zwingen. Aus dem ›Flickenteppich‹ von Monarchien, Fürstentümern und hinkenden Stadtrepubliken sollte ein Staatengebilde mit einheitlichen Verwaltungsformen entstehen. Instrumentelles Denken hätte von den Fesseln der Religion befreit werden sollen. Die Natur dachte man sich bezähmt durch einen Zauberstab aus reinem Platin: dem Universalmeter. Die offene, weite Landschaft, diese heimtückische Widersacherin der Machtausübung, mußte abgekürzt werden durch Straßenzüge, damit die Vernunft durch die Adern des Verkehrs gleichmäßig flösse von Gibraltar bis zum Ural. Diese Vision vermochte Hegel – eher ideell zwar als realpolitisch – zu begeistern; die Generation der Romantik aber schreckte davor zurück. Diese blendende, alles verschlingende Vernunft machte Angst. Das Bedürfnis nach Heimlichkeit schien darin beraubt. Die Dächer, worunter das Gemüt sich zutraulich flüchten konnte, wurden abgetragen, um alle Winkel der Gesellschaft gleichmäßig hell und überschaubar auszuleuchten. Die romantische Jugend aber sehnte sich nach einer sinnstiftenden Geborgenheit, die näher lag als das kosmopolitische Menschheitsgebäude der Aufklärung. Man suchte die verlorene Heimlichkeit im Patriotismus, den Napoleon entfachte, je mehr er seine Armeen dagegen einsetzte. Zusammen mit einer neuen Religiosität blühte ein Weltgefühl auf, das man im Mittelalter verwirklicht glaubte als Ankündigung einer neuen Wiederkunft. Hinter der Prosa des geschichtlichen Fortschritts glänzte das Goldene Zeitalter: zum Greifen nah. Altdeutsch und katholisch sein waren für die Lukasbrüder synonyme Forderungen. Immer mehr entfernten sie sich von der schäbigen Realität dieser Wiener Akademie. Über die Kompositionsprobleme ihrer Lehrer: nackte Ankleidepuppen in einen Raum ohne Luft zu stellen, konnten sie hinter vorgehaltener Hand nur noch lachen. 1810 kam es zum endgültigen Zerwürfnis mit der Schulleitung, und die Brüder beschlossen, nach Rom auszuwandern, wo jeder Zoll Bodens geheiligtes Land zu sein versprach. Als Wohnung diente ihnen das aufgehobene Kloster S. Isidoro am Monte Pincio. Hier konnten sie ihr Lebensideal, das durch die Lektüre von Wackenroders »Herzensergießungen

144. Hegel, Briefe I, S. 120

eines kunstliebenden Klosterbruders« gedanklich befestigt war, mit Inbrunst in die Tat umsetzen. Die Erneuerung der Malerei sollte im Geist von Perugino, Raffael und Dürer erfolgen; jene verbürgten das katholische Element, dieser das altdeutsche. Allerdings sahen sie ihre Vorbilder durch den süßlichen Filter der David-Schule, den sie im Stil Wächters kennengelernt hatten. Auf dem Umweg über den modischen Geschmack holte sie der Zeitgeist wieder ein: Sie flohen aus der Epoche Napoleons und fanden stilistisch bei jenem Maler Zuflucht, der es geschafft hatte, Jakobinerpräsident zu sein und gefeierter Porträtist des Kaisers, ohne dazwischen den Kopf zu verlieren. In ihrer äußeren Erscheinung orientierten sich die Lukasbrüder an Dürers Selbstporträt mit der Nelke, indem sie den Bart – oder was dafür sich ausgab – wachsen ließen und das lange Haar in der Mitte scheitelten. ›Alla nazareno‹ nannte der Volksmund Laziens diese Tracht, und was zum Spott gesagt war, wurde zum Stilbegriff. In den Jahrzehnten ihres Bestehens zog die Gemeinde eine größere Zahl von deutschen Künstlern an; damit ermäßigte sich – Hegel bestätigend – die Bruderschaft zum Interessenverband. Der Stil der Nazarener prägte die religiöse Malerei eines ganzen Jahrhunderts. Über Peter Cornelius führte die intime Andachtskunst hinaus in die monumentale Historienmalerei der mittleren Jahrzehnte in München und in Berlin. Wilhelm von Schadow gründete die Düsseldorfer Schule. Durch die Kupferstiche und Holzschnitte nach Joseph von Führich wurde nazarenisches Formengut schließlich zum Inbegriff bieder-deutscher Frömmigkeit in der guten Stube.

Die Nazarener pflegten jene Mischung von Deutschtümelei und Gottseligkeit, die Hegel nicht ausstehen konnte. Sezessionen dieser Art bildeten dunkle Nischen im Reich der Vernunft. Künstler, die sich also abgrenzten von den Konventionen der Gesellschaft, waren unfähig, substantiell verbindliche Inhalte auszudrücken. Pforr und Overbeck verbohrten sich in das verschwiegene Gespinst ihrer Freundschaft. Schmachtvollen Zielen widmeten sich die Jünglinge. Auf sie traf Hegels karikierende Bemerkung: Sie schnitten sich einen Himmel auf Erden heraus, indem sie das Mädchen suchten, wie es sein soll. Als Dokument inniger Verbundenheit überreichte Pforr seinem Freund im September 1811 ein auf gut zehn Seiten handgeschriebenes Büchlein: »Sulamith und Maria«. Darin wurde die Geschichte einer glücklichen Doppelhochzeit beschrieben. Sulamith und Maria waren die Töchter des gottesfürchtigen Ehepaars Joseph und Elisabeth. An einem Weihnachtsabend kamen zwei Malergesellen ins Haus: Johannes und Albrecht Mainstätter; Overbeck steckte hinter dem einen, Pforr hinter dem andern Namen. Die nächtlichen Wanderer stellten sich vor als »Brüder eines Bundes, der geschworen ist, alles zu tun, was unser Handwerk verbessert«[145]. Übers Jahr war Hochzeit; Johannes bekam Sulamith, Albrecht aber Maria zur Frau. Zur ziemlichen Zeit wurde beiden Familien ein Knäblein beschert. »Und hiermit will ich beschließen das Buch Sulamith und Maria, und hätt' ich es lieblich gemacht, das wollte ich wohl, so ich aber zu schwach dazu bin, nehme man es hin, wie es geworden. Man liest mancherley, so gut ist und auch lieblich geschrieben; so ist es auch nicht zu schelten, wenn man etwas liest, so gut ist und nur schlechthin geschrieben. Unser Herr möge über alle, die mit Nachsicht und Liebe dieses Büchlein betrachten, also auch segnen und angedeihen lassen, auf daß sie Erben seien an dem Reiche Christi, das bereitet ist den Engeln und den Auserwählten in Gott, und ihm sei allein Ehre, Preis und Lob von Ewigkeit zu Ewigkeit. Amen.« So endete das gottselige Werklein. Von hausbackener Schlichtheit zeugt die Geschichte; doch das romantische Weltgefühl entäußerte sich weniger in Handlungen als in der Schilderung inniger Gemütszustände. Die Kunstfiguren waren durchtränkt vom Verschmelzungswunsch nach umfassender Harmonie. Die Sehnsucht des jungen Pforr nahm also Gestalt an in einer gesalbten Mischung von Wackenroder und traktätchenhafter Legendensprache.

Gleichzeitig wie die Erzählung entstand das Gemälde »Sulamith und Maria«. Es hat das Aussehen eines mittelalterlichen Altarretabels: ein Diptychon, bestehend aus zwei spitzbogigen Lanzetten, die von einem Stichbogen überfangen werden. Auf der linken Tafel ist Sulamith dargestellt, die Idealgeliebte Overbecks. Der Name sollte ans Hohelied erinnern; angespielt wird auch an Klopstocks Oden, die Pforr einst von seinem Vater auf den Weg zum Studium geschenkt bekam. In den Jünglingsphantasien verkörperte Sulamith: Reichtum, Freude am Gediegenen und an der weltoffenen Schönheit. Die Frau sitzt in der Art einer Paradiesgärtlein-Madonna im umfriedeten hortulus und hegt ihr Kind. Wildtiere – ein Rehkitz, ein Igel (?) und mehrere Vögel – stehen mit der Frau gleichsam in einer Heiligen Konversation. Eben betritt Johannes den Garten mit verschränkten Händen, als begäbe er sich zur Andacht. Er trägt den venezianischen Mantel aus Pforrs Garderobe: In diesem Kleidungsstück pflegten sich die St. Lukasbrüder gegenseitig Modell zu stehen, da der wallende Stoff und der vornehm aufstehende Kragen sie sehr altdeutsch dünkte. Hinter der Umfriedung und gerahmt von einer Piniengruppe, eröffnet sich eine gebirgige Ideallandschaft am Meer. Zwischen den Hügeln liegt eine südliche Stadt mit Kuppelbauten. Ein Renaissance-Palast auf der höchsten Erhebung krönt den Ausblick.

145. Zitiert aus: Der Kunstbrief

Franz Pforr, *Sulamith und Maria,*
1811. Everbach, Sammlung
Georg Schäfer

In der rechten Tafel ist das Gegenbild Sulamiths verkörpert:
Maria, Pforrs Sehnsuchtsbraut. Nicht die heitere Offenheit des
Südens, sondern der Innenraum ist ihre Umgebung. Butzen-
scheiben und eine Balkendecke mit Hängezapfen charakterisie-
ren das Zimmer als altdeutsche Stube. Dürers ›Hieronymus im
Gehäus‹ dürfte zur Kulisse inspiriert haben. Pforrs weibliches
Ideal ist das blonde, biedere, deutsche Mädel. Häuslichkeit ist
Bedingung: Das Nähzeug auf der Konsole und eine sich schmie-
gende Katze verschaffen dem Wunsch Nachdruck. Auch fromm
sollte die Braut sein: Maria liest in der Heiligen Schrift, und der
Alkoven wird bewacht vom Bildstöcklein der Muttergottes, das
mit frischen Feldblumen geschmückt ist. Obwohl gottverlorene
Gedanken sie beschäftigen, versäumt es Maria nicht, ihr Haar so
anmutig zu ordnen, daß sie bei aller Keuschheit der Loreley an
Reiz nicht nachsteht. Im Gegensatz zu Sulamith ist Maria kinderlos dargestellt. Entsagung bleibt mit deutscher Innigkeit stets
verschwistert. Maria teilt ihren Namen mit der Mater Dolorosa.

Vielleicht hat Pforr sein frühes Ende vorausgeahnt, das ihn von seiner zähen Schwermut erlöste. In der Giebelzone des Retabels wird das Wesen der beiden Frauen emblematisch verdichtet. Der Wimperg über Maria enthält die beschaulichen Symbole des Todes: Kreuz und Kranz. Daneben sitzt die Schwalbe, die den Flug der Sehnsucht beschreibt. Ihr Zug vertritt die irdische Seelenwanderung des Deutschrömers von Nord nach Süd. Sulamiths Wimperg hingegen faßt mit Blumengewinde und Taube die heiteren Symbole des Lebens und der Fruchtbarkeit. Maria und Sulamith entsprechen dem Topos einer ewigen Männerphantasie, welche die Frau in die zwei Komplemente Ave und Eva spaltet. Zwei Frauen sind es, nach denen sich der Mann sehnt, wie er sie fürchtet; die eine ist das durchsichtig-zerbrechliche Mädchen, die andere das sinnlich-diesseitige Weib. Unberührbar bleiben beide, weil sie gefangen sind im Kopf des Mannes, der sie ersonnen hat. Pforr und Overbeck erschienen die Traumfrauen, wenn der Schlaf nach zehrenden Gesprächen verbraucht war und sich das Alleinsein wie ein Nachtmahr auf die Brust setzte. Die Schwüle war dann mit religiöser Inbrunst nur schwer zu bekämpfen. Was in der Wirklichkeit scheitern mußte, wird in der Kunst zum Wohllaut: Als offener Akkord klingt die parallel geführte Haltung der beiden Frauen. Während ihr Blick je ins Unbestimmte vergleitet, weist die sitzende Stellung der Beine beidwärts zueinander, nach innen. Sie gehören zusammen, obwohl jede einen Bildraum für sich belebt. Das nämliche Weh erfaßt die Verschiedenen: wie zwei sich neigende Blumen, durch die ein Wind strich.

In der Lünette zwischen den Wimpergen ist Johannes Evangelist dargestellt, der Patron von Overbecks Pseudonym; mit diesem Zeichen widmete Pforr das Bild seinem Freund. Pforr starb am 16. Juni 1812 im 24. Lebensjahr an der romantischen Krankheit: Schwindsucht. Overbeck hingegen wurde 80 Jahre alt und überdauerte seinen schmalen Ruhm um vieles. Als Nazarener erster Stunde blieb er seinen Grundsätzen treu, die zu dürftig waren, um ein langes Malerleben fruchtbar auszufüllen. Das Bild »Sulamith und Maria« hielt er immer in Ehren. Wenn er sommers von der Stadt Rom auf sein Landhaus in Rocca di Papa übersiedelte, soll er die kleine Holztafel stets mitgeführt haben: als Reisealtärchen der Freundschaft.

Gerade an diesem Punkt aber mußte Hegels Kritik an der romantischen Kunst einsetzen: Ein substantielles Würdezeichen, das Altarretabel, wurde benutzt für eine private Mitteilung. Was einst dem Gottesdienst vorbehalten war, verkam zum Kultbild subjektiver Gefühlsregungen. Kunst war nicht mehr durchsättigt von der Notwendigkeit ihrer Zeichen; der Künstler stand über den traditionalen Formen und bediente sich ihrer nach Maßgabe seiner artistischen Einfälle. Der Renaissancepalast, das altdeutsche Zimmer, das gotische Retabel: Sie waren Masken, welche der Künstler wahlweise und je nach Stimmung sich überstreifte. Er hatte einen Vorrat von Bildern, die er früheren Epochen entnahm, um damit sein schweifendes Gemüt zu bekleiden. Unter dem Venezianermantel steckte ein Mensch des 19. Jahrhunderts, der nicht den Mut aufbrachte, den Notwendigkeiten der Gegenwart ins Auge zu blicken. Der moderne Künstler zierte sich vor der Umarmung mit der Vernunft. Er versuchte ihr zu entrinnen, indem er sich in eine Religiosität versteifte, welcher der Weltgeist längst entwachsen war. Seine Gottseligkeit war so dürr und unlebendig wie jenes neugotische Stabwerk, das die Wimperge des Freundschaftsaltärchens verzierte. Die Vergangenheit war eine Ermächtigungsform des modernen Gemüts; mit der entliehenen Autorität der Geschichte maßte sich das subjektive Empfinden Allgemeinheit an.

Waren es nur die Romantiker, die so flagrant dem Gang der Vernunft sich widersetzten? Gab es eine Kunst für die Gegenwart und für die Zukunft, fähig, den Geist der Zeit in seiner substantiellen Tiefe zu erfassen? Hegel mußte diese Frage verneinen. Die Entzweiung von Subjekt und Gesellschaft lag in der Entwicklung der Geschichte selber begründet. Das eigensinnig-leidenschaftliche Subjekt und die kühle Objektivität des Staates waren bloß die zwei Kehrseiten derselben Epoche. Die Kunst beobachtete diese Spannung von der Seite des Subjekts: Dies gab ihr oft den Anflug von Don Quijoterie. In den Mittelpunkt der Welt stellte sich der Künstler als empfindsamer Produzent von Beobachtungen. Wer sich den Standpunkt objektiver Vernunft aneignen wollte, mußte mit der Kunst aufhören und zu philosophieren beginnen. Kunst blieb gebunden an das trübe Material des Gemüts; nur die Philosophie konnte den Geist zum Sprechen bringen. Die Kunst der Gegenwart verstrickte sich zusehends in den Makel, abhängig zu sein vom empirischen Subjekt. Der Satz, daß das Werk den Meister loben solle, galt nicht länger. Das Subjekt trug durch die Mittel der Kunst seine schrillen Einfälle zur Schau. Dabei begann sich die inhaltliche Substanz zu zersetzen und mit ihr der gediegene Zusammenhalt mit der Form. Es entstand »ein Spiel mit den Gegenständen, ein Verrücken und Verkehren des Stoffs sowie ein Herüberundhinüberschweifen, ein Kreuzundquerfahren subjektiver Äußerungen, Ansichten und Benehmungen, durch welche der Autor sich selbst wie seine Gegenstände preisgibt«[146]. Hegel dachte dabei an die humorigen Launen von Jean Paul, aber auch an die bös schillernde Phantasie E. T. A. Hoffmanns. Der verbindliche Inhalt

146. Hegel, Aesthetik II, S. 229

hatte einst den Kitt gebildet, welcher das einzelne Kunstwerk an die Gesellschaft fügte. Dieser zerbröckelte nun am Ende der abendländischen Kultur. Die Kunstwerke fielen aus der Fassung des allgemeinen Geistes heraus. Vom gesunden Menschenverstand wurden sie längst nicht mehr begriffen. Kunst – betonte jedoch Hegel mit einem abschätzigen Blick auf die Romantik –, Kunst war nur, solange die Form vom Inhalt durchdrungen war. Der Künstler mußte ergriffen sein von der Weltanschauung, welche das Fundament seiner Zeit bildete. Dann wurde er von allen Menschen verstanden, dann stand sein Werk auf substantiellem Boden. Zog sich der Künstler aber auf sein abstraktes Dasein zurück, trug er die Brücken zum gesellschaftlichen Inhalt ab. In seinen Gestaltungen lag »kein wahrer Ernst«[147] mehr. Willkürlich spielte er mit losgelösten Formen im luftleeren Raum der Beliebigkeit. Von Kunst konnte hier nicht mehr die Rede sein: Das war Artistik. Echte Kunst strebte nach dem Ausgleich von Besonderem und Allgemeinem, wie es den Griechen in idealer Weise gelungen war. Die Harmonie antiker Kunst blieb daher ein unübertroffenes Vorbild. In der Moderne kam die schöne Balance aus ihrem Gleichgewicht – eine Meinung, die viele Nachfahren Hegels mit eindrücklichem Erfolg weitergaben. »Verlust der Mitte« nannten sie es, »Entartung« oder »bourgeoise Dekadenz«; immer meinte es das eine, was Hegel schon diagnostizierte: Der Künstler hatte seinen Eigensinn über das Maß der Schönheit hinausgetrieben. Schön verdiente nur das genannt zu werden, was die Vernunft des Wirklichen harmonisch begleitete.

In der subjektiven Selbstdarstellung brachen Bedeutung und Gestalt auseinander. Daher kehrte die Moderne gewissermaßen zur symbolischen Kunstform zurück. Während jedoch der morgenländische Dämmergeist aus Unvermögen Form und Inhalt nicht zusammenfügen konnte, herrschte der moderne Künstler souverän über Stoff und Bedeutung; die Verneinung der substantiellen Form entsprang seiner trotzigen Willkür. Sich selber darzustellen wurde Hauptmotiv der Kunst. Der Künstler tat dies, indem er seine Geschicklichkeit zur Schau stellte. Beliebig wurden die Mittel, wenn sie bloß die Originalität des Produzenten bezeugten. Die Westberliner Nationalgalerie besitzt ein Gemälde von Georg Friedrich Kersting: Es zeigt seinen Freund Caspar David Friedrich im Atelier. Der Maler steht, sinnend aufgestützt auf einem Stuhl, den Malstock, Pinsel und Palette in der Hand, vor der Staffelei. Sein Blick ruht auf der Leinwand: Sie ist so vor ihm aufgestellt, daß wir nur die Rückseite sehen. Von der Kunst sieht der Bildbetrachter nur das Gemachte in seiner spröden Gegenständlichkeit: den gefügten Rahmen, die Holzkeile in den Winkeln und selbst die Nägel, an welchen die Leinwand befe-

147. Hegel, Aesthetik II, S. 233

stigt ist, werden sorgsam wiedergegeben. Vom Inhalt des Bildes ist nichts zu sehen. So wie das Kunstwerk in seinem äußerlichen Gemachtsein erscheint, offenbart sich der Künstler durch die Pose. Das Bedeutende, das den Weltinnenraum Friedrichs bewegt, ist zu ahnen bloß in den abwesend glänzenden Augen. Das ›Was?‹ der Darstellung verbirgt sich hinter dem ›Wie?‹. Die inhaltliche Verbindung zwischen Betrachter und Produzent ist unterbrochen. Hier ist der sinnende Künstler, versunken in die unerforschlichen Bewegungen seines Gemüts; dort ist das Kunstgebilde, das seine handwerkliche Materiatur hervorkehrt, um geflissentlich jeden Blick auf sein Wesen zu versperren. Allein Künstler und Kunstwerk selber scheinen geheime Verbindungen zu kennen. Aber sie wenden sich ab vom Dritten, als fühlten sie sich gestört durch die Zudringlichkeit des Publikums. Der kühle Bildraum hält den Neugierigen auf Distanz. Jäh fluchten die perspektivischen Linien, mit denen das Zimmer fast überscharf konstruiert ist, in die Tiefe, um möglichst Abstand zu gewinnen vom

Georg Friedrich Kersting, *Caspar David Friedrich in seinem Atelier,* 1819. Staatliche Museen zu Berlin - Preußischer Kulturbesitz, Nationalgalerie

127

Vordergrund. Kahl sind die Wände, nirgends ein bunter Fleck zum behaglichen Verweilen, und weil der Fußboden bei jedem Schritt zu knarren scheint, wagt der Besucher kaum einzutreten, um sein ungebetenes Dasein nicht noch peinlicher zu machen. Der Maler indes hat sich ganz von der Außenwelt abgeschlossen. Das eine Fenster ist mit Läden verriegelt und das andere bis auf Augenhöhe abgedeckt, um die störenden Einflüsse des Tags möglichst zu dämpfen. Nur der obere Fensterteil öffnet sich einem graublauen Himmel. Das Fensterkreuz verschimmert darin; es legt sich über das Stück sichtbar werdender Außenwelt wie ein Koordinatennetz. An der Atelierwand hängen Palette, Maßstab und Winkel. Kants transzendentale Erkenntnistheorie, wonach das Subjekt die Welt konstruiert nach Maßgabe von Kategorien, die es in sich selber trägt, findet in der modernen Kunsttheorie ihre Steigerung ins Solipsistische. Friedrich erklärte stets, es gehe der Malerei nicht darum, die physische Welt nachzuäffen. Künstlerische Erkenntnis entstehe erst, indem der Künstler seine Innerlichkeit in die Erfahrung hineintrage. »Schließe dein leibliches Auge, damit du mit dem geistigen Auge zuerst siehest dein Bild. Dann fördere zutage, was du im Dunkeln gesehen, daß es rückwirke auf andere von außen nach innen.«[148] Die Schöpfung des Sichtbaren begann mit den Ideen, die der Künstler in sich trug, und nicht mit der empirischen Wahrnehmung. Sah der Maler keine Welt in sich selber – riet Friedrich –, »so unterlasse er es auch zu malen, was er vor sich sieht. Sonst werden seine Bilder den spanischen Wänden gleichen, hinter denen man nur Kranke oder gar Tote erwartet.«[149] Ging Friedrich in sein Atelier zur Arbeit, verglich er sich mit einer Raupe, die sich einpuppte, um sich darin ihre eigene imago zu erschaffen. Unbekümmert über die öffentliche Meinung, versenkte er sich in seine Visionen und überließ es der Zeit, »was aus dem Gespinste herauskommen wird, ob ein bunter Schmetterling oder eine Made«[150]. Weil der Maler die Welt aus sich selber entwirft, malt er bei geschlossenem Fenster. Hegel charakterisierte diese meditierende Weise moderner Kunstproduktion als »ein Zurückgehen des Menschen in sich selbst, ein Hinabsteigen in seine eigene Brust«. Einen neuen Heiligen nannte er den Künstler der Neuzeit, mit Namen »Humanus«, der auf seiner Wallfahrt nach innen die Höhen und Tiefen des menschlichen Gemüts durchstreifte. Nicht immer wollten Hegel solche Worte des Verständnisses gelingen.[151]

Kunst der Gegenwart war objektiver Humor: der geronnene Fluß des Gemüts. Die flüchtigen Bewegungen der Phantasie wurden im Werk unverlierbar eingegraben. Der bizarre Weg des Glücksritters, das Gelächter und die Tränen über die Wechselfälle

148. Hinz, S. 92
149. Hinz, S. 128
150. Hinz, S. 119
151. Hegel, Aesthetik II, S. 237f.

des Lebens: Sie waren der letzte Inhalt, den die Kunst nachzeichnete. »Verinnigung in dem Gegenstande« nannte Hegel das Verfahren des modernen Künstlers, die Signatur seiner innerlichen Empfindung dem Material äußerlich aufzudrücken. Beliebig waren die Gegenstände, an denen sich die künstlerische Reflexion entzündete: ein Baum, ein Mühlbach, der Frühling, Lebendige und Tote konnten den Vorwand zur Gestaltung abgeben.[152] Entscheidend für das Gelingen war, daß nicht zuviel unbewältigte Sehnsucht, keine Begierde und schweifendes Verliebtsein die Arbeit störte. Die beste Grundlage für künstlerisches Schaffen war ein heiteres und zweckfreies Gefallen an den Gegenständen. Nur der Abgeklärte war fähig, sich zu ergehen im harmlosen Spiel mit der Form. Die Gedichte von Rückert und Goethes West-Östlicher Divan verkörperten am schönsten diese letzte Möglichkeit der Kunst. Tändeleien im Reim und im Versmaß zeugten von Innigkeit und Froheit, »welche durch die Heiterkeit des Gestaltens die Seele hoch über alle peinliche Verflechtung in die Beschränkung der Wirklichkeit hinausheben«[153]. Hegels Ästhetik mündete in die Apotheose des Biedermeier. Die Romantik war abzulehnen, weil sie die prosaische Wirklichkeit nicht anerkannte. Allzu inbrünstig verfolgte sie ihre Ziele; vor allem aber mißachtete sie die klare Grenze zwischen Alltag und Poesie. Der Eingriff ins Leben überschritt die Kompetenz der modernen Kunst.

Der Kulturfortschritt hatte tabula rasa gemacht mit der Verbindlichkeit der Kunst für die praktische Vernunft. Der Schmuck der Kirchen hatte noch erzieherisch ins Leben eingegriffen: Tugenden und Laster wurden dargestellt; Geschichten der Passion zur Nachahmung empfohlen; mit Bildern der Strafe dem Ungerechten gedroht. In der bürgerlichen Gesellschaft wurde die Sittlichkeit nicht mehr durch Kunst veranschaulicht, sondern ohne Umschweife durch geschriebenes Gesetz und durch Verfassungstexte begrifflich gemacht. Schinkels Neue Wache Unter den Linden war bilderlos. Die strenge Vernünftigkeit des preußischen Staates bedurfte keiner Schnörkel. Die praktische und die reine Vernunft verliefen jetzt unmittelbar kongruent zueinander: wie die Schritte paradierender Soldaten. Die künstlerische Reflexion war frei; sie war aus der Lehrpflicht entlassen worden. Der moderne Künstler verfügte über die Kunstmittel ebenso frei wie der Geist über die Materie. Die Überwindung der Natur war das Ziel der Weltgeschichte.

In der Souveränität über die Kunstmittel manifestierte sich die Freiheit dieser späten Geistesepoche. Geschickte Meisterung des Stoffes, ohne Leidenschaft für die Inhalte, die man darstellte: In der abgeklärten Heiterkeit des Biedermeier ging die abendlän-

152. Hegel, Aesthetik II, S. 240
153. Hegel, Aesthetik II, S. 242

dische Kunst zu Ende. Der letzte Maler in Hegels imaginärem
Museum war Johann Erdmann Hummel (1769–1852). Mit
Hummel waren die Möglichkeiten der bildenden Kunst ausge-
schöpft. Der Sohn eines Schlossermeisters aus Kassel hatte die
heimatliche Akademie besucht und war aufgrund eines landgräf-
lichen Beneficiums mehrere Jahre in Rom gewesen. 1800 sie-
delte er nach Berlin über, wo er von Aloys Hirt gefördert wurde.
Seit 1809 lehrte er als Professor der Berliner Akademie in den
Fächern Perspektive, Architektur und Optik. Er war ein erfolgreicher Pädagoge, der in seinem langen Leben vielen Jahrgängen
das richtige Zeichnen beibrachte. Selbst der dunkle Brentano
hörte bei ihm im Wintersemester 1814/15, ohne sich jedoch zum
vernünftigen Regelmaß entschließen zu können. Hummel war
besessen von der Aufgabe, die sichtbare Welt durch rationale Mittel der Optik künstlerisch wiederzugeben. Wahrheit war ihm
identisch mit der Summe aller methodischen Richtigkeiten.
Diese Überzeugung strahlen die Bilder aus: Exakt fluchten die
Perspektiven im Horizont; in der künstlerischen Wiedergabe
sind Licht und Schatten, Spiegeleffekte und Farbtöne noch klarer zu erkennen als im Urbild. Daher überfällt, bei längerem
Hinsehen, den Betrachter ein gewisses Befremden: Die allzu
gründliche Rekonstruktion der Wirklichkeit nimmt gespenstische Züge an. Unter den Rechenexempeln der Optik erstarrt
der lebendige Bildeindruck. Die Rationalität ist missionarisch
und ruht nicht eher, als sie alles ihrer Ordnung einverleibt hat.
Hummel ritt Feldzüge gegen den schlechten Geschmack und
mühte sich zeit seines Lebens für eine Reform des Zeichenun-
terrichts auf allen Stufen. Nicht nur das Modell, sondern auch
der Schüler sollte nach den Gesetzen der Optik behandelt werden. »Perspektiv-Hummel« nannten die Berliner ihren Kreuzrit-
ter des Fluchtpunkts. Hummels bekanntestes Werk sind die soge-
nannten ›Granitschalenbilder‹. Eine Folge von drei Gemälden
schildert die Aufstellung der Granitschale im Lustgarten vor dem
neu errichteten Museum. Hegels These von der souveränen Verfügung über die traditionalen Kunstmittel macht sich am Konzept schon bemerkbar. Bilderfolgen dienten in der vormodernen
Zeit repräsentativen und belehrenden Zwecken: Sie entfalteten
ein heilsgeschichtliches Motiv oder die Taten eines Herrschers.
Hummel säkularisierte diese Überlieferung; er erzählt die Vita
eines Arbeitsvorgangs. Die Kunst huldigt der menschlichen Produktivität, indem sie die geschickte Bemeisterung der Natur
durch Arbeit darstellt.

Das erste Bild zeigt die Granitschale in der Schleifmaschine.
Der Werkschuppen, dessen Innenraum wiedergegeben ist, stand
am Kupfergraben. Es ist wohl möglich, daß der Stein, aufkrei-

schend unter dem erbarmungslosen Werkzeug, Hegel beim
Denken gestört hat, so daß er während der Schleifarbeiten die
Fenster seines Studierzimmers verschließen mußte. Auf dem
Gemälde ist die Gewalt an der Natur bereits vollzogen; der ungeschlachte Findling aus den Rauenschen Bergen ist gebändigt
zum polierten, runden Becken mit karniesförmiger Wandung.
An den Rohstoff erinnert noch das gesprenkelte, rostrote Kolo-
rit: jeder Tupfen ein Zufall vor Jahrmillionen. Sonst ist vom
Ursprung nichts mehr übrig; der Wohllaut der Rundungen ist
aufgezwungen. Zwar dominiert die vorbauchende Steinmasse in
der Bildkomposition, aber fest und unentrinnbar sitzt das Produkt im Gezwick der Gerüste und Maschinen. Der tätige Eingriff hat dem Stein seinen Glanz aufgeprägt. Kristallisch spiegeln
sich die Fenster des Schuppens auf der eisglatten Oberfläche.
Dieser Schimmer ist die sichtbare Wertform, mit welcher die
Arbeit das Naturding überzieht; Resultat des Stoffwechsels zwischen Materie und menschlichem Fleiß.

Als zweite Station in der Vita der Granitschale schildert Hummel die Umlegung. Die Schale hängt an einem Gerüst in den
Seilen, die von sechs Winden gezogen werden. Wie ein Reigen
ist der Gang der Männer anzusehen, welche im Kreislauf die
Winden betätigen. Einiges Volk steht auf dem Platz und schaut
zu, wie Baukondukteur Cantian die Arbeiten kommandiert.

Johann Erdmann Hummel,
Das Schleifen der Granitschale,
1831. Staatliche Museen zu
Berlin - Preußischer Kulturbesitz, Nationalgalerie

Johann Erdmann Hummel,
Die Umwendung der Granitschale,
1831. Berlin, Märkisches
Museum

Während er jetzt den Arm hebt zum Signal, verklärt sich das Baugerüst über ihm zum Triumphbogen der technischen Geschicklichkeit. Man sieht es noch: Hummel war in diesem Augenblick stolz auf Cantian, seinen ehemaligen Schüler. An langen Masten knattern ein paar Fahnen im Wind; die Farbstreifen bilden den Festtagsflor vor dem Hintergrund des bewölkten märkischen Himmels.

Im dritten Bild ist die Granitpassion vollbracht. Die Schale ruht, die Öffnung dem Himmel zugekehrt, auf einem schlichten Sockel. Der Bildbetrachter steht vor dem Schinkelschen Museum und blickt hinaus auf den Lustgarten. Links ist der Dom zu sehen, der Hintergrund wird von der strengen Fassade des Schlosses begrenzt. Die Aufstellung der Granitschale gibt dem Museumsplatz den letzten Schliff. Schon wird er von sonntäglichen Spaziergängern in Beschlag genommen. Die Berliner Vedutenbilder lieben es, das Tatsächliche in gemalter Form wiedererkennen zu lassen, denn das Publikum vergnügt sich daran, die Realität im Schein verdoppelt zu sehen. So entdeckt man, links im Bild, in jenem Herrn mit Spazierstock und Zylinder Bauleiter Cantian; am rechten Bildrand hat Hummel seine drei Kinder hingemalt.

Als die Gemälde 1831 im Museum ausgestellt wurden, stießen sie unter den Berlinern auf reges Interesse. Man hatte schon die Aufstellung der Granitschale in natura mit Anteilnahme verfolgt; nun ergötzte man sich darüber, die Phasen des technischen Meisterstücks durch Kunst aufbewahrt und verklärt zu sehen. Darüber herrschte Einigkeit: Der Hummel konnte malen, was er auf die Leinwand zauberte, hatte in Wirklichkeit ebenso ausgesehen. Des Künstlers Biograph und Nachfahre Georg Hummel schrieb, die Berliner hätten die Gemälde bestaunt mit dem Blick, den man dem Mirakelwerk in Raritätenkabinetten entgegenbrachte. Der Richtigkeitsfanatismus des Künstlers wurde vom Publikum beglaubigt. Produzent und Bildbetrachter verhielten sich so, wie es Hegel für das Endstadium abendländischer Kunst definierte. Nach dem Verlust des substantiellen Inhalts befanden sich Künstler und Publikum in freier Zwiesprache miteinander. Die künstlerische Darbietung galt für gelungen, wenn »jeder, was der Künstler gewollt, wie listig und geschickt er es angegriffen und ausgeführt habe, einsehe«[154]. Die letzte Kunst stellte Bilderrätsel, deren verschlüsselte Botschaft jeder kannte. Es ging nicht um neue Inhalte, sondern um die raffinierte Abspiegelung des gesunden Menschenverstands. Das Publikum wollte nicht belehrt sein;

Johann Erdmann Hummel, *Die Granitschale im Berliner Lustgarten,* 1831. Staatliche Museen zu Berlin - Preußischer Kulturbesitz, Nationalgalerie

154. Hegel, Aesthetik II, S. 253

es wollte sich bestätigt sehen in den Werten, denen es je schon anhing. Kunst war der Zeitvertreib, das Altbekannte neu zu buchstabieren unter dem Schleier sonntäglicher Verklärung. Die ästhetische Bestätigung der Wirklichkeit, der Realismus, war die einzige Form, mit der sich der Künstler noch legitimieren konnte. Denn die bürgerliche Gesellschaft machte es seinem Gewerbe nicht leicht: Immer wieder ließ sie durchblicken, Kunst sei im Grunde keine nützliche Arbeit. Wenn Kunst schon sein mußte, wollte der Bürger sich wenigstens darin wiedererkennen; schließlich verdankte sie ihr Orchideendasein dem Fleiß derer, die den Alltag bestritten. Dieser Forderung entsprechen die Granitschalenbilder: Sie fügen sich zum kleinen Epos, das die Emsigkeit und den technischen Witz des Menschen besingt. Dem eingeweihten Betrachter entging es nicht, daß Hummel in diesem Werk auch seinem Bruder Caspar ein geheimes Denkmal setzte. Dieser hatte den zünftigeren Weg gewählt und übte den väterlichen Schlosserberuf aus. In Berlin gründete er eine Maschinenfabrik, welche unter anderem den Packhof mit Winden belieferte. Die sechs Winden, welche für die Umlegung der Granitschale verwendet wurden, dürften wohl aus der Werkstatt des Bruders stammen. Indem Hummel seine Malerei dem Gewerbefleiß zur Seite stellte, bekannte er sich zum bürgerlichen Arbeitsethos. Der Wille des Künstlers, seine Rechtschaffenheit zu beweisen, ging auch in die Technik des Malens ein. Hummel zeigte, daß er ein guter Handwerker war, auch wenn er nur den Pinsel zu führen verstand. Die Gegenstände, die er vorstellte, waren zwar nicht zu gebrauchen; aber auf die Abbildung war so viel Sorgfalt aufgewendet, daß man solche Malerei als Arbeit gelten lassen konnte. Durch Säuberlichkeit machte die biedermeierliche Malerei ihren Mangel wett an ökonomischem Nutzen. Gewiß konnte die Kunst keiner ernsthaften Prüfung standhalten, wenn man ihre Kosten maß an dem, was diese Granitschale wohl gekostet hatte: Sei's drum – es war wenigstens, von der Politur bis zur Aufstellung, rundum untadlige Qualitätsarbeit.

Hummels Gemälde zeugen nicht nur von handwerklicher Meisterschaft, sondern auch von wissenschaftlichem Verstand. Als häufiges Motiv in den späteren Schaffensjahren taucht bei Hummel immer wieder die Spiegelung auf, die er als Optikprofessor in allen Erscheinungsformen kannte. Optik war Mode. Nicht zuletzt verdankte Hummel seinen Erfolg als Pädagoge dem allgemeinen Interesse, das diesem Fach entgegengebracht wurde. Dem Zeitgeist hatte auch Goethe gehuldigt in seiner jahrelangen Beschäftigung mit der Farbenlehre. Einem aufmerksamen Publikum schilderte Hummel die komplizierten Spieglungsvorgänge an der Granitschale. Man hatte die sonderbaren

Reflexe gewiß schon selber beobachtet; aber im Gemälde wurde den Phänomenen ihre Flüchtigkeit genommen und durch die Ausführungen des Professors wissenschaftlich autorisiert. So konnte man die interessante Feststellung machen, daß die Objekte, die weit entfernt hinter der Schale standen, an deren Unterseite reflektiert wurden. Diejenigen Personen – so der Spaziergänger links außen, der Baukondukteur und der Ulane –, welche sich diesseits und nahe der Schale aufhalten, werden am konvex-konkaven Beckenrand gleich doppelt abgespiegelt. Durch die Verzerrung jedoch ergibt sich die merkwürdige Tatsache, daß die nahen Figuren am Beckenrand viel kleiner als die entfernteren Spaziergänger an der Unterseite der Schale erscheinen. Eine zweite Eigentümlichkeit bildet die Verkehrung der Höhenverhältnisse an den Spiegelungen der Unterseite: Je höher die Figuren über dem Gesichtshorizont des realen Raums stehen, desto tiefer erscheinen sie in der gespiegelten Fläche, während die Objekte in der größten Raumtiefe im Spiegel am höchsten stehen. – In Hummels Gemälde enthüllen sich die Geheimnisse der Optik als verkehrte Welt; groß macht klein, aus oben wird unten und vice versa.

Dies waren gewiß feinsinnige Beobachtungen, die da zu machen waren. Der aufmerksame Betrachter fand sich durch die wissenschaftlich fundierten Werke der Kunst aufs angenehmste bestätigt. Diese Bestätigung aber war auch schon alles, was Kunst zu bieten vermochte. Hummels Granitschalenbilder konnten optische Phänomene zwar aufzeigen, aber nicht erklären. Die physikalische Formel war exakter und lehrreicher als jedes noch so säuberlich angefertigte Schaustück. Kunst raunte nur von der Wahrheit, wissen konnte sie nicht: Es fehlte ihr der Begriff. Wahrheit war nicht abbildbar, man mußte sie – aussprechen! Der reine Geist erkannte sich bilderlos als Logos. Die Anschauung blieb mit den Schlacken der Natur behaftet, die es zu übersteigen galt. Ein absolutes Interesse an der Kunst bestand daher nicht mehr.[155] Die Kunst bedurfte zwar der bürgerlichen Gesellschaft, denn der Freizügigkeit ihres Reichtums verdankte sie ihren Bestand. Doch die Gesellschaft bedurfte der Kunst nicht; daß sie bestand, war ein Gnadenakt, der stets aufzukündigen war, falls sich die Kunst etwa in ihrer Überflüssigkeit zu sehr aufspreizen sollte. Die Kunst bedurfte des Verstandes und der Wissenschaft; aber Verstand und Wissenschaft konnten reibungslos nur ohne künstlerische Störungen funktionieren. In diesem Sinne waren Hummels Granitschalenbilder unnötig; viel Zeitaufwand für die bloße Wiedergabe von Erscheinungen, deren Studium ebensogut am Urbild zu machen wären. Hätte Hummel, statt zu malen, ein Lehrbuch über Spiegelungen geschrieben, die Phänomene

155. Hegel, Aesthetik II, S. 235

wären dem Publikum exakter gedeutet worden. »Der Geist arbeitet sich nur so lange in den Gegenständen herum, solange ein Geheimes, Nichtoffenbares darin ist.«[156] Der erkennende Geist aber begann, die dunkle Hülle der Naturgestalt abzuwerfen. Er begriff sich ohne Schnörkel: als der, der er war. Kunst jedoch bedeutete allegorischen Zierat, ein ahnungsvolles Flüstern; sie war die sinnliche Umschreibung der Wahrheit, nicht Wahrheit selbst. Die Gegenwart schickte sich an, die Geheimnisse abzuschaffen. Das Wissen entzauberte die Welt; der Strahl des Bewußtseins leuchtete in die verschwiegensten Winkel hinein und durchstieß die Gebilde des Wahns wie mürbe Spinnweben. Damit hatte auch der Kunst die Stunde geschlagen. In einer Zeit, da der Geist zu sich selber kam, wurde sie nicht nur überflüssig, sondern der Wahrheit sogar abträglich. Kunst war unter den Bedingungen des gegenwärtigen Bewußtseins eine Verunklärung des Geistigen. Diese Kritik mußte sich letztlich auch Hummel gefallen lassen. Ein klarer, wissenschaftlich erfaßter Inhalt wurde künstlerisch zurückverwandelt in eine Erscheinungsform, die vor dem Begriff lag. Dem Betrachter wurde zugemutet, die Aussage durch seinen begreifenden Verstand zu reinigen von der trüben Anschauung. Die ganze Unterhaltung im Kunstgenuß bestand darin, künstlich zugeschüttete Begriffe wieder aufzudecken. Gewiß: Man konnte die Kunst nicht verbieten, so wenig wie das Kartenspiel oder ein launiges Gespräch unter Freunden. Aber zuviel Beachtung war unangebracht für den Philosophen, der ernsthaft nach der Wahrheit forschte. Die Kunstproduktion der Gegenwart verkam zur Bedeutung des Briefeschreibens, eine Fertigkeit, welche in der bürgerlichen Gesellschaft allgemeines Bildungsgut darstellte. Was da empfunden, gemeint und gelitten wurde, kannte und konnte im Grunde jeder. Jeder Mensch hatte etwas auf dem Herzen, und wenn er sich musizierend, schreibend oder malend erleichtern mußte, so tat er, was er nicht lassen konnte. Nur den Philosophen behelligte er lieber nicht. Die Ergüsse subjektiver Betrachtungen behinderten das Denken. So verbreitet und vielfältig die künstlerisch geformten Meinungen auch waren, irgendwie glichen sich alle, und »des wiederholten Singsangs wird man überdrüssig«[157].

Damit hatte Hegel den Gang durch die Kulturgeschichte beendet. Man war jetzt da angekommen, wo auch der Weltgeist schon war. Hegel verließ das Museum und trat ins Freie. Beim Durchqueren des Lustgartens blieb er kurz bei der Granitschale stehen: dem letzten Nachklang vom Reich der Schönheit, das er zu verlassen sich anschickte. Tatsächlich: Hummel hatte sie vorzüglich getroffen. Hegels Spiegelbild glitt über den polierten Granit. Der Schein seines Selbst, welcher die Kunst also sichtbar

156. Hegel, Aesthetik II, S. 234
157. Hegel, Aesthetik II, S. 241

machte, zuckte auf und verschwand wieder im zuwegslosen Spiegelraum, dessen Unendlichkeit kein Auge durchdrang. Kunst war diese kleine, verkehrte Welt, die das Ich zum tanzenden, fliegenden Dämon verwandelte, während alle Schwere vergessen schien. Für einen Moment wollte man glauben, das eigene Selbst, dieses vergnügliche Irrlicht, sei das einzige und wichtigste auf der Welt. Eine unsägliche Heiterkeit kam auf, und man hätte etwas ganz Närrisches tun mögen, um den Ernst des Lebens für immer zu widerlegen. Machte Hegel jetzt sich einen Vogel über die Gedanken, die er eben vollendet hatte, streckte er die Zunge heraus und lachte unbändig über die Verzerrungen seines Spiegelbilds auf dem geschliffenen Stein? Der Philosoph unterließ solche Possen. Ein gewisses Beschwingtsein schrieb er der Erleichterung zu, die der gelungene Abschluß seines Werks auslöste. Hegel war mit der Arbeit des Begriffs zu einem Ende gekommen; mit gutem Gewissen durfte er nun für eine Weile müßig stehen und sich der Tändelei künstlerischer Beobachtungen hingeben. Den ästhetischen Sinn des Kunstgenusses für das Biedermeier hat Mörike später in seinem Gedicht »Auf eine Lampe« zusammengefaßt:

»Was aber schön ist,
selig scheint es in ihm selbst.«

Nachdem die Totalität der Kulturgeschichte durchdacht war, blieb dies das letzte, was über Kunst noch zu sagen war. Mehr Bedeutung war durch den Begriff nicht zu benennen. Diese Granitschale war so wenig wie jedes andere Kunstwerk geeignet, das Gefäß der Wahrheit zu sein. ›Was ist Wahrheit?‹ fragte Pontius Pilatus; indem er auf eine Antwort verzichtete und das Urteil fällte, das ihm oblag, vollstreckte er diese. Die Wahrheit war: das Notwendige zu erkennen. Ἰδοὺ ʽΡόδος, ἰδοὺ καί τὸ πήδημα[158]. Der bürgerliche Staat mit seinen Rechten und Verpflichtungen: Er war das wirkliche Gefäß, das allein die Wahrheit in ihrer philosophischen Strenge und Folgerichtigkeit fassen konnte. Kunst wog zu leicht für das Leben. Die Gesellschaft war in ein Stadium der Nüchternheit getreten, wo der Spielraum für Poesie verschwand. Nicht zufällig steht Hegels schwerwiegendster Satz über das Ende der Kunst am Anfang seiner Rechtsphilosophie. Die poetische Gestalt des Lebens war alt geworden, man konnte sie nicht mehr künstlich verjüngen. Die Welt mußte jetzt begrifflich erklärt werden mit dem Grau des vernünftigen Gedankens.[159] Die Menschheit wurde reif für das Greisenalter. Die hellen Tage und der Überschwang der Jugend hatten den Griechen gehört; der Gegenwart blieb der Rentnerblick aus dem

158. Hegel, Recht, S. 26
159. Hegel, Recht, S. 28

Fenster, auf die Tatsachen, die unumstößlich sich ereigneten.
Dem Philosophen oblag es, mit verdrießlicher Wachsamkeit im
Zeitgeschehen die Gesetze der Vernunft aufzuspüren.

Die Pforte der Schönheit fiel ins Schloß. Für die Zukunft gab
es keine Kunst mehr, nur noch vernünftige Wirklichkeit. Man
mochte es noch so drehen und wenden – dieses prosaische Ende
galt unumstößlich: Kunst wurde im geistigen Fortschritt zum
Anachronismus. Der letzte Gang durch das imaginäre Museum
hat die Bilanz ausführlich an den bildenden Künsten durchge-
rechnet; aber auch bei den anderen Gattungen sah das Ergebnis
unter dem Strich nicht besser aus. Auch hier die Rechnung in
aller Breite zu entfalten, darauf wird verzichtet. Wenn wir dennoch ein paar abschließende Feststellungen zusammenfassen,
geschieht es, um dem Vorwurf zu entgehen, Hegel hätte auch nur
die geringste Chance übersehen und durch systematische Nachlässigkeit das Ende der Kunst herbeigeführt. Das Gegenteil ist
wahr: Es wurde an alles gedacht, die Ästhetik zu vollenden. Da
gab es das Schicksal der Musik: Die Musik war eine späte Kunst,
welche dem abendländischen Geist, vollkommener noch als die
Malerei, Gestalt verlieh. In ihr fand die Verneinung des antiken,
plastischen Prinzips den Höhepunkt. Musik war geradezu anti-
materiell, denn sie entstand durch die Auflösung körperhaften
Daseins. Die Implosion des Raums zum Punkt erzeugte den
Schall. Durch Selbstvernichtung setzte sich, unsichtbar und im
Äther verschwebend, die Melodie frei. Nur das Ohr hatte die
Fähigkeit, diese geheime Botschaft zu vernehmen; es war das
idealistische Organ, noch sinnenferner als das Auge, weil es sich
auf Objekte nicht zu richten brauchte. Das Ohr nahm die Botschaften ohne zielgerichtetes Aufmerken wahr: sozusagen mit
theoretischem Gleichmut. Da in der Musik die Objektivität vernichtet war, traf sie ihren Hörer nicht äußerlich als Gegenstand,
sondern nur im Innern des Subjekts. Paradox ausgedrückt:
Musik war die gestaltlose Figuration der Innerlichkeit. Die Töne
verbanden sich zu einem künstlerischen Seismogramm von
Gefühlsbeben, die im Hörer wieder nachzitterten. Das Verschweben der Musik entsprach den unmittelbaren Manifestatio-
nen des leeren Ich, das entgrenzend gegen den Raum sich verlor. Sehr wohl kannte Hegel diese Empfindung: Als häufiger
Opernbesucher konnte er, selig berührt, in den Sessel versinken,
wenn die Sonntag zu einer Arie anhob. Doch das Dahinschmel-
zen war die Privatsache des Philosophen; ein Gegenstand des
Gedankens war es nicht. Denn – hatte man sich zum Begreifen
wieder ermannt, verging der Klang wie ein nebliger Traum,
an der Taghelle verblaßte: Als schämte jener sich selbst, daß er
geträumt wurde. »Für den Musikausdruck eignet sich deshalb

auch nur das objektlose Innere, die abstrakte Subjektivität als sol-che.«[160] Nur unbestimmte Botschaften teilte die Musik mit; ihre Mitteilungen waren ohne Bestand, weil sie von der stummen Unendlichkeit stets verschluckt wurde. Die Wahrheit aber wollte begriffen sein; sie war dauerhaft und mußte sich im Wirklichen beweisen. An der Musik wurde der moderne Widerspruch in der Kunst besonders deutlich: Sie war zwar der höchste Ausdruck der Subjektivität; einer Subjektivität aber, die nicht abgesättigt war mit der Substanz der objektiven Vernunft. Daher mußte die Musik verklingen.

Und die Poesie? Hier hatte es beim ersten Nachdenken den Anschein gemacht, eine Möglichkeit stehe offen für die Zukunft der Kunst. Wie die Musik war das Wort ein Bedeutungsträger von großer Geistigkeit, weil auch dieses vom Klang getragen wurde. Darüber hinaus hatte das Wort den Vorteil, daß in ihm der Klang nicht abstrakt verschwebte, sondern zusammengehalten wurde von der gesprochenen Bedeutung. Die Bedeutungssub-stanz der Sprache diente gleichsam als Korsett des Klangs: Es ver-half dem in sich haltlosen Tönen zur Festigkeit. Die vibrierende Melodie des Sprechens wurde geführt vom gedanklichen Inhalt. Die Sprache löste äußere Anschauungen in die Formen des Bewußtseins auf. Das Wort transfigurierte die Natur in das Reich des Geistigen. Dabei blieb die Vielfalt des Daseins zum Schein erhalten; der Zauber der Dichtkunst bestand darin, daß sie einen wahren Bilderbogen ausbreitete, bis hinein in die schillernden Zufälligkeiten des Lebens. Aber bei allem Lebendigsein existierte das Poetische nur durch die Phantasie, welche im Gedanken zu Hause war. Die Phantasie bildete die innere Vorstellung der äußerlichen Welt: »Der Geist wird so auf seinem eigenen Boden sich gegenständlich.«[161] Als ideale Mittlerin zwischen der sinnli-chen Erfahrung und dem Denken bildete die Phantasie zwar die Grundlage aller Künste; in der Poesie aber wirkte sie am reinsten, weil sich in dieser Kunst der Schauplatz ganz auf das innere Vor-stellen verlegte, während Malerei und Plastik der gegenständli-chen Anwesenheit bedurften: als Krücken der Vorstellung. Da die Dichtkunst überhaupt nur aus dem Material der Phantasie bestand, diese aber wiederum die Grundlage aller künstlerischen Eingebung bildete, nannte Hegel die Poesie auch die »allgemeine Kunst«[162]. Der poetische Impetus war die Seele jedes Gestaltens. Im griechischen Wort ποιεῖν lag dieser Sinn beschlossen: Ein ›Schaffen‹ war das Dichten, und der Poet glich dem Schöpfer, der durch die Macht seines Wortes den Kosmos hervorbrachte.

»Die Rede ist der stillste und unmittelbarste Ausdruck der Ver-nunft. Jede andere Handlung hat mehr körperlichen Anteil.«[163] Dieser Satz verbindet Schelling mit Hegel. Ihr Denken, das

160. Hegel, Aesthetik III, S. 135
161. Hegel, Aesthetik III, S. 229
162. Hegel, Aesthetik III, S. 233
163. Schelling, Philosophie der Kunst, S. 276

durch Konkurrenz, mehr als durch prinzipiellen Widerspruch, sich entzweite, gründete in derselben Bildungtradition. Unklar, wer das sogenannte ›Systemfragment‹ um 1796 geschrieben hatte; entstanden ist es vor dem Hintergrund des gemeinsamen Studiums von Hölderlin, Schelling und Hegel am Tübinger Stift: als Protokoll zum Gedächtnis an heftige Gespräche unter Studenten, die aufgewühlt waren von Kant und Fichte, von Rousseau und der Französischen Revolution. Die Handschrift, unvollständig, erst 1917 zum Vorschein gekommen und schon daher für Mystifikationen wie gemacht, raunt von einem neuen Mythos, gestiftet von der Dichtkunst, die »alle übrigen Wissenschaften und Künste überleben«[164] würde. Am Ende der Zukunft sollte die Poesie jene Würde zurückerlangen, die sie am Anfang einst hatte. Einen neuen – den letzten – Homer beschworen die Jünglinge: Die Geschichte der Menschheit sollte dieser in seinem Gesang aufheben. Vielleicht hatte sich Hegel die homerische Aufgabe heimlich selber zugetraut. Im Zeichen jenes endzeitlichen Mythos würde die Philosophie mit Kunst und Religion verschmelzen; das Denken erhielte eine ästhetische Gestalt, da zuletzt alles unter der Schönheit als der höchsten Idee sich vereinigte. Allgemeine Freiheit würde erreicht sein, wenn das Volk sich zur Vernunft erhöbe und das Denken zugleich hinabtauchte in die Farben des Mythos. – Schwerer noch als die Forderung nach einem vernünftigen Volk war gewiß die letztere einzulösen: Denn um das Denken farbig zu beleben, hätte es nichts Geringerem bedurft, als »die Philosophen sinnlich zu machen«. Damit aber verstieg sich das Systemfragment in verbotenes Träumen. Mit Entschiedenheit nahm Hegel später diesen überschwenglichen Anspruch seiner eigenen Jugend zurück. Das Gegenteil traf dem gereiften Denker jetzt zu; Hören und Sehen mußte dem Schüler vergehen, ehe das Philosophieren beginnen konnte: So riet Hegel den Pädagogen.[165] Dem Pathos des Systemfragments ist Schelling verpflichtet geblieben in seinen Jenaer Vorlesungen über die Philosophie der Kunst. Darin wurde der Dichtung die letzte kulturelle Hegemonie vorausgesagt. Ein Epos sollte geschrieben werden, das alle Weisheit zur Totalität zusammenfaßte: als Reflex des Universums im menschlichen Wissen. Schelling stellte sich dieses Werk vor in der Form eines Lehrgedichts; Dichtkunst und Naturwissenschaft sollten sich darin versöhnt zeigen. »Wie die Wissenschaft erst von der Poesie ausging, so ist es auch ihre schönste und letzte Bestimmung, in diesen Ocean zurückzufließen.«[166] Goethe strebte jenen Gestaden entgegen, wenn er sich als Dichter mit Optik und Morphologie beschäftigte. Nur als Silberstreif in unbestimmter Ferne verkündigte sich zwar der Mythos der Moderne, aber die Gewißheit war da, der

164. Zit. nach: Frank und Kurz, S. 110ff.
165. Hegel, Nürnberger Schriften, S. 413f.
166. Schelling, S. 311

letzte Homeros werde kommen: »Man gebe uns nur erst das trojanische Schlachtfeld.«[167] – An Kriegsschauplätzen wird es in der Folge wahrlich nicht fehlen: Leipzig, Sedan, Verdun, Stalingrad, Hiroshima. Ein Epos darüber blieb aus. Lieferten die plombierten Güterzüge nach Auschwitz mit ihrem monotonen Räderschlag den Jambus für das letzte Heldengedicht? Kein Versmaß bewältigte die unnennbare Prosa der Barbarei. Eine Ilias über den unbekannten Millionentod konnte ebensowenig gesungen werden wie eine moderne Odyssee. Die Heimkehr zu Fuß, entlang der zerschossenen Reichsautobahn, war zu grau, und unter den Trümmerfrauen hatte die Besatzungsbehörde keine Penelope registriert.

Der letzte Homer würde ausbleiben: Dies stand für Hegel fest, nachdem er sich von seinen Jugendträumen ernüchtert hatte. War nicht Klopstock gescheitert an seinem vermessenen Versuch, die christliche Überlieferung des Abendlands in einem Epos zusammenzufassen? Sein ›Messias‹ blieb eine intellektuelle Fleißarbeit: Empfindsame Theologie nötigte sich – oft eher hinkend als mit Gravität – das Einherschreiten in Hexametern ab. Dieses Produkt persönlichen Ehrgeizes hatte keine Notwendigkeit; nur aus Notwendigkeit aber erzeugte sich der Mythos. »Kein Homer, Sophokles usf., kein Dante, Ariost oder Shakespeare können in unserer Zeit hervortreten; was so groß besungen ist, was so frei ausgesprochen ist, ist ausgesprochen; es sind dies Stoffe, Weisen, sie anzuschauen und aufzufassen, die ausgesungen sind: Nur die Gegenwart ist frisch, das andere fahl und fahler.«[168] Das Ende der Dichtung lag nicht am Mangel von Talenten; es gab keine großen Dichter mehr, weil der Weltgeist sie nicht mehr brauchte. Die Wahrheit hatte ausgesungen. Verhallt war der Nachtigallenschlag, die Lieder von Mondschein und Wipfelruhe; die Wahrheit sprach jetzt Reflexionsprosa. Nur die Philosophie vermochte den Geist in seiner Reinheit zu erfassen. An der poetischen Sprache hafteten die Schlacken der Anschauung. Der kulturelle Fortschritt jedoch bestand im stets »sinnlichkeitsloseren Erfassen des Absoluten«[169]. Poesie bildete das letzte Stadium, bevor sich die Kunst selber auflöste. An dem Punkt, wo die Bildersprache ganz verdampfte und in den philosophischen Begriff aufging, war die Kulturgeschichte abgeschlossen.

Die Schönheit hatte ihre historische Mission erfüllt. Die Totalität der Kunst war »zu einem Kranze geordnet, den zu winden zu den ehrwürdigsten Geschäften gehört, das die Wissenschaft zu vollenden imstande ist«[170]. Blumen für diesen Kranz gab es genug; die Epoche der Künstler hinterließ ein wohlbestelltes Feld. Darüber senkte sich die Dämmerung und brachte mit dem Flug der Eule die Kunsthistorik herbei. »Die Kunst lädt uns zur

167. Schelling, S. 91
168. Hegel, Aesthetik II, S. 238
169. Hegel, Aesthetik II, S. 235
170. Hegel, Aesthetik I, S. 26

denkenden Betrachtung ein, und zwar nicht zu dem Zwecke, Kunst wieder hervorzurufen, sondern, was Kunst sei, wissenschaftlich zu erkennen.«[171] Der verblichenen Gestaltungsfähigkeit sollte nun die geschichtsphilosophische Ästhetik ein würdiges Denkmal setzen.

Von seinem Flug war auch Hegel heimgekehrt. Den ganzen Gang vom Morgenland nach Abend hatte er in der Überschau eingefangen und nahm ihn jetzt als Erinnerung zu sich auf das Studierzimmer. Inzwischen war das Zwielicht dem Sternenhimmel gewichen. Die helle Nacht des Bewußtseins breitete sich über die Welt aus; was den Tag einst bewegte an Buntheit und Lärmen, nahm sie in ihren unendlichen Mantel zurück. Alles wußte das All. So still war dieser eine Gedanke, daß darin das Hören und Sehen verging.

Das vierte Kapitel der Dialektik

Hegel pflegte alles, was er behandelte, in drei Teile zu gliedern. Weil der Philosoph, beamtet als Professor an der königlichen Universität Preußens, es für seine Aufgabe ansah, über alles nachzudenken, was seine Zeit bewegte, hatte schließlich die abgebildete Totalität im Gedanken die Dreizahl zur Grundlage. Die ganze Welt war ein Vielfaches von drei, und dividiert man das Hegelsche System durch diese Zahl, kommt man stets auf die Eins, die absolute Identität, zurück. Dreiteilig war die Dialektik und drei Räume hatte die Weltkultur, deren Fortschritt nichts anderes darstellte als die Entäußerung des einen und unteilbaren Weltgeists in die dialektische Trias der Geschichte. Glücklicherweise hat sich dieser grandios einfache Ordnungsanspruch nicht bestätigt. Es steht uns nicht zu, nachzurechnen, wo der Kosmos der Philosophie mit dem wirklichen kollidiert; nur eine Unstimmigkeit – für Hegel gewiß eine unbedeutende – sei untersucht zwischen System und Erfahrung: die Kunstprognose. Nach den Gesetzen der Dialektik dürfte es Kunst nicht mehr geben. Tatsache ist jedoch, daß die künstlerische Tätigkeit den Philosophen weit über dessen Tod im Jahr 1831 überlebt hat. In einem Punkt muß der Nachgeborene allerdings Hegel recht geben: Vernünftiger ist die Kunst inzwischen nicht geworden. Die schlechten Eigenschaften, welche schon zu Beginn des 19. Jahrhunderts zu beobachten waren, haben sich verstärkt. Frecher und verwirrender noch als in den Tagen der Romantik blüht heute die Kunstproduktion und beleidigt den gesunden Menschenverstand, wenn immer sie Gelegenheit findet. Natürlich war es auch Hegel nicht entgangen, daß die Künstler, trotz seiner Philosophie, von

171. Hegel, Aesthetik III, S. 573

Zürcher ›Göttergarten‹,
Gipssammlung von Antiken im
Lichthof der Universität Zürich,
um 1920 aufgenommenes Foto,
Archäologisches Institut der
Universität Zürich

ihrem unnötigen Treiben sich nicht abbringen ließen. Doch
immunisieren sich geschlossene philosophische Systeme gegen
die empirische Erfahrung, wenn diese ihren Hypothesen zuwi-
derläuft. Für Hegel war die Kunst seiner Zeit das letzte Aufbäumen einer überlebten Geistesepoche. Was an Werken noch
anfiel, sollte in der Rumpelkammer des Geschichtsgebäudes
allenfalls noch Platz finden. Dieser Bau ist mittlerweile ein und
ein halbes Jahrhundert alt geworden; die Rumpelkammer quoll
über, weil die Kunstproduktion, wider Erwarten, sich immer
weiter auftürmte. Mit Hegels probatem Rezept der Dreiteilung
ist der modernen Flut nicht mehr beizukommen. Deshalb fügen
wir an die drei Räume des imaginären Museums das vierte
Kapitel. Was die Dialektik durch Aufheben zu verdrängen suchte,
soll hier zur Sprache kommen.

Hegel hat es glänzend verstanden, die aktuelle Kunst, ein Störelement seines philosophischen Systems, mit gezielten Hieben zu erledigen. Schroffe und kurze Urteile sind ein Merkmal systematischer Wortgewalt. Wichtig ist dabei, sein Opfer nicht anzuhören; man könnte ja weich werden und Gnade zeigen. Konsequent hakte Hegel die Kunst ab am universellen Ordnungsanspruch seiner Philosophie. Das Ungestriegelte und das Verquere, alles, was sich des Aufbegehrens verdächtig machte, wurde kurzerhand vertilgt. Kein Wunder etwa, daß Hegel die Dichtung des Sturm und Drang verwarf: Als Interjektionspoesie konnte das Gestammel allenfalls bezeichnet werden[172]; der wissende Geist überhörte es. Hegels Haupteinwand gegen die Moderne war der Vorwurf, der Künstler nehme sich zu wichtig. Nichts als »schiefe Originalität«[173] erzeuge seine vorlaute Gebärde. Hegel vermißte eine gewisse Strenge und Selbstzucht, die sich nach den Gegebenheiten des wirklichen Lebens richtete. Auch der Künstler sollte ganz die objektive Vernunft zur seinigen machen.[174] Diese Tugend mag vonnöten sein für einen zuverlässigen Beamten; auch ein geschickter Realpolitiker wird sich ihrer rühmen können. Ob sie auch die Phantasie beflügle, ist allerdings fraglich. Die geballte Ablehnung des Philosophen traf die Romantik. Da mußte selbst Goethe sich den Verweis gefallen lassen, daß er mit seiner Jugendsünde, dem Werther, kein gutes Beispiel abgegeben habe. Dieser »durchweg krankhafte Charakter« stiftete schwächere Begabungen an zur haltlosen »Schönseelischkeit«.[175] Verwerflicher noch als diese Verweichlichung und Empfindelei fand Hegel jedoch die Darstellung des Abgründigen, der Magie, des Bösen. Aufgabe der Kunst war es, die dunklen Mächte zu verbannen; Kunst sollte dem Menschen die Idee des Schönen entgegenhalten, damit er beim Anblick der Harmonie auf die Vollkommenheit des absoluten Geistes hingeführt werde. Demgegenüber gefiel sich E. T. A. Hoffmann im Fabulieren abstruser Gespenstergeschichten, und Kleist entblödete sich nicht, wahnsinnige Prinzen und männerfressende Weiber auf die Bühne zu bringen. Bei diesen Dichtern war der Fall klar: Hier wurde »nichts als der Krankheit des Geistes das Wort geredet«[176]. Ähnlich das Urteil über Chateaubriands ›Génie du Christianisme‹: »Verwesung des Geistes«[177], so der Befund. Es zeigt sich bei Hegels Wortwahl ein Hang der geschichtsphilosophischen Ästhetik zu klinischen Ausdrücken. Ungesund, entartet und dekadent ist die Kunst, die vom geschichtsphilosophischen Heilsplan abweicht. Im 20. Jahrhundert wird die medizinisch inspirierte Kunstkritik makabre Triumphe feiern.

Das Stilprinzip von Hegels abfälligen Bemerkungen beruht auf einem durchaus volkstümlichen Trick: der humoristischen

172. Hegel, Aesthetik I, S. 305
173. Hegel, Aesthetik I, S. 383
174. Hegel, Aesthetik I, S. 385
175. Hegel, Aesthetik I, S. 313
176. Hegel, Aesthetik I, S. 315
177. Hegel, Aesthetik II, S. 214

Humorlosigkeit. Über die Sehnsüchte anderer sich lustig zu machen fällt leicht. Und Sehnsucht zeigte das Zeitalter zwischen Empfindsamkeit und Romantik genug: Ihre Kunst ist das Bekenntnis des Subjekts, das seine Unendlichkeit unerfüllt weiß. Hegels Glossen gegen die Moderne leben von der leutseligen Koketterie mit dem Biedersinn, welcher verständnislos das Haupt schüttelt über die Extravaganzen der Mode. Dabei gelingt es ihm mit verblüffender Taktlosigkeit, die Schwächen des Gegners für sich auszunutzen. Der ohnehin schon erfolglose und im Leben gescheiterte Kleist erhält vom Philosophieprofessor noch einen hämischen Fußtritt von hinten. So macht Kritik Spaß: Wenn man dreinfahren kann, ohne selber etwas abzukriegen, und bei jedem Schlag den Applaus der schweigenden Mehrheit genießt. Diese Art Kunstkritik findet eine Parallele in Hegels politischem Kampfstil. Agitation im Sinne der Normalität war der berüchtigte Angriff auf Fries in der Vorrede zur Rechtsphilosophie. Jakob Friedrich Fries, Hegels Kollege in Jena und Vorgänger in Heidelberg, war 1817 am Wartburgfest der liberalen Studentenbewegung als Redner aufgetreten und wurde deswegen von seinem Amt dispensiert. Hegel fiel dazu nichts Besseres ein, als den ohnehin schon gestraften Mann mit Polemik zu überhäufen, um den polizeistaatlichen Maßnahmen ihren philosophischen Nachdruck zu verleihen. Dieser Heckenschuß hinter obrigkeitlicher Deckung hat Hegel viele Antipathien eingetragen. Doch wehe dem, der sich anmaßte, das Professorenprestige öffentlich anzutasten: Dann hörte der Spaß an Kritik schlagartig auf. Als ein Rezensent der Halleschen Allgemeinen Literaturzeitung im Februar 1822 Hegel jenen würdelosen Tiefschlag gegen Fries zum Vorwurf machte, erhob sich der Angegriffene wutschnaubend vom Katheder. Stracks schrieb er einen Brief ins Ministerium, wo er sich seines Gönners, von Altenstein, vergewisserte. Dieser mußte ihm auf behördlichem Weg Genugtuung verschaffen. Schon der Gedanke war unerträglich, daß ein preußischer Beamter in einem von der preußischen Regierung unterstützten, in Preußen selbst erscheinenden Blatt kritisiert werden durfte; zumal dieser preußische Beamte den Standpunkt der Regierung Preußens lauthals vertrat. Soviel Identität mit dem Identischen wollte belohnt sein. Tatsächlich fand es von Altenstein nicht unter seiner Würde, die alberne Rechthaberei seines Untergebenen zu stützen. Bei Androhung des Lizenzentzugs wurden dem Blatt verschärfte Zensurmaßnahmen empfohlen. Demagogenkritik und Kunstkritik waren nach derselben Logik aufgebaut. Die Philosophie Hegels war der Staat, in Gedanken gefaßt, und wer Hegel widersprach, mußte befürchten, mit dessen verlängertem Arm ins Gemenge zu kommen. Er, der Philosoph, beschritt, Seite an Seite mit der Macht, die via triumphalis, wo der Wahrheit der Marsch geblasen wurde.

Die modernen Künstler waren der prozessierenden Geschichte vom Karren gefallen; sie hatten ihre Teilhabe am Fortschritt verwirkt. Das stand felsenfest. Oder etwa nicht? Wenn Hegel wußte, daß der Sieg der Vernunft ganz zu seinen Gunsten ausfiel: Weshalb haderte er so wütend mit den Verlierern? Die Romantiker waren vom Geist verlassen: Weshalb verschwendete dann der Philosoph noch seine Gedanken an sie? Weshalb verstrickte er sich in giftige Wortgefechte mit der versprengten Nachhut eines geschlagenen Gegners? Der Verdacht kommt auf, daß Hegel seinem System die Zähigkeit nicht zutraute, gegen den Einspruch der Erfahrung standzuhalten. Die totgesagte Kunst drohte tatsächlich lebendiger zu sein, als ihm lieb war. Es ekelte Hegel vor den Gefühlsbezeugungen der Empfindsamkeit, weil sie die eigene, erfolgreiche Beherrschung der Affekte in Frage stellten. Die romantische Ironie und ihre Respektlosigkeit im Umgang mit der Realität ärgerten den Philosophen, da sie ihn seiner professoralen Gesetztheit überführten. Die Befürchtung mußte sich einstellen, das Absolute könne mit dem Unvernünftigen doch nicht so leicht fertig werden, wie im System veranschlagt. Damit die Vernunft des Wirklichen, der Geschichtsphilosophie zum Trotz, nicht von ungesunder Dekadenz angesteckt wurde, mußte man dem Weltgeist etwas nachhelfen. Für die Kunst reichten ein paar ätzende Verunglimpfungen; in der Politik ging es allerdings nicht immer ab ohne polizeiliche Maßnahmen. Hegel entfernte die aktuellen Künstler aus seinem geschichtsphilosophischen System, um sich die Erfüllung seiner Prognosen nicht in Frage stellen zu lassen. Das ästhetische Ausschlußverfahren gleicht einer Kulturpolitik, welche mißliebige Kunst nur durch die Ausbürgerung ihrer Produzenten bewältigen kann: weil nicht sein soll, was nicht sein darf. Der Kraftakt gegen die Kunst im Namen des Gesetzes enthüllt sich stets als erbärmliches Eingeständnis der Schwäche. Nichts ist machtloser als künstlerische Subjektivität; wer dagegen auffährt mit den Geschützen der Staatsräson, bescheinigt der Kunst eine Gewalt, die diese sich selber gar nicht zutraut. Unwillkürlich werden ihr magische Kräfte zugeschrieben: von einer Gesellschaft, welche voller Stolz die Magie durch das Wissen überwunden erklärt. Sie greift zurück auf die Praktiken des Exorzismus, wenn es gilt, den inneren Feind des kollektiven Wohlverhaltens zu vertreiben. Solche Kulturpolitik kann sich auf Hegel berufen: Auch er glaubte der Zerstörung der Vernunft vorbeugen zu müssen durch die Beschwörung des Weltgeistes.

Hegels Geschichtsphilosophie wurde als imaginäres Museum rekonstruiert. Museal ist seine Ästhetik, da die Gegenwart von der Geschichte abgespalten wird. Aufnahme im Museum findet nur, was sich durch die Aura der Vergangenheit und durch gesellschaftlichen Konsens bestätigt hat. Das Unerwartete und noch nicht Gesichtete hat keinen Platz in diesem Kunstbegriff. So staut sich am Museum das Abgewiesene; vor dem Hintergrund geschichtsphilosophischer Borniertheit formiert sich im fortschreitenden 19. Jahrhundert der salon des réfusés. Hegels Ästhetik entstand gleichzeitig mit den ersten Museen: als das theoretische Seitenstück dieser neuen kulturellen Institution. Das Schinkelsche Museum in Berlin wurde auf einer Insel zwischen Spree und Kupfergraben errichtet, in unmittelbarer Nachbarschaft von Hegels Wohnung. Nach sechsjähriger Bauzeit wurde das Haus am Lustgarten im August 1830 der Öffentlichkeit übergeben. Die Inschrift über dem ionischen Portikus klärte den Eintretenden über die Bestimmung des Gebäudes auf: König Friedrich Wilhelm III. habe das Museum gestiftet zum Studium »antiquitatis omnigenae et artium liberalium«. An erster Stelle birgt das Museum die Altertümer, die Pflege der freien Kunst überhaupt erfolgt erst in zweiter Linie. Es ist ein Grundzug des 19. Jahrhunderts, daß an der Kunst das historische Interesse zu überwiegen beginnt. Schinkel schrieb 1822 in seiner Denkschrift für den Museumsentwurf, Zweck des geplanten Museums sei es, die »Bildungsgeschichte des Menschengeschlechts« darzustellen.[178] Man sammelte die Kunstwerke als Belege für den Fortschritt des

Karl Friedrich Schinkel, Altes Museum, Berlin, Perspektive, aus der »Sammlung architectonischer Entwürfe...«, sechstes Heft, Berlin 1825

178.   Zitiert in: Rave, Paul Ortwin: Karl Friedrich Schinkel. Lebenswerk. Berlin 1941. Bd. I, 1, 1, S. 31

Geistes: Im Museum wurden sie abgebucht und konnten dort öffentlich eingesehen werden. Anstelle der Theogonie setzte die aufgeklärte Gesellschaft die Idee der Geschichte als Apotheose ihrer selbst. Das Museum rechtfertigt die bürgerliche Gesellschaft: Schlüssig beweist es, daß die Geschichte nicht anders konnte, als diesen Lauf zu nehmen, an dessen Ende der Betrachter stand. Allerdings sah sich dieser als letzter Sproß, im äußersten Geäst des Kulturstammbaums. Der Schauer über die Zeugungsgewalt der Ahnen flößte ihm die demütige Erkenntnis ein, nicht mehr Produzent, sondern nur mehr Nachlaßverwalter künstlerischer Erfahrung zu sein.

In der weihevollen Aneignung der Vergangenheit spielte der Archäologe die entscheidende Rolle: Er war der Exeget der Ahnentafel. Sein Ansehen wuchs im Lauf des 19. Jahrhunderts und erreichte während der Wilhelminischen Zeit die Würde eines Hohenpriesters. Die Hohenzollern waren bedacht, die Thronfolger von Altertumswissenschaftlern unterrichten zu lassen. Wilhelm II. war ein leidenschaftlicher Freizeit-Archäologe, der auf Korfu eine eigene Grabung durchführte. In der Bildung ihrer tragenden Häupter ließ sich die deutsche Kaiserkrone bis auf die Griechen zurückführen. Wenig später begnügte sich das Reich mit der Abkunft von den Römern.

Hegels unmittelbarer Bekanntenkreis an bildenden Künstlern schien seine museale Ästhetik zu bestätigen.[179] Die drei Maler Christian Philipp Köster, Johann Jakob Schlesinger und Karl Christian Xeller lernte Hegel in seiner Heidelberger Zeit kennen. Alle drei waren in der Gemäldesammlung der Brüder Boisserée als Restauratoren tätig. Später wurden sie an das Berliner Museum berufen. Hegel pflegte vor allem Umgang mit Xeller. Der gelernte Weißgergergeselle wurde erst durch die Freundschaft mit Peter Cornelius zur Kunst gezogen und trat bei einer Romreise in den Umkreis der Nazarener. Nach seiner Rückkehr restaurierte er für die Boisserées alte deutsche und niederländische Meister. Immer mehr überwog das Handwerk das freie Malen. In den Tagebuchaufzeichnungen plagte er sich mit Selbstzweifeln über seine künstlerische Berufung, bis schließlich das schmale Talent ganz aufging in der Museumsarbeit. Xeller war mit Gustav Hotho befreundet, jenem Hegelschüler, welchem die Überlieferung von Hegels Vorlesungen über die Ästhetik zu verdanken ist. Ihre Affinität war gewiß nicht zufällig: Hatte Xeller seine Laufbahn begonnen als nazarenischer Konvertit, so war der junge Hotho ein romantisches Gemüt mit dichterischen Ambitionen, als er bei Hegel zu studieren begann. Was für Xeller das Berliner Museum, wurde für Hotho die Geschichtsphilosophie Hegels; eine Ausnüchterungsanstalt emp-

179. Über Hegels Beziehungen zur zeitgenössischen Kunst siehe: Gethmann, in: Hegel-Studien, Beiheft 22, S. 351ff.

findsamen Überschwangs. Xeller ermäßigte sich zum Restaurator vergangener Schöpferkraft, und Hotho wurde zum Archivar seines Meisters. Die Wendung vom Künstler zum Sammler machte sich nicht nur im Umkreis von Hegel bemerkbar; sie war Ausdruck damaligen Zeitgeistes. Solche Konversionen bildeten die Grundlage für die Entstehung einer neuen wissenschaftlichen Disziplin: Kunstgeschichte. Von Rumohr und Passavant wollten Künstler werden, ehe sie über Kunst zu schreiben begannen. Noch heute soll es geschehen, daß einer als dilettierender Maler beginnt und als professioneller Kunsthistoriker endet. Er vollstreckt, ob er will oder nicht, den Geist Hegels.

Hegels Gesichtskreis der aktuellen bildenden Kunst war auf Deutschland beschränkt. Er kannte die Nazarener und das Biedermeier; sie waren am ehesten geeignet, die These vom Ende der Kunst zu untermauern. Mit Franz Pforr und Erdmann Hummel ging tatsächlich eine Kunst zu Ende: die Ausläufer der vormodernen Malerei, welche das Bild in den Dienst allgemeiner moralischer Vorstellungen nimmt. Die nazarenische Andachts- und Historienmalerei versuchte, die christliche Ikonographie fortzuführen; das biedermeierliche Genre knüpfte an das holländische Sittenbild, welches die bürgerlichen Tugenden und Laster versinnbildlicht. Die moderne Umwälzung in der Kunst jedoch besteht darin, daß sich das Bild von einem allgemein verpflichtenden Text emanzipiert; es sucht die Wahrheit hinter den Begriffen als unmittelbare hervorzurufen. Adorno hat diesen Sachverhalt in den schönen Satz gefaßt:

»Die Werke sprechen wie Feen im Märchen: du willst das Unbedingte, es soll dir werden, doch unkenntlich. Unverhüllt ist das Wahre der diskursiven Erkenntnis, aber dafür hat sie es nicht; die Erkenntnis, welche Kunst ist, hat es, aber als ein ihr Inkommensurables.«[180]

Nach Hegels ästhetischer Auffassung ist das Bild die Magd der Worte. Wer von der Suprematie des Begriffs ausgeht, kann die Romantik – und mit ihr die gesamte Moderne – nicht verstehen. Karl Blechen und Caspar David Friedrich, die bedeutendsten deutschen Maler, werden in der Ästhetik nicht erwähnt. Goya, Delacroix, Blake – auch sie waren Hegels Zeitgenossen; in seinen Vorlesungen findet ihr Werk keinen Niederschlag. Gewiß ist Hegel kein Vorwurf zu machen, wenn er die avancierteste Kunst seiner Zeit nicht kannte. Berlin war damals nicht führend in der bildenden Kunst, und die neuen technischen Reproduktionsmöglichkeiten hatte die Kunstvermittlung noch nicht zur Verfügung. Allerdings hätte es auch nichts genützt, Hegels

180. Adorno, Aesthetische Theorie, S. 191

Kenntnisse der Moderne zu erweitern. Geschlossene Denksysteme sind immun gegen empirische Einwände; sie beruhen auf apriorischen Annahmen. Die Tatsachen werden schließlich geordnet nach den immanenten Bedürfnissen der Logik. Man kann mit dem kulturgeschichtlichen Material alles herleiten, gesetzt den Fall, man hat ein in sich schlüssiges Modell. Zur Geschichtstheorie bilden die kunsthistorischen Fakten das Rankenwerk a posteriori. Wer a priori annimmt, die Geschichte verlaufe zielstrebig zur Realisierung einer allgemeinen Vernunft, dem ist alles Unvernünftige nur ein Beispiel, das den Fortschritt ex negativo verherrlicht. Man sieht immer nur das, was man sehen will. Riegls Begriff des Kunstwollens gilt für die Kunsttheorie in besonderem Maße. Jedes ästhetische System ruht zuletzt auf der Grundlage des zeitgenössischen und des individuellen Geschmacks. Geschichtsphilosophische Ästhetik ist die Verlängerung eines ästhetischen Urteils nach rückwärts. Der harmonisierende Klassizismus bestimmte Hegels Kunstwollen. Hätte man ihm Goyas Pittura Negra vor Augen geführt, er wäre in seinen Überzeugungen nur bestärkt worden. Dieser Pinsel war »in Nacht getaucht«[181]. Kein Zweifel: das Werk eines Geisteskranken. Goya wäre für ihn der schlagende Beweis gewesen, wie gefährlich weit sich der subjektive Eigensinn entfernen konnte vom Standort der Vernunft, den Hegel objektiv vertrat.

Als säkularisierte Theogonie bietet die geschichtsphilosophische Ästhetik auch eine Erklärung des Bösen. Die Entarteten im Stammbaum der Kultur sind vergleichbar mit den abgefallenen Engeln. Oft waren es die genialen Künstler, die mit dem Wahn geschlagen wurden, ihr Selbstsein sei absolut. In ruchlosen Werken verhöhnten sie die Ahnentafeln und widersetzten sich der Eingliederung in die legitime Vernunft der Kulturgeschichte in Bescheidenheit. Diese Künstler unterlagen der luziferischen Versuchung: Sie wollten sein wie Gott. – Dieser Gedankenbogen spannt sich schon über Hegel hinaus zu Hans Sedlmayr und seinem Buch »Verlust der Mitte«. Der katholische Kunsthistoriker hat mit dem scharfen theologischen Instinkt eines Inquisitors Goya als Schlüsselfigur des modernen Sündenfalls erkannt und gerichtet. Seine Urteilsbegründung ruht auf den gespenstisch erstarrten Überresten eines klassizistischen Ideals. Das Bild des Menschen hat harmonisch zu sein – um welchen Preis auch immer dieser Mensch zur Harmonie geprügelt werden muß.

Das Museum des 19. Jahrhunderts hat sich nicht als Vermittler aktueller Kunst verstanden. Die Neuzeit überhaupt wurde zunächst nur pauschal dokumentiert. Die Geringschätzung kommt in der Planungsgeschichte des Berliner Museums deutlich zum Ausdruck. Der erste Ausstellungsentwurf von 1822

181. Diese Formulierung verwendete Hegel als junger Tübinger Student einst abschätzig gegen die mittelalterliche Malerei, welche das Licht der Vernunft vermissen ließ. Zitiert nach Gethmann-Siefert in: Hegel in Berlin, S. 231

hatte vorgesehen, die Skulpturenabteilung zu Dreiviertel mit antiker Plastik zu bestükken; »das übrige der Räume würde für die neueren Skulpturen zu bestimmen sein. Da aber vor der Hand deren nicht in großer Zahl vorhanden sind, so halten wir es für das Zweckmäßigste, darin wichtige antike Abgüsse … aufzustellen.«[182] Die Gipse im Museumsbau einzugliedern entsprach einer Anregung des Königs. Die Abgüsse befanden sich im Schloß Monbijou, wo sie den Akademieschülern zum Abzeichnen zugänglich waren. Durch bedeutende Ankäufe war der Bestand so angeschwollen, daß sich ein neuer Standort aufdrängte. Das projektierte Museum schien wie gerufen. Bei der archäologischen Fachwelt fand die Idee begeisterte Zustimmung; man träumte davon, die Sammlung so zu vervollständigen, daß das Museum schließlich ein komplettes Pantheon aus Gips repräsentiert hätte. Bei den Berliner Künstlern stieß die Idee begreiflicherweise nicht auf Gegenliebe. In der Museumskommission hatten auch die Bildhauer Rauch und Tieck Einsitz: Bei aller Anerkennung der Antike als der vorbildlichen Lehrmeisterin verletzte es ihre Berufsehre, den kostbaren Platz im Museum von Gipsabgüssen bevölkert zu sehen. Es kam zu einer Auseinandersetzung, in die selbst Minister Altenstein und Wilhelm von Humboldt vermittelnd eingreifen mußten. Schließlich konnte sich die Museumskommission zum Konsens durchringen, nur Originale aufzustellen. Die rein archäologischen Interessen wurden etwas zurückgedrängt; dennoch blieb der geschichtliche Zugang zur Kunst grundlegend. Das Berliner Museum hatte als erstes in Deutschland die Aufstellung der Exponate nach historischen Gesichtspunkten vorgenommen; sie wurde von den Kunsthistorikern Waagen und von Rumohr besorgt. Kant war noch von der Frage ausgegangen, warum uns ein Gegenstand Gefallen errege; seine Ästhetik lieferte eine Theorie des Geschmacksurteils. Die Kunsthistoriker jedoch, welche das Museum am Lustgarten einrichteten, untersuchten ein Kunstwerk nicht danach, ob es schön oder häßlich sei, sondern danach, welche kulturelle Epoche es repräsentierte. Nicht die Schönheit, sondern die historische Wahrheit, die Stellung im Gang der Geschichte, bildete das Muster zur Beurteilung. Wie vollkommen ein Werk den objektiven Zeitgeist abspiegelte, war die Qualitätsfrage der geschichtsphilosophischen Ästhetik.

In der musealen Kunstvermittlung begann das Ideal eines absolut Schönen zu verlöschen. Schönheit wurde funktional zur Geschichte gesetzt und dadurch relativiert. Diese Auffassung setzte sich durch in der ersten Hälfte des 19. Jahrhunderts, machte aber noch eine entscheidende Einschränkung: Die Vorbildlichkeit der antiken Klassik blieb unangetastet. Noch war die

182. Zitiert nach Platz-Horster in: Berlin und die Antike, Ergänzungsband, S. 275

Kulturtheorie zur Hegelzeit nicht zum konsequenten Historismus fortgeschritten, der allen Epochen neutral gegenüberstand. Zwischen historischer Relativität und Klassizismus gab es einen Konflikt: Einerseits stand jedes Kunstwerk gleich unmittelbar zum Weltgeist, der es in der Zeit gebar; andererseits aber zweifelte niemand daran, daß die Griechen das Schönste hervorgebracht hatten, was der Mensch zu schaffen vermochte. Das Berliner Museum war vor die Aufgabe gestellt, diesen Konflikt zu lösen: die geschichtsphilosophische Konstruktion der Kunst auszusöhnen mit der normativen Ästhetik des Klassizismus. Schinkel hat sich dieser Aufgabe mit Bravour entledigt. Das Gebäude hat zwei Hauptgeschosse, wovon das untere ursprünglich die Skulpturensammlung, das obere die Gemälde beherbergte. Für diese Einteilung war sicher die statische Überlegung ausschlag-

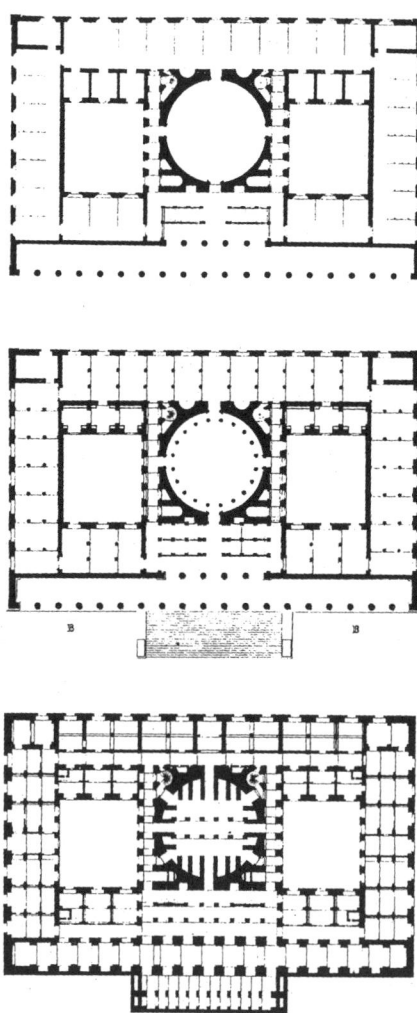

Karl Friedrich Schinkel, Altes Museum, Berlin, Grundrisse vom Keller-, Erd- und Obergeschoß, aus der »Sammlung architectonischer Entwürfe...«, sechstes Heft, Berlin 1825

152

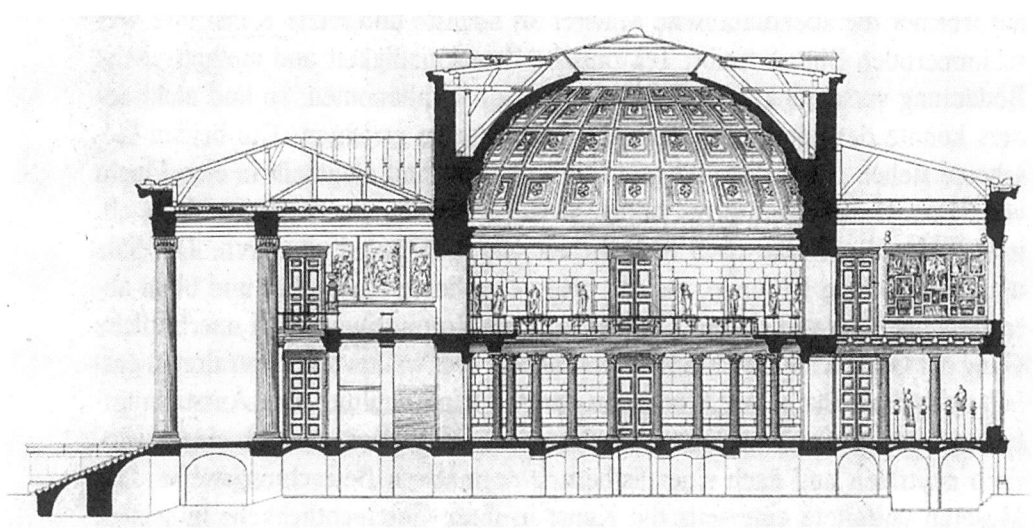

gebend, die schweren Exponate im Erdgeschoß aufzustellen. Das konstruktive Argument stimmt aber überein mit Hegels Einteilung der Kunstformen, wonach die dreidimensionale, klassische Skulptur vorangeht als die tragende Grundlage, auf welcher die abendländische Malerei als höchste und letzte Kunst ihre verschimmernden Blüten treibt. Tektonische Zweckmäßigkeit und metaphysische Bedeutung verschränkten sich ineinander zum Urphänomen: So und nicht anders konnte der deutsche Idealismus sein Museum errichten. Die beiden Geschosse stehen auf rechtwinkligem Grundriß und sind eingeteilt in eine Flucht von Sälen. Diese Raumfolgen bildeten einst den Gang der Kunstgeschichte ab, indem hier die Werke nach historischen Gruppen geordnet waren. Die Säle umschließen eine Rotunde, welche beide Geschosse durchstößt und oben abschließt mit einer versenkten Kuppel. In dieser Rotunde wurde der unerbittliche Gang der Geschichte gleichsam durchbrochen: Der weihevolle Zentralraum enthält noch heute die besten Stücke aus der Antikensammlung. Der Ausstellungsbestand wurde damit nach zwei Gesichtspunkten gegliedert; nach einer historisch neutralen und nach einer ästhetisch normativen Betrachtungsweise. Das Museum entfaltete einerseits die Kunst in ihrer Geschichtlichkeit; in seinem Innersten aber barg es die Erinnerung an das klassische Ideal der Schönheit, das von den Nachgeborenen nicht zu übertreffen war. »Schöneres kann nicht sein und werden«, war Hegels Urteil über die Antike. Aber er fuhr sogleich fort und sagte einschränkend: »Dennoch gibt es Höheres als die schöne Erscheinung des Geistes.«[183] Mit diesen zwei Sätzen verklammerte Hegel Klassizismus und Geschichtsphilosophie, vergleich-

Karl Friedrich Schinkel, Altes Museum, Berlin, Schnitt, aus der »Sammlung architectonischer Entwürfe...«, sechstes Heft, Berlin 1825

183. Hegel, Aesthetik II, S. 128

Karl Friedrich Schinkel, Altes Museum, Berlin, Ansicht der Rotunde, aus der »Sammlung architectonischer Entwürfe...«, sechstes Heft, Berlin 1825

bar dem Schinkelschen Museum, das aus der Rotunde und den umgebenden Saalfolgen besteht. Das antike Ideal war zwar auf dem Boden der Geschichte entstanden, aber hatte die Schönheit damals für alle Zeit definiert. Gerade weil die griechische Kunst historisch einmalig war, blieb das Vorbild ewig gültig. Der Weltgeist hatte die Griechen auserkoren zur Bildung der Schönheit. Aber nur der Schönheit: Die wahre Hoheit zu erreichen wurde dem nachfolgenden Abendland aufgetragen. Hegels Geschichtsphilosophie erklärt zugleich die Einmaligkeit des Schönen und die Unmöglichkeit, des Schönen je wieder teilhaftig zu sein. Die Gegenwart ist prosaisch, und unsere Hoheit besteht darin, diese Prosa zu begreifen. Unwiederholbar ist der ästhetische Zustand, den die Griechen einst genossen. Ihre Werke bilden den heiteren Kontrast zum bürgerlichen Leben. Zwischen der Antike und uns liegt die Arbeit des geschichtlichen Fortschritts, der die Rückkehr zu den elysischen Feldern verwehrt. So ist das Berliner Museum gestaltet: Die Raumfluchten, welche die Rotunde bergen, verkörpern die Jahrringe, die harte Rinde, in dessen Innerstem das poetische Mark, das ›nunc stans!‹ glückseliger Einfalt, verborgen fließt. Geschichtlichkeit ist der trennende Wall zwischen Alltag und Goldenem Zeitalter. Indem Hegel die Schönheit in die Vergangenheitsform setzt, bietet er eine Erklärung, warum die Gegenwart häßlich sein muß. Das Ideal wird entrückt, um die Nüchternheit zu rechtfertigen. Die Sehnsucht wird entlastet von ihrem Anspruch auf Realität.

Hegel hat das Verhältnis des antiken Ideals zu seiner Geschichtlichkeit so definiert: Allerdings habe die Klassik »ein Werden, das jedoch außerhalb ihrer ein selbständiges Dasein behalten muß, da sie als klassische alle Bedürftigkeit, alles Werden hinter sich haben und in sich vollendet sein muß«[184]. Die Klassik war Schönheit jenseits der Notdurft: ein Zustand, der durch die Geschichte real überholt worden ist, ideal sich aber in der Kunst gerettet hat als Botschaft einer vergangenen Vollendung. Für den modernen Menschen bot die Antike zugleich Trost und Trauer: Sie erzählte vom Glück der Hellenen, das nicht mehr zu wiederholen war; doch wurde auch dem Denkenden die Wehmut gestillt. Für die bohrende Erfahrung des eigenen Unglücks bestand ein vernünftiger Grund: Geschichtsphilosophie. Dem Heutigen war Kunst der Nachklang an jene Zeit, als die Bedürfnisse alle gestillt waren. Deshalb lehnte es Hegel ab, die Kunst dem Häßlichen zu eröffnen. Das Unschöne erinnerte an die Fratze des Hungers. Vom Mangel war die wirkliche Welt schon voll genug; er sollte von der Kunst nicht noch verdoppelt werden. Nur die in sich ruhende, gesättigte Schönheit war bildwürdig.

Zu den Grundbedürfnissen des Menschen gehört die Bekleidung. Hegel hat sich eingehend mit der Frage beschäftigt, wie dieses in der Kunst gestillt erscheinen soll, und er kam zum Schluß, daß das antike Gewand die eigentlich künstlerische Form liefere zur Bewältigung der nackten Notdurft. Antike Gewänder waren, für sich genommen, gestaltlose Flächen: Dem immanenten Gesetz der Schwere gehorchend, wurde der fallende Stoff von den Schultern des Trägers gehalten. Von da her bildete das Kleid ein loses Gehäuse, in dem der Grieche sich frei bewegte. Als vielfältige Landschaft ließ die unendlich formbare und geduldige Hülle nach außen die innere Lebendigkeit durchscheinen.

»Die Determinierbarkeit, in welcher sich dartut, das Äußere diene ganz nur dem veränderlichen Ausdruck des Geistes, der in dem Körper erscheint, so daß die besondere Form des Gewandes, der Faltenwurf, das Herabhängen und Emporgezogensein ganz von innen her sich gestaltet und sich nur momentan gerade dieser Stellung oder Bewegung anpassend zeigt – diese Bestimmbarkeit macht das Ideale in der Kleidung aus.«[185]

184. Hegel, Aesthetik II, S. 448
185. Hegel, Aesthetik I, S. 218

Idealität kam der monotonen bürgerlichen Bekleidung nicht zu. Der Wohllaut der menschlichen Glieder war darin bis zur Unkenntlichkeit verpackt.

»Aber wir wissen zugleich, und der erste beste Anblick von modernen Statuen oder Gemälden kann es uns erweisen, daß unsere heutige Kleidung ganz unkünstlerisch ist. Was wir nämlich bei ihr eigentlich sehen, sind nicht die feinen, freien, lebendigen Umrisse des Körpers in ihrer zarten und flüssigen Ausarbeitung, sondern gestreckte Säcke mit steifen Falten. Denn wenn auch das Allgemeinste der Formen übrigbleibt, so gehen doch die schönen organischen Wellen verloren, und wir erblicken näher nur etwas durch äußere Zweckmäßigkeit Hervorgebrachtes, etwas Zugeschnittenes, das hier zusammengenäht, da herübergezogen, dort fest ist, überhaupt schlechthin unfreie Formen und nach Nähten, Knopflöchern, Knöpfen hin und her gelegte Falten und Flächen. In der Tat ist also solche Kleidung eine bloße Überdeckung und Einhüllung, welche durchaus einer eigenen Form entbehrt, andererseits aber an der organischen Gestaltung der Glieder, denen sie im allgemeinen folgt, gerade das sinnlich Schöne, die lebendigen Rundungen und Schwellungen verbirgt und an deren Stelle nur den sinnlichen Anblick von einem mechanisch verarbeiteten Stoffe gibt. Dies ist das ganz Unkünstlerische in der modernen Kleidung.«[186]

Hosen, Wams und Strümpfe zwängten den Menschen in vorgeformte Strukturen. Die bürgerliche Kleidung machte aus ihrem Träger eine schematische Gliederpuppe. Im Kragen, der den Hals verschnürte, im zugeknöpften Rock und im hochgeschlossenen Stiefel kam die abstrakte Mechanik zur Geltung, welche die moderne Welt beherrschte. Die organische Freiheit der Gliedmaßen verschwand hinter dem Schnittmuster instrumenteller Zweckmäßigkeit, das alle Bereiche des Lebens erfaßt hatte. Der bürgerliche Anzug war darin dem modernen Staat vergleichbar, der ebenso stramm wie Stiefelleder den Organismus der Gesellschaft umgrenzte. Solche Gewandung war zu banal, um in der Kunst dargestellt zu werden: Zu gewöhnlich brachte die gemeißelte Hose das Grundbedürfnis der Verhüllung zum Ausdruck. Ein weiteres Problem sah Hegel ferner im steten Wechsel der Kleidermode. Wenn der bürgerliche Anzug wenigstens so dauernd bliebe wie die Gesetze der Vernunft, könnte er eine allgemeine Idee wenigstens andeuten. Statt dessen war aber die moderne Kleidung ganz und gar der Willkür und Fertigkeit der Schneiderzunft ausgesetzt. Eine künstlerische Aussage mit Anspruch auf höhere Gültigkeit konnte nun aber nicht in ein

186. Hegel, Aesthetik II, S. 407

Wams gesteckt werden, welches nach kurzer Zeit modisch veraltete. Um den historischen Launen zu entgehen, bot sich der Rückgriff auf die idealen Gewänder der Griechen an: »Denn das Alte ist gleichsam zeitlos geworden und in die unbestimmte allgemeine Vorstellung zurückgetreten.«[187] Hegel gebrauchte den Begriff des ›Klassischen‹ so, wie er umgangssprachlich noch heute verwendet wird. Klassisch ist das zeitlos Schöne, durch Stilgewohnheit ewig gültig geworden. Die altbewährte Form hat sich verselbständigt zum Ornament; daß es einst von aktuellen Bedürfnissen erzeugt wurde, ist darin ausgeblendet.

Problematisch wurde das Bekleidungsetikett aber für das Porträt. Die Künstler des frühen 19. Jahrhunderts haben gezögert, ihre Zeitgenossen ausnahmslos in wallende Gewänder zu stekken. Über der Frage: antik oder modern? entbrannte der ›Costümstreit‹, welcher oft erstaunliche Stilblüten hervorgebracht hat. Eine Antwort auf das unentschiedene Problem ist im Schillerstandbild von Stuttgart gegeben. Der Bronzeguß von Erzgießer Stiglmayr wurde nach einem Modell von Bertel Thorvaldsen auf dem Alten Schloßplatz aufgestellt. Das Material soll von türkischen Schiffskanonen stammen, die 1827 bei der Seeschlacht von Navarino gesunken waren. Der deutsche Geist hat aus der Asche den Phönix steigen lassen; aus den Überresten des überwundenen Erbfeinds schuf sich das Abendland ein Monument. Anschaulicher ist die Dialektik des deutschen Idealismus nicht zu schildern. Schiller, dessen Gestalt das heidnische Erz zur Verklärung bringt, steht breitbeinig auf dem Sockel und blickt, als Poeta laureatus, sinnend mit gesenktem Haupt zur Erde. Die Kleidung beginnt bei den Schultern ganz zivil: ein Mantel mit Revers, darunter ein Hemd, mit Rüschen besetzt und mit dem berühmten offenen Kragen, der nach dem Dichter benannt wird. Von den Hüften weg erfährt aber das bürgerliche Kleidungsstück eine Metamorphose; der Stoff vervielfältigt sich in einem Bündel von Falten zur gebauschten Toga, die Schillers rechte Hand zusammenfaßt. Mit dieser Gebärde hatten einst die Rhetoren im Senat die Bedeutung ihrer Worte unterstrichen. Oben die historischen Merkmale und unten, an der tragenden Basis, die überzeitliche Geltung: Mit diesem eigenwilligen Kompromiß-Kostüm hat Thorvaldsen seinen Schiller eingehüllt.

Auch Hegel war sich klar, daß man auf die geschichtlichen Erscheinungsformen nicht ganz verzichten konnte, denn sie trugen wesentlich bei zur Charakterisierung des porträtierten Individuums. Doch man sollte die historischen Zufälligkeiten der allgemeinen, überzeitlichen Bedeutung des Dargestellten unterordnen. Gewiß gehörten zum Großen Friedrich der Dreispitz und die Schnupftabakdose. Mit den Utensilien wurde das

187. Hegel, Aesthetik II, S. 412

Schillerstatue in Stuttgart,
gestochen nach dem Modell von
Bertel Thorvaldsen, um 1837

volkstümliche Verständnis angesprochen; jeder konnte jetzt den
›Ollen Fritz‹ erkennen, mit seiner knorrigen Gemütlichkeit,
die den Untertanen dauernder in Erinnerung blieb als der Sie-
benjährige Krieg. Wollte jedoch der Künstler die allgemeine
Bedeutung des Staatsmanns zur Anschauung bringen, mußte der
Preußenkönig in die Toga gesteckt werden. Erst das klassisch-
zeitlose Kostüm machte aus dem zufälligen Individuum den
Agenten des Weltgeistes. Hegels ästhetische Ansicht traf sich
darin ganz mit Goethe – nicht zuletzt in jenen Fällen, wo es um
das eigene Konterfei ging. Interessiert, fast mit Argwohn, verfolgte Goethe die Bemühungen der führenden Bildhauer, die
ihn zu verewigen suchten. Er konnte für sich in Anspruch nehmen, als allgemein bedeutsames Individuum zu gelten; die

158

Künstler hatten ihn daher – um im Ästhetenjargon von damals zu reden – ›ideal aufzufassen‹. Dem Bildhauer Gottfried Schadow etwa traute Goethe diese Aufgabe nicht zu. Wohlweislich vermied es der Dichterfürst, dem Leiter der königlichen Bildhauerwerkstatt Preußens Modell zu sitzen. Schadow bestimmte um 1800 das Feld der Berliner Plastik. Er kam aus der Schule von Tassaert, der noch am Hof von Louis XV. gearbeitet hatte. Damit stand Schadow unter dem Einfluß der naturalistischen Tendenzen im französischen Spätbarock. Diese Traditionslinie amalgamierte im Werk Schadows mit dem nüchternen Geist der preußischen Königsstadt. Unter der glatten Oberfläche des zeitgemäßen Klassizismus zeichnete sich jener Berliner Realismus ab, der bis heute eine lokale Stilkonstante bildet. Weil das Original sich dem Meister verweigerte, verfertigte Schadow 1823 eine Büste von Goethe, gleichsam hinterrücks, nach einer Gesichtsmaske.

Johann Gottfried Schadow,
Büste von Goethe, 1822-1823.
Staatliche Museen zu Berlin -
Preußischer Kulturbesitz,
Nationalgalerie

Sie zeigt einen gealterten Mann mit leichter Stirnglatze. Wuchtig sitzt die Nase über dem mürrischen Zug des Mundes, der dennoch zu lächeln versucht. Ein privater Goethe schaut entgegen, gezeichnet von den Verdrießlichkeiten des Alltags und der Amtsgeschäfte. Als Porträt eines Höflings hat Peter Bloch die Büste treffend bezeichnet.[188] Um das Maß der Gewöhnlichkeit vollzumachen, steckt die Brust in einem zeitgenössischen Überrock, an dem der Stern des Falkenordens angeheftet ist. Allzu anekdotisch mußte das Schadowsche Porträt für Goethe erscheinen; er zog es vor, dessen Schüler Christian Friedrich Tieck zu fördern, einen jüngeren Bildhauer, getragen von der Zeitströmung des romantischen Klassizismus. Ihm gewährte Goethe bereits 1801 eine erste Sitzung. Es entstand eine Büste, die den Dichter in

188. Bloch, S. 9

Christian Friedrich Tieck,
Büste von Goethe, 1801.
Düsseldorf, Goethe-Museum,
Anton-und-Katharina-Kippenberg-Stiftung

idealer Auffassung zeigt: Der Hals ragt aus den wallenden Falten einer Toga. Wallend, wie bei Alexander dem Großen, sind auch die Haare des Zweiundfünfzigjährigen: gleichsam angerührt vom Gipfelwind des Olymp. So sah Tieck den Dichter auf dessen Höhepunkt des Erfolgs. Allerdings mußten auch die Begleiterscheinungen mitporträtiert werden, die sich dem Wohlleben hinzugesellen. Goethes Ansatz zum Doppelkinn war – bei Strafe der Unkenntlichkeit – nicht zu verschweigen. Es prangt unübersehbar vor der entblößten Brust. Die ideale Bekleidung droht ihre Aufgabe zu unterlaufen, indem sie unwillkürlich den Überfluß des real existierenden Fleisches denunziert. Da ist Schadows Büste, bei allem Naturalismus, nachsichtiger: Der Hals wird vom Vatermörder in Schranken gehalten.

Die Vereinigung der charakteristischen Realität mit dem idealen Typus war das Hauptproblem des klassizistischen Bildhauers. Ein Künstler, der diese Aufgabe mit großer Anmut bewältigte, war Christian Rauch. Sein Ruhm sei in Rauch aufgegangen, meinte selbstironisch der alte Schadow über seinen erfolgreichsten Schüler. Rauch brachte den romantischen Klassizismus in Berlin zur Blüte. Von Hegel wurde er ebenso bevorzugt wie von Goethe, der sein Talent bald über Tieck stellte. Nach einer Begegnung in Jena entstand 1820 Rauchs Porträtbüste von Goethe: die bekannteste und wohl auch die beste, welche zu Lebzeiten des Dichters entstanden ist. Die Spuren des Alters sind nicht verschwiegen, selbst eine leichte Asymmetrie beim Augenpaar ist unbestechlich protokolliert. Doch es gelingt Rauch, besser als manchem Bildhauer seiner Zeit, die physiognomischen Zufälligkeiten mit dem Schmelz einer harmonischen Gesamterscheinung zu überziehen. Die individuellen Einzelheiten werden durchstrahlt vom Ausdruck einer seelischen Bewegtheit. Es ist mehr zu sehen als das joviale Lächeln eines ergrauten Honoratioren; in das gegenständliche Abbild wurde der Respekt eines jungen Künstlers mit eingewirkt. Bei aller Verbindlichkeit und der regen Teilnahme, die Rauch in jenen Augusttagen zu Jena erfahren durfte, blieb er sich beim Modellieren der intimen Charaktermerkmale immer bewußt, über dem berühmtesten Mann seiner Zeit zu sitzen. Dieser Schauer ist in das Porträt übergesprungen. Aufstoßende Kleinigkeiten, die unter Gleichgestellten vielleicht gestört hätten, wurden durch Hochachtung auf Distanz gehalten und in deren Aura verklärt. Die Büste ist unbekleidet, was sich, verglichen mit Tiecks Arbeit, als Vorteil herausstellt. Die Toga verleiht dem Bildnis etwas Theatralisches; der Dargestellte wirkt als ein römisch verkleideter Zeitgenosse. Der freie Hals hingegen fügt sich schlichter und naturgemäßer mit den Charakterzügen zusammen. Hegel hat die unbekleidete

Christian Daniel Rauch,
Büste von Goethe, 1820.
Staatliche Museen zu Berlin -
Preußischer Kulturbesitz,
Nationalgalerie

Porträtbüste als Möglichkeit gesehen, den Kostümstreit zu umgehen: »Am besten machen sich … bloße Büsten, die denn auch
leichter ideal gehalten werden können, mit bloßem Halse und
Brust, da hier der Kopf und Physiognomie die Hauptsache bleiben und das übrige nur ein gleichsam unbedeutendes Beiwesen
ist.«[189] In diesem Sinne hat Rauch die Büste gestaltet: Der Körper Goethes wird zum knappen Prisma verdichtet. Überflüssig
ist die Schilderung der kreatürlichen Organe; entscheidend ist
nur der Kopf, als das sichtbare Antlitz des Geistes. Die freie Brust
ist Pars pro toto: Monade des Leibs, der sich über dem Hals erst
zur geisti-gen Individualität entfaltet. An die Stelle der sinnenfäl-
ligen Gesamterscheinung tritt das klärende Wort: »GOETHE« ist
dem Brustfragment aufgeprägt. Kahl und unbedürftig ist der
wahre Ausdruck der Idee. Hegel war von Rauchs Büste begei-

189.   Hegel, Aesthetik II, S. 411

162

stert. Er feierte sie in einer Beschreibung, die zu den längsten Einzeldarstellungen gehört, welche die Ästhetischen Vorlesungen einem Werk bildender Kunst gewidmet haben. Die Würdigung schwingt sich auf zu einer Evokation, die dem Stil Winckelmanns nicht nachsteht.

»… diese hohe Stirn, diese gewaltige, herrschende Nase, das freie Auge, das runde Kinn, die gesprächigen, vielgebildeten Lippen, die geistreiche Stellung des Kopfes, auf die Seite und etwas in die Höhe den Blick weggewendet; und zugleich die ganze Fülle der sinnenden, freundlichen Menschlichkeit, dabei diese ausgearbeiteten Muskeln der Stirn, der Mienen, der Empfindungen, Leidenschaften und in aller Lebendigkeit die Ruhe, Stille, Hoheit im Alter; und nun daneben das Welke der Lippen, die in den zahnlosen Mund zurückfallen, das Schlaffe des Halses, der Wangen, wodurch der Turm der Nase noch größer, die Mauer der Stirn noch höher heraustritt. – Die Gewalt dieser festen Gestalt, die vornehmlich auf das Unwandelbare reduziert ist, erscheint in ihrer losen, hängenden Umgebung wie der erhabene Kopf und die Gestalt der Orientalen in ihrem weiten Turban, aber schlotterndem Oberkleid und schleppenden Pantoffeln; – es ist der feste, gewaltige, zeitlose Geist, der, in der Maske der umherhängenden Sterblichkeit, diese Hülle herabfallen zu lassen im Begriff steht und sie nur noch lose um sich frei herumschlendern läßt.«[190]

Im körperlichen Zerfall triumphiert der Geist. Der Mensch – wenigstens für den Begriff der Wahrheit – hört unter dem Hals auf zu existieren.

Die Büste ist eine radikale Endlösung der Kostümfrage; doch die Gattung eignet sich nur für das kleinere Format, monumentale Aufträge kann sie nicht erfüllen. Anläßlich von Goethes 70. Geburtstag wurde in Frankfurt das Projekt zu einem größeren Denkmal erwogen. Der Geehrte schlug Rauch vor für die Ausführung. Der Künstler lieferte einige Gipsmodelle; Goethe, ganzfigurig, thronend auf einem Stuhl, als antiker Philosoph.[191] Die eine Modellskizze zeigt das Dichterbildnis bekleidet mit einer Toga, welche die linke Schulter bis zur Brust freigibt. Das Dauerproblem des Klassizismus schlägt auch hier wieder durch. Das antike Ideal der ewigen Jugend, wie es der athletische Körper zur Schau trägt, kontrastiert mit dem zerfurchten Gesicht des wirklichen Goethe im Jahr 1822. Der Greis lehnte diese Darstellung ab; sein Konterfei war ihm zu nackt für die Öffentlichkeit, und er ließ die Blöße vom Künstler zudecken. Als die Toga den ganzen Leib verhüllt, ist Goethe schließlich zufrieden: So

190. Hegel, Aesthetik II, S. 84f.
191. Drei Gipsentwürfe haben sich erhalten; sie befinden sich in der Nationalgalerie, Berlin, und im Goethe Nationalmuseum, Weimar.

Christian Daniel Rauch,
Gipsmodelle für ein Goethe-
Denkmal in Frankfurt, 1823–
1824. Staatliche Museen zu
Berlin - Preußischer Kultur-
besitz, Nationalgalerie

möchte er sich der Nachwelt überliefert sehen. »Ein Bild dieser Art kann für alle Zeiten rückwärts und vorwärts gelten.«[192] Im antiken Kostüm war Goethe der Geschichtlichkeit, dem Reich der Notdurft, enthoben. Ewigmenschlich, wie die Bedeutung seiner Werke, mußte sein Bildnis sein.

Rauchs Entwurf kam nicht zustande. Einen weiteren Anlauf für eine Goethe-Statue unternahm der Bildhauer 1828. Während eines Besuchs in Weimar schuf er das kleine Gipsmodell, welches sich heute im Schloß Tegel bei Berlin befindet. Die Grundsätze der idealen Auffassung verlassend, suchte Rauch in dieser Studie Goethe von der entgegengesetzten Seite her darzustellen; er zeigte den Dichter – nach damaligem Wortgebrauch ›charakteristisch‹: als jovialen Hausherrn, in bequemen Pantoffeln und einem weiten Morgenrock. Unter elegant aufgeschlagenem Kragen kommt eine Schärpe zum Vorschein, die den Hals umschlingt. Als wäre er beim sinnenden Auf- und Abgehen in seinem Arbeitszimmer unterbrochen worden, hält der greise Gastgeber inne und lächelt breit dem Betrachter entgegen. Das Bildnis verläßt den Klassizismus; Rauch erlaubt sich ein Zugeständnis an den herrschenden Geist des Biedermeier. Nicht der Dichter der »Iphigenie«, sondern der Verfasser von »Hermann und Dorothea« tritt in Erscheinung. Goethe mißfiel die Arbeit: Er fand sich zu dick. Der treuherzige Vorschlag von Rauch, den Gegenstand der Kritik zu beseitigen, machte die Sache nur noch schlimmer und entfremdete Goethe vollends von dem Modell.

192.   Bloch, S. 19

164

Zu handfest, fast schmerzlich, wurde die Kluft von Ideal und Leben erfahrbar, wenn Goethe sich vorstellen mußte, wie Rauch die Gipsfigur mit dem Spachtel abspeckte.

Goethe blieb es vergönnt, sich in einem ideal aufgefaßten ganzfigurigen Standbild verewigt zu sehen. Das Frankfurter Goethe-Denkmal von Schwanthaler wurde erst im Jahr 1844 enthüllt und trägt bereits die Züge des gußeisernen Historismus, der die Plätze des fortgeschrittenen 19. Jahrhunderts prägt. Mit Rauch starb 1857 der letzte große Vertreter des romantischen Klassizismus. Die künstlerische Bewegung selber war schon vorher verklungen. Das Ende der Epoche bezeugt das Schicksal von Rauchs letztem Denkmalentwurf für Goethe. 1849, zum Anlaß von Goethes 100. Geburtstag, wurde Rauch von Weimar beauf-

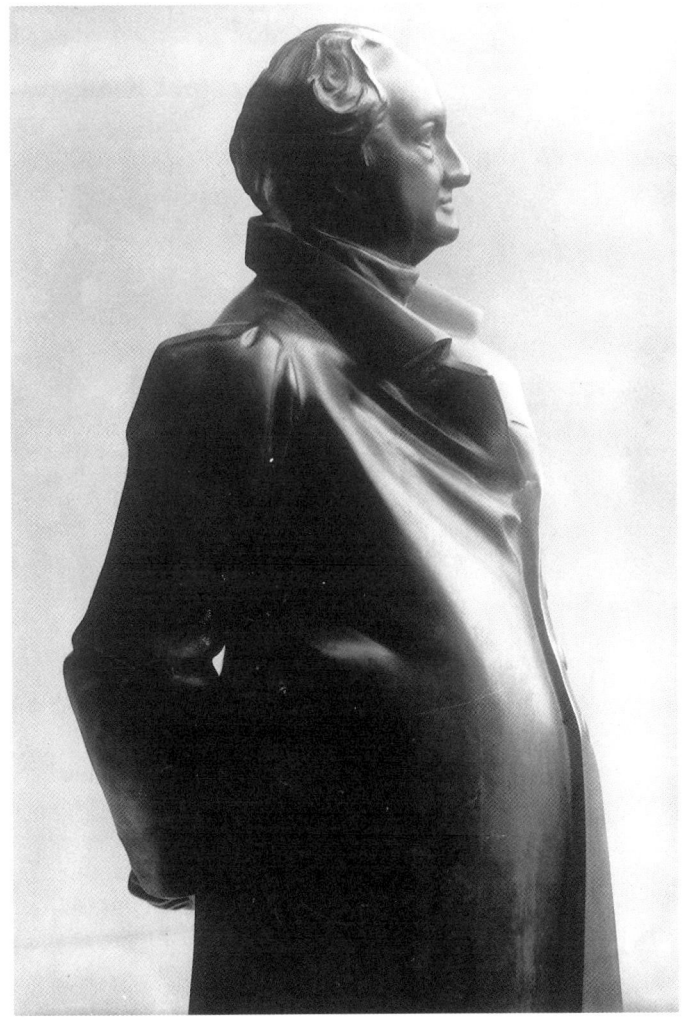

Christian Daniel Rauch, *Goethe im Hausrock,* 1828, Foto eines Abgusses. Zentralbibliothek Zürich, Graphische Sammlung

Christian Daniel Rauch, Modell für das *Goethe-Schiller-Denkmal,* 1849. Staatliche Museen zu Berlin - Preußischer Kulturbesitz, Nationalgalerie

tragt, den Entwurf zu liefern für ein Doppelmonument, das Goethe und Schiller gewidmet werden sollte. Rauchs Gipsmodell läßt die beiden Dichter in Togen auftreten. Gemessen schreiten sie einher; ihre Gebärden erinnern an Platon und Aristoteles, die beiden Hauptfiguren in Raffaels »Schule von Athen«. Die Figur Goethes entspricht dem Raffaelischen Platon, welcher den Timaios unter dem Arm trägt, den Dialog über Naturphilosophie. Es ist ein schöner Gedanke von Rauch, den Dichter des Urphänomens in die Nachfolge der Platonischen Ideenlehre zu stellen. Schiller steht für Aristoteles, dem Raffael das Buch von der Ethik beigab. Damit ist Schillers Bedeutung als Dramatiker und Theoretiker der Sittlichkeit hervorgehoben. Goethe zeigt mit dem Dichterkranz in der Linken himmelwärts, wo die Ideen sind; Schiller deutet voran auf die Erde, wo Freiheit werden soll. Wie Platon und Aristoteles in der Stanza della Segnatura des Vatikans befinden sich die zwei deutschen Dich-

ter in einem Streitgespräch, das die Polarität ihrer Auffassungen
herausstellt. Und doch bilden sie zusammen ein untrennbares
Paar, gemäß dem Satz von Hegel, das Wahre sei das Ganze.[193]

Wahre Totalität würde in der versöhnten Einheit der Gegensätze. Ausdruck dieser idealistischen Hoffnung ist Rauchs Entwurf für das Zwillingsmonument. Es kam so nicht zur Ausführung. An der Finanzierung zerschlug sich die Verwirklichung
eines Kunstwerks, das die Kongruenz von Ideal und Leben ver-
sinnbildlichen sollte. In Weimar hatte man plötzlich kein Geld
mehr, weil die Einrichtung des Denkmals für den Landesfürsten
Karl August Priorität besaß vor der Ehrung der beiden Dichterfürsten. Ludwig I. von Bayern sprang ein und versprach 15 000
Mark, knüpfte aber an seine Großzügigkeit die Auflage, Schiller
und Goethe seien »im teutschen Costüm« darzustellen. Zudem
sollte der Guß in München angefertigt werden. Der greise
Rauch hielt an der idealen Auffassung des Dichterpaars fest.

193. Hegel, Phänomenologie,
S. 24

Ernst Rietschel, *Goethe-Schiller-
Denkmal* in Weimar, 1857,
anonyme Fotografie um 1900.
Fotothek des Kunstgeschicht-
lichen Seminars der Universität
Zürich

Der preußische Künstler wies das Junktim des Bayernkönigs von sich, »da unsere Gießer und Ciseleure, ja das ganze Gewerbe es als die größte Beleidigung ansehen müßte«[194]. Wer zahlt, befiehlt: Die Einheit von Idee und Wirklichkeit war nicht mehr zu retten. Rauch zog seine Beteiligung zurück. Die Ausführung des Weimarer Doppeldenkmals übernahm schließlich Ernst Rietschel, Rauchs Schüler. Das realisierte Standbild, welches 1857 enthüllt wurde, ist eine seichte Verballhornung von Rauchs Modell. Daran waren Rietschels Epigonalität und die imperativen künstlerischen Ratschläge des Königs gleichermaßen beteiligt. Die Ebenbürtigkeit der beiden dichterischen Kontrahenten ist aufgegeben; von der Idee des gemeinsamen Streitgesprächs ist nichts mehr zu bemerken. Goethe, der joviale Chef, klopft dem Juniorpartner auf die Schulter und übergibt ihm den Dichterkranz. Schiller läßt, zerstreut und abwesend, die Beförderung über sich ergehen, indem er mit jugendlicher Emphase in die Ferne starrt. Goethes Augen hingegen bleiben in der Nähe, beim Publikum, wo er mit dem geübten Blick des Conférenciers sich seiner allgemeinen Beliebtheit versichert. Sein Lächeln stimmt ein in den Applaus des gesunden Menschenverstands, der sich selbst in diesem Denkmal beweihräuchert. Es ist, als riete ein erfolgreicher Lebemann einem aufwärtsstürmenden Talent: Machen Sie nur weiter so! Bleiben Sie dort, wo Ihr Blick hinschweift: in den Wolken, Herr Kollege. Derweil sehen wir hier auf der Erde schon zum Rechten. – Rauchs idealistische Vision wird durch die Ausführung zerschlagen; die verwirklichte Fassung äußert das genaue Gegenteil der ursprünglichen Intention. Das Ringen zwischen Sein und Sollen um Identität ist beschwichtigt zum häuslichen Generationenproblem zwischen Vater und Sohn – und damit zugunsten des Vaters im voraus entschieden. Das ›teutsche Costüm‹ trägt bei zur Verharmlosung des Bildgedankens. Die Dichter sind gekleidet nach der Mode des ausgehenden 18. Jahrhunderts. Beide stecken in Hosen, Strümpfen und Schuhen; Goethe trägt, als der gewandte Mann von Welt, einen eleganten Gehrock; Schiller hat einen weiten Mantel, der ihn umflattert beim erhabenen Gang zur Freiheit. Bei aller Kritik an klassizistischer Ästhetik muß man Hegel recht geben: In diesem Werk schmälern tatsächlich die operettenhaft ausstaffierten Figuren den Aussagewert. Die historische Aktualisierung allein bringt das Ideal dem Leben noch nicht näher. Im geliehenen Glanz des vorletzten Fin de siècle feiert das Weimarer Doppeldenkmal die Verklärung banaler Alltäglichkeit.

Nicht daß sie den Alltag übersteigen will, ist der Kunst vorzuwerfen; immer bezieht diese ihre Leidenschaft von der Vision eines Goldenen Zeitalters: polemisch, wenn das Konterfei einer

194. Bloch, S. 24

schäbigen Jetztzeit den Mangel an Glück anklagt; affirmativ, wenn versprochenes Glück im Kunstwerk wieder Gegenwart wird. Was aber so unerträglich ist an diesem Weimarer Standbild, ist die Verflachung der künstlerischen Vision: Das Goldene Zeitalter verkommt zur Phrase von der ›guten alten Zeit‹. Damit wird der Konfrontation des Ungenügend-Wirklichen mit dem Idealzustand die Spannung genommen; der Rekurs auf Geschichte kostümiert bloß die herrschende Tatsächlichkeit – nicht unkenntlich genug, als daß nicht das hohle Versprechen dahinter sich verriete. Der romantische Klassizismus der Goethezeit zehrte immerhin noch von den Resten der Aufklärung, deren Griechenlandsehnsucht von einem hohen sittlichen Ernst getragen war. Die Stilfiguren der Antike umschrieben ethische Werte, welche für die verknöcherte, feudale Gegenwart gefordert wurden: Freiheit des Denkens, allgemeine Bildung und die harmonische Entfaltung der Person. Um die Jahrhundertmitte verflachte das Ethos. Im Kostümstreit siegte der Historismus: Der fand ohne Unterschied alles reizvoll, was irgendwie alt und fremd aussah, sei es nun barock, chinesisch oder altdeutsch. Das geschichtliche Zitat wurde zur Stilmaske, die das Elend der technischen Revolution nostalgisch überblenden sollte. Mit beliebigen Versatzstücken war die Sehnsucht nach der verlorenen Zeit jetzt zu wekken. Die Surrogate der Geschichtlichkeit waren aus Gußeisen und konnten – dies war der einzige Fortschritt – frei Haus gleich im Dutzend geliefert werden. Nur in den Hinterhöfen, wo kaum je ein eleganter Spaziergänger sich verirrte, offenbarte der Zeitgeist seine stillose Seite direkt.

Der Mythos von der verlorenen Zeit gehört zu den anthropologischen Grundvorstellungen aller Kulturen. Für die europäischen Renaissancen war die Antike der Fluchtpunkt der Menschheitsträume. Doch auch die Antike selbst hat ihr Glück hinter sagenhaften Nebeln der Vergangenheit gesucht. Als Homer im 8. Jahrhundert vor unserer Zeitrechnung die Ilias dichtete, lag der trojanische Krieg schon ein halbes Jahrtausend zurück. Eng und gewöhnlich mußte dem Sänger seine Stadt Smyrna erscheinen, wenn er an das strahlende Ilion dachte, das von den Achaiern zerstört ward. So fern war der historische Schauplatz, daß für den Nachgeborenen die menschlichen Taten sich mit dem Atem der Götter vermengten. Die zeitliche Entrückung verwandelte Geschichte in Mythos. Alles Frühe steht im Glanz einer wunschlosen Seligkeit; erst später stellt sich die praktische Notdurft ein. Mit diesem Topos beginnen Ovids Metamorphosen. Das erste Weltzeitalter ist das Goldene: Hier pflegen die Menschen Treue und Recht aus eigenem Antrieb. Daß der antike Held Sittlichkeit übe ohne Staatszwang und geschriebenes

Gesetz, unterlegte auch Hegel seinem Idealbild von der Verlorenen Zeit. Das Goldene Zeitalter steht unter dem Zeichen der titanischen Naturgötter; als Saturn von Zeus gestürzt wird, endet auch die kreatürliche Harmonie im Urzustand. Die neuen Götter bringen die Herrschaft über die Natur: Dies ist das Silberne Zeitalter. Über das dumpfe Glück des ungeschiedenen Es erhebt sich das ordnende Selbstbewußtsein. Der ewige Frühling wird eingeteilt in vier Jahreszeiten, und die jungfräuliche Erde zeichnet jetzt die gerade Ackerfurche. Die Tiere kommen unter das Joch des arbeitenden Menschen. Noch glänzt diese zweite Epoche; ihr folgen das Eherne und das Eiserne: die beiden letzten, glanzloseren, welche die Waffe prägt. Nun neigt sich die Welt dem Verfall. Genaue Vermesser teilen das Gemeingut an Boden auf. Man begnügt sich nicht mit der Nahrung von der Scholle, sondern dringt in die Eingeweide der Erde, um ihr das schädliche Erz und das Gold zu entwenden: Anreiz zu Krieg und Raub. Die Wälder werden abgeholzt; aus den Bäumen entstehen Schiffe, welche die unbekannten Meere durchpflügen. Als die Erde ausgeplündert ist, beginnen die Sterblichen, Berge aufzutürmen, um sich an den Sternen zu vergreifen. Da beschließen die Olympier, dieses Geschlecht auszulöschen. Sie ertränken es in einer Sintflut. Die vier Weltzeitalter sind abgeschlossen. Nur zwei Menschen überleben: Deucalion und Pyrrha. Diesen wird durch Themis aufgetragen, ein fünftes Weltzeitalter zu begründen. Die ersten neuen Menschen entstehen durch die Aussaat von Steinen. Dieses Zeitalter ist daher das Steinerne zu nennen.

»Inde genus durum sumus experiensque laborum
et documenta damus, qua simus origine nati.«[195]

Solchem Geschlecht entsprang das unsrige. Der Mensch der Jetztzeit war der Steingeborene: Aus dem Stoff, dem er entstammte, erklärte sich die freudlose Sprödigkeit des Alltags, der Arbeit und Mühsal zur Gewohnheit machte. Daß die Gegenwart grau sei, wie Stein, war auch Hegels Überzeugung. »Grau in grau«[196] malte seine Philosophie die Aussichten auf das Leben. Die Idee vom Verlust des Goldenen Zeitalters wurde in das geschichtsphilosophische System eingebaut. Im Unterschied zur Lehre Ovids ist die glückliche Epoche nicht in die mythische Vorzeit entrückt, sondern historisch bestimmbar: Die klassische Antike ist das Reich der Schönheit. Das Goldene Zeitalter ist säkular geworden und eingebettet in den Prozeß der Weltgeschichte. Nicht die Sintflut trennte die glänzende Vergangenheit von der grauen Gegenwart; es ist der Fluß der Geschichte, welcher die vergängliche Harmonie überspült hat. Die Unrast des

195. Ovid, Metamorphosen Liber I, Vers 414f.
196. Hegel, Recht, S. 28

Weltgeistes trieb die Menschen aus dem Paradies, immer voran, während der Fortschritt die verlorene Zeit unaufhaltsam unter sich begräbt.

Für die Neuzeit begann die graue, steinerne Epoche mit der Entstehung des Bürgertums. Hegel war nicht der erste, der den bürgerlichen Alltag als Zustand des Vertriebenseins ansah; vom Reich der Poesie war die Gegenwart schon für Cervantes ausgestoßen. Don Quijotes Abenteuer bedeuten nichts anderes als den vergeblichen Kampf gegen das häßliche Einerlei der Zweckrationalität. Der Ritter von der traurigen Gestalt möchte das Leben wieder in den poetischen Zustand zurückführen; die ästhetische Erfahrung, die er beim Lesen von Ritterromanen gemacht hat, soll sich gegen die Prosa der Wirklichkeit durchsetzen. Seinem Knappen erklärt er: »Freund Sancho, wissen mußt du, daß ich geboren bin, um vom Himmel herab in dieser unserer ehernen Zeit das Alter zu rufen, welches man nur das von Gold, oder das Goldene zu nennen pflegt.« Es wird Don Quijote nicht gelingen, die verlorene Zeit wieder herbeizubeschwören. Die gewöhnliche Erfahrung durchlöchert immer wieder die Kulissen der Imagination. Exemplarisch wird die Unvereinbarkeit zwischen ritterlicher Sagenwelt und bürgerlichem Gewerbefleiß in jenem Abenteuer, wo Don Quijote und Sancho Pansa eines Abends von einem Stampfen überrascht werden. Sie haben, auf Wassersuche, sich eben einem Bach genähert, als sie dieses unheimliche Getöse vernehmen. Gelähmt vor Schreck verbringen sie die Nacht im Schutz eines Kastanienwäldchens. Was sich wie Kampflärm anhörte, entdeckt sich im Morgengrauen als die emsige Arbeit von Walkmühlen. Sancho bricht erleichtert in Gelächter aus, worauf Don Quijote, aus Scham und Zorn über die verlorene Illusion, seinen Knappen mit der selbstgebastelten Lanze verprügelt. »Bin ich denn, ein Ritter, verpflichtet, alle Töne zu kennen und zu unterscheiden, um zu wissen, welche von Walkmühlen herrühren, und welche nicht?« Doch die Auflehnung gegen den Alltag ist zum Scheitern verurteilt; aussichtslos ist der Versuch, sich der empirischen Realität zu verweigern. Bis in die intimsten Regungen verfolgt den Ritter die Wirklichkeit: die Mittagshitze, die Langeweile auf den Landstraßen, der nagende Hunger – von alledem stand in den Ritterbüchern nichts geschrieben. Auch der Begleiter, Sancho, verdirbt ihm immer wieder das poetische Lebensgefühl. Der Ritter macht seinem Knappen dessen dauernde und störende Anwesenheit zum Vorwurf: »So viele Ritterbücher ich auch gelesen habe, so habe ich doch niemals gefunden, daß irgend ein Stallmeister mit seinem Herrn soviel gesprochen habe, wie du mit dem deinigen sprichst, und wahrlich, ich halte dieses für einen großen Fehler,

Gustave Doré, *Don Quijotes und Sancho Pansas Luftreise auf dem Pferd Holzzapferich,* Illustration, 1868, aus: Cervantes 1868, Bd. 2, S. 241

sowohl von deiner, daß du so wenige Achtung gegen mich hast: von meiner, daß ich mich nicht in größere Achtung setze.« Der Ritter von der traurigen Gestalt ist der Lösung seines Widerspruchs ganz nahe auf der Spur. Das Goldene Zeitalter würde vielleicht wirklich zurückkehren, wenn die lästige Umwelt sich endlich bescheiden würde, dem heroischen Subjekt zu dienen, statt immer nur Forderungen zu stellen. Doch Sancho läßt sich dazu nicht bewegen. Der Magen ist ihm näher als die ritterlichen Ideale seines Herrn, und er entgegnet: »Alles ist ganz gut, wie Euer Gnaden spricht …, aber ich möchte doch gern wissen, wieviel der Stallmeister eines fahrenden Ritters in jenen Zeiten verdiente, und ob sie sich monatlich oder tageweise, wie die Handlanger bei den Maurergesellen, verdungen.« – Es war zwecklos. Mit so einem Knappen konnte man sich in der Gralsburg kaum blicken lassen. Die Heldensage ließ sich nicht ein in die Diskussion über Tarifverträge mit dem Personal.

Einen Unterschied zwischen der spätantiken und der bürgerlichen Vorstellung von der verlorenen Zeit gilt es festzuhalten. In Ovids Metamorphosen erfolgt der Abfall vom Goldenen Zeitalter durch einen Machtwechsel unter den Göttern; dem Willen der Götter entspricht auch die Sintflut, welche die vier Weltalter beendet. In der bürgerlichen Geschichtstheorie verkehrt sich der Zusammenhang. Hier ist es der Mensch, der den Mythos entläßt, weil dieser für seinen Pragmatismus ein Hindernis darstellt. Weil an sie nicht mehr geglaubt wird, verblassen die Geister. So sachlich, wie man in die Welt hineinschaut, so sachlich scheint sie entgegen; wer das Leben nach rein zweckrationalen Maßstäben ausrichtet, wird von der heiligen Unmittelbarkeit nicht mehr angerührt. Die magische Zwiesprache zwischen Mensch und Natur ist verstummt. Sancho Pansas Bauernschläue vertrieb die

Gestalten der Sage. Nicht nur nahm der aufgeklärte Bürger für die verlorene Zeit die Schuld auf sich; er züchtigte sich auch selber mit dem Verlust: Aus freiem, nüchternem Entschluß entsagte er dem poetischen Zustand. Die bürgerliche Gesellschaft hatte sich gegen die Fesseln des Mythos erfolgreich aufgelehnt, nun trug sie auch die Folgen. Die Entzauberung der Welt war die Strafe, die sich die Aufklärung eingehandelt hat für die Fähigkeit, die Natur dem eigenen Nutzen unumschränkt zu unterwerfen. Nur Don Quijote war nicht zufrieden mit diesem Handel. Er wollte zurück in eine Zeit vor dem Vertragszustand mit der Natur. Doch das Abenteuer, das er zur ewigen Wiederkunft bestehen wollte, mißriet, umbrandet vom Gelächter bürgerlicher Rationalität, zur Burleske. Im Ritter von der traurigen Gestalt konnte sich der Bürger über seine eigene, geheime Melancholie belustigen, die er bei der Einsicht empfand: daß die Welt wirklich so grau und steinern war, wie er sie sich gemacht hatte. Und kein Zauber half ihm darüber hinweg; er hatte ihn ja selber verworfen, damit der Gang der Geschäfte nicht durch Unvernunft gestört würde.

Die Häßlichkeit der eigenen Epoche ist ein geschichtsphilosophischer Topos. Hegels Ästhetik lieferte die Erklärung dazu. Der abendländische Kulturkreis überschritt die Stufe der Schönheit. Nicht nur das Leben, auch die Kunst selber wurde häßlich; in ihr widerspiegelte sich das alltägliche Grau. Mit der Ausbreitung der bürgerlichen Kultur wurden die Zeichen unübersehbar. Das Tafelbild brachte kein überzeitliches Ideal mehr zur Anschauung, eher einen »Sonntag des Lebens«[197], von dem der Betrachter aber wußte, daß er stets von den Werktagen unterbrochen wurde. Ein knorriger Naturalismus im Porträt widersetzte sich dem klassischen Ebenmaß der Antike. Das Gewöhnliche, der komische Augenblick, die kleine Niedertracht machten sich breit im Sittenbild und verdrängten die Gegenwart allgemein verpflichtender Ideen. Schon lange vor Sedlmayrs Thesenanschlag diagnostizierte Hegel den Verlust der Mitte; sie setzte ein mit der Entfaltung der Gattungsmalerei seit dem 16. Jahrhundert. Formierte die klassische Antike die Kunst noch dienend um das heilige Standbild, verflüchtigte sich das ordnende Zentrum in der abendländischen Kultur. Die einzelnen Gattungen verselbständigten sich vom religiösen Inhalt. Die Landschaft, das Seestück, das Stilleben waren abgesprengte Atome eines einst heilen Kosmos. »Dieser Mittelpunkt nun ist es, der jetzt fortbleibt, so daß der bis hierher in eins gehaltene Kreis von Gegenständen auseinanderfällt und die Besonderheiten in ihrer spezifischen Einzelheit und Zufälligkeit des Wechsels und der Veränderung sich der vielfältigsten Art der Auffassung und malerischen Aus-

197. Hegel, Aesthetik III, S. 130

führung preisgeben.«[198] Je mehr sich die kulturgeschichtliche Überschau der Gegenwart näherte, desto weniger konnte von Schönheit und Poesie noch die Rede sein. Das Häßlichste war das eigene Jetzt: ganz und gar nicht bildwürdig. Daß Hegel die zeitgenössische Kleidung für unkünstlerisch hielt, wurde schon erwähnt. Die gesamte bürgerliche Umwelt – Hegel nennt sie den »Zustand der allgemeinen Bildung«[199] – war durch Kunst nicht mehr zu gestalten. Die entfremdete Arbeit; die maschinenmäßig produzierte Ware; Verelendung einerseits und andrerseits ein Reichtum, der durch den Fleiß der Armen erzielt wurde – kurz: Die industrielle Situation des 19. Jahrhunderts ließ jede Ästhetik vermissen.[200] Bedürftigkeit und Arbeit waren »nicht nur nichts Unästhetisches, sondern konkurrieren vielmehr mit dem Ideal«[201]. Die anbrechende Zeit der Fabrikschlote war ungeeignet, den schönen Künsten ein Motiv zu liefern.

Gab es Auswege? Hegel war sich durchaus klar, daß die Kunst dem Publikum nicht nur unwirkliche Schlaraffenländer vorsetzen durfte. Eine allzu flache Darstellung des Goldenen Zeitalters lehnte er ab. Als »idyllische Geistesarmut« hatte er die Schäferspiele des Rokoko verurteilt. Ein bißchen Arbeitsdisziplin sollte auch in der Kunst durchscheinen, bloß nicht so brutal, wie sie sich im industriellen Fortschritt durchzusetzen begann.[202] Hegel fand den ästhetischen Kompromiß: Er lag in der Mitte zwischen der harmlosen Bukolik und der allseitig entwickelten, bürgerlichen Gesellschaft. Diese Mitte entsprach dem heroischen Weltzustand der Griechen. Exemplarisch gestaltet wurde diese ideale Epoche von Homer. Ideal – und daher kunstwürdig – lebte der antike Held, weil er noch keine entfremdete Arbeit leisten mußte. Er bändigte seine Rosse selber, bereitete selber seine Speisen, Geräte und Waffen entsprangen eigenem Handwerk. Seine Nahrungsmittel waren »noch einfacher und daher idealer, wie z. B. Honig, Wein, Milch, während Kaffee, Branntwein u. s. uns sogleich die tausend Vermittlungen ins Gedächtnis rufen, deren es zu ihrer Bereitung bedarf«.[203] In der Tat – Wörter wie ›Kolonialwarengeschäft‹ oder ›Schnapsdestillation‹ waren kaum in einem Hexameter unterzubringen. In der Kunst wenigstens sollte der Mensch von Elend, Notdurft und Abhängigkeiten befreit erscheinen. Allerdings war die Übertragung antiker Idealität auf bürgerliche Zustände nicht ohne Tücke. Wieder war es Goethe, der es verstand, die vergangene Vollendung mit der Gegenwart auszusöhnen. Die Dichtung »Hermann und Dorothea« nannte Hegel »ein vollendetes Musterbild« des Ausgleichs. In diesem kleinen Epos feierte Homer seine biedermeierliche Wiederkunft. Breite Zustimmung fand das Werk, als es 1797 erschien. Der Dichter von den »Leiden des jungen Werther«

198. Hegel, Aesthetik III, S. 127f.
199. Hegel, Aesthetik I, S. 336
200. Hegel, Aesthetik I, S. 337
201. Hegel, Aesthetik I, S. 333
202. Hegel, Aesthetik I, S. 336
203. Hegel, Aesthetik I, S. 339

hatte bewiesen, daß er auch die Normalität zu würdigen verstand. Dafür bedankte sich Goethes Mutter überschwenglich: So etwas Gutes wie »Hermann und Dorothea« habe er noch nie geschrieben. Zusammen mit dem Frankfurter Pastor Hufnagel hielt sie dafür, alle, die das Buch nicht gelesen hätten, seien »Hottentotten«[204]. Wie Schlips und Zylinder gehörten Hermann und Dorothea zu den Insignien deutscher Zivilisiertheit. Den Stoff für das Gedicht entnahm Goethe einem Bericht über die Vertreibung der Salzburger Lutheraner im Jahr 1731. Das Epos beginnt, als ein Emigrantenzug an einer deutschen Kleinstadt vorbeizieht. Mitleidig verteilen die Bewohner Lebensmittel an die Vertriebenen. Bei diesem Unternehmen lernt der Bürgerssohn Hermann die verwaiste, flüchtige Dorothea kennen und verliebt sich. Die Mutter läßt sich gewinnen, die Stadtnotabeln: der Pfarrer und der Apotheker werden in Hermanns Herzenssache eingeschaltet, und schließlich stimmt auch der Vater zu, eine Auswärtige als Schwiegertochter anzunehmen. Zuletzt wird die Betroffene selbst noch behelligt. Sie ist vom schüchternen Freier unter dem Vorwand ins elterliche Haus geführt worden, man möchte sie als Magd dingen. Daß sie nicht zur Bediensteten, sondern zur Gattin erkoren sei: Als sich dieses kleine Mißverständnis geklärt hat, trifft das glückliche Ende ein. Um die Atmosphäre des Epos gegenwärtig zu machen, sei eine Stelle zitiert, wo der Handlungsbogen sich zu spannen beginnt. Hermann ist, aufgewühlt durch die erste Begegnung mit Dorothea, nach Hause gekommen und zieht sich in seinem Liebeskummer in den elterlichen Weinberg zurück. Natürlich hat die Mutter stracks die Veränderung an ihrem Sohn festgestellt und geht ihn suchen.

»Und es sagte der Knecht: ›Er ist in den Garten gegangen.‹
Da durchschritt sie behende die langen doppelten Höfe,
Ließ die Ställe zurück und die wohlgezimmerten Scheunen,
Trat in den Garten, der weit bis an die Mauern des Städtchens
Reichte, schritt ihn hindurch und freute sich jeglichen
    Wachstums,
Stellte die Stützen zurecht, auf denen beladen die Äste
Ruhten des Apfelbaums wie des Birnbaums lastende Zweige,
Nahm gleich einige Raupen vom kräftig strotzenden Kohl weg:
Denn ein geschäftiges Weib tut keine Schritte vergebens.«[205]

Einen homerischen Gebrauch macht Goethe von den Adjektiven; sie strotzen alle von Gesundheit und rechtschaffener Lebensbejahung. Das Lob der Kohlhäupter wäre selbst Hektors Schlachtrossen wohl angestanden. Der Hexameterrhythmus verwandelt die behäbige deutsche Hofstatt mit den Scheunen, dem

204. Goethe, Hermann und Dorothea, Anm. S. 680
205. Goethe, Hermann und Dorothea, IV. Gesang, Vers 7–15

Pflanzgarten samt den Schädlingen zum bukolischen Hain. Aus dem Alltag wird Poesie, wenn er vom Takt eines antiken Versmaßes angerührt wird. Selbst die formal belanglose Äußerung des Stallknechts verfällt unwillkürlich in den Trab eines geflügelten Wortes. »Er ìst in den Gàrten gegàngen« – der Leser dieser Halbzeile bemerkt, was auch Molières Monsieur Jourdain mit Verblüffung entdeckte: zeit seines Lebens Prosa gesprochen zu haben, ohne von poetischen Gattungsbegriffen etwas zu wissen.

Die Verschmelzung von Prosa und Poesie vollzog sich im antikischen Gefäß. Was die Toga für den Porträtbildner bedeutete, war der Hexameter für den Ependichter. Über die bürgerliche Alltäglichkeit wurde ein Schleier geworfen, der die häßlichen Falten der Notdurft verklärte. Kunst war die Utopie der gestillten Bedürfnisse; sie trat ästhetisch durch Ebenmaß und Harmonie in Erscheinung. Weil die gegenwärtige Wirklichkeit zu wenig ideales Anschauungsmaterial bieten konnte, mußte die Kunst auf Formen der Vergangenheit zurückgreifen.

»Dichter, Maler, Bildhauer, Musiker wählen vornehmlich Stoffe aus vergangenen Zeiten, deren Bildung, Sitten, Gebräuche, Verfassung, Kultus verschieden ist von der gesamten Bildung ihrer eigenen Gegenwart. Ein solches Zurückschreiten hat … den großen Vorteil, daß dies Hinausrücken aus der Unmittelbarkeit und Gegenwart durch die Erinnerung von selber schon jene Verallgemeinerung des Stoffs zuwege bringt, deren die Kunst nicht entbehren kann.«[206]

Hegel empfahl dem Künstler, die eigene Zeit aus der Distanz des Ideals zu betrachten. In dieser Fernsicht verschwammen die Unebenheiten der bürgerlichen Epoche, und selbst das Unansehnliche erhielt feiertäglichen Glanz. Die »Verallgemeinerung des Stoffs« ergab sich in einer verklärenden Geschichtsbetrachtung von selbst. Wer erinnerte sich jetzt noch an die Opfer des Peloponnesischen Kriegs? Daß Perikles an der Pest starb, verschwand hinter der großartigen Tempelanlage des Parthenon. Sklavenschweiß war am Marmor der Heldenstatuen nicht haften geblieben. Das Griechentum war in der Vergeßlichkeit des Rückwärtsschauenden klassisch, das heißt: zeitlos geworden. Durch die antike Stilgebärde kam das Ewigmenschliche, »die höheren Interessen des Geistes und des Willens«[207], gültig zum Ausdruck. Die Spuren der Gewalt, der Qual und des Unrechts waren in den glatten Kunstleibern des Klassizismus erloschen. Der Betrachter erfreute sich ihrer mit Anstand und mit uninteressiertem Wohlgefallen. Ein »notwendiger Anachronismus«[208] war der stilistische Rückgriff. Kunst mußte anachronistisch

206. Hegel, Aesthetik I, S. 342
207. Hegel, Aesthetik I, S. 360
208. Hegel, Aesthetik I, S. 359

erscheinen, um die aktuelle Erfahrung zu dämpfen. Künstlerische Stilisierung ist zu vergleichen mit dem psychoanalytischen Begriff der Verschiebung: Wie beim Träumen wird in der historisierenden Kunst die Alltagserfahrung verfremdet, um von deren bedrohlicher Nähe Abstand zu gewinnen. Dieser Distanzierungsvorgang kommt in Goethes »Hermann und Dorothea« zum Ausdruck. Im Stoff der Erzählung hat Goethe persönliche Erinnerungen an die Französische Revolution verarbeitet. Als Teilnehmer am Feldzug in Frankreich 1792 und ein Jahr darauf bei der Belagerung von Mainz sah er die Emigrantenzüge, welche der Revolutionskrieg aus den linksrheinischen Gebieten vertrieben hatte. Drei Jahre später kanalisierte die dichterische Erinnerung diese angstbesetzten Bilder von Panik und Auflösung ins geregelte Versmaß. Die Sprache modulierte die chaotische Wirklichkeit zum Hexameter. Überschaubar und bemessen, wie die Textstruktur, war die heile Welt, welche Goethe als Wall gegen die revolutionären Ereignisse aufrichtete. Den geschichtlichen Umwälzungen in Frankreich wurde ein deutsches Idyll aus Ordnung und Rechtschaffenheit entgegengehalten. Man zog sich in die Häuslichkeit zurück, während draußen die Sturmwinde des Weltgeistes polterten. So wie die braven Stadtbürger die Zeitgeschichte an ihren Toren vorbeiziehen ließen, verschanzte sich der deutsche Idealist hinter seinem Biedersinn, der angeblich ewigmenschlich war, wie die Heldensprache Homers.

Aktualität störte die ästhetische Harmonie und mußte daher tunlichst vermieden werden. Religiöse Kunst beispielsweise, welche Brauchtum und zeitgenössische Vorstellungen miteinander verwirkte, fand bei Hegel keine Gnade. Hans Sachs wurde gescholten, er habe »unseren Herrgott … im eigentlichsten Sinne des Worts vernürnbergert«[209]. Der konsequente Klassizist bemängelte die Naivität und die Bildungslosigkeit solcher Dichtung. Folgte man diesem ästhetischen Grundsatz, müßte Pieter Brueghels d. Ä. Londoner Epiphanie als Verniederländerung der Frohen Botschaft getadelt werden. Ein Volksauflauf ist diese Anbetung der Könige; die derbe Gegenwart der Figuren versetzt das Heilsgeschehen in ein flämisches Dorf. Die tausendfünfhundertvierundsechzig Jahre, welche den Betrachter von Christi Geburt trennen, haben sich wie Nebel aufgelöst. Er wird unmittelbar, hier und jetzt, Zeuge des göttlichen Wunders inmitten seiner alltäglichen Schäbigkeit. Pieter Brueghel malte das weihnächtliche Ereignis als Mysterienspiel. Die Repräsentanten der Epiphanie, der ›Erscheinung Gottes‹, sind zeitgenössische Bauern, Kaufleute, Handwerker und der Künstler selbst. Marie ist die Dorfschöne, auserkoren, die wichtigste Rolle im Spiel zu übernehmen. Etwas linkisch, mit einstudierter Handgebärde, nimmt

209.   Hegel, Aesthetik I, S. 344

Pieter Brueghel d. Ä.,
Anbetung der Könige, 1564.
London, National Gallery

die ehrbare Magd die Huldigung entgegen. Sitzend trägt sie auf
dem Schoß einen Säugling; ihn trifft Hegels kritische Bemerkung, die niederländischen Meister hätten »ihre Christkinder
übel gestaltet«[210]. Allerdings fehlt diesem Menschenwurm die
Raffaelische Grazie und Italianità, welche der Klassizismus
bevorzugte. Gegen Marie gelehnt, schaut das Kind aus dem
Laken hervor und betrachtet die merkwürdigen Gestalten
umher. Zwei alte, runzlige Dorfnotabeln, im Phantasiekostüm
die Magier Melchior und Balthasar vorstellend, verbeugen sich
jetzt und reichen das glitzrige Geschirr aus dem Morgenland.
Hinter Marie ist Joseph aufgepflanzt; andächtig, wie beim Hoch-
amt, hat er die Hände vor dem Bauch gefaltet. Mit Würde entledigt er sich der Rolle des Dastehens. Die Versuchung, Langeweile
zu empfinden über seine heilsgeschichtliche Bedeutungslosigkeit, diszipliniert Joseph mit dem Gesichtsausdruck getragenen

210. Hegel, Aesthetik III,
S. 125

178

Ernstes, den er beibehält, selbst als ihm ein Nachbar etwas – gewiß keinen Bibelspruch – zuflüstert. Um die Hauptakteure drängt sich die Menge: Statist und Zuschauer zugleich. Einige tragen die Trachten der Zunft und die Waffen der örtlichen Bürgerwehr. Da herrscht keine edle Bemessenheit in der Gruppierung; man steht sich auf den Füßen herum, jeder möchte zuvorderst sein als Zeuge des Wunders, an die schöne Choreographie denkt jetzt keiner.[211] Nicht nur sehen, auch gesehen werden will das Volk; es strömt in den Bildraum hinein, um den Umstehenden zu zeigen: Auch ich bin dabeigewesen, als die Könige dem Gottessohn huldigten.

Der ruhende Pol im erwartungsfrohen Gedränge ist der Mohr Kaspar. Allein, wie auf einer Insel, steht der schwarze Magier auf dem Stück leerer Vordergrundbühne. Ebenmäßig, als hätte ihn kein Schicksal je gezeichnet, hebt er sich ab von der dörflichen Provinzialität der Menge. Von keinem optischen Hindernis angeschnitten, steht er da wie ein antiker Athlet. Nicht zufällig ist die Assoziation an eine klassische Gestalt: Der Humanismus des 16. Jahrhunderts hat in den Wilden die lebenden Antiken gesehen. Exotik und Antikenbegeisterung flossen in der Epoche der großen Entdeckungsfahrten ineinander über. Der Grieche und der Naturmensch waren gleichermaßen Symbole für die abendländische Sehnsucht nach einer fernen, goldenen Zeit ohne Arbeit und staatlichen Zwang. Die Reisebücher zur Zeit Brueghels zeigten den Primitiven in der Haltung eines klassischen Heroen. Brueghel könnte für seinen Mohren eine solche Quelle benutzt haben; schon seiner isolierten Stellung wegen wirkt Kaspar wie ausgeschnitten aus einer illustrierten Anthropographie. Als Vorlage wäre eine Allegorie Afrikas denkbar, zumal die personifizierten Erdteile oft in huldigender Gebärde gezeigt werden. Die Krone mit dem Stirnband gleicht einer stilisierten Federhaube, die das Haupt der ›Africa‹ schmückt. In der Hand hält der Mohr ein Schifflein; kunstvoll ist es um eine Nautilusschnecke geschmiedet. Das Gefährt, das ins Unbekannte aufbricht, birgt in sich ein gewundenes grünes Gehäus: die Hoffnung auf die endliche Einkehr bei sich in der Ferne. Der schwarze König beruhe so sehr auf sich selbst, daß man ihn kaum als mithandelnde Figur erkennen könne, bemerkt Jedlicka.[212] Kaspar ist das Bild im Bild; im schwarzen Magier verdichtet sich die Epiphanie zur allegorischen Figur. Der anwesende Exot bedeutet mythische Gegenwart; die ferne Verheißung ist aus dem Goldenen Zeitalter heimgekommen in die Jetztzeit. Als Prophet begleitet der fremdartige Mohr die leibliche Niederkunft Gottes in einem flämischen Dorf, das Bethlehem heißt. Ein goldenes Schiff bringt er zum Weihegeschenk:

211. Hegel, Aesthetik III, S. 98f., tritt ausdrücklich für die übersichtliche Figurenordnung ein.
212. Jedlicka, S. 252ff.

Sein Bug deutet zurück auf die Reise unter dem Stern, in das
erlöste Land jenseits der Weltmeere.

Doch das ideelle Zentrum von Brueghels Epiphanie ist nicht
Maria mit dem Kind und nicht der Mohr; der heimliche Fluchtpunkt der Szene ist ein alter Brillenträger am rechten Bildrand.
Ein unrasiertes Kinn, wulstige Lippen; die Augen ertrunken hinter dicken Gläsern; die Kappe satt über die Ohren gezogen –
all die Lächerlichkeiten aber überstrahlt von Weihnachtsfreude:
In diesem Antlitz münden die Linien der Bildkomposition. An
den Mühseligen und Beladenen, den einfachen Zeitgenossen,
richtet sich die Botschaft der Heiligen Nacht. Der Brillenträger
steht unmittelbar hinter dem Mohrenkönig, als vulgärer Kontrast
zur exotischen Schönheit. Die beiden markieren das Spannungsfeld von Brueghels Epiphanie: Der eine ist der Bote des Goldenen Zeitalters, der andere verkörpert die notdürftige Gegenwart.
Doch beides: das Fremde und das Alltägliche; das Strahlende und
das Schäbige; das Glück und das Unerlöste, drängt das Fest, hier
und jetzt, dicht aneinander. In der gemeinsamen Freude ent-
grenzt sich ihr Gegensatz. Beide blicken in dieselbe Richtung,
wo eine Metamorphose offenbar wird: Ein Gott ist als Mensch
geboren worden und hat Himmel und Erde in diesem Augenblick versöhnt. Im Mysterienspiel erfolgt die doppelte Verschränkung des Heiligen und des Profanen. Durch die festliche
Verkleidung wird der gewöhnliche Mensch in die Zeit der Verheißung gesetzt, während das verheißene Ereignis einbricht in
die alltägliche Umgebung. Das Heilige erniedrigt sich in die
profane Welt, und das Profane wird in den Zustand der Heiligkeit versetzt: So begegnen sich Lebensprosa und Mythos. Diese
Verschränkung der Sphären entspricht einer volkstümlichen Vorstellung des Paradieses: Eigentlich wird es aussehen wie die wirkliche Welt, bevölkert mit den Menschen, die man gekannt hat.
Nur wird dem Gewohnten die Schwere fehlen; ewiger, heller
Sonntag wird sein und sich in allen Dingen widerspiegeln als ein
unsterbliches, heiteres Lächeln. Der Alltag, befreit vom praktischen Zwang der Notdurft und der Gier: Das wird das Paradies
sein. Franz Kafka hat dieser Endzeit einen Namen gegeben im
»Naturtheater von Oklahoma«[213]. Die Erlösung wird darin bestehen, daß das Gewöhnliche zum Spiel wird. Man wird den Alltag
nicht blindlings vor sich her leben, im Trott dumpfer Tatsächlich-
keiten, sondern man wird ihn spielen: luftig, wie auf einer
Bühne. Die eigene Identität – von verblüffender Schwerelosig-
keit – wird zur Kunstform werden. Das Naturtheater von Oklahoma wird jeden gebrauchen können. Noch für den Untaug-
lichsten wird es eine Rolle geben. Jenseits der Notdurft wird
gerade das Unbrauchbarste sich behaupten dürfen: als Charak-

213. Schlußkapitel des Romans
»Amerika«

terspieler, der sich nicht vereinnahmen läßt. Seine je eigentümliche Schwäche wird der Rolle jedes einzelnen den intensivsten Ausdruck verleihen.

Gewiß: In Brueghels Epiphanie wird die erlösende Erscheinung Gottes nur gespielt. Mit dem Ende des dörflichen Weihnachtsfestes bricht wieder das trübe Einerlei herein. Doch für die Dauer des Krippenspiels ist die Verheißung wirklich; die Darsteller verwandeln sich in die tatsächlichen Rollenträger und Zeugen des Heilsgeschehens. Das Spiel überschreitet die Grenzen bloßer Nachahmung und wird plötzlich zum heiligen Ernst. Es ist jetzt wahrhaft das, was es bedeutet. Unter den Spielern und den Zuschauern vollzieht sich die Identität von Sein und Schein. Diese Identität ist der ästhetische Zustand: Aufhebung der Grenze von Möglichkeit und Wirklichkeit. Für einen ewigen Moment balanciert das verheißene Glück inmitten der Gegenwart als das ›nunc stans‹, das stehende ›Jetzt!‹.

Das Goldene Zeitalter bedeutet Eintracht zwischen Himmel und Erde. Mit dieser ersten Harmonie beginnt jeder Mythos. Am Anfang wandelte Gott unter den Menschen. Dieser Zustand wurde durch Schuld verwirkt; Gott strafte die Sterblichen, indem er sich von deren Leben entfernte. Als er wegging, wurde die Erde grau und hart. Die Menschen durften jetzt nicht mehr nur sein, sie waren zum Handeln gezwungen. Antrieb war eine stete Unlust, die durch Arbeit und Krieg gemildert, aber nie vergessen werden konnte. Das gesättigte Einssein mit dem Himmlischen blieb als nagende Erinnerung im Unglück. Da erflehten sie die Rückkunft Gottes wieder herbei. Nach Bericht des christlichen Mythos ist er in der Gestalt eines Menschen wiedergekehrt, denn er erbarmte sich über die steinerne Zeit. Weil die Menschen am meisten die Armut litten, ließ er sich inmitten der größten Bedürftigkeit nieder. Die Rückkehr Gottes stellte die Ordnung der Gegenwart auf den Kopf. Die Geburt Christi im Stall von Bethlehem zeitigte die verkehrte Welt: Ein ohnmächtiger, nackter Säugling verkörperte die Allmacht Gottes; ihm lag der Reichtum fernster Könige zu Füßen. Die Erneuerung vollzog sich als eine Umwertung der Werte: Unten war jetzt oben, und arm war reich. Die spröden Gesetze, die den herrschenden Alltag bedrückend machten, wurden in der Epiphanie zertrümmert. So leichtfüßig aber die Botschaft war, gegen die Trägheitsgesetze der Wirklichkeit konnte auch der menschgewordene Gott auf Dauer nicht antreten. Sein Erscheinen war vergänglich, wie das Goldene Zeitalter, und die Kunde davon, daß jener es wirklich war, Erlöser der Menschheit, sank in die mythische Rede zurück. Die Kunst aber und das kultische Spiel holten das Ereignis aus der verblassenden Vergangenheit stets wieder hervor. Die Epiphanie gehört zu den beliebtesten Motiven der bildenden Kunst; das Krippenspiel steht, neben der Ostersequenz, am Anfang des abendländischen Theaters. Als längst die Zwangsherrschaft der Geschichte ihre ehernen Jahrringe um Christi Geburt gelegt hatte, wurde die heitere Botschaft von der verkehrten Welt durch Kult und Kunst wiederholt. Einmal im Jahr, an Weihnachten, schlug die Stimme des Engels ein Loch in die fließende Zeit: ›Fürchtet Euch nicht, ich verkündige Euch eine große Freude.‹ Und das Wunder war wieder geschehen. Das Mysterienspiel feiert die ewige Wiederkehr; es unterbricht die Gesetze der geschichtlichen Vernunft. Die kultische Wiederholung bringt die fließende Zeit zum Stillstand. Denn dieses unerbittlich fortfahrende Kontinuum ist es, das den Menschen aus seiner Einheit im ›nunc stans!‹ entführt. Walter Benjamin erzählt, Aktivisten der Pariser Julirevolution hätten auf Turmuhren geschossen.[214] Sie erkannten, daß die Zeit die Feindin der Revolution ist. Denn das stehende ›Jetzt!‹, dieses schwerelose Innesein der Freiheit, ist nur für den Moment der Umwälzung da. Das ›nunc stans‹, Epizentrum der Revolte, wird von der gewordenen Zeit stets wieder überlagert und, mit Tatsachen beschwert, in die einförmige Ordnung der Dinge zurückkommandiert. Wie der Artist nach dem Salto kommt die Geschichte nach einer Revolution stets wieder auf die Beine. Mit eiserner Härte bringt die Vernunft der Geschichte das Oben und das Unten wieder ins Lot.

Das Spiel, das kultische Fest und die Kunst sind Mittel, sich gegen die fließende Zeit zu sträuben. Sie bilden in der Mauer von Sachzwängen die Öffnung, durch welche die ewige Wiederkunft erwartet wird. Mit Ungeduld sehnt man die Unterbrechung der zeitlichen Herrschaft herbei. So ist das christliche Mysterienspiel zu deuten als ungeduldige Vorwegnahme der Verheißung: Gott werde zurückkommen und das Niedrige erhöhen. ›Weil du nicht kommst, spielen wir die Erlösung selber.‹ Im Mysterienspiel erhebt sich der Mensch gegen einen Gott, der hinter ungeheurem Schweigen sich weigert zu erscheinen. Die Herbeirufung Gottes im Fest ist ein kultisch sanktionierter Frevel. Ein klägliches, von Unrast verzeichnetes Schauspiel maßt sich an, den Allmächtigen herauszufordern. Gott wird zugemutet, mit diesen schäbigen, abgerissenen Gestalten, wie sie Brueghel gemalt hat, denselben Raum zu teilen. In der Kulthandlung wird die gebührende Distanz zwischen Himmel und Erde mißachtet. Der Mensch vergreift sich am Schleier des Mythos, um unmittelbar an der längst versprochenen Glückseligkeit teilzuhaben. Nicht nur das kultische Spiel, sondern auch die bildende Kunst ist nach ihrem Ursprung ein Sakrileg: Sie macht

214. Benjamin, Über den Begriff der Geschichte, S. 702

182

das unantastbare, göttliche Numen dingfest in einem greifbaren Gegenstand. Daß die Frevelhaftigkeit über der Vergegenwärtigung Gottes empfunden wurde, beweist das Bilderverbot, welches verschiedene Religionen sich auferlegten. Bedeutsamerweise hatte der religiöse Purismus stets ein Gottesbild, das in seiner Erhabenheit dem gewöhnlichen Menschen sehr unähnlich ist: Allah, Jahve, aber auch der Gott Calvins und Zwinglis war unbestechlich und gerecht bis zur furchtbaren Gefühlskälte. Seine Gewalt offenbarte sich nur, wenn es zu strafen oder zu rächen galt; sonst weilte Er unansprechbar in der Entrücktheit. Solch ein Gott verbat sich menschliche Zudringlichkeiten; mit ihm feilschte man nicht um bessere Anteile – und sei's nur für das Jenseits. Um die göttliche Langmut zu schonen vor dem Menschen, diesem unersättlichen Bettler nach Glück, wurde die Kunst von deren ikonoklastischen Statthaltern geächtet.

Religiöse Kunst enthält die Aufforderung an Gott zu erscheinen. Die Verheißung wird beim Wort genommen und ins Anschauliche übersetzt. Gott soll stets an seine Versprechungen erinnert werden. Indem sie seine Botschaft in die Jetztzeit hineinversetzt, hebt die Kunst die Distanziertheit des Mythos auf. Der Abstand zwischen der mythischen Überlieferung und der Gegenwart ist durch den Fluß der gewordenen Zeit entstanden: Er soll übersprungen werden. Sich stets in die Entrücktheit zu verflüchtigen entspricht mythischer Eigendynamik. Die Frohe Botschaft versteinert, wenn sie nicht immer von neuem angefordert wird. Diese Eigendynamik bewirkt, daß der Mythos zwei Gesichter hat: Einerseits ist er der verheißene Grund des Glücks, andererseits ist er, seiner steten Verflüchtigung wegen, die Ursache für das Überdauern der unglücklichen Gegenwart. Am griechischen Wort ἀρχή ist das Doppelgesicht abzulesen. Ἀρχή heißt: Anfang, Seinsgrund der Dinge, Ursprung; es bedeutet aber auch: Gesetz, Regierung, Obrigkeit. Ἀρχή ist der Ursprung, der das Gesetz stiftet. Das Wort enthält sowohl die Güte der göttlichen Schöpfungskraft als auch die harten Tatsachen der säkular gewordenen Zeit. Je mehr sich der Ursprung in der goldenen Ferne verliert, desto mehr kehrt sich sein graues Antlitz hervor. Die Herrschaft der Gegenwart ist der im Fluß der Zeit versteinerte Seinsgrund Gottes. Der Kult versucht, die historischen Ablagerungen wegzusprengen im ekstatischen Fest. Ekstase ist das ›Hinausstehen‹ aus der Zeit; sie durchstößt die Krusten der Geschichte, um zum göttlichen Anfang einzukehren. Die Welt soll wieder so neu werden, wie sie am ersten Tag der vollendeten Schöpfung war. Als wäre inzwischen nichts Trennendes geschehen, drängt sie nach der Verschmelzung mit dem Gesetzgeber des Kosmos. Die Darsteller eines Mysterienspiels identifizieren sich mit der ἀρχή in ihrer ersten, milden Bedeutung von ›Ursprung‹. Um den verheißenen Neubeginn zu beschleunigen, stellt sich der Spieler selber an den leeren Anfang. In der naiven Überzeugung, das Göttliche durch Nachahmung hervorzurufen, wird der Mensch, ohne sich dieses Frevels schuldig zu wissen, zum Seinsgrund seiner selbst im Spiel und in der Kunst. Gegen die zweite, die versteinerte Bedeutung von ἀρχή äußert sich die kultische Unmittelbarkeit als Anarchie. Die Ekstase überspringt die zweckrationalen Normen des gewöhnlichen Lebens. Indem der Mensch den ordnungsstiftenden Mythos nachahmt, stößt er die Alltagsgesetze um. Die regelmäßig gefeierten Kalenderfeste sind der brauchtümliche Vollzug der ewigen Wiederkehr. Die anarchische Tendenz tritt bei bestimmten Anlässen zutage: So wird im Kampf zwischen Karneval und Fasten die öffentliche Ordnung auf den Kopf gestellt; für kurze Zeit bricht der Alltag zusammen.

Aber mit ebensolcher kalendarischer Pünktlichkeit, nur unmäßig viel länger als das Fest, stellen sich nach den Saturnalien der Katzenjammer und die herrschende Ordnung wieder ein. Obrigkeitlich gefördert, darf die Welt für ein paar Tage verkehrt werden, damit sie lotrecht das ganze Jahr um so besser stehen bleibt. Sind die Feste, das Spiel und die Kunst nur Opium fürs Volk? Nicht nur der mißtrauische Marx-Leser stellt sich diese Frage; schon Brueghel hat sie in seiner Epiphanie aufgeworfen. Die selbstkritische Reflexion ist in das Bild hineingewirkt: Der Künstler mischte sich, gleichsam unerkannt, unter die Statisten des Krippenspiels. Auch er zählt sich zu den Mühseligen und Beladenen; zum Zeichen seiner Solidarität hat der berühmte Maler sein Selbstporträt spiegelbildlich mit dem Kopf des Brillenträgers in Beziehung gesetzt. Als gleichermaßen betroffene Zeitgenossen umrahmen die beiden Zuschauer das Geschehen auf beiden Bildseiten. So verbunden sich Brueghel aber gibt mit dem Volk, das ekstatische Einssein im gespielten Mysterium teilt er nicht. Ein Anflug von Trauer steht sogar im bärtigen Gesicht, als sähe der Maler am Spiel schon jetzt das Ende. Sein Blick ist nicht auf das Hauptgeschehen gerichtet, sondern streift jene zwei ungleichen Adoranten am gegenüberliegenden Bildrand. Den märchenhaften Mohrenkönig und den lächerlichen Brillenträger hat jetzt zwar das Fest zusammengebracht; aber die Harmonie der Gegensätze ist nur zum Schein vollzogen. Keiner weiß das besser als der Künstler, der von Berufs wegen das Ideal und das Leben miteinander zur Konstellation bringt. Die Hoffnung versöhnt sich mit der Wirklichkeit für die Dauer des ästhetischen Zustands: In der Realisierung des Spiels, des Kunstwerks, der kultischen Handlung ereignet sich das Leben flüchtigerweise als

Poesie. Doch wenn die Aura verblaßt ist, drängt das Wirkliche heran, so undurchlässig wie zuvor. Hartnäckiger noch als die Ekstase, feiert der normale Alltag die Wiederkunft im ewigen Kreislauf des Gewöhnlichen.

Wenn Kunst gegen die Wirklichkeit vergeblich ist, wie ein Rausch, wäre es dann nicht besser, sich ihrer zu entschlagen, um nüchtern zu bleiben? Hegel neigte zu dieser Meinung. Kunst war Opium für den Geist. Das Anarchische und Ekstatische, das die Kunst von ihrem kultischen Ursprung ererbt hatte, lehnte er ab. Kunst sollte, wie die Philosophie, stets bei Vernunft sein. Hegel war gegen die spontane Aktualisierung der künstlerischen Form; das bedeutete: kein Hier und Jetzt, keine Vermischung von Gegenwart und Goldenem Zeitalter in ästhetischer Unmittelbarkeit. Der Spätklassizismus Hegels war sorgsam darauf bedacht, daß das Ideal züchtig in der verschatteten Nische der Vergangenheit blieb. Vergeblich mochte der Betrachter, gepackt von sinnlicher Wehmut, nach dem Standbild greifen: Pygmalions Glück sollte ihn nicht ereilen. Venus blieb unbarmherzig und hart im Marmor verschlossen. Ideal und Leben durften sich nicht in die Arme fallen. So blieb dem Klassizisten nur der melancholische Blick auf die unerreichbare Grazie des Griechentums, dessen unbewegte Schönheit Distanz auch vom Betrachter abverlangte. Es geziemte sich nicht, sein Wohlgefallen über das uninteressierte Maß hinaus zu entäußern. Distanziertheit verlangte Hegel schließlich vom Porträt. Er verurteilte den Zug des Lächelns, jenen Ausdruck freundlicher Bonhomie, welches den Bildnissen der Biedermeierzeit oft gegeben wurde. Die Substanz des Menschen war nicht erschöpfend dargestellt, indem man den Anflug einer heiteren Regung durch Kunst verewigte.[215] Hegel selber war darauf bedacht, vor seinen Porträtisten ein ernstes Gesicht zu wahren: indem er die Mundwinkel hängenließ und die Unterlippe leicht vorschob. Jener »Hauch und Duft der Trauer«[216], den Hegel in antiken Standbildern bemerkte, hat auch seine Züge belegt. Wie die Götter scheint der Philosoph über seine Vollendung zu trauern. Die verdrießliche Gelehrsamkeit, welche aus seinem Konterfei entgegentritt, verrät einen Blick, der die Erfüllung der Geschichte erfaßt hat und jetzt illusionslos der Wirklichkeit ins Auge sieht.

Verzicht auf Aktualisierung der ästhetischen Form heißt: Verzicht auf die Möglichkeit, das Glück für sich herauszufordern. Die Harmonie gehörte nach Hegel unwiderruflich der Vergangenheit an. »Die schönen Tage der griechischen Kunst wie die goldene Zeit des späten Mittelalters sind vorüber.« In der Jetztzeit herrschte die Häßlichkeit der Vernunft: Gesetze, Pflichten, Rechte, Maximen machten »das hauptsächlich Regierende« im

215. Hegel, Aesthetik III, S. 105
216. Hegel, Aesthetik II, S. 85

Leben aus. »Deshalb ist unsere Gegenwart ihrem allgemeinen Zustande nach der Kunst nicht günstig.«[217] Die ewige Wiederkehr: die Durchdringung von Ideal und Leben im ›Jetzt!‹ entsprach nicht dem Gebot philosophischer Nüchternheit. Eine klare Grenze teilte Kunst und Alltag. Auf der einen Seite war versteinerte Melancholie: ein Blick zurück, der so hohläugig war wie das Antlitz griechischer Standbilder; auf der andern Seite war die Gegenwart: eine graue Zeit des unablässigen Fortschritts, den man, verdrossen zwar, aber mit Tatkraft, vorantreiben half. Ein blasses Ideal entsprach einer grauen Tatsächlichkeit. Zwischen beiden Polen lag, als Indifferenzpunkt des 19. Jahrhunderts, das Bewußtsein, einer glücklosen, aber arbeitstüchtigen Spätzeit anzugehören. Vor diesem Hintergrund ist Hegels melancholische Feststellung zu lesen, daß das Grau in Grau seiner Philosophie nicht mehr lebendig zu verjüngen sei, sondern nur mehr zu erkennen als das unausweichliche Schicksal des Epigonen.

Hegel vollendete den Protestantismus im ästhetischen Bereich. Das Kultische an der Kunst: ihr magisches Glitzern, die Vergessenheit im Augenblick, die Maßlosigkeit in der zweckfreien Selbstverschwendung – all das wurde der künstlerischen Erfahrung genommen. Was der ideale Vorschein an Präsenz verlor, gewann der Alltag; als dürren Ersatz für ekstatische Feste erhielt der neuzeitliche Mensch den Appell an Pflichterfüllung. Künstlerische Erfahrung wurde bis zur praktischen Bedeutungslosigkeit verinnerlicht, damit das Ideal die Welt der Tatsachen nicht verstörte. So wenig wie die guten Werke des Glaubens sollten auch die Künste nicht eingreifen in den normalen Geschäftsgang des Lebens. Hegel wandte sich vehement gegen die Ästhetik der Aufklärung, welche der Kunst eine moralisch verpflichtende Dimension zuschrieb. Lessings Dramentheorie, wonach der Zuschauer durch Mitleid und Furcht zum Guten geführt werde, war noch getränkt vom sensualistischen Kunstbegriff des Barock. Mit dieser Tradition wollte Hegel, der puritanische Denker, endgültig brechen. Die Ablehnung der Aufklärungsästhetik mündete konsequent in eine Kritik an der Kantschen Philosophie des Sollens.[218] Kant hat das Kunstwerk noch als ein Symbol des Sittlichen angesehen; von Kants Ästhetik übernahm Hegel nur die Formulierung des ›uninteressierten Wohlgefallens‹. Diese Empfindung war die einzige, welche der künstlerischen Erfahrung noch gestattet wurde. Hegel betrachtete die Beschäftigung mit Kunst als schönen Ausgleich zur nüchternen Arbeit des Begriffs. Seine Vorlesungen enden mit dem Satz, daß das Nachdenken über Kunst »den besten Lohn für die harte Arbeit im Wirklichen und die sauren Mühen der Erkenntnis ausmacht«[219]. Ästhetik war der Feiertag des Philosophierens.

217. Hegel, Aesthetik I, S. 24f.
218. Hegel, Aesthetik I, S. 75ff. und 82ff.
219. Hegel, Aesthetik III, S. 573

Bildnis Hegels, um 1825, nach
einer Zeichnung von L. Sebbers
gestochen von L. Sichling

Die Abspaltung des Ideals vom wirklichen Leben kennzeichnet das 19. Jahrhundert und verstärkt sich im Übergang zum
ästhetischen Historismus. Für das bürgerliche Kulturverständnis
ist es symptomatisch geblieben. Auch Marx dachte ganz klassizi-
stisch, als er das unegale Verhältnis zwischen materieller und
künstlerischer Produktion beschrieb.[220] Der Logik des Zeitgeistes entrinnen auch nicht seine schärfsten Kritiker. Marx wun-
derte sich darüber, daß die Blütezeiten der Kunst nicht zusam-
menfielen mit dem technischen Fortschritt. Jene berühmte
Frage, ob Achilles möglich sei mit Pulver und Blei, enthielt schon
die Antwort: Klassische Schönheit und moderne Technologie
schlossen sich aus. Das Singen und Sagen der Muse verstummte
im metallischen Lärm der Preßbengel. »Wo bleibt Vulkan gegen
Robert et Co., Jupiter gegen den Blitzableiter und Hermes
gegen den Crédit mobilier? Alle Mythologie überwindet und
beherrscht und gestaltet die Naturkräfte in der Einbildung und
durch die Einbildung: verschwindet also mit der wirklichen
Herrschaft über dieselben. Was wird aus der Fama neben Print-

220. Marx, Einleitung, S. 640ff.

inghouse Square?« Für Marx blieb nur noch die Schwierigkeit, zu verstehen, warum die Werke griechischer Kultur, trotz deren geschichtlicher Rückständigkeit, dem heutigen Menschen unvermindert »als Norm und unerreichbare Muster gelten«. Er löste das Problem ganz im Sinne von Hegels Kunstphilosophie: Die Griechen verkörperten die Kindheit des Menschengeschlechts; der gegenwärtige Mensch, im phylogenetischen Sinn der Erwachsene, sah auf die Vergangenheit herab und freute sich an der unterentwikkelten Naivität der Antiken, so wie man sich an Kindern ergötzt. Welch possierliches Treiben bot sich dem kulturgeschichtlichen Überblick! Natürlich, »es gibt auch ungezogene und altkluge Kinder. Viele der alten Völker gehören in diese Kategorie. Normale Kinder waren die Griechen.« An ihre unschuldige Anmut erinnerten die Kunstwerke noch heute. Selbst den erklärten Materialisten mochte ein Anflug von Sentimentalität überfallen beim Gedanken an die Schönheit, welche sich im Leben der Griechen verflüchtigt hatte wie die Reize einer Jugend. Aber mit Hegel blieb auch Marx sich im klaren, »daß die unreifen gesellschaftlichen Bedingungen, unter denen sie entstand und allein entstehen konnte, nie wiederkehren können«. Das Proletariat verkörperte das nüchterne Mannesalter der Menschheit; es wurde von Marx als Vollstrecker der letzten häßlichen Notwendigkeit erkannt. Tatkräftig hat das revolutionäre Subjekt sich inzwischen mit der undankbaren Aufgabe identifiziert, die Sachzwänge der Produktivität gegen die Sehnsucht nach einem schöneren Leben durchzusetzen. Der sozialistische Menschheitstraum erstarrte zu Durchhalteparolen, in dessen Namen der Glücksanspruch in ein Jenseits verwiesen wird, das nicht weniger fern scheint als das Himmlische Jerusalem oder das Land, wo die Zitronen blüh'n.

»Die Weltgeschichte ist nicht der Boden des Glücks. Die Perioden des Glücks sind leere Blätter in ihr.«[221] Der Fortschritt kennt keine Erfüllung; Fortschritt ist der Selbstzweck der Universalgeschichte. Das Ziel seines endlosen Dauerlaufs kündigt sich stets nur an, indem es die Entsagung weiter anspornt; als fände sich schließlich das Unerreichbare hinter dem absoluten Verzicht. In diesem glücklosen System hat die Kunst nur eine Aufgabe: Sie ist Beleg für das Erreichte, die Quittung für eine eroberte Kulturstufe, die es sogleich zu verlassen gilt, da der ewige Zugzwang der Wanderung keine Gemächlichkeiten erlaubt. Museal ist die geschichtsphilosophische Ästhetik zu nennen, weil sie an der Kunst nur ein antiquarisches Interesse hat. Gewiß kann die Kunst auch als geschichtliche Quelle benutzt werden; der Geist einer Epoche findet in ihr sein Abbild. Doch das Wesentliche ist mit dem historischen Begreifen eines Kunst-

221. Hegel, Geschichte, S. 42

werks nicht erfaßt. Kunst ist niemals entstanden, um zukünftigen Historikern als Material zu dienen. Authentische Kunst ist sogar ausgesprochen antihistorisch. Sie fordert Hier und Jetzt! die Unterbrechung der Geschichte. Die Verhängnisse des Fortschritts sollen ihren erbarmungslosen Gang beenden. Jedes Kunstwerk ist gleichsam von der laufenden Zeit abgesprungen, indem es sich zum verweilenden Bild zusammenzog. Als stehendes Symbol ragt es aus dem endlosen Katarakt der Geschichte. Das antihistorische Moment wird erfahrbar in der Art und Weise, wie wir ein Werk erschließen: durch Repetition. Jedes Werk fordert Unersättlichkeit; nur der wiederholten Aneignung öffnet sich seine Sprache. Wieder und wieder will es erfaßt sein. Der Repetitionszwang der Kunsterfahrung beschreibt die ewige Wiederkehr im ästhetischen Zustand; sein Glücksmoment ist die erfolgreiche Auflehnung gegen die Zeit. Ästhetisch nimmt der Mensch seine mögliche Freiheit gegen die Sachzwänge der instrumentellen Vernunft vorweg.

Der Glücksanspruch des Menschen ist das größte Hindernis für die prozessierende Geschichte. Hier und jetzt möchten wir leben und glücklich sein; erst durch Erziehung lernen wir, uns diesen kreatürlichen Anarchismus abzugewöhnen. Vernünftig sein, das heißt: entsagen können für ein Ziel, das ich niemals erreiche. Weil die Kunst tendenziell dieses Erziehungsprogramm untergräbt, wird sie von den geschichtsphilosophisch motivierten Kulturkritikern beargwöhnt. Besorgt um das reibungslose Funktionieren des Fortschritts, hat Hegel schließlich das Ende der Kunst herbeiphilosophiert. Kunst wurde von der Gegenwart sorgfältig abgespalten und ins Museum gesteckt. Die künstlerische Periode gehöre einem vergangenen Weltzeitalter an, welches nur noch historisch zugänglich sei. Wird die Kunst für das praktische Leben für wirkungslos erklärt, trennen sich Ideal und Leben in zwei undurchdringliche Sphären. Während draußen das Vernünftig-Wirkliche unumschränkt waltet, schimmern im Dämmer der Museen die kopierten Standbilder einer erloschenen Zeit: der fade Ersatz für eine Harmonie, die der rauhe Alltag verweigert. In ihrer musealen Ästhetik überschlägt sich das geschichtsphilosophische System in Fundamentalontologie; die Glücklosigkeit wird zum ewigmenschlichen Topos erklärt. Eine Philosophie, die stets betont hat, dem Menschen für die Veränderbarkeit der Geschichte ein Werkzeug zu sein, indem sie dessen Schicksal in seine Hände legt, versagt gerade im zentralsten Punkt. Wozu denn sonst, als zu unserem Glück, sollte die Geschichte verändert werden? Aber dieser tiefste Wunsch bleibt nach Hegel unerfüllbar. Nur der Fortschritt, nicht das Glück kann durch Geschichtsphilosophie beeinflußt werden. Sigmund

Freud hat zwischen Glück und Fortschritt einen direkten Gegensatz gesehen. Jede zivilisatorische Errungenschaft werde erkauft durch die Einbuße von Glücksmöglichkeiten.[222] Der melancholische Ausdruck des Klassizismus ist die ästhetische Antwort auf den Fortschritt. So blickt die kultivierte Einsicht ins Unabänderliche: als aufgeschönte Maske, welche die Häßlichkeit der Sachzwänge verbirgt unter den Zügen einer erkalteten Geschichte.

Hegels Klassizismus projiziert das unlebbar Schöne. Im Übermaß an Vergangenheit ist der Zugang zu den Verheißungen verschüttet worden; die künstlerische Form bleibt als rückwärtsgewandte Prophetie für immer fern. Als Gegenstück zu dieser ästhetischen Position wurde Pieter Brueghels Epiphanie beigezogen: Beispiel für eine Kunst, die der akademischen Erstarrungstendenz widerstrebt. Mit Absicht wurde ein vormodernes Werk gewählt, um zu zeigen, daß das Ekstatische nicht mit der avancierten Moderne erst durchbrach, sondern so alt ist wie die Kunst – ja noch älter als diese, da der ekstatische Gestus zum kultischen Fest zurückweist, das im Kunstwerk zur dauernden Form gerann. Im Widerspruch zu Hegel, der die Vergangenheit des Mythos zementiert, verschränkt Brueghels Epiphanie die Sphären von Verheißung und Wirklichkeit gegeneinander; das Ideal und das Leben werden in eine gespannte Konfiguration gebracht. Dieselbe Spannung ist in Cervantes' Roman wirksam: In den Figuren Sancho Pansa und Don Quijote wird der Kampf zwischen Sein und Sollen zur Menschheitsparabel, dessen erschütternde Komik unter der Schale von derbem Humor ein tiefes Mitgefühl für den tragischen Menschen verbirgt. Auf der einen Seite ist Don Quijote, der den praktischen Lauf der Geschichte verleugnet und aussteigen will, zurück in die Goldene Zeit. Ihm entgegen steht Sancho; ganz dem Zugzwang der aktuellen Zeit gehorchend, ist er identisch mit den Übereinkünften der Zweckrationalität und ihrem obersten Gesetz: der Selbsterhaltung. Für sich alleine genommen ist jeder – der gefräßige Bauer und der hagere Phantast – eine überzeichnete Karikatur; daß sie sich aneinander zusammenraufen, macht erst die ganze Wahrheit aus. Die Spannung auszuhalten zwischen Sein und Sollen ist ein Merkmal künstlerischer Größe. Drastisch stoßen sich die Verhaltensweisen der zwei unzertrennlichen Gegner: etwa in jener Szene, wo Don Quijote mit geschwellter Brust auf die sagenhaften Riesen wartet, während Sancho seinen Stuhl fahren läßt – aus Angst, gewiß, aber auch, weil er abends zuvor, ausgiebig genug, einige treibende Speisen genossen hatte. Beim Lesen dieser Textstelle wird Hegel, zusammen mit dem Ritter von der traurigen Gestalt, die Nase gerümpft haben: Solche Lite-

222. Freud, Unbehagen, S. 260ff.

ratur roch, wie der Knappe, stärker als sonst und nicht nach Ambra. Deutlich war der philosophische Widerwillen gegen das Darstellen alltäglichster Verrichtungen.[223] Die Notdurft hatte keinen Platz in der musealen Ästhetik, schon gar nicht, wenn sie förmlich in die Nase stieg. Hegels Kunstbegriff scheute sich davor, Konflikte sichtbar auszutragen. Er bevorzugte die kampflose Harmonisierung des Widerspruchs unter der Suprematie des Ideals. Eine Ästhetik, die vorschnell den Streit zugunsten der einen Seite entscheidet, droht zu verflachen: entweder in kitschigem Naturalismus oder in verblasener Ideenkunst. Der Klassizismus neigte zu letzterem.

Das normative Antikenbild von Hegel läßt schließlich die geschichtsphilosophische Beweglichkeit, von der man eigentlich annehmen möchte, sie sei nicht nur im praktischen Fortschritt, sondern auch im Bild der Schönheit wirksam, versteinern. Paradoxerweise ist es gerade die Geschichtsphilosophie, deren Ästhetik einer bestimmten historischen Epoche überhistorische Bedeutung zuweist. Hegels Klassizismus hat der Kunst ihr Recht auf formalen Wandel in der Geschichte abgesprochen. Demgegenüber enthält ausgerechnet der Antihistorismus in der Kunst ein radikales Bekenntnis zur Geschichtlichkeit. Der künstlerische Ausdruck ist vom ›Jetzt!‹ geprägt, der unmittelbarsten Dimension von Geschichte. Im ›Jetzt!‹ wird Geschichte überhaupt erst erfahrbar. Dieses ›Jetzt!‹, ein schmerzhafter Impuls aufblitzender Zeit, vernarbt im Kunstwerk zum bleibenden Mal. Der geschichtliche Eindruck wird durch künstlerische Mittel dauerhaft gemacht; das Werk antizipiert so einen Stillstand der Zeit. Das Leiden an der Geschichte soll jetzt nicht so schnell vergessen werden, wie es die prozessierende Tagesordnung verlangt. Der Zeitverlauf wird aufgehalten, weil die Kunst die Legitimität der Trägheitsgesetze bezweifelt, welche jenen bestimmen. Fordert die Geschichtsphilosophie ein Ende der Kunst, entgegnet die Kunst mit der Forderung von einem Ende der Geschichte. Es ist der Sinn künstlerischer Antizipation, durch die Stillegung des Zeitflusses die Aufmerksamkeit zu verändern. Der Alltag, festgehalten im Bild, erhält ein fremderes Gesicht. Das blinde Lärmen wird jetzt an ihm erkennbar, das man, umgeben vom tatsächlichen Lärm der Gewohnheiten, nicht mehr gehört hat. Auch das Unerlöste wird deutlicher im gemalten Schatten. Das Glück, das stets ausblieb und das zu erwarten man bereits vergessen hat, erhält in der Kunst einen entschiednen Umriß. Die Sehnsucht, gewöhnlich eingeschüchtert von der mürrischen Logik des Alltags, erlernt das Sprechen. Die undurchlässige Kontinuität der Geschichte ist in diesem zerbrechlich anmutenden, künstlichen Raum plötzlich unterbrochen. Die Erfahrung bekommt Flügel,

223. Hegel, Aesthetik I, S. 34

die Reflexion löst sich von der Gravitationskraft der instrumentellen Vernunft. Nietzsches Aufforderung, den Geist der Schwere zu töten, beschwört eine ästhetische Praxis, die in den Trott des Lebens einbrechen soll:

»Ich habe gehen gelernt: seitdem lasse ich mich laufen. Ich habe fliegen gelernt, seitdem will ich nicht erst gestoßen sein, um von der Stelle zu kommen.

Jetzt bin ich leicht, jetzt fliege ich, jetzt sehe ich mich unter mir, jetzt tanzt ein Gott durch mich.

Also sprach Zarathustra.«[224]

Es ist zugleich Verdienst und Verhängnis für die Kunst, daß sie Hegel in die Sphäre des Geistigen erhob. »Das Reich der schönen Künste ist das Reich des absoluten Geistes.«[225] Dieser Satz scheint zunächst sehr schmeichelhaft; daß die Annäherung der Kunst an die Wissenschaft zugleich ihr Ende bedeutet: Diese Konsequenz ist im folgenden zu verhandeln. Hegel hat die wissenschaftliche Aufwertung der Ästhetik mit großem Ernst begründet; in der Einleitung zu den ästhetischen Vorlesungen ist ihr ein breiter Platz eingeräumt. Kunst hatte etwas mit dem Geist zu tun, sonst wäre sie nicht würdig gewesen, Gegenstand philosophischer Betrachtung zu sein. Es ging Hegel aber um mehr als nur darum, seine Beschäftigung mit dem Schönen zu rechtfertigen; sein Satz von der Zugehörigkeit der Künste zum Reich des absoluten Geistes liest sich wie eine Deklaration – und so wollte sie auch verstanden sein. Die Auffassung wandte sich gegen die gesamte Ästhetik des Barock und der Aufklärungszeit. Das Kunstwerk sei zwar ein sinnlicher Gegenstand, seine Sinnlichkeit aber werde geschaffen für den Geist: Mit dieser These zog Hegel einen Schlußstrich unter den Sensualismus.[226] Hegel verwarf ausdrücklich jede Theorie, welche die Kunst mit den menschlichen Affekten und psychologischen Wirkungen in Zusammenhang brachte. Den spontanen Sensualismus des Barock lehnte Hegel ohnehin ab; als Klassizist und Protestant war ihm die Üppigkeit und der Überschwang dieser Kultur zuwider. Aber auch die rationalistischen Kritiker der Barockzeit wies Hegel zurück, weil diese die feudale Selbstdarstellung bloß mit sensualistischen Argumenten bekämpften. Der Vorwurf etwa des aufgeklärten Moralismus, Kunst verweichliche das Gemüt, griff nach Meinung Hegels zu kurz: Ein solches Urteil mochte, bezogen auf den Tand der Rokokogesellschaft, seine Berechtigung haben; die Notwendigkeit der Kunst überhaupt war damit nicht zu bestreiten. Die Wirkungsästhetik der Aufklärung setzte die barocke

224. Nietzsche, Zarathustra, S. 307
225. Hegel, Aesthetik I, S. 130
226. Hegel, Aesthetik I, S. 52ff.

Kunstauffassung fort. Im wirkungsästhetischen Sinne erfolgte der Rückgriff auf die aristotelische Dramentheorie für das bürgerliche Trauerspiel des 18. Jahrhunderts. ›Mitleid und Furcht‹ sollte die Handlung im Betrachter erregen; die tragische Wende hatte eine ›Reinigung der Gefühle‹ zu bewirken. Das Theater als ›moralische Anstalt‹ verabreichte dem Besucher diese affektiven Wechselbäder, um sittliches Empfinden hervorzurufen. Hegel bekämpfte diese Auffassung: Die Empfindlichkeit des einzelnen Subjekts schien ihm nicht tragfähig genug, die Grundlage zu bilden für allgemein verpflichtende Maximen. Daß selbst die Ästhetik von Kant noch sensualistisch geprägt war, hat Hegel richtig gesehen. Zwar bedeutete Kant gleich zu Beginn seiner »Kritik der Urteilskraft«, worum es bei der philosophischen Beschäftigung mit Schönheit nicht gehe: um sinnlichen Genuß. Er belustigte sich über jenen irokesischen Sachem, der auf die Frage, was ihm in Paris am besten gefallen habe, entgegnete: »die Garküchen«.[227] Mit Witz machte der Philosoph deutlich, daß Geschmacksurteile nicht den Wilden überlassen werden durften. Ästhetik war ein Geschäft für zivilisierte Menschen, gerade weil sie zu den delikaten Ursprüngen der Empfindung: der Lust und der Unlust zurückführte. Kant wollte die Erregung von Affekten auf ein Mindestmaß reduziert sehen; ein uninteressiertes Wohlgefallen bloß sollte das Schöne im Betrachter auslösen. Dennoch: So zurückhaltend und unbegehrlich sich dieses ästhetische Benehmen gab, es beruhte auf einer wirkungspsychologischen Reaktion. Die »Kritik der Urteilskraft«, eine Theorie über den Kunst-Geschmack, blieb der sensitiven Sphäre der Wahrnehmung verhaftet. Erst Hegel begnügte sich nicht mehr mit der Beobachtung subjektiver Affekte; er betonte, es gehe darum, »sich in die Sache, das Kunstwerk zu versenken«[228]. Das sinnliche Ereignis war bloß das Gefäß einer künstlerischen Botschaft, und diese Botschaft war von geistigem Gehalt.

Hegel brach mit der sensualistischen Lehre. Doch seine Ästhetik ist nicht einfach antisensualistisch, sie bringt vielmehr einen umgestülpten Sensualismus wieder hervor: eine Affektlehre ex negativo. Die Kunst sei geschaffen, »die Wildheit der Begierden zu mildern«[229]. Die Beschäftigung mit dem Schönen war von »liberaler Art«[230]: ein Gewährenlassen der Gegenstände, ohne Anspruch auf Nutzung. Ein gemaltes Früchtestilleben, ein Frauenakt entzogen sich praktischer Absicht. Die Kunst erzeugte einen verschlossenen Raum, der nur dem gewichtlosen Schritt des Auges und des Gehörs zugänglich war. Seinen plumpen, begehrlichen Leib mußte der Kunstfreund vor den Pforten der Schönheit zurücklassen. Unmißverständlicher noch als Kant hat Hegel das ›uninteressierte Wohlgefallen‹ definiert als ein »begier-

227. Kant, Kritik der Urteilskraft, § 2
228. Hegel, Aesthetik I, S. 54
229. Hegel, Aesthetik I, S. 73
230. Hegel, Aesthetik I, S. 155

deloses Sehen«[231]. Kunst war das Propädeutikum des Geistes; in diesem Medium übte man den Verzicht auf Sinnlichkeit. Die Kunsterfahrung war ein Abschiednehmen von der Natur: Nicht mehr wirklich, sondern nur noch scheinbar winkten ihre Reize. Durch die ästhetische Objektivierung wurde Distanz zur Welt der physischen Bedürftigkeit geschaffen. Die Kunst erzog den Menschen, weg von den Leidenschaften, zu den geistigen Interessen hinan. In diesem Sinne birgt auch der negative Sensualismus einen Katharsisgedanken. Es vollzieht sich in der Hegelschen Ästhetik ein Prozeß der Reinigung, der noch weit gründlicher ausfällt als in der aristotelischen Poetik: Katharsis, nach Hegel, bedeutet nicht bloß Reinigung der Gefühle, sondern Reinigung von sinnlichem Fühlen überhaupt.

Die Purgation der Leidenschaft durch Kunst vergegenständlichte sich im klassizistischen Ideal. Die Zurückhaltung, die der anständige Betrachter dem Kunstwerk entgegenbrachte, wurde von diesem erwidert. So waren die griechischen Göttergestalten Vorbilder der Bedürfnislosigkeit:

»Wir können in dieser Rücksicht die heitere Ruhe und Seligkeit, dies Sichselbstgenügen in der eignen Beschlossenheit und Befriedigung, als den Grundzug des Ideals an die Spitze stellen. Die ideale Kunstgestalt steht wie ein seliger Gott vor uns da. Den seligen Göttern nämlich ist es mit der Not, dem Zorn und Interesse in endlichen Kreisen und Zwecken kein letzter Ernst, und dieses positive Zurückgenommensein in sich bei der Negativität des Besonderen gibt ihnen den Zug der Heiterkeit und Stille.«[232]

Die Formel Winckelmanns von der edlen Einfalt und stillen Größe des Griechentums beschrieb das Vorbild für die Bürgertugend der Entsagung. Der ökonomische und soziale Triebverzicht zugunsten des Fortschritts wurde ästhetisch eingeübt. Die unbe-

231. Hegel, Aesthetik I, S. 58, und II, S. 255
232. Hegel, Aesthetik I, S. 208

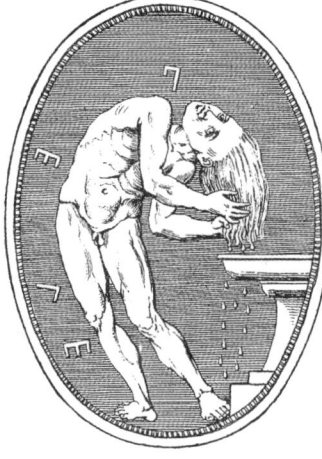 

Griechischer Jüngling beim Haarwaschen (links), *Athlet bei der Körperpflege* (rechts), Vignetten aus: Johann Joachim Winckelmann, Geschichte der Kunst des Altertums, Dresden 1764

wegten, schönen Götter waren die Leitsterne bürgerlicher Subjektivität. Ihre durchtrainierten Heldenleiber, ihre wohlgeformten Marmormuskeln verbildlichten die Entschlußkraft und den Durchhaltewillen, der not tat. So erschien dem Bürger des 19. Jahrhunderts nicht nur der angehäufte Besitz, sondern auch die Schönheit als Resultat des Aufschubs von unmittelbarem Genuß.

Es ist Hegels Leistung, die Wissenschaftsfähigkeit der Kunst begründet zu haben. Damit sie wissenschaftlich erkennbar wurde, mußte die Kunstbetrachtung von den Schlacken des spontanen Sensualismus gereinigt werden. Der affektive Zugang entspricht der ursprünglichen Aufnahmeweise; auf sie ist das traditionale Kunstwerk auch angelegt. Die kirchliche und höfische Kultur hatte immer schon wirkungsästhetische Mittel eingesetzt, um ihrer Botschaft Nachdruck zu verleihen. Obrigkeitliche Repräsentation, sittliche Belehrung und die rechtliche Drohgebärde wurden durch Kunst unmittelbar sinnenfällig gemacht. Die bürgerliche Kultur begann, auf Kunst als eine ästhetische Zuchtrute zu verzichten. Die aufgeklärte Gesellschaft benötigte differenziertere Erziehungsmethoden. Hegels Abschied von der Wirkungsästhetik signalisiert nichts anderes als diesen Funktionswandel in der Kunst. An ihren angestammten Wirkstätten wurden die Bildwerke nicht mehr gebraucht; sie gelangten von den Schlössern und den Kirchen in die Museen. Abwendung vom Sensualismus und Entstehung der musealen, geschichtsphilosophischen Ästhetik stehen in direktem Zusammenhang. Das Jüngste Gericht auf einem Altarblatt, das jetzt an der hellen Wand einer Ausstellungshalle hängt, veranlaßt den Betrachter kaum, seiner Sündhaftigkeit innezuwerden. Eher belustigt er sich mit uninteressiertem Wohlgefallen an der naiven Schilderung gebratener Seelen in der Verdammnis. Auch das anonym gewordene Bildnis eines Gutsherrn erregt im musealen Zusammenhang keine Ehrfurcht; der Fachmann läßt sich nicht ein in dessen Demut heischenden, strengen Blick, sondern richtet sein Augenmerk an ihm vorbei auf die Halskrause, dessen malerische Technik eine ungefähre Datierung des Gemäldes erlaubt. Die affektiven Bindungen an die Kunst sind im Museum zerschnitten. Die Fähigkeit, Mitleid oder Furcht zu erregen, ist beim Exponat abgedörrt zur Bildungskonserve. Dem Kunsthistoriker ist sie der Beleg eines geistigen Ausdrucks, den er analysiert mit dem Instrumentarium der Ikonographie und der Stilgeschichte. Nur Kinder und Ungebildete überfällt noch das Medusenhafte an der Kunst: Sie werden inne des Schrecks und der Gelächter, welche einst in die Bilderwerke gebannt wurden.

Die Abschaffung des spontanen Sensualismus macht Kunstwissenschaft erst möglich: Dies hat Hegel als erster erkannt. In seinem enzyklopädischen System rückte die Beschäftigung mit Kunst in die Sphäre des Geistigen. Es gab drei Bereiche, in denen der absolute Geist sich unmittelbar darstellte: in Kunst, Religion und Philosophie. Dieser Gliederung entsprachen die Erkenntnisweisen des sinnlichen Wissens, des vorstellenden Bewußteins, des freien Denkens.[233] In der Hierarchie geistiger Arbeit stand die Kunst allerdings zuunterst. Ihr fiel die Rolle zu, »die harte Rinde der Natur«[234] erstmals zu brechen, damit die Saat des Bewußtseins eindringen konnte. Die Kunst lehrte den Menschen den zweiten Blick; Hegel nannte sie daher: Auge des Geistes.[235] Äußere, sinnliche Anreize wurden in innere Vorstellungen verwandelt. Wie das leibliche Auge entsprach die Kunst einer Linse, welche die körperliche Wahrnehmung in ein ungreifbares Anschauungsgebilde umkehrte. Das Kunstwerk vermittelte zwischen der blinden Tatsächlichkeit und dem absoluten Geist; indem es die Natur künstlich nachschuf, ließ es das Sinnliche als Geistiges erscheinen. In der ästhetischen Wahrnehmung steckte ›Sinn‹ in der zweifachen Bedeutung des Wortes: Ihre Erscheinung war ›sinnlich‹ und ›sinnvoll‹ zugleich. Im Kunstwerk vollzog sich die Osmose vom Sinnlichen ins Sinnige; hier berührten einander Natur und Geist. In diesen Zusammenhang ist Hegels Definition zu stellen vom Schönen als einem sinnlichen Scheinen der Idee.[236] Was Goethe mit seiner poetischen Naturwissenschaft beabsichtigte, sah Hegel als Aufgabe für den Künstler; er sollte Urphänomene gestalten. Durch das Dickicht zufälliger Erscheinungsformen arbeitete der morphologische Blick das Typische heraus. »Die Phänomene bis zu ihren Urquellen zu verfolgen«[237], wo sich die Gestalt von selber erklärt, war die Aufgabe der Morphologie. Der natürliche Gegenstand war so durchsichtig zu machen, daß durch ihn hindurch unmittelbar seine innere Notwendigkeit erkennbar wurde. Morphologisches Erkennen war reines Schauen. Sein Zweck bestand darin, die Dingwelt »bis an die philosophische Region hinanzuführen«[238]. Für den Morphologen – sei er Künstler oder Naturforscher – war das herausdestillierte Urphänomen ein Letztes; für den Philosophen wurde es zum Ersten. Die Philosophie bemächtigte sich des Urphänomens als ihrem Ausgangspunkt und überstieg denkend diese »Grenze des Schauens«[239]. Goethes Auffassung traf sich mit Hegel, der die Kunst ebenso als Propädeutikum geistiger Arbeit betrachtete. Kunst war die Werkstatt der Urphänomene, wo die Natur, vom zufälligen Beiwesen entschlackt, für die Himmelfahrt ins Reich der Begriffe abgefertigt wurde. Hegel war einer der wenigen, welcher Goethes Wort ›Urphänomen‹ im Sinne des Dichters verstanden und geschätzt hat. In der Farbenlehre legte Goethe ausdrücklich das Verhältnis fest zwi-

233. Hegel, Aesthetik I, S. 139
234. Hegel, Aesthetik I, S. 23
235. Hegel, Aesthetik I, S. 203
236. Hegel, Aesthetik I, S. 151
237. Goethe, Farbenlehre, S. 327
238. Goethe, Farbenlehre, S. 482
239. Goethe, Farbenlehre, S. 368

schen den Urphänomenen und der Philosophie. Hegel nahm den Vorschlag in einem Brief wohlwollend auf:

»Darf ich E. E. aber nun auch noch von dem besonderen Interesse sprechen, welches ein so herausgehobenes Urphänomen für uns Philosophen hat, daß wir nämlich ein solches Präparat … geradezu in den philosophischen Nutzen verwenden können! Haben wir nämlich unser zunächst austernhaft graues oder schwarzes Absolutes, doch gegen Luft und Licht hin gearbeitet, daß es derselben begehrlich geworden, so brauchen wir Fensterstellen, um es vollends an das Licht des Tages herauf zu führen; unsere Schemen würden zu Dunst verschweben, wenn wir sie geradezu in die bunte, verworrene Gesellschaft der hinterhältigen Welt versetzen wollten. Hier kommen uns E. E. Urphänomene vortrefflich zu statten; in diesem Zwielichte geistig und begreiflich durch seine Einfachheit, sichtlich oder greiflich durch seine Sinnlichkeit, begrüßen sich die beiden Welten, unser abstruses Absolutes und das erscheinende Dasein einander.«[240]

Mit Nachdruck verwendet Hegel stets den Begriff des ›Scheinens‹. Tatsächlich hat die Formel vom ›sinnlichen Scheinen der Idee‹ eine polemische Spitze gegen Platons Ideenlehre. In der Politeia findet ein Dialog statt zwischen Sokrates und Glaukon, der den Scheincharakter der Kunst abschätzig vermerkt. Ist es Zufall, daß in den Namen des Schülers Glaukon die Bedeutung des ›Leuchtenden‹ fixiert ist? Sokrates verbreitet sich über die trügerische Natur der Kunst:

»S: Es hat mit ihr gar keine Schwierigkeit, sondern man hat sie vielfältig und rasch zur Hand; am schnellsten aber wohl, wenn du einen Spiegel nimmst und ihn überall herumträgst: alsbald wirst du da eine Sonne machen und was am Himmel ist, alsbald auch eine Erde, alsbald auch dich selbst und die übrigen Lebewesen, Geräte, Gewächse und alles vorhin Genannte.
GL: Ja, dem Schein nach, aber nicht in Wirklichkeit.
S: Recht so; damit triffst du den Punkt, auf den es ankommt. Denn zu den Werkmeistern dieser Art gehört meiner Ansicht nach auch der Maler. Nicht wahr?
GL: Unzweifelhaft.«[241]

Das Wort ›Scheinen‹ ist bei Platon mit dem Odium der mangelnden Wahrhaftigkeit belegt. Diesen Makel hat auch die Kunst: Sie täuscht Seiendes vor; sie ist nicht das, was sie scheinen macht. Hegel hingegen verteidigt das Moment des Scheins an der künstlerischen Botschaft. Kunst scheint: sowohl im Sinne von

240. An Goethe am 20. Februar 1821; zitiert aus: Goethe, Farbenlehre, Anm., S. 621
241. Plato, Res publica X, ed. Steph., p. 596 d, e

›videtur‹ als auch im Sinne von ›lucet‹. Im deutschen Wort flimmern beide Bedeutungen ineinander. Kunst ist der lichte Trug; ihre Täuschung geschieht um der Wahrhaftigkeit willen; ihr Scheinen gleicht der Wahrheit, denn: »Der Schein selbst ist dem Wesen wesentlich, die Wahrheit wäre nicht, wenn sie nicht schiene und erschiene, wenn sie nicht für Eines wäre, für sich selbst sowohl als auch für den Geist überhaupt.«[242] In der Rangordnung von Platons Ideenlehre steht Kunst an letzter Stelle. Ist sie in Hegels Denkgebäude die Mittlerin zwischen Geist und Natur, so fällt die Kunst bei Platon hinter die natürliche Dingwelt zurück; sie ist noch unwahrer als die spröde Empirie des gewöhnlichen Lebens. Platon unterscheidet drei Wirklichkeitsstufen: das Urbild, das Abbild und das Nachbild. Er entfaltet sie am Beispiel eines Sessels: Urbild ist die Idee ›Sessel‹, die Gott, der Wesensbildner *(φυτουργός)*, in die Natur gesetzt hat. Bereits etwas Trübes im Verhältnis zur Wahrheit sind die Sessel des Handwerkers *(δημιουργός)*: angefertigt als Abbilder der Idee zum praktischen Gebrauch. Zuletzt kommt der gemalte Sessel, ein künstliches Nachbild des Abbilds. Der Künstler ist Nachahmer *(μιμητής)* der Dinge in ihrer bloßen Erscheinungsweise; ihr Wesen erfaßt er nicht. Ohne vom Schreinerhandwerk etwas zu verstehen, kann er einen Sessel zum Vorschein bringen mit seiner Kunst, um damit Kinder und Narren zu täuschen.[243] Die Arbeit eines Stuhlmachers ist also wahrhaftiger als der nachäffende Trug des Malers. Das Naturschöne wird über das Kunstschöne gestellt.

Die platonische Geringschätzung der bildenden Kunst kam dem rationalistischen Charakter der Aufklärung entgegen. Kants Wohlgefallen wurde eher durch eine schöne Blume erregt als durch die kostspieligen Schnörkel einer Stuckdecke. Der Philosoph fand den Ernst seiner Gedanken in den Verspieltheiten des zeitgenössischen Rokoko nicht widerspiegelt. Konnte die dünne Stimme eines Clavichords wetteifern mit der Sphärenharmonie des bestirnten Firmaments? Das Gefühl des Erhabenen vermittelten, großartiger als jedes Kunstwerk, das Panorama der Alpen, die endlosen Wüsten, die Weltmeere. – Allerdings ist Kant dieser Naturschönheiten niemals leibhaft ansichtig geworden, da er zeit seines Lebens die Bannmeile von Königsberg nicht überschritten hatte, so daß sich seine erhabenen Stimmungen – wider bessere ästhetische Absicht – doch nur über die Trugbilder der empfindsamen Reiseliteratur herstellten. Kants These von der Subremtion beweist sich gerade da, wo er selber einer Verwechslung erliegt. Die Vorstellung darüber, was schön sei, ist gesellschaftlich stets durch die Kunst vermittelt. Auch wenn der Gegenstand der Natur ursprünglich entnommen scheint, steht vor dem Urbild immer eine interpretierende Schöpfung des

242. Hegel, Aesthetik I, S. 21
243. Plato, Res publica X, ed. Steph., p. 596 e–598 d

Menschen, der das empirische Material zu seinen Zwecken umformte. Die ›schöne‹ Natur ist schließlich das Resultat einer stilisierten Anschauung, welche mit dem wirklichen Naturgegenstand amalgamierte. Die Idee der Schönheit in der Natur wandelt sich, zusammen mit dem epochalen Kunstwollen. Die Alpen haben heute ein anderes Gesicht als zu Zeiten von Joseph Anton Koch. Nicht, weil die Verwitterung der Gebirge inzwischen wesentlich fortgeschritten wäre, sondern weil sich die Vorstellung änderte darüber, was am Alpenpanorama schön sei. Die naturschöne Form ist abhängig von der ideellen Projektion, die über das Gesehene geworfen wird. Hegel hat diesen Zusammenhang erkannt; gegen die platonische Orthodoxie gab er dem Kunstschönen den Vorrang. Die Natur an sich war dumpf und blind; erst der erkennende Mensch, der sie für sich fortentwarf, entzündete in ihr die Schönheit. Die Kunst leitete sich sogar notwendig her »aus den Mängeln der unmittelbaren Wirklichkeit«[244]. Die empirische Natur war ein erster Rohentwurf Gottes, der brach dalag und durch Menschenwerk der Vervollständigung harrte. Als Werkmeister des absoluten Geistes führte der Mensch die Schöpfung zu Ende. Das künstlerische Erfassen der Naturdinge war Teil des Aneignungsprozesses: Abbildend erarbeitete der Künstler den Kosmos noch einmal und wurde zum Teilhaber am göttlichen Wissen. Mit seinem erkennenden Auge durchdrang er das blinde Ansichsein der Natur. Hegel betonte, die Kunstwerke sollten uns nicht nur gefallen, weil sie so natürlich scheinen, »sondern weil sie so natürlich gemacht sind«[245]. Den Stolz über das geschaffene Werk hat Hegel als wesentlichen Teil der ästhetischen Erfahrung gesehen. Indem der Mensch die erkannte Welt in Bildern verewigte, triumphierte er über die Vergänglichkeit seiner Naturgrundlage.

Diese hohe Auffassung von der menschlichen Kreativität kontrastiert heftig mit der platonischen Ansicht, das Kunstwerk sei nicht mehr als bloße Abspiegelung der Dinglichkeit. Hegel hat das Verhältnis von Geist und Natur als schöpferischen Akt gesehen. In der Natur entäußerte sich der Geist, um sich in ihr zu erkennen. Die Natur war zwar die Negation des Geistes, aber doch war sie sein Entwurf: In der Verneinung gab sich der Geist eine Gestalt; durch die Abgrenzung von seinem Gegensatz definierte er sich selber. Geist und Natur standen im fruchtbaren Widerspruch der Dialektik, wo die Gegner einander notwendig sind.[246] Hegel kritisierte an Platons Ideenlehre, sie bleibe »beim bloßen Ansich stehen«[247]. Die Ideen, Denkfiguren des göttlichen Geistes, weilten abgesondert von der wirklichen Welt in abstrakter Reinheit. Diesen χωρισμός, das trennende Fernabstehen der Ideenwelt von der sinnlich wahrnehmbaren Natur, hat Hegel

244. Hegel, Aesthetik I, S. 202
245. Hegel, Aesthetik I, S. 216
246. Hegel, Aesthetik I, S. 28; 130ff.; 227
247. Hegel, Aesthetik I, S. 191

verworfen. Er begriff die Idee als eingeschmolzen in die empirische Wirklichkeit. Jedes Ding barg an sich seine Idee in sich selber; sie war da, wie ein Keim, der aufging in der entfalteten
Pflanze. Hegel sah in der Idee die versöhnende Konfiguration
des konkret Einzelnen mit dem allgemeinen Begriff. Die Idee
war »der Begriff, die Realität des Begriffs und die Einheit beider«.[248] Logische Totalität und empirische Partikularität wurden
in ihr zusammengefaßt. Die Idee sichtbar zu machen war Aufgabe der Kunst. Das Ergebnis hieß bei Goethe ›Urphänomen‹,
Hegel nannte es das ›Ideal‹. Sie bezeichnen dasselbe: eine Gestalt,
in welcher das konkrete Exemplar vom Typus durchstrahlt
schien.

Um die Ausdrücklichkeit zu verstehen, mit welcher Hegel
dem Kunstschönen den Vorrang gab vor dem Naturschönen,
mußte seine Differenz zur Platonischen Ideenlehre im Umriß
angegeben werden. Doch die Unterschiede dürfen, mit dem
Blick aufs Ganze, nicht zu hoch veranschlagt werden. Hinter den
Streitpunkten besteht eine Wesensverwandtschaft zwischen Platon und dem deutschen Idealismus. Verbindendes Denkmuster
bildet der Dualismus von Geist und Natur. Der Geist war der
Ort der Wahrheit, während von der Natur das Verworrene ausging. Die sinnlichen Verstrickungen mußte überwinden, wer
zum wahrhaft Geistigen zurückkehren wollte. Dieser idealistische Topos fußte in der platonischen Geringschätzung der natürlichen Umwelt. Das Gedankengut Platons war nicht nur der
Philosophie, sondern auch den Künstlern des frühen 19. Jahrhunderts tief eingewurzelt und verband Strömungen, die sich an
der Oberfläche bekämpften. Neuplatonismus läßt sich bei Goethe nachweisen, aber auch bei den Romantikern, die mit dem
Dichterfürsten verfeindet waren. Platonisch ist jener Ausspruch
von Caspar David Friedrich zu verstehen, der Künstler solle die
leiblichen Augen schließen, um mit dem geistigen Auge zu
sehen. An Platon erinnert auch Friedrichs Verachtung für die
empirische Wahrnehmung, deren künstlerische Wiedergabe er
mit »spanischen Wänden«[249] verglich, die den Blick auf das
Eigentliche bloß verstellten. Die Idee entdeckte sich dem Künstler erst hinter dem Geschehen.

Seine Erkenntnistheorie erläutert Platon eindrücklich im
Höhlengleichnis: Die Parabel ist Sokrates in den Mund gelegt;
wiederum ist Glaukon der Zuhörer:

»S: Stelle dir Menschen vor in einer unterirdischen, höhlenarti-
gen Wohnstätte mit lang nach aufwärts gestrecktem Eingang,
entsprechend der Ausdehnung der Höhle. Von Kind auf sind sie
in dieser Höhle festgebannt mit Fesseln an Schenkeln und Hals;

248. Hegel, Aesthetik I, S. 145
249. Hinz, S. 128

sie bleiben also immer an der nämlichen Stelle und sehen nur geradeaus vor sich hin, denn durch die Fesseln werden sie gehindert, ihren Kopf herumzubewegen. Von oben her aber aus der Ferne leuchtet hinter ihnen das Licht eines Feuers. Zwischen dem Feuer aber und den Gefesselten läuft oben ein Weg hin, dem entlang eine niedrige Mauer errichtet ist ähnlich der Schranke, welche die Puppenspieler vor den Zuschauern errichten, um über sie weg ihre Kunststücke zu zeigen.

GL: Das steht mir alles vor Augen.

S: Längs dieser Mauer – so mußt du dir nun weiter vorstellen – tragen Menschen allerlei Geräte vorbei, die über die Mauer hinausragen. Statuen verschiedenster Art aus Stein und Holz von Menschen und anderen Lebewesen, wobei, wie begreiflich, die Vorübertragenden teils reden, teils schweigen.

GL: Ein sonderbares Bild, das du da vorführst, und sonderbare Gefangene.

S: Sie gleichen uns.«[250]

Das gewöhnliche Bewußtsein entsprach den Anschauungen der platonischen Höhlenbewohner. Konventionelles Denken war festgelegt durch eine starre Blickrichtung, welche die Reflexe von Erscheinungen für das Wesen der Welt ansah. Dabei war nicht einmal wirkliches Sonnenlicht die Ursache der Trugbilder; ein fahler Feuerschein war's, der seinen Dämmer über eine Prozession von Puppen warf. So beschäftigte sich der Durchschnittsmensch mit den Kunststücken des alltäglichen Schattentheaters.

Im Verlauf des Dialogs stellte sich Sokrates vor, einer der Gefangenen würde von den Fesseln befreit und genötigt, die Höhle zu verlassen. Die plötzlich entgegentretende Wahrheit würde ihn schmerzen als ein jäher Lichtstrahl, und nur allmählich könnte er seine Augen an die Helle gewöhnen. Kehrte er wieder zurück in die Höhle, kein Gefesselter würde seinem Bericht Glauben schenken. Unwissend und lächerlich erschiene der wahrhaft Sehende den Zurückgebliebenen; wahres Wissen ernte das Gespött der Menge, die nicht zögerte, den Weisen umzubringen, wenn sie seiner nur habhaft werden könnte.

Dem Maler Friedrich hätte dieses Gleichnis aus dem Herzen gesprochen. Auch er sah sich als Unverstandener in seiner Zeit. Seine schwermütigen Landschaftsbilder fügten sich kaum zum herrschenden Geschmack zwischen Klassizismus und Düsseldorfer Schule. Die Verkennung, welche Friedrich in den letzten Lebensjahren immer weiter abschnürte vom gesellschaftlichen Leben, bestärkte ihn in seiner weltverneinenden Haltung. In vielen, oft bitteren Äußerungen tadelte er den Konventionalismus der banalen Mehrheit. Ausdruck einer stolzen Isolation ist das

250.   Plato, Res publica VII, ed. Steph., p. 514 a–515 a

Bildnis im Atelier, das Kersting von seinem Freund gemacht hat. Der Künstler, mit dem Rücken gegen die Fensteröffnung, ist dem kahlen Dämmer des Ateliers zugewandt. Die Darstellung kann als eine freie Übersetzung des Höhlengleichnisses gelesen werden. Platon schreibt, das Organ der Wissenskraft wohne in jeder einzelnen Seele; nur richte sich diese durch konventionelle Gewöhnung auf die falsche Seite. Bildung bestehe in der »Kunst, dieses Organ umzuwenden«.[251] Ein Sehender, der sich von den Schattenbildern der Höhlenwand abgekehrt hat, ist der malende Friedrich; sein Blick ist der eines Umgewendeten, der zurückkehrte in die Höhle mit der inneren Gewißheit, hinter den gegenständlichen Trug gesehen zu haben. Kersting hat diesen Sachverhalt malerisch betont in der Augenfarbe des Porträtierten: Ihr eindringlich-kühler Glanz gleicht dem stahlblauen Taghimmel, der über ihm am Fenster steht. Das Schauen des Malers ist ἰδεῖν: ein Blick, der Ideen faßt. Augen, die den Weltentwurf in sich tragen, müssen nicht mehr nach außen blicken. Um vom Gaukelwerk des gewöhnlichen Lebens nicht abgelenkt zu werden, sind die Fenster bis zum Oberlicht verriegelt. Platon hat im Menon-Dialog das Erkennen als ἀνάμνησις bezeichnet. Der Mensch nimmt Anteil an den Ideen, indem er sich zurückerinnert an den Zustand seiner Seele vor dem Eintritt in den Kerker des Leibs. Wiedererinnerung liegt auch im Blick Friedrichs, während er im unwirtlich verschlossenen Raum seine Leinwand bearbeitet. Die Umrisse einer weiten Landschaft steigen auf; dem Sog der Sehnsucht widersteht die enge Ummauerung nicht. Im Gegenteil: Askese ist das Zeichen äußerer Bereitschaft zum Abschiednehmen. Nichts hält den Bewohner dieses kargen Innenraums, hinauszutreten in die Unendlichkeit der Kunst. Sie wird ihm zum Ausgang in eine Helligkeit, an der das gewöhnliche Leben keinen Anteil hat. Die Leinwand auf Friedrichs Staffelei öffnet sich und fluchtet in langgestreckten Waldsäumen, unzugänglichen Gebirgsformationen und immer wieder: im Horizont des Meers, diesem Fernsten, das den Blick noch erreicht. Solche Raumvisionen spotten der Enge, in der sie tatsächlich entstehen.

»Damit das innere Licht zum äußeren trete«[252] – schrieb Goethe –, sei das Auge gebildet worden. Wo zwei Lichter sind, gibt es auch zweierlei Schatten: Mit merkwürdiger Richtigkeit hat Kersting diese Folgerung ins Bild gesetzt. Die Schatten des Malers und des Stuhls wirft das Oberlicht vom Fenster auf die linke Bildseite. Der Schatten der Staffelei hingegen überspringt die Gesetze der empirischen Wirklichkeit; er fällt in die Richtung, wo das schaffende Auge hinblickt. Wird angespielt auf die zwei Lichtquellen im Höhlengleichnis, welches das trügende Feuer

251. Plato, Res publica VII, ed. Steph., p. 518 d
252. Goethe, Farbenlehre, S. 323

am Eingang und die wahre Sonne im Freien unterscheidet? Die künstlerische Vision wirkt als Lichtstrahl quer zum erscheinenden Alltag. Sie lenkt das gewöhnliche Taglicht um: in die Helle der Ideenwelt, an dem das Innere des Künstlers teilhat.

Im Verhältnis von Geist und Natur gebührte ersterem der absolute Vorrang: Ziel des Idealismus war die Totalisierung des Geistes. Dieser Überzeugung entsprach bei Hegel ein Desinteresse an der konkreten natürlichen Umwelt. Natur war ihm nur von Belang als notwendiger, fügsamer Lieferant von Lebensmitteln; dort, wo Natur sich dem menschlichen Verzehr entschlug, konnte er ihr nicht einmal eine ästhetische Seite abgewinnen. Natur war geschaffen, um vom Geist angeeignet und überwunden zu werden. Zur Naturromantik seiner Zeit nahm Hegel eine forcierte Gegenposition ein. Er gefiel sich geradezu in der Rolle des betont nüchternen und unsentimentalen Denkers. Bekannt ist seine verächtliche Meinung über den englischen Landschaftsgarten, der bei ihm, damaliger Mode zum Trotz, keinerlei Entzücken hervorrief. Ein beliebtes Gesprächsthema an Berliner Gesellschaften war die Neugestaltung der Lindenpromenade: Friedrich Wilhelm III. hatte sich nach den Befreiungskriegen überreden lassen, von den sechs Baumreihen Unter den Linden die beiden äußersten zu fällen. Romantischerseits wurde dies natürlich bedauert. Hegel hingegen liebte es, die empfindsamen Damen in schöne Entrüstung zu versetzen, wenn er sagte: Man hätte, seiner Meinung nach, gleich alle Bäume umhauen sollen. Die Prachtstraße und die neue Architektur Schinkels kämen in ihrer regelmäßigen Strenge weit besser zur Geltung ohne störendes Laubwerk.

Naturschwärmerei war schon dem Jüngling nicht auf den Leib geschrieben. Erhalten hat sich ein Reisetagebuch Hegels aus seiner Zeit als Hauslehrer in Bern.[253] Es berichtet von einer Wanderung über die Berner Alpen nach Luzern, die er in Begleitung von drei sächsischen Hofmeistern unternahm, im Sommer 1796. Die Reise begann am Montag, den 25. Juli, um vier Uhr früh in der Diligence von Bern nach Thun. Der Thuner See wurde mit dem Schiff überquert. Von Neuhaus an ging es zu Fuß über Interlaken ins Lütschinental, wo der mähliche Einstieg in die alpine Landschaft anfing. Erster Tageshalt war Lauterbrunnen. Dienstags nahmen die jungen Herren, immer in Begleitung eines ortskundigen Führers, den Weg auf, entlang der Wengneralp über die Kleine Scheidegg nach Grindelwald. Am Mittwoch erfolgte der Aufstieg zur Großen Scheidegg. Der beschwerliche Paßweg führte hinunter ins Aaretal nach Meiringen. Des nebligen, regnerischen Wetters wegen hätten die deutschen Reisenden beinahe den berühmten Reichen-

253.   In: Rosenkranz, S. 470ff.

bachfall übersehen. Donnerstags wendete sich das Wetter wieder zum Besseren; das Haslital wurde durchwandert bis zum Grimselpaß. Im Hospiz wurde das Nachtlager bezogen. Freitags stieg die Gesellschaft ins Rhônetal hinunter – zum größten Teil rutschend auf dem Hosenboden, womit, wie Hegel bemerkte, einige Kurzweil verschafft und zugleich die stark geschwollenen Füße geschont wurden. Man passierte Gletsch und, aufsteigend zur Furka, den Rhônegletscher. Hinter dem Furkapaß öffnete sich das Userental, wo man abends in Andermatt anlangte. Übers Urnerloch gelangten die Wanderer am Samstag in die Reuss und folgten ihrem Lauf den ganzen Tag bis nach Altdorf. Den Sonntag sollte man ruhen; da ging's zu Fuß nur bis Flüelen, dann bestieg Hegel den Nachen und ließ sich gleiten über den Vierwaldstätter See. Bei Weggis zwang ein Platzregen die Schiffspassagiere an Land; sonst sei die Fahrt sehr angenehm gewesen. Angekommen in Luzern, war das Abenteuer schließlich bestanden. Es hatte, wie die Schöpfung, sieben Tage gedauert, und am Ende war Hegel froh, die vollbrachte Leistung nunmehr im Geist überschauen zu können. Soviel leibliche Strapazen sollte sich der eher phlegmatische Philosoph zeit seines Lebens nicht mehr zufügen.

Wer vom 26jährigen begeisterte Reiseschilderungen erwartet hat, sieht sich getäuscht. Eher scheint es, Hegel habe diese Reise pflichtgemäß absolviert, da er nun schon mal in der Schweiz weilte. Die Alpen gesehen zu haben gehörte schließlich zum Bildungsnachweis des ausgehenden 18. Jahrhunderts. Doch das Pathos Albrecht von Hallers und der Aufklärergeneration war deutlich verschwunden. Im Vordergrund stand nicht die Erhabenheit, sondern die eiternden Blasen an Hegels Füßen, die in Meiringen beinahe zum Abbruch des Unternehmens verleiteten. So hat man sich Hegel in den Alpen vorzustellen: hinkend und stänkernd über die Widerwärtigkeiten des Wegs; über die Aussicht eher zu sarkastischen Nebensätzen bereit als zum Ausruf der Bewunderung. Zum Stockhorn fiel ihm ein, es habe »das Aussehen eines Hutkopfes«. Wie die Jungfrau zu ihrem Namen kam, sinniert Hegel: Es handle sich wohl um »eine noch unerstiegene Spitze«. Als man am ersten Abend der Reise vor dem Staubbach bei Lauterbrunnen stand, schien das Dargebotene »die Mühe und Kosten des heutigen Tages schlechterdings nicht zu belohnen«. Meiners Reiseführer stets zur Hand, konnte sich Hegel nicht genug aufhalten über dessen unzutreffende Beschreibungen. So abschreckend, wie da geschrieben stand, waren diese Alpen überhaupt nicht. Mit Herablassung belustigte sich Hegel über den Autor, diesen ›Hasenfuß‹. Welch Aufhebens wurde nicht mit jener ›Teufelsbrücke‹ gemacht! Was sich hinter düsterem Namen ankündigte, war, bei Licht besehen, eine Banalität, an der »nur ihre Berühmtheit merkwürdig war«. Diese Brücke war »übrigens breit genug, daß ein kleiner Wagen, char à banc, darüber fahren und vier Personen bequem nebeneinander gehen können und hat schlechterdings nichts Gefährliches«. Von den finstern Geschichten und Sagen, welche die unwirtlichen Berge heimlich behausten, kamen einige auch Hegel zu Ohren. Die Fremdenführer erzählten sie, und der junge Philosoph ließ es sich nicht nehmen, sie in seinem Reisebericht aufzuführen. Von erfrorenen Wanderern war die Rede, vom Teufelsstein und vom Kindleinmord zwischen Brunnen und Gersau. Doch so fasziniert Hegel von den Erzählungen gewesen sein muß – wozu sonst hätte er sie zu notieren der Mühe wert befunden –, die nachtschatten Bilder stieß er immer wieder zurück: als hätte er den Romantiker in sich selbst niederzuringen durch die stete Vergewisserung seines Aufgeklärtseins. Der »Kindersinn dieser Hirtenvölker« war es, der im Verein mit der christlichen Einbildungskraft solch »abgeschmackte Legenden« hervorbrachte. Über Andermatt beklagte er sich, man habe ihm und seinen Weggefährten dort in der Wirtschaft das freitägliche Fasten aufgenötigt – »unseres Unglaubens ungeachtet«, wie der Tagebuchautor in einem Anflug verletzten Bekennertums bemerkte. So mythisch und religiös verwirkt sich die Lebensumstände der Schweizer auch gaben, im praktischen Umgang wußten sie sehr wohl für ihren Vorteil zu sorgen. Hegel durchschaute jene touristischen Projektionen, die sich an Rousseaus Idealbild vom ›edlen Wilden‹ anlehnten; der Schweizer entsprach ihm keineswegs. Von bäurischer Naturverbundenheit ließ sich Hegel nicht blenden: Er mißtraute dem »Bild allgemeiner Unschuld und Gutmütigkeit«, das diesem Volk der Hirten angedichtet wurde. Ärgerlich notierte er eine allgemein verbreitete Unart der Bergbewohner entlang der Touristenpfade, den Preis einer Ware dem Belieben des Reisenden zu überlassen. Dieses Benehmen habe nicht in der uneigennützigen Gastlichkeit seinen Grund, sondern in der Bauernschläue: Der Schweizer hoffe, vom ahnungslosen Fremden mehr bezahlt zu bekommen, als die Sache wert sei. Man solle, riet Hegel, zur Gegenprobe dem Schweizer bloß zu wenig geben, dann lege er schleunigst seine naive Maske ab und fordere mit Nachdruck die ausstehende Differenz.

So wenig Hegel gewillt war, im Rousseauschen Sinne ländliche Urigkeit mit sittlicher Güte gleichzusetzen, so wenig war ihm die wilde Natur ein Ursprung ästhetischer Gedanken. Das ewige Rauschen der Weißen Lütschine, das ihn während des Marsches nach Lauterbrunnen begleitet hatte, verursachte Hegel Langeweile. Einengend fand er die tief eingeschnittenen Täler im

Gebirge; ein freier Geist erkannte darin nichts für seine Entfaltung. Am schlimmsten war der Anblick der Gegend um Gletsch: Er »übertrifft an Öde und Traurigkeit alles, was wir bisher noch sahen«. Auch die Gletscher waren für Hegel eine Enttäuschung. Was die Reiseschriftsteller und Landschaftsmaler in diese Eismassen hineingeheimnist hatten, hielt keiner nüchternen Prüfung stand. Wie die Gletscher in ihm das erhabene Gefühl eigener Freiheit hätten erwecken sollen, war Hegel schlichtweg ein Rätsel. Er schreibt:

»Wir sahen heute diese Gletscher nur in der Entfernung einer halben Stunde und ihr Anblick bietet weiter nichts Interessantes dar. Man kann es nur eine neue Art von Sehen nennen, die aber dem Geist schlechterdings keine weitere Beschäftigung gibt, als daß ihm etwa auffällt, sich in der stärksten Hitze des Sommers so nahe bei Eismassen zu befinden, die selbst in einer Tiefe, wo sie Kirschen, Nüsse und Korn zur Reife bringt, von ihr nur unbeträchtlich geschmelzt werden können. Nach unten ist das Eis sehr schmutzig und zum Theil ganz mit Koth überzogen, und wer eine breite, bergabgehende, kothige Straße, in der der Schnee angefangen hat zu schmelzen, gesehen hat, kann sich von der Ansicht des unteren Theils der Gletscher, wie sie von fern sich darstellt, einen ziemlichen Begriff machen und zugleich gestehen, daß dieser Anblick weder etwas Großes noch Liebliches hat.«

Als er schließlich auf der Grimsel stand, rundum nichts als Felstrümmer, da erkannte Hegel, warum ihm das Alpenpanorama keine geistige Nahrung zu geben vermochte: In der Wildnis herrschte das reine Müssen. Natur blieb hier in ihrem Ansich verhaftet; zwecklos und furchtbar verschwendete sie ihre elementaren Kräfte. Noch war sie nicht gebändigt und dem menschlichen Geist untertan, der arbeitend in der Natur erst Sinn zu stiften vermochte.

»Weder das Auge noch die Einbildungskraft findet auf diesen formlosen Massen einen Punct, auf dem jenes mit Wohlgefallen ruhen, oder wo diese Beschäftigung oder ein Spiel finden könnte. Der Mineralog allein findet Stoff, über die Revolution dieser Gebirge unzureichende Mutmaßungen zu wagen. Die Vernunft findet in dem Gedanken der Dauer dieser Berge oder der Art von Erhabenheit, die man ihnen zuschreibt, nichts, was ihr imponiert, das ihr Staunen und Bewunderung abnötigte. Der Anblick dieser ewig todten Massen gab mir nichts als die einförmige und in die Länge langweilige Vorstellung: es ist so.«

Johann Heinrich Wüst,
Der Rhônegletscher, um 1775.
Zürich, Kunsthaus Zürich
© 1997 by Kunsthaus Zürich.

Diesen Schluß konnte Hegel aus seiner Alpenreise ziehen: Was die Berge betraf, »so erregten sie nicht das Gefühl von Größe und Erhabenheit, wie wir erwartet hatten«. Als die deutschen Hofmeister am sechsten Wandertag ein letztes Mal zum Sankt Gotthard blickten, bevor sie endgültig den Weg ins Tal nahmen, waren sie all dieser Steinwüsten »herzlich überdrüssig« und heilfroh, in landschaftlich gemäßigtere Zonen zurückkehren zu können. Am liebsten blieb Hegel der letzte Reisetag in Erinnerung, den er sitzend im Schiff zubrachte. Wie sanfte Leiber wölbten sich die Hügel am Vierwaldstätter See und trugen geduldig und fruchtbar auf ihren grünen Rücken die tätigen Eingriffe der Menschen. Obstbäume, Äcker und Bauernhäuser gaben Zeugnis darüber, daß der schaffende Geist hier das herrschende Prinzip sei; hier zeigte sich Natur bezähmt durch nützliche Arbeit. In dieser befriedeten Landschaft wurden selbst die Berge wieder erträglich, da sie, weit entfernt und in den Dunst gerückt, bloß den malerisch gezackten Horizont abgaben vor den Zeugnissen menschlicher Produktivität. Es war die Bestimmung der Natur, vom Menschen genutzt und verzehrt zu werden. Wo sie sich solchem Zugriff untauglich erwies, schwand auch der ästhetische Wert. Wer immer ihn verschuldete – Hegels Schreibweise oder die Nachlässigkeit des Herausgebers: Einen Druckfehler hätte man erfinden müssen, wäre er nicht tatsächlich unterlaufen: Statt den ›Beatenberg‹ hat Hegel am Thuner See den ›Bratenberg‹ vor Augen. Die sprachliche Fehlleistung belegt das Unvermögen, die Natur in ihrem Ansichsein zu respektieren. Hier versprach sich ein Geist, der alles nach seiner Eßbarkeit bewertet. Es ist auffällig, daß Hegel über die unterwegs genossenen Mahlzeiten regelmäßig Buch führt. Seine Aufmerksamkeit gilt eher den Speisen als dem Panorama. An jenem Abend, als die Reisegesellschaft in Lauterbrunnen eintrifft, verzichtet Hegel auf die Besichtigung des berühmten Regenbogens beim Staubbach, in welchem sich die letzten Sonnenstrahlen zu brechen pflegen; statt dessen widmet er sich sogleich dem Nachtessen: »Wir fanden Eierspeisen, Schinken, etwas Braten und vortreffliche Erdbeeren.« Die einzig nützliche Arbeit in den Bergen, die ein eßbares Resultat zeitigte, war die Käserei. Der Senn einer Alp unterhalb der Großen Scheidegg fand in Hegel einen aufmerksamen Besucher. Der »Process des Käsemachens« ist im Tagebuch geschildert in allen Etappen seiner Entstehung. Was ihm dabei besonders auffiel, war das Ausscheidungsverfahren, das stufenweise aus dem Rohstoff Milch das durch menschliche Fertigkeit veredelte Produkt hervorbrachte. Der Philosoph ahnte in diesem Vorgang ein Gesetz, dessen Entdeckung ihn einst berühmt machen sollte: Die Dialektik war das raffinierte Instrument zur Disziplinierung der Natur. Sie brachte alles hervor, was dem Menschen von Nutzen war – auch den Schweizer Käse.

Das frühe Tagebuchfragment gibt eine Anschauung von Hegels Naturbegriff. Natur war das Noch-Nicht-Begriffene; Wildnis, die der Mensch noch nicht bezähmt hatte. Natürlich war auch das Leben des Bergvolks, das der übermächtigen Elemente noch nicht Herr wurde. Natur verkörperten schließlich die Hirtensagen: In ihnen kam ein dumpfes Wähnen zutage, das noch nicht ins helle Licht des Selbstbewußtseins getreten war. Natur war all das, was die Arbeit noch nicht durchdrungen hatte. So lebte der von der Bergwelt umnachtete Bauer natürlich, im Gegensatz zum geistig aufgeklärten Stadtmenschen. Volksmythen, einfaches Leben, unberührte Landschaften: Was immer sich diesem Begriff des Natürlichen einordnete, fand Hegel belanglos. Er stellte sich bewußt gegen die romantischen Steckenpferde: Nachdichtung von Sagen, idyllische Verklärung des Bau-

ernstands, Ästhetisierung der Wildnis. – Hatten die Romantiker
dafür ein anderes, besseres Naturverständnis? Brachten sie deren
Ansichsein einen größeren Respekt entgegen? Gewiß nicht.
Romantik ist nur möglich auf der Grundlage einer technolo-
gisch bezwungenen Natur. Der Bergbauer denkt nicht roman-
tisch. Er paktiert mit dem Teufel und moderner Technik, wenn
sie versprechen, ihm gegen natürliche Unbill ein Instrument zu
sein. Natur ist ihm das, wogegen er zeit seines Lebens ringt, mit
List, Fleiß und Fertigkeit, damit er nicht in ihren unerbittlichen
Fängen erstickt. Davon weiß die touristische Romantik nichts
mehr. Weil in den Städten die Erinnerung an den nackten Über-
lebenskampf verging, konnte jetzt die Wildnis zum ästhetischen
Ereignis werden. Ossian, das fingierte Heldenepos des schottischen Dichters James Macpherson, bildete für eine ganze Epoche das Muster empfindsamer Naturbetrachtung. Selbst der
nüchterne Hegel konnte sich in diesen neblig verhangenen
Bewußtseinslandschaften wiedererkennen; vielleicht sah er in
den schottischen Hochmooren den Spiegel seiner eigenen
Schwerblütigkeit. Obwohl das Gedicht, angeblich übersetzt von
einem gälischen Urtext, um 1807 einwandfrei als Fälschung
erkannt worden war, nannte Hegel das Werk noch Jahre später:
Es sei entstanden »nach Macphersons moderner Bearbeitung
oder Erfindung«. Die vorsichtig umschweifende Formulierung
sollte die Tatsache etwas dämpfen, daß die Schriftstellergenera-
tion von Herder bis Goethe einem literarischen Rattenfänger
nachgelaufen war. Hegel lobte an der Ossiandichtung, daß die
beschriebenen Landschaften ganz mit der inneren Verfassung der
Helden übereinstimmten: »In ihrer Düsterheit und Schwermut
erscheinen sie durchaus an ihre Heiden, durch deren Disteln der
Wind streicht, an ihre Wolken, Nebel, Hügel und dunkle Höhlen gebunden. Die Physiognomie dieses ganzen Lokals macht
uns erst recht das Innere der Gestalten, welche sich auf diesem
Boden mit ihrer Wehmut, Trauer, ihren Schmerzen, Kämpfen,
Nebelerscheinungen bewegen, vollständig deutlich, denn sie sind
ganz in dieser Umgebung und nur in ihr zu Hause.«[254] Was Hegel
im wohlwollenden Sinne vermerkt hat, wäre eher kritisch gegen
solche Dichtung einzuwenden. Sie legt keineswegs Zeugnis ab
vom wirklichen Schauer und vom Grauen, welches die unmittelbar fremde und abweisende Umwelt auslöst. Empfindsame
Landschaftsbeschreibungen sind anthropomorphe Projektionen
und instrumentalisieren Natur, wie jede zivilisatorische Bewegung. Der Spaziergänger kolonisiert die Naturform mit menschlichem Gefühl. Romantik ist bloß die Kehrseite der Aufklärung:
das schlechte Gewissen über die Entzauberung der Welt. Diesen
Frevel selber macht sie nicht rückgängig. Hegels Verhältnis zur

254. Hegel, Aesthetik I,
S. 330f.

Natur ist insofern ehrlicher, als es sich keiner sensiblen Selbsttäuschung hingibt; unsentimental bekennt er sich zur Entwicklung der europäischen Zivilisation, die unwiderruflich vorangehen will. Ihr Ziel ist die vollendete Urbarmachung der Natur für die Zwecke des Menschen. Hegels Denksystem verleiht der künftigen Technokratie eine philosophische Grundlage. Der Geist erhält die Vollmacht zur unumschränkten Verfügungsgewalt über die empirische Welt.

Hegel ist ein Prophet der industriellen Revolution: Das gilt es mit Nachdruck festzuhalten gegen ein geläufiges Vorurteil; es beruft sich auf jenes Bonmot von Friedrich Engels, Marx hätte Hegels Dialektik vom Kopf auf die Füße gestellt. Der Satz vermittelt den Eindruck, das Hegelsche Denken sei reine Bewußtseinsphilosophie. Zu Unrecht: Das idealistische System stand stramm mit den Füßen in der Realität eines preußischen Beamtenstaats. Hegels philosophische Begründung des Rechts ist alles andere als weltfremde Reflexion. Das Vernünftig-Wirkliche war stets zum Greifen nah, so nahe bisweilen bei den vollendeten Tatsachen, daß man den kritischen Kopf sogar vermißt und man Engels umgekehrt pointieren möchte: Hegels politische Vernunft scheint manchmal nur Hand und Fuß zu haben – zum Anfassen und zum Treten.

Arbeit des Begriffs bedeutete für Hegel nicht nur philosophische Nachdenklichkeit; gewiß umschrieb das ›Begreifen‹ zunächst seine konkrete Tätigkeit des zum Denken bezahlten Staatsbeamten. Aber das ›Be-Greifen‹ hatte für Hegel immer auch jene sensitive Intention des ›Behändigens‹ auf allen Stufen seiner Verwirklichung. Begreifen: Das war Urbarmachen der Natur überhaupt – vom wissenschaftlichen Erkennen bis zur Aneignung für den praktischen Gebrauchszweck. Fluchtpunkt des Begreifens war der menschliche Wille. Natur an sich wurde definiert als das Unbegriffene. Natur begreiflich machen bedeutete zugleich: sie aufzuheben. Ein begriffener Gegenstand hat seine Natur, die im Unbegreiflichen gründet, verloren. Begriffene Natur ist das im Geist aufgegangene und für ihn zugerichtete Instrument. Sei es das simple Ackergerät oder die Weltformel: Beides entsprang dem dialektischen Herrschaftsanspruch eines Geistes, der die Natur sich aneignen will. Daher ist der Satz von Engels falsch. Nichts wurde umgekehrt; auch im Materialismus blieb über der Natur ein Geist. Hegels absoluter Geist ist nichts anderes als der ideelle Fluchtpunkt der Arbeit: Er ist Arbeit an sich, ihr Antrieb und zugleich letzter Selbstzweck, der sich in der konkreten Welt entäußert. Von ihm geht der Sog aus, in welchen der Strudel der Universalgeschichte einmündet. Es ist der Geist als Selbstwerdung, der die blinden Triebe unter die Herrschaft des Ich stellt; es ist der Geist als instrumenteller Verstand, der durch Geschicklichkeit die natürlichen Ressourcen sich zu eigen macht; es ist der Geist als politische Vernunft, der die ungebärdigen Massen zur konsensfähigen Gesellschaft zusammenschweißt. Arbeit des Geistes bedeutet Entwicklung zum Subjekt. Die Unterwerfung der Natur unter das Selbst ist Auftrag aller Fortschrittstheorien. Die Subjektivität will mit endgültiger Gründlichkeit vollzogen sein: bis die natürliche Welt ganz Geist ist, restlos erschlossen, wie in einem Netz von Schnellstraßen. Zwischen Hegels Geist und dem Geist, der den Materialismus anführt, besteht kein wesensmäßiger Unterschied. Die marxistische Theorie hat Hegel nicht umgestülpt, sondern in der gleichen Richtung fortgesetzt, bis zur letzten Konsequenz. Schon der Bürgergeist Hegels war sehr strebsam gegen die Natur gerichtet; Marx hat bloß effektivere Methoden entwickelt, um das Endziel des menschlichen Geistes zu totalisieren. Der Kult technischer Produktivität, die Realisierung des menschlichen Glücks in Zuwachsraten und durch chronische Übererfüllung von Fünfjahrplänen bringt den deutschen Idealismus zur höchsten Blüte. Die Arbeit des Begriffs wurde in einem Maß taylorisiert, wie es sich Hegel noch nicht träumen konnte.

Die Fortschrittstheorie brauchte ursprünglich die Idee des Weltgeists, um damit den Leitstern ihrer Bewegung darzustellen. Als der Fortschritt in der industriellen Entwicklung tatsächlich und greifbar wurde, geschah kulturgeschichtlich etwas Merkwürdiges: Je mehr die Gesellschaft den Auftrag des absoluten Geistes verinnerlichte, desto weniger mochte sie das Wort ›Geist‹ noch im Mund führen. Suspekt wurde der Begriff den beiden Haupterben des deutschen Idealismus: den Materialisten des Monopolkapitals und der leninistischen Parteizentralen. Angesichts ihrer Geistesverwandtschaft beginnt ihr historischer Konflikt zu verblassen. Der Wettbewerb um politische Alternativen wird unwichtiger, und hervor tritt ein Streit um globale Marktanteile. Auf höchstem Parkett ist man sich einig darüber: die natürlichen Ressourcen durch das manövrierbare, menschliche Arbeitsmaterial möglichst effektiv abzuschöpfen und zu verwalten. In solchen Systemen kann von Geist nicht mehr die Rede sein; der Begriff wird verfemt, indem man ihn als antiquiert verhöhnt: ›Geist‹ bedeute Mangel an Welt und sei ein alter Zopf, wie die Moral, die das freie Spiel von Fressen und Gefressenwerden behindert. Hegel versuchte mit seiner Idee des Weltgeistes, Antwort auf eine Sinnfrage zu geben. Weshalb war der Fortschritt in der Universalgeschichte sinnvoll? Weil darin der Geist sich realisierte. Die Idee des absoluten Geistes erhob den Anspruch, die historischen Bewegungsgesetze zu erklären und zu rechtfertigen als Prozeß einer göttlichen Vernunft, die vom Menschen anerkannt und vollstreckt wurde. Das Wort ›Geist‹ hielt die Sinnfrage transparent; daran können die entwickelten Fortschrittssysteme kein Interesse haben. Beim Bau der Chinesischen Mauer, erzählt Kafka, habe sich für die ausführenden Maurer eine Maxime bestens bewährt, wenn sie Gefahr liefen, an der Zweckmäßigkeit des riesigen Unternehmens zu zweifeln: »Suche mit allen Kräften die Anordnungen der Führerschaft zu verstehen, aber nur bis zu einer bestimmten Grenze, dann höre mit dem Nachdenken auf.« Die Verständigkeit der Arbeiter bestand darin, die Befehle nur nach dem Wie?, nie aber nach dem Warum? zu befragen. Wie können die Planziele erreicht werden? Eine anspornende, kraftvolle Frage; die Führerschaft wird darauf zumindest ein aufmunterndes Wort übrig haben. Warum überhaupt Planziele erreichen? Eine lächerliche, eine absurde Frage. ›Warum?‹ dürfen höchstens noch die Kinder fragen; ein Mensch mit Verantwortung im täglichen Leben tut dies nicht. Warum-Fragen verursachen Schwindelgefühle. Der Wirbel, der den Fortschritt blindlings vorantreibt, steigt dem Nachdenklichen in den Kopf: vergleichbar mit dem Karussellfahrer, dem sich alles dreht, seit er von seinem rundumstürmenden Holzgaul weg ins Weite blickt. Menschen, die von einem solchen Blick befallen sind, büßen beträchtlich an Brauchbarkeit ein; dem Fortschritt können sie zum Hindernis werden. Damit der Materialismus sich erfolgreich durchsetzen kann, muß er seinen eigenen Geist, den stürmisch antreibenden Wirbel in sich, verdrängen. Über das Prinzip der Selbstbewegung, den letzten Zweck der Arbeit, darf nicht nachgedacht werden. Der Unterschied von Idealismus und Materialismus besteht einzig darin, daß letzterer die Sinnfrage ausblendet. Ruhte für Hegel der Fortschrittsgedanke noch im sinnstiftenden Schoß der Theodizee, enthüllt sich der verwirklichte Fortschritt als ein hektischer Wettlauf von atemberaubender Sinnlosigkeit.

Es scheint paradox, doch es entspricht der Logik, deren Unerbittlichkeit er sich selber gutschreibt. Materialismus beruht auf der Tradition der Naturverachtung. ›Materialismus‹ heißt nicht, wie anzunehmen der Name spontan verführt, daß seine Vertreter der Materie besonderen Respekt entgegenbrächten. Im Gegenteil: Unter seiner Flagge tritt ein Geist auf, der den Raubbau an der Materie in einem bisher unvorstellbaren Maß in die Tat umsetzt. Restlose Aneignung der Natur zum Selbstzweck der Arbeit ist sein Programm. Im Materialismus des Industriezeitalters wird Hegels These wirklich, welche die Einkehr des Geistes zu sich selber verspricht. Die Idee vom absoluten Geist erweist sich in der Phase ihrer Erfüllung als der anmaßende Wahn des

Menschen, die empirische Natur sei ihm allein zur ausschließlichen Verwertung anheimgestellt. Es ist zu fürchten, daß diese höchste Blüte des Idealismus zugleich die letzte sein könnte. Will der Geist seine Absicht durchsetzen und die Natur tatsächlich spurlos aufheben, wird er den Erdball in die Luft sprengen müssen. Die technischen Möglichkeiten hat er zur Hand. In der nuklearen Katastrophe wäre die Endlösung erzielt: Die blanke Identität mit dem Nichtidentischen würde hinter den abziehenden Staubwolken vollzogen sein. Neben dem explosiven Vollzug wäre eine schleichende Erfüllung des Idealismus denkbar. Marx nannte die Arbeit einen Stoffwechsel mit der Natur. Bei anhaltend guter Verdauung besteht die Gefahr, daß der Mensch an den Exkrementen des Idealismus erstickt. Auf jeden Fall hat eine allzu effektiv durchgesetzte Totalisierung des Geistes für den Menschen tödliche Folgen. Der verwirklichte Idealismus wird nicht überlebt.

In einem System, das die totale Suprematie des Geistes anstrebt, schlägt schließlich auch der Kunst die Stunde. Kunst ist naturgemäß an die Sinne gebunden. Wankelmütig und begehrlich sind ihre Visionen, wie die leiblichen Wünsche des Menschen; ihre Launigkeit kann vor der reinen Vernunft nicht bestehen. Als Komplizin der sinnenhaften Natur wird sie verschwinden müssen, sobald der Geist sich restlos realisiert hat. Hegel sah in der Kunst nur das Vorspiel zur Wahrheit; in ihren besten Erzeugnissen reichte sie allenfalls zur »Ahnung des Begriffs«[255]. Nach beendeter Erkenntnis konnte die Kunst abgebrochen werden wie das Lehrgerüst einer Brücke. Im Vollbesitz der Wahrheit galt der Satz: »Der Gedanke und die Reflexion hat die schöne Kunst überflügelt.«[256] Die ästhetischen Formen hörten auf, ein höchstes Bedürfnis für den Geist darzustellen.[257] Vom Ort der Wahrheit aus gesehen, war die Kunst eine »Nachlassung des Geistes«[258].

Nach Platon erreichte die höchsten Gedanken nur, wer alle Eindrücke zurückwies, die vom leiblichen Kerker herrührten. Die Politeia umreißt das pädagogische Programm für Philosophen, deren Ausbildung insgesamt 15 Jahre dauern sollte. Nur die Beharrlichsten im Lernen, im Krieg und in allem Vorgeschriebenen kamen in Genuß dieser ehrenvollen Erziehung. Am Ende eines strengen Ausscheidungsverfahrens sollten diejenigen aus den Auserwählten ausgewählt werden, welche später als Philosophenkönige zur Leitung der Staatsgeschäfte bestimmt wurden. Diese mußten durch die Dialektik geprüft werden, um zu sehen, τίς ὀμμάτων καί τῆς ἄλλης αἰσθήσεως δυνατὸς μεθιέμενος ἐπ᾽ αὐτὸ τὸ ὄν μετ᾽ ἀληθείας ἰεναι (»wer von ihnen, der Augen und der andern Sinne entschlagend, mitten auf

255. Hegel, Aesthetik I, S. 174
256. Hegel, Aesthetik I, S. 24
257. Hegel, Aesthetik I, S. 142
258. Hegel, Aesthetik I, S. 16

das Seiende der Wahrheit selber zugehen kann.«)[259]. Was vor den Mauern Athens, im Hain der Akademie, entworfen wurde, sollte 2000 Jahre später auch am Nürnberger Gymnasium eingeführt werden. Hegels pädagogischer Grundsatz für die Schüler der Philosophie lautete ähnlich dem Platonischen: »Der Jugend muß zuerst das Sehen und Hören vergehen, sie muß vom konkreten Vorstellen abgezogen, in die innere Nacht der Seele zurückgezogen werden, auf diesem Boden sehen, Bestimmungen festhalten und unterscheiden lernen.« Von anschaulichen Lernmethoden hielt Hegel wenig: »Das konkrete sinnliche Beiwesen ist ohnehin abzustreifen; es ist daher überflüssig, es vorher dazu zu nehmen, da es wieder weggeschafft werden muß, und es wirkt nur zerstreuend.«[260] Platon und Hegel vertraten die Meinung, daß sich taub und blind zu stellen habe, wer ein wahrhaft Sehender werden wolle. Solche methodischen Voraussetzungen führten notwendig zur These vom Ende der Kunst. Eine Ästhetik, die auf dem Primat eines kahlen, reinen Geistes aufbaut, fällt zuletzt in sich selber zusammen. Haben Platon und Hegel vielleicht geahnt, daß ihr Idealismus in der Kunstbetrachtung aporetisch wurde? Sie waren beide nicht nur nüchterne Geistesarbeiter, sondern auch aktive Kunstliebhaber; mit Sachkenntnis und sinnlicher Freude ließen sie sich ein in ein Medium, das nach ihrer Theorie der klaren Sprache der Wissenschaft hoffnungslos unterlegen war. Von Platon, der selber Gedichte schrieb, weiß man, daß er den Unterricht mit der Anrufung der Musen zu beginnen pflegte. Hegel verpaßte kaum eine Aufführung an der Berliner Oper. Ausgerechnet der Musik galt seine Aufmerksamkeit, jener Kunst, bei welcher der Philosoph Begrifflichkeit vermißte. Die ästhetischen Steckenpferde hatten allerdings zurückzustehen vor der politischen Vernunft; in der Rolle der Staatsphilosophen haben Platon und Hegel die Kunst beargwöhnt: als hätten sie deren schmeichelnde Verführungen zu bekämpfen, denen sie privat zuweilen erlagen. Im Rahmen der Gesellschaft mußte die Kunst überwacht werden – so war es in Platons bestem Staatswesen vorgesehen. Hegel hat zwar für den Kulturbetrieb nicht direkte Zensurmaßnahmen gefordert, hielt aber mit seiner Meinung, was ›kranke‹ Kunst betraf, nicht eben zimperlich zurück. Die Kunst hatte den gesellschaftlichen Konsens widerzuspiegeln, sonst machte sie sich noch überflüssiger, als sie schon war. Die Staatsräson – da gingen Platon und Hegel einig – übertraf die Forderungen nach künstlerischer Freiheit. Aber nicht nur zeitgenössische Willkür, auch die kultischen Traditionen hatten keinen Platz in ihren ästhetischen Ansichten. So fand Platon die Skulpturen des archaischen Stils lächerlich – ähnlich wie Hegel, der sich über die Höllenphan-

259. Plato, Res publica VII, ed. Steph., p. 537 d

260. Hegel, Nürnberger Schriften, S. 413f.

tasien des Mittelalters und den religiösen Schwulst des Barock lustig machen konnte.

Ganz am Ende von Franz Kafkas Roman »Der Prozeß« steht ein Satz, auf dem die Hoffnung ihr letztes Fundament gegründet hat:

>»Die Logik ist zwar unerschütterlich, aber einem Menschen, der leben will, widersteht sie nicht.«

Glücklicherweise werden die Absichtserklärungen der reinen Vernunft selten konsequent in die Tat umgesetzt. Daß die Kunst sich als stärker erwies als die Verdikte der Philosophie, zeigt sich gerade am Werk Platons. In seinen Dialogen hat der sinnliche Stoff der Dichtung den Reinheitswahn des Denkens überlistet wie eine gütige Mutter ihr jähzorniges Kind. Mit Geduld und Nachsicht hat Platons Kunstsprache dem philosophischen Eiferer Platon verziehen. Die Dramaturgie der Wahrheitsfindung hat keine Eile, dem bilderlosen Geist entgegenzustreben: Gemächlich, ein Wort ans andere fügend, oft plaudernd und scherzend am Weg, der sein Ziel zu vergessen schien, widerruft Platons sinnreiche Sprache dessen Lehre von den Ideen. Im angeregten Gespräch, unter Freunden, beim Gastmahl, verdampft unvermerkt jenes Reich, das angeblich jenseits der Erscheinungen besteht. Mit allen Fasern bleiben die Dialogtexte unter den Lebendigen. Daß die Dichter lügen, war Platons klare Überzeugung gewesen. Seine Sprache hat es gleichsam überhört, indem sie uns gerettet blieb: als Kunstwerk und unveräußerlicher Bestandteil der Weltliteratur.

Der Idealismus steckt im Zwiespalt, auf Kunst zwar nicht verzichten zu können, ihre sinnliche Grundlage aber übersteigen und aufheben zu wollen. Der Konflikt kommt auch in der zeitgenössischen Kunst selber zum Ausdruck: Die Malerei im Umkreis der deutschen Romantik ist Ideenkunst: Der Schwerpunkt liegt auf der inhaltlichen Erfindung, auf dem literarisch inspirierten Motiv, während das Handwerkliche nicht selten dilettantisch anmutet. Die heutigen Restauratoren haben ihre liebe Mühe mit der Malerei des 19. Jahrhunderts, deren farbliche Substanz wegen mangelhafter Grundierung, nachlässig ausgeführtem Farbauftrag sowie schlechter Bindemittel und Firnisse sehr schnell zerfällt. Ihre Natur scheint in den Magazinen unserer Museen tatsächlich einer geistigen Existenz zuzustreben, von der die Epoche geträumt hat. Ein Blick auf Georg Kerstings Atelierbildnis von C. D. Friedrich scheint zwar das Gesagte zu widerlegen: Der Maler ist bei der Arbeit porträtiert. Das handwerkliche Rüstzeug wird umständlich geschildert; alle Utensilien sind aufgezählt: Malstock, Pinsel und Palette trägt der Künstler in der Hand. Auf dem Tisch stehen zwei Gläser mit Farbpulver: Ocker und Preußischblau, dieselben Farben, aus denen das Bild gemacht ist. Ein Glas Verdünner ist da, der Malkasten – selbst die Putzlappen und ein Eimer zum Auswaschen der Pinsel sind nicht vergessen. Die zuletzt genannten Gegenstände vermitteln einen Eindruck, der bei längerem Hinsehen sich verdichtet: Reinlichkeit. Friedrichs Atelier wird so aufgeräumt gezeigt, daß man sich unwillkürlich fragt, ob hier überhaupt auch gemalt werde. Kein Klecks ist zu sehen; Friedrichs Arbeitskleidung bleibt makellos. Die Palette erfüllt durchaus die hygienischen Ansprüche eines Servierbretts; die angerührten Farbtupfer darauf sind präzis aneinandergereiht, wie Konfekt in der Auslage. Das Sinnliche wird ins Innig-Sinnige transportiert. Hinter der kleingliedrigen Sorgfalt des Biedermeier, hinter dem fein säuberlichen Malauftrag, der keinen heftigen Pinselstrich zurückließ, hinter dem glatten Firnis, welcher die Welt wie frisch gebohnert aufglänzen läßt, steckt Berührungsangst mit der Materie. Der Schmutzcharakter der Farbe wird durch Reinlichkeit möglichst bezwungen. Ob der Künstler auch den herben Geruch des Terpentins erträgt? Es ist, als dürfe der Malvorgang nicht einmal riechen. Schmutzangst kennzeichnet die gesamte Kultur des 19. Jahrhunderts: vom Biedermeier über die Gründerzeit zum Jugendstil. Einer Epoche, in der sich Schmutz mit industrieller Routine aufzutürmen begann, wurde er von der Kunst tunlichst verschwiegen. Über die Herkunft des gesellschaftlichen Reichtums zu sprechen war fast ebenso unanständig, wie wenn man sich bei einer Konzertpause über seine Verdauungsprobleme ausgebreitet hätte. Treffend charakterisiert diese kulturelle Verdrängungsleistung ein Witz, den der Simplizissimus um die Jahrhundertwende publiziert hat: Ein Soziologieprofessor kommt während eines Diners mit dem Tischnachbarn auf seine Studie über die Lebensbedingungen der Arbeiter zu sprechen, worauf ihn die Gastgeberin unterbricht: »Aber nicht doch, Herr Professor – wir sind beim Essen!« Das materialistische Zeitalter liebt es nicht, mit seiner Materie konfrontiert zu werden.

Kersting, der Schöpfer von »Caspar David Friedrich in seinem Atelier«, hat ein schmales Werk hinterlassen. Die kleinformatigen Bilder haben ihn immer viel Zeit und Mühe gekostet. Er war 1818, auf dem Höhepunkt seiner bescheidenen Laufbahn, Malervorsteher der Porzellanmanufaktur in Meißen geworden. Unter den Erfordernissen des Berufs und dem Alltag in der Familie verlor sich schließlich seine künstlerische Schaffenskraft. – Eine Kunst, die Angst hat vor dem Schmutzigwerden, kann nicht groß sein. So zaghaft wie der Umgang mit dem Material werden ihre

Ideen ausfallen. Hegels These vom Ende der Kunst wurde genährt von der künstlerischen Umgebung: Die fein säuberlichen Berliner Kleinmeister und Restauratoren in seinem Bekanntenkreis gaben allerdings nicht zu großartigen Visionen Anlaß, was bildnerische Zukunft hätte betreffen können. Sowenig die karge Malerei dem Philosophen zu bieten hatte, zwischen dieser und dem Hegelschen Weltgeist bestand eine epochale Verwandtschaft: das phobische Verhältnis zur Materie. Die Maler waren bestrebt, die Spuren des Farbauftrags möglichst zu tilgen. Nicht im Schaffensprozeß, sondern erst im abgeschlossenen Produkt fand das künstlerische Biedermeiertum seine Bestätigung. Daß das Werk den Meister loben solle, war ein Grundsatz bürgerlicher Kunstauffassung: so allgemein verbreitet wie das Memorieren von Schillers »Glocke« in den Schulstuben. Kunst war erst dann vollbracht, wenn das Bild fertig dahing, die Pinsel ausgewaschen, Farbe und Firnis getrocknet waren. So wie die Maler die Auseinandersetzung mit dem Stoff durch Reinlichkeit unterdrückten, drängte Hegels Weltgeist danach, den Gang der Geschichte, der die Reinheit seiner Ziele vorübergehend verunklärte, endlich abzuschließen, um seine Identität, sonntäglich geläutert von den Spuren der Arbeit, genießen zu können. Gleichsam mit gespreizten Fingern erledigte der Geist sein dialektisches Dreckgeschäft. Den Stoffwechsel mit der Natur möglichst rasch und sauber hinter sich zu bringen gehört zu den Hauptmotiven der industriellen Entwicklung. »Spurlose Arbeit« haben Alexander und Margarete Mitscherlich die Produktivkraft perfektionierter Technik genannt.[261] Zwischen sich und seine Naturgrundlage stellte der Mensch das technische Gerät. Mit zunehmender Automatisierung hat sich die Erfahrungsmöglichkeit am Material verringert; die Umwandlung vom Rohstoff in Gebrauchsgüter wird unsichtbar. Die Maschinen operieren immer sauber gegen die Natur, so daß den Menschen im Aneignungsverfahren nichts Schmutziges, nichts Fremdes mehr zu überraschen braucht. Das elektronische Zeitalter setzt an zum letzten Sprung der Dialektik, wo der Weltgeist seinen Weg in sich zurücknimmt. So geräuschlos endet der Fortschritt, als wäre er ungeschehen. Durch die spurlose Arbeit hindurch erblickt der absolute Geist sein Ebenbild unverhüllt. Er entdeckt sich in der Landschaft der Industriekombinate und der Vorstädte ohne Ende und Merkmal; wo die Welt zu Zwecken erstarrte, ist er daheim. In den versteinerten Formen des instrumentellen Verstandes hat der Geist der Natur seine Identität aufgezwungen.

Längere Zeit vor der wirklichen Heimkehr des Weltgeistes war das Gehäuse schon entworfen, wo diese vollendete Identität gefeiert werden sollte. Die Idealprojekte des Architekten Etienne

261. Mitscherlich, S. 351

Louis Boullée (1728–1799) nahmen visionär vorweg, was technisch erst in unserem Jahrhundert möglich wurde. Als Nekropolen gedacht, raunte die Gestalt der Riesengebilde von ihrem künftigen Zweck: realisiert im Kühlturm, in Gasbehältern, Hochöfen und in Luftschutzbunkern. Einen besonders ausdrucksvollen Idealplan fand Klaus Lankheit unter den Architekturzeichnungen der Uffizien in Florenz. Das Projekt ist in zwei Plänen dokumentiert, einem Aufriß und einem Querschnitt; Lankheit hat die unsignierte Entwurfsfolge als einen ›Tempel der Vernunft‹ identifiziert. Ungewöhnlich für uns mutet eigentlich nur der Titel an; das Pathos der Französischen Revolution, das in dieser Bauaufgabe zum Ausdruck kommt, ist fremd geworden. Vernunft ist uns im Fortschritt eine nüchterne Alltagserfahrung: so vertraut wie der Atommeiler in einer Landschaft, dessen Umriß Boullées Tempelgebilde vorausnimmt. Der abgetreppte, zylindrische Baukörper wird von einer Stichkuppel überwölbt und steht auf einem gequaderten Sockel. Die Schale des Zylinders birgt ein System von Treppen, die sich auf drei Geschossen um das ganze Bauwerk herumziehen. Dieser ringförmige Verbindungstrakt umschließt einen ungeheuren Kuppelraum, der allein durch den Okulus im Scheitel beleuchtet wird. Lankheit

Etienne-Louis Boullée, *Tempel der Vernunft,* Ansicht (oben) und *Entwurf zu einem Tempel der Vernunft,* Schnitt (unten), 1793-1794. Florenz, Uffizien

218

vermutet, Boullée habe in dem Tempel der Vernunft seine zwei größten Vorbilder römischer Architektur, das Kolosseum und das Pantheon, vereinigen wollen.[262] Die gedrungene Rotunde ist um einen kreisrunden, konvex abstürzenden Felskrater angelegt. Aus dessen Mitte ragt ein Berg auf, unter dem sich eine Grotte klaffend auftut: die mythische Pforte zum Erdinnern. Auf der Anhöhe – überlebensgroß zwar, aber winzig dennoch in dieser wüsten Umgebung riesiger Felstrümmer – thront das Standbild der Artemis Ephesia. Die Vielbrüstige, die Göttin überquellender Fruchtbarkeit, wird von Tieren der Wildnis begleitet. Der Felskrater symbolisiert also die Stätte mütterlichen Ursprungs. Dieser Ursprung ist Natur: ein dunkler Schoß, dem alles entspringt. Die mächtige Gebärkraft ist noch nicht in verständige Ordnung gelenkt; bizarr und ungangbar lagern die Felsen umher. Die regellose Natur bildet das Innerste und die Mitte, die der Tempel der Vernunft einschließt. Rings um das Loch ist eine kolossale Zwillingskolonnade errichtet. Sie erhebt sich vor dem Allerheiligsten als Chorschranke, die im Kuppelraum einen kreisförmigen Umgang ausscheidet. Boullée hat keinen Maßstab angegeben; doch nimmt man für die Statuenreihe auf dem Gesimse Lebensgröße an, mißt die Kolonnade mindestens 16 Meter Höhe. Schon ihr Sockel wäre dann so groß, daß er vom Umgang her nicht überblickt werden könnte. Das Allerheiligste wird dem Tempelbesucher verborgen. Es bleibt nicht nur unsichtbar, sondern auch unbetretbar. Vom Eingangsgeschoß führt kein öffentlicher Weg dahin. Erst nach dem hintersten Gang duckt sich ein finsterer Stollen zum Felsenkrater: Er ist gewiß nicht für Eingeweihte bestimmt. Will der gewöhnliche Besucher in den Kuppelraum gelangen, muß er über den Ringtrakt ins erste Geschoß steigen. Zwischen Außenwelt und Heiligtum sind also die Wege mannigfach verstellt. Das Bild der Natur wird als unzugängliche Kultstätte entrückt.

Was man heilig spricht, darüber will man Einfluß gewinnen. Verehrung ist immer begleitet vom Versuch, dieses Verehrte einzubeziehen in die eigenen Wünsche und Absichten. Jeder Gott wird zum Gefangenen der Tempel, die der Mensch, ihm zu schmeicheln, errichtet hat. So verfolgt auch Boullées Zentralbau den Zweck, diesen klaffenden Erdschoß sich gefügig zu machen, indem er ihn großartig umfängt. Der Kuppelraum wölbt sich als »Fassung«[263] über der Kultstätte: schützend und zugleich beherrschend. Das Heiligtum wird abgeriegelt und eingezäunt. Die Kolonnade ist nicht nur Chorschranke gegen die Zudringlichkeit profaner Blicke; sie ist auch Käfig. Die Gottheit, die hier gebannt wurde, soll den heiligen Bezirk nicht mehr unkontrolliert verlassen können. Das kolossale Regelmaß der Säulenreihen bildet den bewußten Gegensatz zum amorphen Gestein darunter. Wie ein Rechen, der das Ungestalte durchkämmt, ist die Kolonnade anzusehen: Sinnbild für den Anspruch des instrumentellen Verstandes, die Materie durch ein System begrifflicher Kategorien in Beschlag zu nehmen. Über der rationalen Erfassung der Natur wölbt sich die Kuppel, Gleichnis der regulierenden Vernunft, die aufstrebt vom Universum des Kreises zur Idee der Einheit. Das Heilige ist das Unterjochte. Die Verehrung der Natur geht einher mit dem Anspruch auf deren Beherrschung. Boullées Tempel der Vernunft liefert eine vortreffliche Illustration zum Geist/Natur-Begriff, wie ihn der deutsche Idealismus entwickelt hat. Die Polarität von ›Geist‹ und ›Natur‹ wird im Entwurf ausgedrückt durch die ›klare‹ Architektur und die ›verworrene‹ Felsformation. Aus der Gegenüberstellung leitet sich ein Herrschaftsverhältnis ab: Der Geist ist oben, die Natur ist unten. Natur, als unterliegende, geduldige Grundlage ›natürlich‹ mit weiblichen Merkmalen ausgestattet, wird vom herrisch aufrechten Geist gemaßregelt.

Neben dem Topos von unten und oben ist derjenige von außen und innen noch bemerkenswerter. In der utopischen Architektur zur Zeit der Französischen Revolution kündigt sich ein grundlegender Wandel in diesem Verhältnis an. Marc Antoine Laugier, ein führender Theoretiker des spätbarocken Klassizismus, hatte den Ursprung der Baukunst noch erklärt als Widerstand des Menschen gegen eine übermächtige Natur. Gegen die Unbill der Witterung und zum Schutz vor Raubtieren seien die ersten Behausungen geschaffen worden. Die Natur war Bedrohung von außen; der eigene Innenraum bedeutete ein Stück abgetrotzter Selbstgewißheit. Diesen rationalen Denkansatz der Aufklärung übersteigt Boullées utopische Architektur, indem sie das Verhältnis von außen und innen umkehrt. Das Bauwerk grenzt sich nicht mehr ab von der Umgebung, sondern hat die äußere Natur sich einverleibt. Im Tempel der Vernunft ist der Gegensatz von Natur und Kultur endgültig aufgehoben; der Kampf gegen die Ungewißheit und die Gefahr, die das Leben in freier Wildbahn einst bestimmte, scheint in einem Maß überwunden, daß man die Natur jetzt wie ein zahmes Haustier halten kann. Die Erde ist ein einziger Weltinnenraum, nach Maßgabe des Menschen und für diesen verfügbar. Auch Hegel definiert die Kulturarbeit als einen Gang von der Natur nach innen. Wissenschaft ist die Auflösung der objektiven Äußerlichkeit im subjektiven Bewußtwerden. Der Fortschritt der Menschheit wird abgeschlossen sein, wenn die gesamte empirische Welt vom Wissen durchdrungen sein wird. Wenn der letzte Winkel im All erkannt ist, wird der Kosmos eine einzige, ungeheure Wohnstätte sein. Ein Außerhalb wird es für uns nicht mehr geben.

Kulturarbeit ist Umstülpung der Außenwelt zum Innenraum; Herrschaft bedeutet Introjektion der Natur. Dies gilt gleichermaßen für die Wissenschaft wie für die Persönlichkeitsbildung des bürgerlichen Selbst. Boullées Tempel der Vernunft kann in diesem Sinne als ein Denkmal der Subjektivität gelesen werden. Gefeiert wird hier das Subjectum: das seinem Selbst Unterworfene. Der Felskrater entspricht der dunklen Zone des Es, die von der grandiosen Ich-Architektur in Schranken gehalten wird. Der triebhafte Kern des Selbst ist ins Zuwegslose verbannt. Die ganze Rationalität dieses Bauwerks scheint darauf angelegt, sein Innerstes, das es verherrlichen sollte, vergessen zu machen. Sorgfältig wird der Felskrater von den übrigen Raumteilen abgeschirmt. Ihre Natur hat die Vernunft unter sich begraben. Über dem unterworfenen Ursprung wölbt sich das bewußte Selbst. Boullées Idealplan entspricht Freuds Forderung, daß, wo Es war, Ich werden soll.[264]

Der Tempel der Vernunft zeichnet die Figur der Subjektwerdung. Sein Zweck ist die Bemächtigung der Natur für sich selbst. Über diese instrumentelle Absicht hinaus bringt das Riesengebäude keinen Nutzen. Die Gangsysteme und der gewaltige Zentralraum sind zwecklos oder besser: Selbstzweck. Der Bau würde auch dann noch gespenstisch leer erscheinen, wenn darin Massenaufmärsche zelebriert würden; die Bewegungen verschwänden in der erratischen Dunkelheit, und die kultischen Gesänge würden sich unter dem Kuppelgewölbe zu stimmlosen Echos verflüchtigen. Unwirtlich, als wäre sie nicht für Menschen bestimmt, wirkt die ganze Anlage. Die ringförmig angelegten Umgänge sind Tonnengewölbe ohne Licht. Unbetretbar ist das Obergeschoß: Es enthält einen zugemauerten Stollen, darüber eine Terrasse ohne Zugang. Überhaupt wäre ihre Brüstung zu hoch, als daß man über sie hinausschauen könnte. Ebenso blind wie abweisend ist die architektonische Gebärde nach außen. Kein Fenster durchbricht das Mauerwerk. Das gedrungene Verschlossensein wird unterstrichen durch Blendgalerien, welche den zylindrischen Baukörper auf drei Geschossen umgeben: Eintöniges Regelmaß kennzeichnet die Unerbittlichkeit der Vernunft. Boullée hat den Aufriß des Tempels zwar durch Licht und Schatten atmosphärisch modelliert, jedoch auf die Wiedergabe perspektivischer Verkürzungen verzichtet. Die frontale Isometrie verleiht dem Entwurf eine bestürzende Gegenwart. Die Dimensionen des Tempels sind unausweichlich, sie erfüllen den gesamten Bildraum. Es gibt keine Fernsicht hinter ihm, der die Dimensionen ermäßigte. Kein Horizont verweist den Baukör-

264. Freud, Vorlesungen, S. 516

per auf seine Fluchtpunkte zurück. Der Tempel der Vernunft steht absolut da: unumstößlich wie die Wirklichkeit und unangreifbar wie eine Luftspiegelung. Die Vernunft, welche also Gestalt annahm, ist eine unzugängliche und zugleich allgegenwärtige Göttin. Zwecklos ist die Architektur des Heiligtums; doch die Gewalt ihrer Ausmaße verbietet die Frage nach dessen Sinn: ›Ich bin der Ich bin‹, raunt es vom Kuppelraum her. Hinter der Vernunft selber soll nichts mehr gesucht werden.

Boullée verläßt mit seinen Idealprojekten den Boden der klassischen Antike und nähert sich einer Vision, die er selber als ›ägyptisch‹ bezeichnete. Die Pyramiden waren ihm Vorbild, »en ce qu'elles présentent l'image triste des monts arides et de l'immutabilité«[265]. Auf den Kulturkreis des Nillandes hat Boullée hingewiesen, schon Jahre bevor Napoleons Ägyptenfeldzug eine neue Mode lancierte. Der Geschmack für Ägyptisches drängte um 1800 die unbestrittene Vorherrschaft des Griechentums zurück. Hegel hat diese Tendenz bemerkt, wenn er sagt, die zeitgenössische Kunst sei zur morgenländischen Symbolik zurückgekehrt. Die hermetische Zeichensprache der Moderne erinnerte ihn an die stumme Erhabenheit der Hieroglyphen.[266] Die ägyptisierende Ästhetik markiert eine geistesgeschichtliche Ambivalenz, die der Aufklärung innewohnt: ihr Hang zum Umschlag in Irrationalität. Wo der Vernunft Tempel errichtet werden, ist jene wahnsinnig geworden. Die Bauaufgabe hat Boullée nicht selbst erfunden; ›Tempel der Vernunft‹ an die Stelle der Kirchen zu setzen war eine Forderung der Terreur. Am 20. Brumaire des Jahres II (20. November 1793) wurde in der Notre-Dame zu Paris der ›Culte de la Raison‹ begangen. Zu diesem Zweck hatte man in der Kathedrale einen künstlichen Berg aufgeschüttet. Auf seiner Spitze stand ein griechischer Tempel, welcher der Philosophie geweiht war. Während der Feier trat daraus eine junge Frau hervor, die der ›Liberté‹ ihre Gestalt lieh; als »chef d'œuvre de la Nature« bezeichnete sie anderntags der Kommentator des Courrier républicain.[267] Die Umwandlung von katholischen Kirchen in Kultstätten der Vernunft griff in ganz Frankreich um sich. Nach Pariser Vorbild wurde auch in der Kathedrale von Straßburg ein künstlicher Berg errichtet. Unter den aufgetürmten Felsen waren die Figuren des Aberglaubens begraben. Auf dem Gipfel triumphierte, lanzenbewehrt, eine Freiheit, umgeben von Putti; einer von ihnen trug das Faszienbündel, jenes Emblem, dessen Verbreitung das ordnungsliebende 20. Jahrhundert durchsetzen wird. Die Figurengruppe umringte das Standbild der Artemis Ephesia: Damit ist der Zusammenhang von Boullées Bildsprache offenbar. Lankheit datiert die Entwurfsfolge in die Jahre 1793/94, als man in

265. Boullée, S. 133
266. Hegel, Aesthetik II, S. 206
267. Zitiert nach Lankheit, S. 36

Frankreich den ›Culte de la Raison et de la Nature‹ einzuführen versuchte. Der Abbruch des Straßburger Münsters war bereits geplant; an seiner Stelle mochte ein Tempel vorgeschwebt haben von jener revolutionären Klarheit, wie sie Boullée erträumte. Auch die Kathedrale von Chartres hätte der ›Raison‹ weichen sollen. Die antiklerikalen Heißsporne verdammten die Kirchtürme als ›gleichheitswidrig‹. Daß Frankreich ein ikonoklastischer Kahlschlag erspart blieb, ist – nur scheinbar ein Paradox – das Verdienst Robespierres: Atheismus hielt der unbestechliche Tugendwärter für ein Zeichen feudaler décadence. Dem gesunden Volk geziemte ein Glaube. So blieben, wider alle Vernunft, die meisten Kirchtürme stehen, weil die raison, zu sehr mit sich selber beschäftigt, vorerst ihre eigenen, tragenden Häupter verkürzte. Aufklärung, die sich nicht stets selber kritisch gegenübersteht, wird zum Wahn. Dies lehrt der Gang der Französischen Revolution. Das Programm der ›déchristianisation‹ hatte zwar sich zugetraut, mit der religiösen Bevormundung zu brechen; doch das Glaubensgebot wurde nicht durch geistige Freiheit ersetzt. An die Stelle des katholischen Brauchtums trat ein archaisierender Kult. Auch der strikte Vollzug des Gegenteils ist Nachahmung. Die Revolution zeitigte eine neue Mythologie, deren Hohepriester nicht minder fanatisch waren als die Inquisitoren der allerchristlichsten Vergangenheit. Es zeigt sich darin das heillose Gesetz der Säkularisation: Während der Himmel sich leert, wird das Weltliche selber dämonisiert. Die entthronten Götter fahren gleichsam in die Dinge; das Tatsächliche kommt zur Verklärung.

Die Revolution feiert die Apotheose der Politik: Aus Zeitgeschichte wird Heilsgeschehen. Als Würgeengel des Fortschritts begreift sich der Revolutionär. Georg Büchner läßt seinen Danton diesen Traum erzählen: »Unter mir keuchte die Erdkugel in ihrem Schwung; ich hatte sie wie ein wildes Roß gepackt, mit riesigen Gliedern wühlt ich in ihren Mähnen und preßt ich ihre Rippen, das Haupt abwärts gewandt, die Haare flatternd über dem Abgrund, so ward ich geschleift.« Geschichte wird pneumatisiert: Sie ist ein beseeltes, übermenschliches Wesen, das den Menschen trägt, soweit er dem Lauf zu folgen vermag; dann wird er von ihrem Ungestüm überrollt. »Das Schicksal führt uns den Arm, aber nur gewaltige Naturen sind seine Organe.« Die fließende Zeit belebt ein Weltgeist, der die Abfolge der historischen Ereignisse zielstrebig verursacht. Den Geschichtstäter setzt er ein als Agenten und Opfer, um durch ihn seinen unbedingten Willen zu vollstrecken. Die Französische Revolution hat, nach Abschaffung des Gottesgnadentums, einen neuen Gott eingeführt: den Geist der Geschichte.

Ihm ist der Revolutionär allein verpflichtet; als Werkzeug des Weltgeistes steht er jenseits moralischer Verantwortung; er führt bloß aus, was die Epoche angeordnet hat. So rechtfertigt Saint-Just vor dem Nationalkonvent die Politik der Guillotine:

»Es scheint in dieser Versammlung einige empfindliche Ohren zu geben, die das Wort ›Blut‹ nicht wohl vertragen können. Einige allgemeine Betrachtungen mögen sie überzeugen, daß wir nicht grausamer sind, als die Natur und als die Zeit. Die Natur folgt ruhig und unwiderstehlich ihren Gesetzen; der Mensch wird vernichtet, wo er mit ihnen in Konflikt kommt … Ich frage nun: Soll die geistige Natur in ihren Revolutionen mehr Rücksicht nehmen als die physische? Soll eine Idee nicht ebensogut wie ein Gesetz der Physik vernichten dürfen, was sich ihr widersetzt? Soll überhaupt ein Ereignis, was die ganze Gestaltung der moralischen Natur, das heißt der Menschheit, umändert, nicht durch Blut gehen dürfen? Der Weltgeist bedient sich in der geistigen Sphäre unserer Arme ebenso, wie er in der physischen Vulkane und Wasserfluten gebraucht. Was liegt daran, ob sie an einer Seuche oder an der Revolution sterben?«[268]

Während der Französischen Revolution erfuhr sich der Mensch erstmals als willentlichen Akteur seiner Geschichte. Er machte die Erfahrung, den Verlauf seines politischen Schicksals durch die Tat verändern zu können. Indem er die bestehende Herrschaft verneinte, ermächtigte er sich selber zur Mündigkeit. Hegel hatte wohl das leise, mechanische Geräusch der Guillotine sich vorgestellt, als er schrieb, die allgemeine Freiheit beginne mit dem kältesten und plattesten Tod, »ohne mehr Bedeutung, als das Durchhauen eines Kohlhaupts oder ein Schluck Wassers«[269]. Als der Kopf von Louis XVI – geräuschlos fast – in den Korb fiel, war zugleich ein Band durchschnitten worden, das die Gesellschaft einst an ursprungsmythische Mächte verpflichtet hatte. Doch die Hybris wurde nicht bis zur Neige ausgekostet. Unerträglich schien die Einsamkeit der Selbstbestimmung. Eingeschüchtert von seinem eigenen Mut, verbarg sich der aufgeklärte Mensch hinter der Konstruktion eines Weltgeistes: Er war der Ersatz für die zerstörte Idee göttlicher Legitimität; er hatte die absolute Führung im Geschichtsprozeß zu übernehmen. Die selbst erworbene Ermächtigung wurde wieder nach oben abgeschoben. Die Geschichtsphilosophie der Moderne brachte das Kunststück fertig, den Menschen zwar als Täter seiner Geschichte zu überführen, ihm aber zugleich die Eigenverantwortlichkeit abzusprechen. Der Geschichtstäter handelte bloß im Auftrag einer geheimnisvollen Macht über ihm; der Revolutionär war die

268. Büchner, S. 36f.
269. Hegel, Phänomenologie, S. 436

Spielmarke eines Geistes, dessen Absichten undurchdringlich blieben wie die Stirn eines königlichen Schachmeisters. In säkularer Form kehrte der Absolutismus zurück; die Aufklärung ist darin mißglückt. In der Gestalt des Weltgeistes erneuerte sich die alte Bevormundung.

Der absolute Geist, welcher, ernüchtert zum Demiurgen des historischen Fortschritts, in die reale Welt einzog, führte auch seine alten Versprechungen in neuer Auflage mit sich. Der Heilsplan wurde säkular: Politischer Terror empfing seine Rechtfertigung als moderne Form der Apokalypse; die Weltgeschichte war das Weltgericht. In jedem Fall triumphierte der unbeirrbare Weltgeist über das zufällige Schicksal. Mit welchen Katastrophen er auch die Menschheit verheeren sollte, es geschah um der Vernunft willen und mit Blick auf eine planvolle Universalgeschichte. Folter, Hungersnöte und Krieg – einst theologisch gedeutet als Prüfungen Gottes – empfingen nach der Aufklärung ihren höheren Sinn als dialektische Leidenswerkzeuge des Fortschritts.

Die Erfahrung der Französischen Revolution zeitigte ein Geschichtsbild, das für die Moderne maßgebend blieb. Hegel hat dieses, als einer der ersten, in ein philosophisches System gefaßt. Das moderne Geschichtsbild kennzeichnet sich durch seinen Vitalismus: Es bietet eine Theorie der Bewegung zum Selbstzweck. Geschichte wird begriffen als Pandämonium einer unermüdlich vorwärtsdrängenden, überpersönlichen Kraft, die den empirischen Menschen durchflutet. Die historische Tat rechtfertigt sich dadurch, daß sie geschah. Der Notstand des Handelns schafft das Gesetz. Nachträglich wird alles gutgeheißen, was über die Macht verfügte, sich durchzusetzen. Solche Geschichtsphilosophie ist Philosophie notorischer Siege. Das Unterlegene ist immer schon ins Unrecht gesetzt, weil die Friedensbedingungen über es hinweg diktiert wurden. Der reale Geschichtsverlauf wird – post festum – zum Heilsplan befördert. Nur wer die Gegenwart fraglos akzeptiert, kann alle ihre Vorstufen für rechtens erklären. Da das Schießpulver erfunden worden war, mußte es auch notwendig sein: »Die Menschheit bedurfte seiner, und alsobald war es da.«[270] Unvorstellbar, daß der Fortschritt sich ohne Gewehre Bahn hätte brechen können. Wer zuerst schoß, dem gehörte die Welt. Wer zu spät zog, mußte sich dem Vorrecht der Stärke beugen. Völker, die – schlimmer noch – zur Erfindung des Schießpulvers überhaupt nichts beizutragen wußten, die waren mit Fug und Recht vom Begriff der Menschheit auszuschließen.

Eine Konsequenz der vitalistischen Geschichtstheorie ist die Abschaffung des kategorischen Imperativs, den die Aufklärung

270. Hegel, Geschichte, S. 481

271. Hegel, Geschichte, S. 53

272. Hegels berüchtigter Doppelsatz:

»Was vernünftig ist, das ist wirklich;

und was wirklich ist, das ist vernünftig«

hat seit kurzem wieder gnädigere Richter gefunden. Anlaß zu einer Revision des Urteils boten zwei neu entdeckte Nachschriften zu Hegels rechtsphilosophischen Vorlesungen während der Wintersemester 1817/18 in Heidelberg und 1819/20 in Berlin. Die eine ist vom Hegel-Archiv Bochum, die andere von Dieter Henrich veröffentlicht worden. Im mündlichen Vortrag hat Hegel die Identität von Vernunft und Wirklichkeit offenbar weniger starr formuliert: »Was vernünftig ist, wird wirklich und das Wirkliche wird vernünftig.« Die Berliner Vorlesung bezieht Vernunft und Wirklichkeit dynamisch aufeinander als Gestaltungskräfte des Fortschritts. Erst unter dem Eindruck der Karlsbader Beschlüsse im Herbst 1819 soll Hegel aus Angst vor der Zensur den Sinn des Doppelsatzes verschoben haben, vom Optimistischen ins Tautologische, wie es die ›Grundlinien der Philosophie des Rechts‹ von 1821 schließlich schwarz auf weiß festhalten. Die Entdecker der Nachschriften betonen, Hegel habe hinter vorgehaltener Hand und selbst im Hörsaal aus der fortschrittlichen Lesart keinen Hehl gemacht. »Alles, was vernünftig ist, muß sein«, wurde Heinrich Heine beschwichtigt, als dieser den Philosophen um eine Erklärung des befremdlichen Doppelsatzes bat. Hegels spätere Rechtfertigung in der ›Enzyklopädie‹ (§ 6) hat Henrich treffend als »Mischung von spekulativem Tiefsinn und profunder Verlegenheit« bezeichnet. Kluge Zurückhaltung mochte während der Demagogenverfolgungen zwar geraten sein; Hegel aber hat sich nicht damit begnügt: Laut und beflissen bezog der beamtete Denker den Machtstandpunkt. Der

noch für alle Menschen gleichermaßen verbindlich erklärt hatte. Ethik ist jetzt die Praxis der Sieger. Hegel war der optimistischen Überzeugung, »daß die wirkliche Welt ist, wie sie sein soll«.[271] Ob man an der Seuche oder an der Revolution starb: Immer war das Geschick vom Weltgeist gesandt, der dafür sorgte, daß alles mit Vernunft zuging. Zwei Jahrzehnte nach der Französischen Revolution hatte der wilde Katarakt der Geschichte sich ermäßigt; die Restaurationszeit lenkte den Fortschritt in befriedete Bahnen. In Deutschland brauchte, nach Hegels politischer Gewißheit, die historische Dynamik ohnehin nicht so heftig zu verfahren wie im katholischen Frankreich. Preußen war schließlich durch die Reformation schon längst vernünftig geworden und konnte das Werk der Aufklärung mit Gemach zu Ende bringen. Also versöhnte Hegels Geschichtsphilosophie den tobenden Weltgeist zur Zeit St. Justs mit der restaurierten Ordnung danach; durch Dialektik gemäßigt, ließ jener sich jetzt durchaus abfinden mit einem Sachwalter vom Schlag Friedrich Wilhelms III. Daß der Prozeß der Geschichte von der Vernunft angeleitet war, darin traf sich Hegels Überzeugung mit den Strategen der Revolution; daß dieselbe Vernunft nach der Revolution wieder gekrönt einhergehen konnte, dies hat Hegels Philosophie neu begründet. Schließlich war die Monarchie in der europäischen Wirklichkeit wieder erstanden und hatte damit ihre Vernünftigkeit unter Beweis gestellt. Der Gang der Geschichte kam nicht nur auf die altbewährten Symbole der Legitimität zurück, sondern arrangierte sich auch wieder ganz entschieden mit Gott. Der Gott des Christentums und Hegels Weltgeist waren ein und derselbe: ein reformierter Über-Vater, der mit bürgerlicher Geschäftigkeit sein Sein in der Zeit auslegte. Geschichte als Wissenschaft bot demnach nichts weniger als dem Menschen die Möglichkeit, Einsicht in den Plan des Allwissenden zu erlangen. Philosophie der Geschichte endlich war Theodizee; Gott offenbarte sich selber im System des historischen Fortschritts. Was immer geschah, es bewies die Existenz Gottes. Sein allmächtiges und allwissendes Wesen verbriefte, daß jeder durchgesetzten Politik Vernunft zukam, weil sie die Gnade hatte, verwirklicht zu sein. Wenn die Lager von Auschwitz vernünftig sind, müssen sie auch wirklich gewesen sein, obwohl das Bewußtsein sie eher als gespenstische Gotteslästerung aus der Geschichte verbannen möchte.[272]

Hegel begründete die Vernunft in Gott: in jenem Namen, der früher den Willen der königlichen Majestät gerechtfertigt hatte. Die Vernunft erbte vom Absolutismus die unumschränkten Vollmachten. Der Anspruch des Sonnenkönigs: ›L'état c'est moi‹ ist nach der Revolution auf die Vernunft übergegangen. Für Hegel war der Staat nichts anderes als verwirklichte Vernunft; diese wiederum mündete im Willen Gottes. Anders gesagt: Vernunft und Staat bildeten die Emanationsstufen des Allmächtigen. »Der Staat ist die göttliche Idee, wie sie auf Erden vorhanden ist.«[273] Wie ehedem der leibliche Despot war jetzt die abstrakte Staatsräson im Gottesgnadentum verankert; der reinen Vernunft waren keine konstitutionellen Schranken auferlegt. Die Schaffung des Staats bildete den Zweck aller Geschichte. Diese Aufgabe schien schon bald vollendet: »Der Tag der Allgemeinheit« kündigte sich an, »welcher endlich nach der langen folgenreichen und furchtbaren Nacht des Mittelalters hereinbricht«.[274] Jenseits dieses Tages würde es keine Geschichte mehr geben. Die Menschheit würde zu sich gekommen sein durch die Vollendung von Kunst, Wissenschaft und Entdeckungstrieb, geläutert im freien Geist des Christentums und gehalten von der staatlichen Vernunft.

Moderne Geschichtsphilosophie beschreibt den Einbruch des Heilsgeschehens ins Innerweltliche. Die Endzeit selber ist säkular geworden. Das Paradies ist die ewige Gegenwart einer Wunschpolitik: für Hegel die konstitutionelle Monarchie. Marx war nicht der erste, der Heilsversprechen für das Diesseits abgab; die späteren Hegel-Exegeten haben nur den Zeitpunkt der Erlösung etwas aufgeschoben. Jeder neue Prophet legt die Endzeit ein Stücklein weiter in die Ferne, so daß, wie es scheint, der Menschheitsadvent inzwischen – wie je schon – zum dauernden Provisorium wurde.

Hegel begriff die Weltgeschichte als eine Korrektionsanstalt; »die Zucht von der Unbändigkeit des natürlichen Willens zum Allgemeinen«[275] wurde hier eingeübt. Die verheißene Endzeit nach der Geschichte betrat nur, wer durch das Fegefeuer der Staatsbildung ging. Völker ohne Staat waren vom Heil ausgeschlossen. Dazu rechnete Hegel den ganzen afrikanischen Kontinent: »das Kinderland, das jenseits des Tages der selbstbewußten Geschichte in die schwarze Farbe der Nacht gehüllt ist«.[276] Diese Neger hatten keinen Begriff von Gott und Gesetz. »Der erste beste Gegenstand«[277] konnte ihren animistischen Kindersinn beflügeln. Der Neger verfügte nicht über das geringste Maß an Sittlichkeit; Vielweiberei und der Genuß von Menschenfleisch waren an der Tagesordnung. Mit einem Wort: »Es ist nichts an das Menschliche anklingende in diesem Charakter zu finden.«[278] Des Negers Sinnenlust war so unbändig, daß allein die Sklavenhaltung diesen Geschöpfen ein bißchen christliche Zivilisation eintrichtern konnte. Afrika befand sich im Naturzustand als einem »Zustand des absoluten und durchgängigen Unrechts«[279]. Um diese These zu illustrieren, erzählte Hegel eine Geschichte aus der Frühzeit des Kontinents. Einst habe dort ein »Weiber-

neueste Versuch, Hegel zu entlasten durch den Hinweis auf früher gemachte Äußerungen, kann nicht überzeugen. Im Gegenteil: Noch unangenehmer offenbart sich ein Duckmäusertum, das den Doppelsatz in seiner ganzen zynischen Wahrheit entfaltet. Was vernünftig sei, das bestimmen die Sachzwänge; die Philosophie kapituliert vor der Praxis der Herrschenden.

273. Hegel, Geschichte, S. 57
274. Hegel, Geschichte, S. 491
275. Hegel, Geschichte, S. 134
276. Hegel, Geschichte, S. 120
277. Hegel, Geschichte, S. 123
278. Hegel, Geschichte, S. 122
279. Hegel, Geschichte, S. 127

staat«[280] geherrscht. Daß eine Frau sich meuchlings an die Spitze eines Reichs stellte, war, schon für sich genommen, unerhört. Doch es kam noch schlimmer: Dieses Weib soll ihren eigenen Sohn in einem Mörser zerstoßen und die übrigen Frauen angestiftet haben, alle Männer zu verjagen oder zu töten sowie die männlichen Nachkommen zu beseitigen. Dieses berüchtigte Weiberregiment habe sich zwar später verloren; aber die Geschichte zeigte hinlänglich, was für ein Bewenden es mit diesem Afrika auf sich hatte. So evident wie der Reim, der auf ›Weiber‹ und ›Neger‹ zu machen war, schien deren gemeinsamer Hang zu dumpfer Willkür, vor dem man sie beide behüten mußte. Für die Geschichtsphilosophie war aus dem Schwarzen Erdteil nichts zu holen. »Wir verlassen hiermit Afrika, um späterhin seiner keine Erwähnung mehr zu tun«[281]; mit diesen Worten steuerte Hegels Vorlesung die historisch bedeutsamen Kontinente an. Die Zuhörer – nebst den Studenten auch Ministerialbeamte, Juristen und Offiziere, denen ein Besuch bei Hegel der Bildung und der Laufbahn förderlich schien – folgten gerne. Rasch war der Ausschluß der Völker ohne Staat und ohne Vernunft vollzogen: mit einem mißbilligenden Kopfschütteln über diese vollkommene Menschenverachtung des Negers.

Die Vernunft führte das Erbe des Absolutismus in direkter Linie fort. Dazu ein letzter Blick auf Boullées Tempel-Projekt: Fälschlicherweise wird die Revolutionsästhetik als kulturgeschichtliche Zäsur interpretiert. Eine oberflächliche Betrachtung betont den Unterschied zwischen dem feudalen Pomp des Ancien régime und der kahlen Nüchternheit der Revolution; letztere wird sogar als funktioneller Fortschritt im Zeichen der Aufklärung beurteilt. Dem optimistischen Irrtum gilt es die Wesensverwandtschaft zwischen feudal-absolutistischer und revolutionär-etatistischer Selbstdarstellung entgegenzuhalten: Boullées Architektur ist purifizierter Barock, Denkmal eines Absolutismus, der zur letzten Konsequenz vorangetrieben wurde. Axiale Symmetrie hatte bereits das Gestaltungsprinzip abgegeben für die Anlage königlicher Residenzen; tektonisches Regelmaß ist das Zeichen monopolisierter Gewalt. Boullée hat den barocken Repräsentationsbau rationalisiert, indem er auf das unnötige Schnörkelwerk verzichtete; der Ordnungsanspruch im Großen und Ganzen verschaffte sich ohne Rocaillen eine grandiosere Geltung. Vogt hat darauf hingewiesen, daß Boullées Felskrater im Tempel der Vernunft auf das Motiv der Grottenarchitektur zurückgehe. In Frankreich wurde dieser Baugedanke großzügig erstmals in Versailles realisiert. Die um 1660 errichtete Grotte war der Thetis geweiht; bei der Meeresgöttin pflegte der Sonnenlenker Apoll jeden Abend zur Ruhe einzukehren, nach-

280. Hegel, Geschichte, S. 129
281. Hegel, Geschichte, S. 129

dem er den Himmel durchfahren hatte. In Analogie war Versailles die Zuflucht des Sonnenkönigs: Louis XIV »vient se reposer à Versailles après avoir travaillé à faire du bien à tout le monde«.[282] Die Thetisgrotte von Versailles bildete, vergleichbar mit dem Felskrater in Boullées Tempel der Vernunft, den Bedeutungskern der Gesamtanlage. Beide formulieren die Legitimität der Macht in gleicher Weise: Herrschaft wird nicht konstitutionell, sondern ursprungsmythisch begründet. Zur Ausübung der Gewalt ist berechtigt, wer über den Schoß der Tradition verfügt: dargestellt in den chthonischen Muttersymbolen, welche vom sichtbaren Teil der Architektur überfangen werden. Es ist der Ursprungsfetisch im Innern, der die selbstbewußte Rationalität bevollmächtigt zum Souverän. Tradition bedeutet: Nachweis der Machtbefugnis. Hatte sich das Königtum gerechtfertigt durch eine ungebrochene, edle Geschlechterfolge, so adelte den Revolutionär die Abkunft seines politischen Handelns von einer notwendig verlaufenden Geschichte. Der feudale Stammbaum verwandelte sich zur Idee der historischen Kontinuität im Fortschritt. Die Ahnengalerie verblaßte, doch die Logik, die dieser innegewohnt hatte: die unerbittliche Folgerichtigkeit, mit der ein Bildnis sich ans andere reihte, derart den herrischen Blick gegen unten stets auf den Nächsten fortpflanzend – diese Logik der naturwüchsigen Übertragung von Herrschaft ging ein in den prozessierenden Weltgeist. Boullée hat in diesem Sinne den Absolutismus seiner anthropomorphen Gestalt entkleidet. Nicht der leibliche König, sondern der Machtwille überhaupt ist Gegenstand seiner Huldigung. An den strukturellen Inhalten hat der neue Tempel nichts geändert. Säkularisierte Herrschaft ist die Freilegung der Macht von ihrem ornamentalen Überfluß. Die Ästhetik der Revolution verzichtet auf Gold, Weihrauch und Heiligenscheine; ihr Würdezeichen ist die Strenge. Eine vernünftig gewordene Gesellschaft hat die Souveränität als spröden Selbstzweck zu ertragen. Die freudlose Feierlichkeit, die Boullées Idealprojekte ausstrahlen, nimmt die Grundstimmung faschistischer Massenaufmärsche vorweg.

Freiheit bedeutete für Hegel die Realisierung des absoluten Willens. Dieser Wille, der nichts als nur sich selber wollte, fand im Staat seine äußere Form.[283] Somit war kein Widerspruch zwischen Staatsgewalt und Freiheit: Sie waren eines und dasselbe. Der Kulturfortschritt als ein Gang zur Freiheit bestand in der immer unverhüllteren Selbstverwirklichung des Willens zur Macht. Frei war das empirische Subjekt, sofern es mit der grandiosen Entfaltung der Staatsräson im Einklang stand. Der mündige Bürger erfuhr Freiheit durch den Gehorsam. Wer sich den Gesetzen ohne Widerspruch unterwarf, dem wurde die Welt

282. Zitiert nach Vogt, S. 258
283. Hegel, Geschichte, S. 524ff.

schrankenlos. ›Gehorche und tue, was du willst!‹ stand über dem Tor zur absoluten Freiheit. Winston Smith hat das simple Gebot ein Jahrhundert nach Hegel für sich entdeckt: »Man brauchte nur nachzugeben, und alles andere ergab sich von selbst.« Winston, der negative Held in George Orwells Roman »Nineteen Eighty-Four«, entdeckte, daß hinter der vollständigen Selbstaufgabe ein neues Allmachtsgefühl zu gewinnen war. Frei wie ein Fisch schwamm der Gehorsame im machtvollen Strom der absoluten Herrschaft. Ihren Selbstzweck bejahen zu lernen ist der Inhalt des Entwicklungsromans. Winston Smith vereinigt sich mit dem unbedingten Führungsanspruch der Partei, nachdem sein Eigensinn gebrochen ist. Der persönliche Wille soll im allgemeinen Gesetz aufgehoben sein. Die Verwandlung vom Gehorsam zur Freiheit wird durch einen dialektischen Lehrgang vermittelt. Entsprechend den drei Teilen des Romans erfolgt die Erziehung zum mündigen Bürger im Dreischritt: vom Ansichsein über die Negation zur Versöhnung. Winston lebt in London, zur Zeit der Nachmoderne, im Jahr 1984. Das Viertel, wo er wohnt, besteht aus vernutzten Hochhäusern, die in ihrem schleichenden Zerfall schon zeitlos aussehen; neu und doch defekt, schwankt ihr Zustand zwischen noch nicht und nicht mehr vollendeten Neubauten. Im Treppenhaus riecht es nach gekochtem Kohl und feuchten Fußmatten, als Winston zu seiner Wohnung im siebten Stockwerk die Treppe hochsteigt, weil der Aufzug nicht in Betrieb ist. Das einzig immer Funktionsfähige im Haus sind die Televisoren, die jeden Raum heimlich beherrschen. Der Televisor dient zugleich als Überwachungs- und als Sendegerät; er registriert die Bewegungen der Bewohner und berieselt diese mit Informationen. Während Winston, zu Beginn der Erzählung, an einem kalten Apriltag mittags von der Arbeit zurückkehrt, verliest eine sonore Stimme die Ergebnisse in der Roheisenproduktion, deren Ziel im neunten Dreijahrplan um ein Mehrfaches übererfüllt worden sei.

Winstons Quartier heißt ›Victory-Block‹: Der allgemeine Sieg ist schon gefallen, er muß nur noch anerkannt werden vom besiegten Bewußtsein des einzelnen. Es genügt nicht, daß Winston den herrschenden Alltag bestätigt, indem er sich von ihm stumpf dahertreiben läßt; er muß zur Schäbigkeit und zum Zwang Ja sagen, den Kohlgeruch im Treppenhaus, die Televisoren und die Dreijahrpläne zum Ausdruck seines Willens machen. Er muß diesen Staat lieben, wie einen großen Bruder, um durch Verschmelzung eins zu werden mit der souveränen Gewalt. Das an sich Wirkliche und Herrschende – Hegelianisch ausgedrückt – soll im Bewußtsein von Winston zum Fürsichseienden und Vernünftigen erhoben werden. Der Weg vom An-Sich zum Für-

Sich geht über die Entzweiung. Die Exposition des Wirklichen
enthält schon die gärenden Elemente des Nichtseins: ein dumpf-
fes Unbehagen, das ununterbrochen auf Erlösung drängt, auch
wenn es manchmal vergessen scheint, wie die Krampfadern über
dem rechten Fußknöchel, die sich Winston immer wieder krat-
zen muß, um ihr quälendes Zwikken für Momente zu unter-
drücken. Doch die Unlust drängt zum entscheidenden Gegen-
schlag. Ohne selber ganz bewußt ihn anzusteuern, steht Winston
unvermittelt im zweiten Schritt des dialektischen Lehrgangs.
Noch schwebte ihm kein bestimmter Zweck vor, als er sich das
Tagebuch kaufte. Ein ahnungsvolles Schuldgefühl begleitet ihn
zwar, welches sich plötzlich bestätigt: »Nieder mit dem Großen
Bruder« entfährt ihm gleich dreimal die Feder über die leeren
Seiten des Hefts. Ein Tagebuch ist der Anlaß zum ersten ›Gedankenverbrechen‹; durch die Tätigkeit der Erinnerung wird die
fraglose Einheit mit der Herrschaft gebrochen. Winston erkennt
seinen Eigensinn als unveräußerlichen Wert, den er gegen die
Vereinnahmung des Systems bewahren will. »Vielleicht war ein
Wahnsinniger nichts weiter als eine Minderheit, die nur aus
einem Menschen bestand.« Ein zweites Gedankenverbrechen ist
Winstons Liebe zu Julia, einem Mitglied der Jugendliga gegen
Sexualität, welche in der Literaturabteilung für Pornographie
arbeitet. Leidenschaft ist im postmodernen Staat verboten, weil
sich ihre Macht der behördlichen Kontrolle entzieht. Liebe
bedeutet nichts weniger als »ein gegen die Partei geführter
Schlag«. Um der dauernden Überwachung zu entgehen, mietet
Winston eine Absteige, die ihm ein freundlicher Trödelhändler
anbietet. Diesen Altbau in der Innenstadt scheint die Überwa-
chungstechnologie noch nicht erfaßt zu haben: als wäre er von
der Zukunft vergessen worden. Das Zimmer über dem Trödella-
den, dem Ort, wo das unnütz Gewordene sich aufstapelt, ist der
Nistplatz einer konspirativen Zweisamkeit. Leidenschaft und
Vergangenheit werden zu Chiffren der Verneinung; die Liebe
hat mit dem Gerümpel gemeinsam, daß sie des instrumentellen
Zwecks enträt. In einem totalen Staat wird alles Unbrauchbare
subversiv.

Winston möchte seinem Eigensinn einen politischen Ausdruck geben und bewirbt sich für die Aufnahme in die legendäre
›Brüderschaft‹, eine oppositionelle Vereinigung, welche in der
Illegalität arbeitet. Er merkt nicht, daß diese Gruppe nur eine
Farce ist: Die Brüderschaft unterscheidet sich durch nichts von
der offiziellen Partei; sie verheizt ihre Mitglieder mit der nämlichen Menschenverachtung, welche die Machthaber schon auszeichnet. Die Terrorakte der Opposition bleiben abstrakt und
wirkungslos: als der blanke Reflex, den die herrschende Gewalt

auf die Ohnmacht wirft. Winston wird das Gelöbnis abgenommen, sein Leben und seine Liebe zu Julia für den politischen Kampf zu opfern. »Sie werden eine Weile tätig sein, dann werden Sie verhaftet werden, gestehen und sterben. Das sind die einzigen für Sie greifbaren Ergebnisse. Es besteht keine Möglichkeit, daß zu unseren Lebzeiten eine sichtbare Veränderung eintritt. Wir sind die Toten. Unser einziges wirkliches Leben liegt in der Zukunft.« Jede Politik, die das Unbedingte durchsetzen will, wird unmenschlich. O'Brien, der Winston in die Brüderschaft einführt, nimmt sinnigerweise eine Doppelrolle ein: Er gehört nicht nur zum Führungskern des illegalen Geheimbundes, sondern bekleidet zugleich hohe Ämter in der regierenden Partei. Winston kennt ihn als leitenden Funktionär in seinem Betrieb. O'Brien ist der ewige Vorgesetzte: Winstons Chef im Alltagsleben; der Bandenführer in der Phase der Verneinung; und zuletzt der Folterknecht, der den Schritt der Versöhnung mit dem Staat wieder einleitet. Seine Figur verkörpert die Identität auch im Nichtidentischen: diesen innern Schwerpunkt der Dialektik, welcher dafür sorgt, daß die Bewegung des Widerspruchs – wie das Stehaufmännchen – immer harmonisch zum Anfang zurückpendelt. Als Winston verraten wird und wegen Dissidenz ins Gefängnis kommt, leitet O'Brien die Verhöre. Streng, aber fürsorglich tritt die Dialektik in dieser letzten Phase an. Wenn O'Brien dem Widerspenstigen elektrische Stöße zufügt, oder wenn er ihn von seinem gestiefelten Assistenten bewußtlos schlagen läßt, handelt er mit väterlicher Güte. »Ich werde dich retten«, sagt er, als Winston zwischen betäubenden Schmerzen zu sich kommt. Retten will O'Brien seinen Schützling vor einer schweren Verirrung: der »moralischen Krankheit«. Durch Prügel muß Winston von der Ethik der Aufklärung wieder entwöhnt werden. Es liest sich wie eine dämonisierte Kant-Kritik, als O'Brien, ein Hegelianer endgültiger Prägung, in der Folterkammer den kategorischen Imperativ austreibt. ›Du sollst!‹ ist nicht mehr zu fordern; die allgemein verpflichtende Maxime, die, unabhängig von herrschender Praxis, das Handeln des Menschen anleiten sollte, ist mit den Erinnerungen an den veralteten Humanismus ausgerottet worden. Einziges Gebot der Herrschenden ist: ›Sei!‹ Dieser kürzeste Befehl überhaupt fordert die Identität von Moral und Wirklichkeit; die Wirklichkeit ist die erscheinende Moral. Was moralisch sei, gebietet die Staatsräson, indem sie ihren Willen verwirklicht. Die unmittelbare Ausübung der Macht ist sich selber Gesetz. Ethik ist die vollstreckte Gewalt und bleibt funktional zu den praktischen Bedürfnissen stets veränderbar und anpassungsfähig. Lautet die Diagnose auf moralische Krankheit, so ist die Therapie: Zerschlagung des subjektiven Willens. Denn der subjektive Wille bringt moralische Vorstellungen hervor, die nicht immer mit der herrschenden Wirklichkeit übereinstimmen. Das autonome Ich, dieses Widerstandsnest, muß daher ausradiert werden. Dies geschieht in einer letzten, entsetzlichen Drohung: Winston soll ein Käfig hungriger Ratten über den Kopf gestülpt werden. Da schrumpft der Eigensinn zum animalischen Reflex, der kreischend nur noch ums bloße Überleben sich aufbäumt. Winston entsagt nicht nur seinem Selbstsein, sondern auch seiner Liebe zu Julia. Ganz im Sinne von Hegels Phänomenologie des Geistes erlangt er durch den absoluten Schrecken die absolute Freiheit. »Er hatte den Sieg über sich selbst errungen. Er liebte den Großen Bruder.« Das empirische Subjekt hat aufgehört, ›Ich‹ zu sagen, es ist im transzendentalen aufgegangen. Dieser Prozeß löst ein diffuses Glücksgefühl aus, das O'Brien zynisch, aber wahr auf »kollektiven Solipsismus« zurückführt. Wer mit dem Über-Ich der Partei sich identifiziert, wird, wie diese, allmächtig und unsterblich sein: weit über den physischen Rest hinaus, der beim Versöhnungsverfahren schließlich ausgestoßen wird. Winston fühlt sich jetzt besser als je zuvor. Er bekam für die ausgeschlagenen Zähne ein neues Gebiß, ein neuer Trainingsanzug wurde ihm geschenkt, und bei regelmäßigen Übungen erholt sich auch sein Körper einigermaßen. Das Dasein an sich in dieser gesellschaftlichen Wirklichkeit hat Winston, nach Vernichtung des Stolzes, für sich akzeptiert.

›Zwiedenken‹ heißt in der postmodernen Neusprache die Dialektik. Sie ist die Kunst, des Gegensatzes Herr zu werden. »Denn nur dadurch, daß Widersprüche miteinander in Einklang gebracht werden, läßt sich die Macht unbegrenzt behaupten.« Daß der Geheimdienst mit seinen Folterzellen im ›Liebesministerium‹ untergebracht ist, entspricht neusprachlicher Denkschärfe. Der Gesinnungsterror ist bloß die operative Seite einer Güte, die alle umfassen möchte zur großen Einheit. Um das schöne Gesamtbild zu schaffen, muß der einzelne vernichtet werden. Harmonie ist der Euphemismus des Zwangs. Ihr erbarmungslosestes Wohlwollen richtet die Partei auf die Vergangenheit. Winstons Absteige beim Trödelhändler bezeugt es hinlänglich: Vergangenheit kann entarten zum dunklen Ort der Querulanz und zum Schlupfwinkel verbotener Sehnsucht. Sie muß daher besonders säuberlich umsorgt und vereinnahmt werden. Herrschaft ist wesentlich präsentisch; ihr Einflußbereich bleibt an die Gegenwart gebunden. Der Vergangenheit, als einem riesigen Projektionsfeld unerfüllter Träume, steht sie hilflos gegenüber, wenn es ihr nicht gelingt, das Gewesene der herrschenden Jetztzeit dienstbar zu machen. »Wer die Vergangenheit kontrolliert, der kontrolliert die Zukunft; wer die Gegenwart kontrolliert, der kontrolliert die Vergangenheit«, lautet ein Wahlspruch der Partei. Die Vergangenheit, Quell der Legitimität, muß den Anforderungen der gegenwärtigen Macht stets biegsam angepaßt werden. Diese Arbeit geschieht im ›Wahrheitsministerium‹: Hier werden die historischen Fakten zum Instrument der politischen Propaganda modelliert. Geschichtsschreibung ist Produktion von Unbewußtheit: Alte Zeitungsausschnitte und Aktenstücke werden umformuliert, während man die Originale vernichtet. Die Dokumente, welche von der Vergangenheit ein unbequemes Zeugnis ablegten, fallen durch das ›Gedächtnisloch‹ in eine riesige zentrale Verbrennungsanlage, wo die Endverwertung stattfindet. Das Wahrheitsministerium erinnert an Boullées Entwürfe für eine Totenstadt: Der pyramidale, weißschimmernde Betonbau von dreihundert Metern Höhe bildet die Nekropole der Erinnerung. Vergangenheit, als nichtidentische, wird in ihrem Innern verheizt zu Asche, jenem sprödesten Stoff, der so rein ist wie die Gesetze der Vernunft. An der Frontseite des Wahrheitsministeriums sind drei Grundsätze des Zwiedenkens eingemeißelt:

KRIEG BEDEUTET FRIEDEN
FREIHEIT IST SKLAVEREI
UNWISSENHEIT IST STAERKE

1984 beschreibt das Ende der Geschichte. Die kleinen, oft sprunghaften Wechsel der politischen Taktik zeugen nur von den Ausschlägen der Balance, durch welche eine stets identische Macht ihre totale Herrschaft bewahrt. »Die geschichtliche Entwicklung hat aufgehört. Es gibt nur noch eine unabsehbare Gegenwart, in der die Partei immer recht behält.« In dieser postmodernen Partei hat der Weltgeist seine endgültige Gestalt gefunden.

Hegel war ein Prophet der Postmoderne, als er sagte, der Geist der Geschichte sei wesentlich jetzt.[284] Diese These äußerte er während einer Vorlesung; bedeutungsvoll wird dabei sein Blick durch den Raum geschweift sein, um dem Auditorium zu zeigen: Der Weltgeist ist mitten unter uns. In diesem Berliner Hörsaal wurde er beschworen durch die Arbeit des Begriffs. Geschichtsphilosophie war die Kunst, den Weltgeist sich gefügig zu machen. Wem es gelang, der Geschichte habhaft zu werden, der gewann die Macht über deren Bewegungsgesetze. Es reichte jedoch nicht, die Zeugnisse der Vergangenheit einfach zu stapeln wie ein beflissener Antiquar. Im Gegenteil: Die Bestimmtheiten des historischen Seins, das Material der Geschichte, mußten verbrannt werden, damit das allgemeine Prinzip darin aufleuchte.

284. Hegel, Geschichte, S. 105

234

Geschichtsphilosophie war einem alchemistischen Vorgang zu vergleichen: Der Weltgeist entstieg der Asche von Gewesenem. Schon hundert Jahre vor Orwell erkannte Hegel, daß die historischen Fakten durch das Gedächtnisloch den Hochöfen der Wahrheit zuzuführen waren. Im Verbrennungsprozeß wurde das innere Wesen der Ereignisse gewonnen. Der Weltgeist war jener Extrakt, den die vernichtete Zeit zurückließ. Die Spur des Leidens bildete seinen metaphysischen Königsweg. »Einen bitteren Trank« bedeutete dem Menschen die Geschichte; er hatte an deren Vollzug zu sterben. Aber die Idee seines Schicksals leuchtete über den Tod hinaus. Der Weltgeist, die Essenz des prozessierenden Unglücks in der Geschichte, war zugleich die höchste Rechtfertigung allen Jammers. Hegel definierte den Geist als Resultat seiner Tätigkeit: Er wurde, indem er vernichtete, was an ihm bloß äußerlich war.[285] Als helle Rauchsäule schwebte er über Trümmern. Ganze Geschlechter, Kulturen und Großreiche waren seinem Brand zum Opfer gefallen. Dem Erkennenden aber, dem, wie Hegel, gegönnt war, das Ende der Geschichte zu erfassen, wurde das allgemeine Unglück zum Nutzen. Der Katarakt der Geschichte lief gleichsam auf das Rad, welches die Mühlsteine der unabsehbaren Gegenwart bewegte. Durch umfassende Rückschau war Vergangenheit so eingedämmt, daß ihr Verlauf jetzt Rechtens und notwendig erschien. Alles, was je war, geschah um der Feststellung willen: So ist es. Der eherne Gang der Geschichte rechtfertigte die eherne Herrschaft jetzt. Diese verhielt sich zu jener wie die Wirkung zur Ursache und war daher vernünftig. Wer die Vergangenheit kontrollierte, der kontrollierte Gegenwart und Zukunft. Für die Geschichte galt zwar, sie stelle die »Veränderung überhaupt«[286] dar. Das galt jedoch allein für die Vergangenheit; in der Gegenwart war Geschichte zum Stillstand gebracht mit dem Nachweis, daß alle frühere Bewegung nur da war, die kommende Jetztzeit herbeizuführen. Die Vergangenheit war abgezapft worden und der Weltgeist zum dienstbaren Dämon bezähmt, der den aktuellen Bedürfnissen zur Seite stand. Handfest kommt in der Rede von der ›Aneignung des Erbes‹ die instrumentelle Verwertungsabsicht alles Gewesenen zum Ausdruck. Gebannt saß der Weltgeist in der Flasche der Geschichtsphilosophie – glücklicherweise: Denn erst durch das Aufheben seiner Bewegtheit konnte sichergestellt sein, daß Unruhe nicht auf die Gegenwart übergriffe.

Hegel verwahrte sich gegen übermäßige Sentimentalität in der Geschichtsbetrachtung, wie ihr zwischen Barock und Empfindsamkeit etwa gefrönt wurde. Wahrscheinlich hatte er Volneys »Betrachtungen über die Revolutionen der Reiche« vor Augen, wenn er von der Trauer sprach, die jeden anwehe, der

285. Hegel, Geschichte, S. 104
286. Hegel, Geschichte, S. 97

die Vergänglichkeit erkannt habe. Das Gefühl sollte sich aber in Schranken halten: »uninteressierte Trauer«[287] hielt er für angemessen. ›Uninteressierte Trauer‹ ist, wie das ›uninteressierte Wohlgefallen‹, eine unverbindliche Geschmacksempfindung. Das Wort bezeugt das Ästhetisch-Werden des historischen Materials. Das Vergangene in seinen stofflichen Überresten bot gefälligen Tand: Souvenirs an glücklichere Tage, die man für einen Augenblick gerührt besah, ehe man sie dem Feuer überließ, weil man doch nicht alles Gerümpel stapeln konnte. Einer funktionstüchtigen Gegenwart stand das Veraltete, die Träume von gestern, im Weg.

»Multi pertransibunt et augebitur scientia.«[288]

Diesen Spruch setzte Goethe an das Ende seiner Farbenlehre, welche davon spricht, die derbe Materie vom Licht-Geist verzehren zu lassen. Gewiß bewegten den Idealismus des 19. Jahrhunderts nur lautere Absichten. Ihn auf 1984 zu beziehen scheint anmaßend. Und doch gilt auch jener Spruch eines Zeitgenossen von Goethe: »Geht einmal euren Phrasen nach bis zu dem Punkt, wo sie verkörpert werden.«[289] Büchner mißtraute dem Reinheitswahn von Ideen, gerade weil ihn, im Gegensatz zu Goethe, die Frage nach ihrer Verwirklichung eindringlich beschäftigte. Verkörpert man die These, wonach viele untergehen, während die Wissenschaft sich vermehrt, so kann jener Goethe-Spruch auf allerhand Flaggen geschrieben werden – nicht nur, zum Beispiel, auf diejenige der Vivisektion. Tierversuche sind ja ohnehin nur der Notbehelf für Forschungsziele, die so richtig wirksam nur am Menschen wären. Die deutschen Lagerärzte haben da eine Wissenschaft vermehren können, deren Ergebnisse noch heute nicht überboten sind. Nein, man bedauert es keineswegs, daß gewisse humanistische Rücksichten der Wissenschaft noch Fesseln anlegen. Man ist zwar kein Unmensch; aber doch beginnt die reine Vernunft zu entdecken, daß dieser alte Humanismus dem Wissen ein Hemmschuh ist. In gewissem Sinne stellt der Mensch selber das hauptsächliche Hindernis dar für einen freien, kräftigen Fortschritt. Engstirnig trachtet er nach seinem kleinen Glück; verzweifelt, bis zuletzt mit den Zähnen, kann er sich festklammern an sein armes und einziges Leben. Es ist für die Allgemeinheit nicht von Interesse. Das kleine Glück des einzelnen ist im großen Planziel nicht vorgesehen. Vieles muß draufgehen, damit es vorangeht. Auch du bist für die Vernunft ein zu vernachlässigender Faktor. Entsage deines Anspruchs auf Unmittelbarkeit und stelle dich in den Dienst der großen Aufgabe. Trag dein Leben auf den Altar der Geschichte. Weihe dich durch Arbeit und Disziplin der Zu-

287. Hegel, Geschichte, S. 98
288. Goethe, Farbenlehre, S. 523
289. Büchner, S. 42

kunft. Du wirst sehen: Dein Opfer – der Verzicht auf das bißchen Leben – wird dir bald lächerlich und schäbig genug erscheinen im Angesicht jener gleißenden Vision, an der du nie teilhaben wirst. Immer waren die Lebenden nur die erbärmlichen Vorläufer der Verheißung. Die Aussicht auf eine unerreichbare Zukunft soll dich zwar nicht trösten; aber sie kann dich vernünftig stimmen.

EINE UNHEILIGE ALLIANZ

Das Ganze ist das Unwahre[290]

Geschichtsphilosophische Ästhetik zeichnet sich dadurch aus, daß sie Kunst als Beleg eines historischen Prozesses betrachtet. In der Einzelform wirkt die Kraft einer Ganzheit; jedes Werk wird beurteilt als Abdruck epochaler Abläufe. Die Ausbildung von Stilbegriffen wurde erst möglich vor dem Hintergrund einer geschichtsphilosophisch fundierten Kunstbetrachtung. Hegel gehört daher zu den maßgebenden Ahnherren der Kunstgeschichte. Mit dem historischen Denkmodell hat die junge wissenschaftliche Disziplin aber auch dessen Schwächen geerbt: Geschichtsphilosophische Ästhetik hat ihren blinden Fleck in der Gegenwart – und dies in zweierlei Bedeutung. Sie ist blind für das emphatische ›Jetzt!‹, das jedes Kunstwerk beansprucht. Die Auflehnung gegen die prozessierende Zeit, die Forderung nach dem Stillstand der Geschichte, bleibt der geschichtsphilosophischen Ästhetik wesensfremd; sie selbst besteht ja, im Gegenteil, auf dem Standpunkt einer historischen Vernunft. Blind ist geschichtsphilosophische Ästhetik aber auch für ihre eigene Gegenwart. Die Jetztzeit verschwindet in der Unschärfe des methodischen Ansatzes. Die Augen der Kunsthistorik sind weitsichtig vom angestrengten Blick in die Ferne; ihr Nächstes kann sie nicht wahrnehmen. Der Betrachter weiß sich an einem endzeitlichen Wendepunkt; die Geschichte breitet sich aus als abgeschlossene Bewußtseinslandschaft, die denkend vollendet sein will. Der Ort, auf dem man steht, gehört nicht mehr zum Panorama.

Es gibt verschiedene und sich widersprechende Auslegungen über den Werdegang und das Ziel der ganzen Geschichte. Vier Meinungen werden im Folgenden dargestellt. Es sind beispielhafte Stimmen, die in ihrer Zeit für Aufsehen sorgten. Jeder Autor stieg in die Bestsellerlisten auf: ein Technokrat; ein konservativer Nihilist; ein Katholik; ein Marxist-Leninist. Die plakativen Etiketten dienen nur, zu zeigen, wie weit und wie kontrovers das weltanschauliche Spektrum geschichtsphilosophischer Ästhetik reicht. Die Kulturkritiker heißen: Max Nordau; Oswald Spengler; Hans Sedlmayr; Georg Lukács. Mit Ausnahme des Letztgenannten würden sich alle sträuben, mit Hegel verglichen zu werden; den Viererzirkel, den der Namensaufruf hier konstituiert, würde jeder sogleich unter lautem Protest wieder verlassen. Doch die schroffsten Gegensätze politischer Natur können eine merkwürdige Übereinstimmung nicht vergessen machen: Im Kunsturteil sind sich alle einig; in der Goethezeit endet ihnen

290. Adorno, Minima Moralia, S. 57

238

der gute Geschmack. Ist dies ein Zufall, oder hat es System? Die These zielt auf letzteres. De gustibus disputatur. Die genannten Autoren haben sich nicht darauf beschränkt, ihr traditionelles Bildungsideal zu pflegen, sondern sahen sich vielmehr veranlaßt, für den guten, alten Geschmack einen aggressiven Feldzug zu entfachen. So bildete sich um die erste Hälfte des zwanzigsten Jahrhunderts eine unheilige Allianz, welche ihre recht unterschiedlich gelagerten Weltgebäude vom selben Feind, der modernen Avantgarde, bedroht sah.

›Entartung‹

Paris 1892: Über der Weltausstellung sind schon drei Jahre verflossen. An den Trocadéro, der die Kolonialpolitik übersetzt in ein Märchen von Tausendundeiner Nacht, hat man sich gewöhnt. Auch daran, daß der Eiffelturm noch steht – dieser höchste Bau der Menschheitsgeschichte seit Babel. Der Zusammenbruch der Panama-Gesellschaft kompromittiert das Parlament und führt zu einem Aufschwung der Sozialisten. Anarchistische Attentate erschüttern die Regierung Carnot. Kunterbunt geht es her in der Kunstszene: Die Epoche der Sezessionen beginnt. Während Emile Zola den Romanzyklus »Les Rougon-Macquart« beendet, während die Révue Blanche Graphik der Nabis publiziert und ihre Vernissagen mit Toulouse-Lautrec und Klaviermusik von Debussy veranstaltet, sitzt ein Deutscher namens Max Nordau in seinem Pariser Studio und schreibt ein Buch: »Entartung«. Obwohl er schon seit 1880 in Paris weilt als Korrespondent der Vossischen Zeitung, hat Nordau keinen Zugang zu jenen Zirkeln, von denen ›tout Paris‹ spricht. Aus geschniegelten Lackaffen macht sich Nordau sowieso nichts. Nordau haßt den Jahrmarkt modischer Eitelkeiten, der eben dabei ist, die üppigen Makartsträuße gegen den schwülstigen Jugendstil einzutauschen. Das ist nicht Nordaus Welt. Er zählt sich selbstbewußt zum kulturellen Durchschnittsverbraucher. Seine Sprache richtet sich an den gesunden Menschenverstand. So ist denn die Literaturkritik zum flammenden Aufruf an die schweigende Mehrheit geworden, wachsam zu sein gegen die Umtriebe der décadence. Und die Warnung wird von vielen besonnenen Bürgern nicht überhört. Der »Entartung« ist ein Erfolg beschieden, so daß sie im folgenden Jahr, vermehrt um einen zweiten Band, neu aufgelegt wird.

Eigentlich ist Nordau Mediziner. Als deutscher Jude in Ungarn geboren, studiert er in Budapest, Berlin und Paris. Zugunsten seines schriftstellerischen Talents verzichtet er jedoch auf den Arztberuf und lebt als freier Publizist und Romancier. Nordau ist stolz darauf, die strenge Schule der Naturwissenschaft durchlaufen zu haben. Sein Medizinstudium tut seinem Kunstverständnis keinen Abbruch; im Gegenteil: Was Nordau an der gängigen Kunstkritik beanstandet, ist ihr Mangel an exakter Methode. Das landläufige Kunsturteil wird dem Temperament und den Grillen des Betrachters anheimgestellt. Mit dieser ästhetischen Willkür muß jetzt aufgeräumt werden. Nordau verfaßt seine »Entartung« mit dem Anspruch, Kunstkritik auf eine naturwissenschaftliche Grundlage zu stellen. Die Moderne soll mit dem unbestechlichen Blick des Mediziners untersucht werden. Ein großes Vorbild hat Nordau seiner Kunstbetrachtung vorangestellt: Cesare Lombroso, den berühmten Irrenarzt aus Turin. Ihm widmet er sein Buch. Lombroso machte sich um die Wissenschaft verdient durch seine These vom geborenen Verbrecher. Mit der bahnbrechenden Schrift »Genie und Irrsinn«[291] wird ein denkwürdiges Kapitel der Humanmedizin aufgeschlagen. Abweichung von der gesellschaftlichen Norm beruht nach Lombroso auf einem Atavismus; das Hirn ist degeneriert auf eine primitive Entwicklungsstufe. Lombroso hat unter diesem Aspekt die Geisteskranken und die Verbrecher untersucht; Nordau ergänzt das Bild der Entartung, indem er einen dritten Typus einführt: den Künstler. Das Vorwort richtet sich mit Ehrerbietung an den »hochgeehrten und theuren Meister« Lombroso, dessen Werk fortgesetzt werden soll. »In ein weites und wichtiges Gebiet aber haben weder Sie noch Ihre Schüler die Leuchte Ihrer Methode getragen, nämlich in das der Kunst und des Schriftthums. Die Entarteten sind nicht immer Verbrecher, Anarchisten und erklärte Wahnsinnige. Sie sind manchmal Schriftsteller und Künstler. Aber diese weisen dieselben geistigen – und meist auch leiblichen – Züge auf wie diejenigen Mitglieder der nämlichen anthropologischen Familie, die ihre ungesunden Triebe mit dem Messer des Meuchelmörders oder der Patrone des Dynamit-Gesellen statt mit der Feder oder dem Pinsel befriedigen.«[292]

Mens sana in corpore sano: Dieser Spruch ist an Turnhallen der Jahrhundertwende über die wuchtig-finstern Portale gemeißelt. So stramm ausgerichtet wie die jungen Leiber vor dem Turnlehrer haben sich auch die gesunden Gedanken aufzureihen. Der Positivismus des 19. Jahrhunderts ist überzeugt davon, den Geist durch die Beherrschung der Materie dingfest machen zu können. Von diesem scientivischen Selbstvertrauen ist Nordau beflügelt; den Künstlern kann ihr undurchschaubares Handwerk schon gelegt werden, wenn es gelingt, deren Unwesen in die Zwangsjacke klinischer Begrifflichkeit zu stecken.

291. Lombroso, Cesare: Genie und Irrsinn in ihren Beziehungen zum Gesetz, zur Kritik und zur Geschichte. Leipzig 1888
292. Nordau I, S. VII

Durch Anreicherung des kunstkritischen Vokabulars mit Fach-
ausdrücken aus der Irrenheilkunde wird die Treffsicherheit der
Werkanalysen erhöht. Auf »Koprolalie«[293] lautet beispielsweise
der Befund bei Zola, und die Entartung der Symbolisten äußert
sich in einer »Logorrhöe«[294]. Solch knappe und präzise Wortin-
strumente rationalisieren das Gewerbe der Feuilletonschreiber
erheblich. Die Epoche glaubt an die Autorität der Naturwissenschaft. Selbst der Künstler fürchtet insgeheim ihren Bannstrahl.
Von Segantini weiß man, daß er Nordaus Thesen gekannt hat; er
rühmt in Briefen auffällig oft seine Gesundheit. Auch Böcklin
scheint von der Angst verfolgt, durch Erkrankung der Wahrneh-
mungsorgane vielleicht plötzlich zu entarten. Um des Gegenteils
immer gewiß zu sein, läßt er sich durch Professor Haab, den
berühmten Augenarzt und befreundeten Sammler, regelmäßig
ein Attest ausstellen über die Gesundheit seiner Augen. Auf Spa-
ziergängen pflegt Böcklin Beobachtungen fernliegender Gegenstände mitzuteilen, um die Begleiter von seiner ausgezeichneten
Sehschärfe zu überzeugen.[295] Wer so gut sieht, kann unmöglich
entartete Kunst hervorbringen.

Zum eigenen Vorteil wappnet sich der Künstler gegen die
schleichende Zersetzung der Moderne. Das Bild, welches
Nordau von der aktuellen Kunst entwirft, ist entsetzlich: Sie
spielt sich ab in einem riesigen Spital, das vom Geruch lästerli-
cher Krankheiten erfüllt ist. Der Salon der Entartung wimmelt
von Wahnsinnigen, Krüppeln und perversen Sonderlingen. Fast
vollzählig ist die zeitgenössische Intelligenz hier interniert: Der
Entartete Tolstoj ist neben dem Entarteten Flaubert zu erkennen. In corpore sind ganze Schulen vertreten: der Naturalismus,
die französischen Symbolisten, die englischen Präraffaeliten.
Dem systematischen Eifer Nordaus ist keiner entgangen, der je
über den gesunden Menschenverstand gestolpert ist. Bei den
meisten Entarteten liegt eine physische Zerrüttung oder eine
angeborene Degeneriertheit offen zutage. Sehr schön läßt sich
dieser Sachverhalt bei Paul Verlaine[296] demonstrieren. Verlaine
vereinigt alle leiblichen und geistigen Merkmale der Entartung:
Der Zuchthäusler, der Erotomane und paroxystische Säufer verfällt dem Wahn einer dumpfen Glaubensschwärmerei. Die angeborene Degeneriertheit seines Hirns ist bereits an der unregel-
mäßigen Schädelform abzulesen, welche Eugène Carrière im
Porträt getreulich protokolliert hat. Dieses Merkmal sowie die
unverkennbar mongolischen Gesichtszüge deuten auf den
Charakter eines Untermenschen. Im Fall Charles Baudelaire
lautet die Diagnose ähnlich: »Daß Baudelaire ein Entarteter war,
bedarf keines umständlichen Beweises. Er starb an allgemeiner
Lähmung, nachdem er monatelang in den tiefsten Graden des

293. Nordau II, S. 401
294. Nordau I, S. 160
295. Mitteilung von Herrn
Dr. Hans A. Lüthy, Direktor des
Schweizerischen Instituts für
Kunstwissenschaft, Zürich
296. Nordau I, S. 188ff.

Eugène Carrière, *Porträt von Paul Verlaine,* 1891. Paris, Musée d'Orsay

Irrsinns geschwelt hatte.«[297] Erotomane ist typischerweise auch er gewesen; dazu ein Mystiker, ein Haschisch- und Opium-Esser. Baudelaire pflegte Umgang mit anderen Wahnsinnigen und Lasterhaften. Seine Verehrung galt – wen verwundert es? – dem geistesgestörten Edgar Allan Poe. Was dieses Ausmaß an Zerrüttung schließlich für Literatur zeitigt, braucht der echte Kunstfreund gar nicht erst nachzulesen. Eine physische Anomalie liegt auch bei Friedrich Nietzsche vor, jenem sexuell pervertierten Sadisten, der in geistiger Umnachtung zugrunde geht. Nicht immer äußert sich die Entartung so kraß wie bei den genannten Exemplaren. Manchmal steckt der Teufel buchstäblich im Detail; die Degeneriertheit von Stéphane Mallarmé enthüllt sich verräterisch an den langen Satyr-Ohren. Schon Lombroso hat darauf hingewiesen, daß zugespitzte Ohrmuscheln besonders häufig bei Verbrechern und bei Wahnsinnigen auftreten.[298] Der Verfasser des »L'après-midi d'un faune« gleicht somit haargenau jener untermenschlichen Ausgeburt seiner Phantasie, die er beschreibt. Eine Kunstkritik, die dem moder-

297. Nordau II, S. 73f.
298. Nordau I, S. 204

nen Allotria Einhalt gebieten soll, muß nicht nur auf das Werk, sondern auch auf die Physiognomie seines Produzenten ihr Augenmerk richten.

Manchmal jedoch können der somatische Befund und das Kunstwerk auf den ersten Blick täuschen. Ibsen beispielsweise trägt äußerlich keine Male von Degeneriertheit; er wird sehr alt, überlebt Nordau sogar um Jahre, so daß diesem der Triumph versagt bleiben wird, den Exitus des bedeutsamen Entarteten festzustellen. Auch ist Ibsen – dies bescheinigt Nordau unumwunden – ein durchaus nicht unbegabter Schriftsteller.[299] Und dennoch ist er krank. Seine Krankheit ist um so gefährlicher und ansteckender, als es sich bei Ibsen um einen allgemein geschätzten Dichter handelt, den einige gar – aus Naivität oder mit subversiver Absicht? – an die Seite Goethes stellen möchten. Damit die Entartung bei solch komplizierten Fällen offenbar werde, muß der behandelnde Arzt noch feinere Skalpelle verwenden. Ein sorgfältiger Schnitt durch die äußerlich gesunde Persönlichkeit Ibsens fördert das Geschwür zutage: Ich-Sucht. Ibsen leidet an einer verbreiteten modernen Krankheit. Bei den Umstürzlern von 1848, zu denen der norwegische Literat gehört, ist die Erscheinung durchgehend. Ich-Sucht ist die wahnhafte Weigerung, sich mit den sozialen Gegebenheiten abzufinden. Die Unfähigkeit zur Anpassung wird vom Entarteten oft verbrämt durch revolutionäre Gesellschaftstheorien, auf denen er, wie der Fall Ibsen zeigt, mit notorischer Querulanz perseveriert. Bei labilen Kranken führt die Ich-Sucht zum Zweifel-Wahnsinn oder »folie de négation«[300], die den Patienten schubweise, in Form von Tobsuchtsanfällen, ereilt. Die irrsinnige Auflehnung des Ich gegen den Rest der Welt bewirkt eine Zersetzung der Persönlichkeit, die – bei Nietzsche geradezu lehrbuchmäßig zu beobachten – unrettbar ins physische Verlöschen übergeht. Die Wahrnehmung der objektiven Außenwelt ist beim Ich-Süchtigen völlig irregeleitet. Die Empfindungen werden falsch interpretiert; bar jeglicher Realitätskontrolle sieht der Entartete nicht die Gefahren, die der normale Mensch durch korrektes Verhalten meidet. Gegen das Häßliche, Ekelhafte und Unsittliche, diese Warnsignale am Weg des gesunden Lebens, stellt er sich taub. Die Früchte solcher Instinktlosigkeit werden schließlich dem Publikum zugemutet. Die verirrte Wahrnehmung ist die Ursache der Perversionen, denen die Künstler erliegen. Vorzüglich suchen sie das, was der Normalmensch verabscheut. Mit Hochgenuß bohrt der Entartete die Schnauze in den Kot. Phylogenetisch fällt sein Objektverhalten zurück in die Welterfahrung eines Hundes, eines Schweins – wenn nicht noch tiefer, hinab in den Schlamm des animalischen Ursprungs.

299. Nordau II, S. 153ff.
300. Nordau II, S. 319

Die Ich-Sucht wird geschürt von einer übermäßigen Trieb-haftigkeit. Der Entartete findet nicht die Ruhe, sich mit der Außenwelt sachlich auseinanderzusetzen. Die Objekterfahrung bildet bloß ein »dünnes Gewölk«[301] in der Bewußtseinsland-schaft; darunter tobt pausenlos ein Tumult der Organe, welcher eine konzentrierte Aufmerksamkeit verhindert. So kann der Künstler vollständig besessen sein vom Gedanken an die geschlechtliche Vereinigung. Der Geschlechtsakt wird zur Zwangsvorstellung, die ihn überallhin verfolgt. Da sein abnor-mer Sexualtrieb kaum je gestillt ist, verwandelt ihm das Weib sich zur fixen Idee, das er als Idol entweder vergöttert oder, infolge andauernder Unerfülltheit, haßt und beschimpft. Ganz anders verhält sich die Sexualität beim Normalen:

»Im Geistesleben des gesunden Menschen spielt das Weib nicht entfernt die Rolle wie in dem des Entarteten. Das physiolo-gische Verhältnis des Mannes zum Weibe ist das des zeitwei-ligen Verlangens nach diesem und der Gleichgültigkeit, wenn der Zustand des Verlangens nicht vorhanden ist. Abneigung oder gar heftige Feindschaft empfindet der normale Mann niemals gegen das Weib. Wenn ihn nach dem Weibe verlangt, so liebt er es, wenn seine erotische Erregung beruhigt ist, so steht er ihm bloß kühl und fremd, doch ohne Abscheu und Furcht gegenüber.«[302]

Der Mensch regelt sein Verhältnis zum Weib durch die Ehe, wel-che die geschlechtlichen Triebe in gesellschaftlich geregelte For-men überführt. Es sind jedoch gerade die Entarteten, welche über diese nützliche Institution ihr Hohngelächter ausschütten. Gattentreue gilt ihnen wenig; im Gegenteil wird der unge-hemmten Promiskuität gefrönt. Der Erfolg von Zolas Romanen liegt in jenen schlüpfrigen Schilderungen von Unzucht, die der gemeinen Wollust des Pöbels entgegenkommt. Der Naturalismus ist literarische Zuhälterei. Neben der theoretischen Prostitution der Künstler warnt Nordau vor einer anderen Unsitte, »Ibsenis-mus« genannt. Diese pathologische Erscheinung besteht in der »zerknirschten Anbetung des Weibes«, wie es in Ibsens Theater-stück »Nora oder ein Puppenheim« exemplarisch geübt wird.[303] Kein Wunder, wenn der Dichter den Beifall der hysterischen und nymphomanischen Mann-Weiber genießt; für Frauen, die nur nach geschlechtlicher Vermischung streben, mag das Wort ›Emanzipation‹ allerdings ein willkommenes Feigenblatt sein. Doch was so philanthropisch daherkommt mit der Losung: glei-che Rechte, freie Entfaltung auch für das Weib! – ist nichts ande-res als beschönigte Gier nach Zuchtlosigkeit. Mit Nachdruck

301. Nordau II, S. 29
302. Nordau I, S. 261
303. Nordau II, S. 267

verweist Nordau auf den zivilisatorischen Wert der Ehe; dem Weib werden, zum eigenen Vorteil, dessen atavistische Triebe gebändigt, denen es, sich selbst überlassen, haltlos verfallen wäre. Nordau macht hier – in Klammern sei es gesagt – auf einen Problemkreis aufmerksam, den erst Paul Möbius 1900 in vollem Umfang erhellen wird. Möbius gehört, wie Nordau, zur Denkschule von Lombroso, die alles Minderwertige auf eine degenerierte Hirnmasse zurückführt. An die Seite der Verbrecher, der Wahnsinnigen und der Künstler wird Dr. Möbius das Weib stellen, um das Kabinett der Entartungen vollständig zu machen.[304] Die gesunden Frauen, und diese sind nach Nordau noch immer in der Mehrzahl, werden gewarnt, einer Nora zuzujubeln. »Nora-Abgänge« schaden schließlich nur der Frau selber. Gewiß gibt es Enttäuschungen in einer Ehe; doch ihretwegen seine wirtschaftliche Sicherheit aufs Spiel zu setzen lohnt sich nicht. Für das »verblühte Weib« ist eine strenge Ehezucht das sicherste Asyl auf die alten Tage.[305]

Ich-Sucht, Querulanz, Zweifel-Wahnsinn, sexuelle Ausschweifung und Perversionen gehören zu den Kennzeichen der modernen Künstler. Nordau hat die Phänomenologie der Entartung breit ausgemalt: Hier genüge zuletzt ein Hinweis auf zwei Symptome, die besonders häufig anzutreffen sind: Musikalität und Arbeitsscheu. »Daß hohe musikalische Begabung mit Zuständen weit fortgeschrittener Entartung, ja mit ausgesprochenem Wahn-, Irr- und Blödsinn verträglich ist«,[306] hat schon Lombroso nachgewiesen. Man braucht kein Entarteter vom Schlag Richard Wagners zu sein; manche Hysterikerin vermag schon ganz ansprechend auf dem Klavier zu improvisieren. Die enge Verwandtschaft von Musik und Entartung liegt darin, daß diese Kunst nur niedrige Verstandestätigkeit verlangt. Ihren Anforderungen können bereits Imbezillen und Idioten genügen. Über die allgemein verbreitete Arbeitsscheu der Künstler braucht man sich nicht lange zu verbreiten. Dieses Laster ist bekannt: »Der Volksgeist verräth eine tiefe Ahnung des wirklichen Zusammenhangs der Dinge, wenn er für derartige ästhetische Lungerer das Wort Tagedieb findet.«[307] Der gesunde Mensch hat die Entarteten schon längst durchschaut; erstaunlich ist bloß, daß er diese so lange auf seiner Nase tanzen läßt. Zuviel Geduld hat der Normale gegen den Künstler geübt: Denn der schmarotzt nicht nur schamlos am gesellschaftlichen Reichtum, sondern macht sich noch lustig über den Philister, der ihn durch seine nützliche Arbeit unterhält. Doch die Langmut des so gescholtenen ›Spießers‹ ist begrenzt; dauernd gefoppt von den modischen Nichtstuern, platzt dem sanftesten Biedermann einmal der Kragen.

304. Möbius, Paul: Über den physiologischen Schwachsinn des Weibes. Halle 1900
305. Nordau II, S. 207f.
306. Nordau I, S. 304
307. Nordau I, S. 161

Der schweigenden Mehrheit endlich eine Stimme zu geben ist das Ziel von Nordaus »Entartung«. Schonungslos führt er den Normalmenschen durch das Asyl, wo er den modernen Kunstbetrieb hospitalisiert hat. Die Entartung hat ein vielfältiges Krankheitsbild, ist aber auf einen hauptsächlichen Grundzustand zurückzuführen: Erschöpfung. Ein erschöpftes Zentralnervensystem ist die Ursache des modernen Irrsinns. Damit bescheinigt der Arzt dem Künstler nicht nur Selbstverschulden an seinem Zustand; Schuld tragen auch äußere Entwicklungen, die den nervlichen Zusammenbruch hervorgerufen haben. Das 19. Jahrhundert ist eine Epoche der Umwälzungen. Immer atemloser stürmt der Fortschritt voran; Nordau belegt es mit statistischem Material ausführlich. Die Zeit der Massenkommunikation und der Massenmobilität ist angebrochen: Eisenbahn, Post und Telegraph verbinden jeden mit der ganzen Welt. Vielfältig und hektisch sind die Eindrücke, die das Hirn eines einzelnen verarbeiten muß. Die Menschheit, die bisher im gemächlichen Trott durch die Jahrhunderte gewandelt ist, verfällt jetzt in einen Dauerlauf. Sein Tempo wird immer höher angesetzt, so daß nur die Stärkeren Tritt fassen können. Die Schwächeren und die minder Tüchtigen aber werden überrumpelt von der »mörderischen Plötzlichkeit« der Entwicklung; sie fallen »bald rechts und links aus und füllen heute die Straßengräben der Fortschrittsbahn«.[308] Zu den Versagern gehört der moderne Künstler. Die bei ihm häufig festzustellende Melancholie und sein Lebensüberdruß sind auf Erschöpfung zurückzuführen. Das hektische Leben verdichtet sich in der Großstadt, wo der Entartete in der Regel zu Hause ist. Der Stadtbewohner befindet sich im Zustand einer andauernden Nervenerregung durch Abgase, durch welke, verunreinigte und gefälschte Speisen. Die Stadtluft wirkt auf den Organismus wie ein verseuchtes Sumpfgebiet; das Krankheitsbild der Entartung trägt Züge, die mit der Malaria vergleichbar sind. Die Vergiftung des Volkskörpers durch die Abgase des Fortschritts wird noch ergänzt durch die Intoxikation, welcher sich der Mensch im Drogenkonsum aussetzt. Nordau weist nach, daß der Tabakgenuß pro Kopf sich zwischen 1841 und 1890 verdoppelt habe. Zugenommen habe in befremdendem Maß der Genuß von Opium und Haschisch. Den Giftstoffen unablässig ausgesetzt, degeneriert der Städter: »Das Wachsthum der Röhrenknochen wird äußerst langsam oder hört ganz auf, die Beine bleiben kurz, das Becken behält eine weibliche Form, gewisse andere Organe entfalten sich nicht weiter, und das ganze Wesen zeigt ein befremdliches und abstoßendes Gemisch von Unfertigkeit und von Welkheit.«[309] Solch alarmierende Thesen werden von der deutschen Rassenforschung der dreißiger Jahre noch überboten werden.

308. Nordau I, S. 64
309. Nordau I, S. 58

Für Nordau bestehen wir aus Blut, Knochen, Fleisch und Sehnen. Die Seele: Das sind die Nerven und die graue Hirnrinde. Auf das idealistische Geschwätz vom Menschen als Geistwesen lohnt sich nicht einzugehen. Die Tatsachen des Seelenlebens sind also im Nervengewebe zu suchen. Gesundheit und Normalität, aber auch Wahn-, Irr- und Blödsinn haben hier ihre Ursachen. Entartung ist nichts anderes als die Erkrankung des Zentralnervensystems durch Vergiftung und durch Erschöpfung. Um zu verstehen, was – streng medizinisch gesehen – im Entarteten vorgeht, sei dem Laien eine kleine Einführung in die Nervenlehre vorangestellt. Die Nerven bilden die Brücke zwischen Ich und Welt. Durch die fünf Sinne erfährt der Mensch seine Umgebung. Allerdings vermitteln diese Fenster nach außen zunächst nur ein Chaos von Empfindungsimpulsen. Damit der Mensch sich in der Welt behaupten kann, muß er die Flut der Nervensignale kontrollieren und ordnen lernen. Die Instanz der Aufmerksamkeit ist der selbstbewußte Wille. Nordau vergleicht ihn mit einem Diener, »der in einem Gemache fortwährend damit beschäftigt ist, auf Befehl einer Herrschaft hier Gasflammen anzuzünden, dort sie höher zu schrauben, da sie theilweise oder ganz abzudrehen, so daß bald dieser, bald jener Winkel des Gemachs hell, halbdunkel oder finster wird«.[310] Ein gesund funktionierender Mensch versteht es, die Nervenreize stets zu überwachen zum Zweck der Selbsterhaltung. Die Welt erscheint ihm unter dem verständig ausgeleuchteten Taglicht. Das Nützliche an der Außenwelt steht im Brennpunkt seines Interesses, während er die unnützen Begehrlichkeiten und Triebe, die von seinen inneren Organen ausgehen, gleichgültig im Schatten seiner Aufmerksamkeit beläßt. Ganz anders beim Entarteten: Bei ihm ist gleichsam der regulierende Diener ausgefallen. Willenlos flattert der Lichtkegel des Bewußtseins über die Empfindungen, erfaßt die Nervenreize wahllos und mischt sie durcheinander. Ohne Unterschied werden objektive Beobachtungen durcheinandergeworfen mit subjektiven Erregungszuständen, die den Erkrankten aufwühlen. Äußere und innere Erfahrung verlieren sich im Ununterscheidbaren. Entartete Kunst bildet ein genaues Protokoll solcher Grenzverletzungen; Phantasie und reale Wahrnehmung verfließen, ähnlich wie dem Tagträumer die Wolkengebilde zu wandelbaren Gestalten werden. Vielleicht hat Böcklin gar nicht so unrecht gehabt mit seiner geheimen Furcht vor der eigenen Entartung. Er ist zwar ein aufrechter Bürger geblieben und hat mit dekadenten Flaneuren nichts gemein; aber die Gefahr zu erkranken, lauert als Möglichkeit in jeder Kunst. Wenn Böcklin in das richtig gesehene Waldstück ein chimärisches Einhorn malt, dann rührt er an die Grenzen ästhetischer Gesund-

310. Nordau I, S. 88

heit. Entartung ist die Unfähigkeit, seine Empfindungen nach dem Realitätsprinzip zu ordnen. Die Kontrollfunktionen des zentralen Nervensystems sind beim Entarteten gestört: durch erbliche Schäden, durch Vergiftung und Erschöpfung. In den meisten Fällen ist ein degenerierter Stirnlappen festzustellen. Nordau vermutet noch eine zweite Anomalie im erkrankten Nervensystem: »Sehr wahrscheinlich ist die Zelle des Entarteten etwas anders zusammengesetzt wie die des Gesunden, die Theilchen des Protoplasmas sind anders, weniger regelmäßig, geordnet, die Molekular-Bewegungen gehen in Folge dessen weniger frei und rasch, weniger rhytmisch und kräftig von Statten.«[311] Aus Gründen wissenschaftlicher Redlichkeit nennt Nordau diese These eine vorläufige Vermutung; die Forschung hat den Beweis empirisch noch nachzuliefern. Am Grundsatz jedoch kann mit Vernunft nicht gezweifelt werden: Entartung besteht in einer biomechanischen oder biochemischen Störung der Nervenzellen.

Wenn bisher von Entarteten die Rede war, so wurde zwischen Künstlern und gewöhnlichen Verbrechern nicht unterschieden. Dies ist, vom medizinischen Standpunkt, auch unerheblich. Beide leiden physisch unter denselben Degenerationserscheinungen. Wer Künstler, wer Verbrecher wird aufgrund seiner Krankheit, ist eher eine Klassenfrage. In niederen sozialen Ständen äußert sich die Entartung als Kriminalität. Damit ein degeneriertes Nervensystem zum Künstlertum führt, müssen die privilegierten Lebensbedingungen der Oberschicht hinzutreten. Der vornehme décadent ist der »theoretische Missetäter«, der seine verbrecherischen Neigungen nur im Kopf begeht. Einen »dégénéré supérieur« nennt ihn Nordau im Gegensatz zum ordinären Berufsverbrecher.[312] Vom Kriminellen unterscheidet sich der Künstler oft nur durch ein gewisses Maß an Muskelschmalz und Entschlußkraft, um den Raub, den Mord, die Blutschande, welche er in seinen Werken verherrlicht, auch in die Tat umzusetzen. Von der sittlichen Verderbtheit her betrachtet, wäre es zweckmäßiger, gewisse ästhetische Produkte sogleich der Justiz statt dem Kunstrichter vorzuführen.

Der ungeheure Fortschritt in Nordaus Kunsttheorie besteht darin, mit einem Schlag die gesamte Moderne in den Griff zu bekommen. Die These vom degenerierten Stirnlappen enthebt einer langwierigen – und zuletzt auch ergebnislosen – Kunstbetrachtung. Erstmals wird Kunst erhellt im Licht der Hygiene. Kunst ist nichts anderes als »eine Kundgebung der Lebenskraft und Gesundheit, eine Offenbarung der Entwicklungsfähigkeit der Gattung«.[313] Kunstgeschichte ist demnach, vergleichbar dem Stuhlgang, eine Ausscheidung der Menschheit, an der sich der

311. Nordau II, S. 22
312. Nordau I, S. 30ff.
313. Nordau II, S. 147

innere Zustand des Organismus untersuchen läßt. Gesunde Kunst strahlt satte Vitalität aus: Sie bekräftigt das reibungslose Funktionieren der gesellschaftlichen Kräfte; wie Wangenrot glänzt sie am strotzenden Volkskörper.

Ein gesunder Organismus zeichnet sich aus durch Stabilität. Seine Funktionen verlaufen nach einem festgelegten Muster, das sich im Jahrmillionen währenden Evolutionsprozeß biologisch durchgesetzt hat. Über eine ähnliche Stabilität sollte der Kunstmaßstab verfügen, der beansprucht, die Gesundheit der menschlichen Gattung zu messen. Nordau bestreitet die Notwendigkeit des Stilwandels; die Empfindungen des Geschlechtstriebs blieben schließlich auch seit Jahrtausenden unverändert. Abzulehnen sind daher die modernen Ismen: »Das krampfhafte Suchen nach neuen Formen ist nichts anderes als hysterische Eitelkeit, kulissenreißerische Narrheit und Marktschreierei … Neue Formen! Sind nicht die alten so schmiegsam und dehnbar, daß sie für jedes Gefühl und jeden Gedanken Raum haben?«[314] Hauptsache an der Kunst ist, daß sie etwas Vernünftiges aussagt; wie sie es sagen soll, ergibt sich notwendig aus dem Erfahrungsapparat des Menschen: In den Nervenbahnen ist die Normal-Ästhetik ewigmenschlich vorgezeichnet. Kunst, die sich der konventionellen Auffassung anpaßt, wird immer mit dem gesunden Instinkt eines breiten Publikums rechnen dürfen. Sie wird nicht nur Gefallen erregen, sondern auch zur Hebung der allgemeinen Sittlichkeit beitragen. Als Beispiel erwähnt Nordau den Roman »Onkel Toms Hütte«; Millionen hat Harriet Beecher-Stowe, die brave Hausfrau aus Connecticut, mit ihrem Buch zum Weinen gebracht und damit mehr für die Negerbefreiung getan als jede hochtrabende Menschenrechtserklärung. Was hat dagegen Zolas »Germinal« vermocht? Das Los der Arbeiterklasse ist durch Experimentalromane nicht um das geringste verbessert worden.[315]

Wie ist dieser Stil beschaffen, der so ewig währen soll wie die anthropologischen Wesensmerkmale? Nordau hat zu einer Normal-Ästhetik wenig positive Bestimmungen geliefert; der Kampf gegen die Entartung gab ihm kaum die Muße, am Ort der Schönheit selbst zu verweilen. Eine grundsätzliche Stilbestimmung von gesunder und kranker Kunst wird aber abgegeben. Der Gegensatz läßt sich fassen als: ›Realismus‹ und ›Idealismus‹. Realistisch ist die gesunde Kunst; sie spiegelt die Eindrücke wider, welche die Nerven des Künstlers von der objektiven Wirklichkeit empfangen haben. Realismus vermittelt also das normale, richtige Bild der Außenwelt. Der Idealismus hingegen deutet auf ein erkranktes Nervenleben; der Künstler ist zu sehr beschäftigt mit den unwillkürlichen Vorgängen seiner Sinnes-

314. Nordau II, S. 481f.
315. Nordau II, S. 486

organe, so daß er die objektive Wahrnehmung entweder gar
nicht oder nur gestört registriert. Daher wird in seinem Empfinden die Welt verzerrt abgebildet. Gesunder Realismus und kranker Idealismus bilden die zwei kulturgeschichtlichen Grundbegriffe, zwischen deren Polen sich die Kunst bewegt. Sich dem
realistischen Prinzip möglichst anzunähern, rät Nordau dem
Künstler. Dem vollen Sinn des Wortes wird der künstlerische
›Realismus‹ allerdings nie gerecht werden, weil eine exakte
Abspiegelung der Welt im Medium der Kunst unmöglich ist.
Die Auseinandersetzung des Künstlers mit dem Wahrgenom-
menen ist immer von emotionellen Antrieben geleitet. Allein die
Wissenschaft ist fähig, die Welt, unter Ausschaltung subjektiver
Störfaktoren, emotionslos zu begreifen.

Die neurologische Ästhetik gründet in einer medizinischen
Seinslehre. Nordau bekennt sich zum wissenschaftlichen Atheismus. Die Welt hat keinen letzten Grund; es gibt keinen Gott,
dessen kosmischer Vernunft die Menschen sich anvertrauen
könnten in ihrem Fragen nach dem Sinn des Lebens. Sinnfragen
sind unwissenschaftlich. Für die Wissenschaft gilt nur die Kategorie der empirischen Kausalität; geforscht wird nach dem
materiellen Verhältnis von Ursache und Wirkung. Auf die Frage:
Warum leben wir? gibt es nur die eine hieb- und stichfeste Antwort: »Wir leben, weil wir von unseren Eltern gezeugt sind, weil
wir von ihnen eine bestimmte Menge Kraft mitbekommen
haben, die uns ermöglicht, den auf uns einwirkenden Auflö-
sungskräften der Natur eine gemessene Weile zu widerste-
hen.«[316] Die Spanne des Lebens besteht aus einer Summe von
Schmerzen und Wonnen, welche die Nervenbahnen durchflu-
ten. Krank ist der Mensch, wenn erstere überwiegen; überwiegen die Wonnen, so ist er gesund und wird sein Leben als
Optimist beschließen. Optimismus ist daher jene Portion zurei-
chender Lebenskraft, die dem Entarteten fehlt. Die Frage nach
dem Sinn des Lebens fällt zusammen mit der Tatsache, daß der
Mensch da ist. Grübeleien über die Tatsächlichkeit hinaus sind
nur schädlich und gehören – wie der Fall Tolstoj zeigt – zu den
Charakterzügen der Entartung. Ein gesunder Mensch fragt nicht
dauernd, sondern steht im Leben, wie der Soldat im Gefecht.
Mag ihm der Kugelregen um die Ohren pfeifen; er stellt seinen
Mann an dem Ort, wo er hingehört. Man erinnert sich an Kafkas Rat für den Bau der Chinesischen Mauer: die Nachdenklichkeit soweit einzudämmen, daß sie die Anordnungen der
Führerschaft nicht berühre. Ein auf Wissenschaft gegründeter
Volkskörper fördert die fraglose Gesundheit. Stumpfsein gegen
philosophische Interessen erhält den Menschen glücklich und
regierbar.

316. Nordau I, S. 233

Man braucht zum Leben kein reflektierendes Weltbewußtsein. Ebenso unnötig ist das Bewußtsein vom eigenen Ich. Die Unterscheidung zwischen Ich und Nicht-Ich ist ohnehin nur eine Denkgewohnheit, die auf einer Sinnestäuschung beruht. Es gibt keinen real existierenden Punkt im menschlichen Körper, auf den diese Identitätsbezeichnung zuträfe. Der Mensch besteht aus einer Unzahl primitiver Zellen, die sich im Verlauf einer langen, phylogenetischen Entwicklung zu hierarchischen Strukturen gefügt haben. Durch die mehr oder weniger harmonische Zusammenarbeit der Zellen unter Anleitung der grauen Hirnrinde ergab sich das ebenso dumpfe wie irrige Gefühl personeller Einheit. Das Ich ist ein Denkfehler. Das einzelne biologische Exemplar ist nichts anderes als der Ort einer Verdickung chemischer und physikalischer Vorgänge, die im gesamten Kosmos wirksam sind. Die Kraftlinien der Natur verlängern sich in den inneren Organismus des Menschen, und was dieser als ›Ich‹ sich denkt, ist gleichsam nur ein Nervenknoten im All, dessen Fasern sich verzweigen ins Grenzenlose. Einen biologischen »Pantheismus«[317] nennt Nordau seine Weltanschauung. Zur Illustration für die Zurückweisung des Ich-Bewußtseins dienen ihm die Eunice-Würmer: Da sie kaum körperliche Empfindungen haben, nehmen sie sich selbst nicht als individuelle Einheit wahr. Diese Wurm-Spezies, die imstande ist, ihren eigenen Schwanz zu fressen, hat mehr vom Wesen der Allnatur begriffen als der Ich-süchtige Mensch.

Die Wahnvorstellung vom autonomen Ich ist eine negative Folge der Aufklärung. Nordau äußert diese Kritik bei allen Verdiensten, welche die Epoche der Enzyclopädisten auszeichnet. Ihr Kampf gegen religiösen Aberglauben reiht sich unter die erhellenden Kapitel der Kulturgeschichte; der Kampf gegen Entartung setzt diese Linie fort. Konsequent hat die Aufklärung des 18. Jahrhunderts die Natur mit dem Auge der Rationalität gesehen und damit das Fundament zum technischen Fortschritt gelegt. Dabei machte die Psychologie der Enzyclopädisten allerdings einen Fehler: Sie verwechselte die exakte Forschungsmethode mit dem Forschungsgegenstand. In der Annahme, das vernünftige Denken sei im Weltbau selber anwesend, hielt sie den Menschen für ein geistbegabtes Wesen[318]. An diesen Irrtum schlossen jene verhängnisvollen Postulate von Freiheit des Denkens und von der Autonomie der Person: Wahnideen nach Auffassung des modernen Irrenarztes. Das Recht auf Selbstbestimmung ist absurd angesichts der erwiesenen Tatsache, daß im Organismus kein reales Ich existiert. Die Neurologie hat erkannt, was den Körper wirklich beseelt: ein Bündel von Nerven, das von der Ökonomie der Sinnenreize in Gang gehalten

317. Nordau II, S. 17
318. Nordau I, S. 115f.

wird. Dieser Sachverhalt bildet das höchste Bewußtsein, das der Mensch von sich selber erlangen kann. Aus dieser Erkenntnis erwächst ihm sein endgültiger Sinn, der darin besteht, »dem Organismus immer bessere Lebensbedingungen zu verschaffen«[319]. Das vornehme Gefasel von der Freiheit und Gleichheit wird verblassen vor den Errungenschaften der industriellen Konsumgesellschaft. Nordau trennt vom Erbe der Aufklärung säuberlich die Spreu und den Weizen. Die humanistischen Klamotten schiebt er beiseite; übrig bleibt das einzig Brauchbare: die instrumentelle Vernunft. Mit ihrer Hilfe wird eine Technokratie errichtet, welche die Massen also hinreichend mit ihrer Fütterung beschäftigt, daß sie bewahrt werden vor einem Denken, das krank macht. Damit das menschliche Nervensystem optimal befriedigt werden kann, muß der Fortschritt immer weiter vorangetrieben werden. Nordau weist den Vorwurf zurück, eine rücksichtslose Entwicklung von Industrie und Technik zerstöre den humanen Lebenswert und seine Ideale. Im Gegenteil: Die erfolgreich voranstürmende Naturwissenschaft hat eine ungeahnte, neue Lebensmotivation geschaffen, wie zuvor keine religiöse Bewegung: »Welches Glaubensmärchen hat erhabenere Blutzeugen zu Todesverachtung begeistert als einen Gehlen, der bei der Bereitung des von ihm entdeckten Arsenwasserstoffs vergiftet hinsinkt, einen Croce und Spinelli, die im allzu raschen Aufstieg ihres Luftballons der Tod beim Beobachten des Luftdrucks ereilt, von einem Ehrenberg, der über seiner Lebensarbeit erblindet?«[320] Das modische ›Zurück zur Natur!‹ lehnt Nordau ab. Die Natur ist der Feind des Menschen; der mit wachsendem Erfolg geführte Kampf gegen sie macht den Sinn des modernen Lebens aus.

In erdrückender Überzahl haben die Völker der industrialisierten Welt die Zeichen der Zeit begriffen. Über die Durchsetzung des Fortschritts ist Nordau sehr optimistisch. Eigentlich bilden die Entarteten ein abgeschlagenes Trüppchen von Stänkerern und Querulanten. Von ihrem Gassenlärm wird die schweigende Mehrheit bloß übertönt. England – könnte man meinen – sei ein Land von Dandys, nur weil deren Auffälligkeit zu übersehen verführt, daß diese eine verschwindende Minorität darstellen. Keineswegs verkörpert der Dandy den vorherrschenden Charakter des angelsächsischen Volkes, wo ein Schlag von »kräftigen Normalmenschen«[321] gedeiht. Ungefragt errichtet der moderne Künstler seine Diktatur des Modegeschmacks. Doch die Tyrannei steht auf wackligem Grund; wenn der Lavastrom des gesunden Durchschnitts losbricht, wird die Dekadenz fortgespült ohne Federlesen. Man mobilisiere die schweigende Mehrheit: »Menschen, die früh aufstehen und nicht vor Sonnenuntergang ermü-

319. Nordau II, S. 261
320. Nordau I, S. 174
321. Nordau I, S. 121

den, die einen hellen Kopf, einen guten Magen und stramme Muskeln haben«[322]; diese wohlgeordneten Vertreter der Zivilisation stelle man auf gegen jenes verzagte Häufchen von Syphilitikern und Spinnern – der Kampf wird schnell entschieden sein. Angesichts strotzender Normalität allenthalben ist es völlig verfehlt, von ›fin de siècle‹ zu sprechen; »fin de race«[323] wäre der richtige Ausdruck für die gegenwärtige Lage der Kunst. Die überwältigende Mehrheit kennt keinerlei Untergangsstimmung; sie geht ruhig, Tag für Tag, ihrer Arbeit nach und hält nichts von der Götterdämmerung. Nur der Entartete hat Angst vor dem Weltende: weil es ihm an Rasse fehlt, mit dem modernen Rhythmus Schritt zu halten. Die Entarteten bilden den natürlichen Ausschuß, den jede wissenschaftliche Entwicklung nebenbei mitproduziert. Jeder große Entwurf verlangt seine Opfer. Das Ausscheidungsverfahren ist unerbittlich; an der Schwelle zur Technokratie wird der gesellschaftliche Ballast abgeworfen. Die Künstler gehören dazu: Sie sind die Greise der Epoche, welche zurückbleiben müssen am Tor der Zukunft. Das Greisenhafte der entarteten Kunst betont Nordau mit Absicht; er stemmt sich damit gegen den Begriff des ›Jugend-Stils‹, der sich in diesen Jahren herausbildet, ausgehend von der irrigen Annahme, die künstlerische Avantgarde bilde die Jugend der Moderne. Jugendkraft hat allein der amusische, arbeitsfrohe Durchschnitt. Der gesunden Grundwelle ist es zu verdanken, wenn die Völker vom Schock des technischen Fortschritts sich erholen werden. Der Normale wird sich den Errungenschaften des Industriezeitalters problemlos anpassen. Nordau gibt einen zuversichtlichen Ausblick über die Beschaffenheit des Menschen in hundert Jahren:

»Das Ende des zwanzigsten Jahrhunderts wird also wahrscheinlich ein Geschlecht sehen, dem es nicht schaden wird, täglich ein Dutzend Geviertmeter Zeitungen zu lesen, beständig an den Fernsprecher gerufen zu werden, an alle fünf Weltheile zugleich zu denken, halb im Bahnwagen oder Flugnachen zu wohnen und einem Kreis von zehntausend Bekannten, Genossen und Freunden gerecht zu werden. Es wird inmitten der Millionenstadt Behagen zu finden wissen und mit seinen riesenstarken Nerven den kaum zu zählenden Anforderungen des Lebens ohne Hast und Aufregung entsprechen können.«[324]

Der Mensch unserer Tage, ein Berserker an nervlicher Gesundheit – braucht er noch Kunst? Nordau hat diese Frage ausweichend beantwortet. Gewiß wird die Kunst eine vorläufige Zukunftsaufgabe erhalten; sie hat den »Reiz der Abwechslung« zu üben, den die Wirklichkeit der vollkommen industrialisierten

322. Nordau II, S. 476
323. Nordau I, S. 4
324. Nordau II, S. 477

253

Welt nicht mehr gewähren wird. »Bald wird die letzte Rothaut Gehrock und Zylinder tragen, das vorschriftsmäßige Stationsgebäude wird an der Großen Mauer von China und unter den Palmen von Tuggurt in der Sahara seine Tünche und seine nüchterne Form zeigen.«[325] Das menschliche Hirn muß manchmal abschalten können; ein Kunstwerk eröffnet den beruhigenden Blick ins Grüne. Eine Ästhetik der Zukunft wird Probleme formulieren, wie sie etwa in der Freude am »Käferchen im Grase«[326] inhaltlich zum Ausdruck kommen. Kunst dient der Entspannung; im praktischen Leben hat sie nichts zu suchen. Nordau bekämpft den ekstatischen Kunstbegriff, der um die Jahrhundertwende wieder aufflammt. Er verteidigt eine nüchterne, bürgerliche Feierabendästhetik gegen die modischen Strömungen eines ganzheitlichen Schöpfertums, die vor dem Ersten Weltkrieg anschwellen und sich verzweigen werden in die Vielfalt von Utopien zwischen Lebensreform und Revolution. Die angstvolle Sehnsucht nach einer Zeitenwende, das Gerede von Aufbruch und Erlösung sind eindeutig entartet. Die Ästhetik des Plötzlichen – die irre Hoffnung auf eine unvermittelte Einkehr der Offenbarung – ist mystisches Delirium; man kann es auch bei gewöhnlichen Anstaltsinsassen beobachten. Den Lebensreformern aller Färbung ist ein Ausspruch Renans zuzurufen: »Was gewesen ist, das wird sein.«[327] Daß gerade Nordau, ein Agent des technischen Fortschritts, sich zu diesem Satz bekennt, ist nur zum Schein aporetisch. Konservative Politik und technischer Modernismus bilden nicht nur keinen Widerspruch, sondern bringen im Gegenteil einander erst zur vollen Entfaltung. Zucht und Gehorsam, ein uraltes Anliegen, kann endlich mit modernsten Mitteln überwacht werden. Die Grundsätze christlich-abendländischer Staatsführung werden mit dem Computer erst eigentlich durchsetzungsfähig. Im Licht der modernen Perfektion werden die Bestrebungen der Großinquisitoren und Könige vom Schlag des spanischen Philipp II. zwar systematischen Eifer bezeugen; im ganzen aber dilettantisch wirken. Das Industriezeitalter erfüllt die Harmonie von Altem und Neuem; was gewesen ist, das wird erst vollkommen sein durch den Fortschritt. Technokratie bedeutet die Erfüllung traditioneller Ordnungsphantasien mit den Mitteln der technischen Revolution.

Die Kunst wird schließlich absterben, wenn der Mensch sich ganz an die Zivilisation gewöhnt hat. Um so weniger bedauert Nordau diese Entwicklung, als er der Kunst letztlich mißtraut. Rein medizinisch gesehen ist jede Kunst – so angepaßt sie auch immer sich gebärde – eine »leise Abweichung von der vollen Gesundheit«[328]. Zwischen einwandfreier und entarteter Kunst liegt kein Wesensunterschied, sondern ein Mengenunterschied.

325. Nordau II, S. 489
326. Nordau II, S. 496
327. Zitiert nach Nordau II, S. 481
328. Nordau II, S. 495

Stets beruht die künstlerische Tätigkeit auf einer ungesunden Erregung; beim Entarteten ist bloß das Krankheitsbild bösartiger. Goethes »Werther« und Baudelaires »fleurs du mal« sind krankhafte Absonderungen des Organismus; während die eine aber zur Perle gedieh, ist die andere vergleichbar dem ekelhaften Auswurf eines Schwindsüchtigen. Der Normalmensch, der die Zukunft bevölkern wird, ist ein gesunder Banause. Eine Epoche, die ihre Erkenntnisse ganz auf die Wissenschaft abstellt, hat für Kunst keine Aufgaben mehr. Sollen vielleicht »die Bildhauer künftig Mikroskope aus Marmor aushauen, die Maler den Blutumlauf malen?«[329] – Es ist zwecklos, die Kunst im Zeitalter der Wissenschaft künstlich am Leben zu erhalten. Stets ist die fortschreitende Zivilisation vom Absinken der Kunstformen begleitet. Der Tanz beispielsweise, einst ein zentraler Bestandteil ritueller Handlungen, verkümmert zum flüchtigen Vergnügen von Jünglingen und Frauen. Gegenwärtig vollzieht sich die Zurücksetzung des Romans: Zur Goethezeit noch Gesprächsstoff ernsthafter Männer, dient er heute zur Unterhaltung für das Hauspersonal. Kunst verkommt zum Atavismus. Kommende Jahrhunderte werden die Poesie, die Musik und die Malerei vielleicht noch im Kinderzimmer pflegen. In einer technisch aufgeklärten Zeit wird dem künstlerischen Gestalten der Boden entzogen. Die Sprache der Künstler definiert Nordau als »das Hineintragen irriger persönlicher Deutungen in die Welterscheinung«[330]. Das Verständnis der Naturgesetze verdrängt eine poetische Lesart. Daß der Gegenwart nur noch die Form der nüchternen Prosa übrigbleibt, hat schon Hegel vorausgesagt. Die Epoche der Kunst wird von der Epoche des exakten Wissens überholt.

An Hegel erinnert auch Nordaus zwieschlächtige Einschätzung der Gefährlichkeit unbequemerer Zeitgenossen. Ähnlich wie jenem die Romantiker, sind für diesen die Entarteten dem Fortschritt zwar hoffnungslos unterlegen; aber Vorsicht ist dennoch geboten. Wiewohl das zersetzende Weltbild von einer unbedeutenden Minderheit vertreten wird, droht die Gefahr allgemeiner Ansteckung. Es muß, trotz der offensichtlichen Schwäche der Abweichler, hart durchgegriffen werden. Begnügte sich der Philosoph mit einem verbalen Ausschluß aus dem Kosmos der vernünftigen Geschichte, ist die Therapie des Irrenarztes etwas handfester: Internierung lautet sein Genesungsvorschlag. Die »geistige Volkskrankheit«[331] ist frühzeitig unter Kontrolle zu bringen. Die befallenen Teile müssen vom gesunden Ganzen abgetrennt werden, um die Krankheit auf ihre anatomische Notwendigkeit zu beschränken. Den Entarteten selber ist nicht mehr zu helfen; isoliert als unbrauchbarer Rest, werden sie »eine

329. Nordau II, S. 486
330. Nordau II, S. 479
331. Nordau II, S. 471

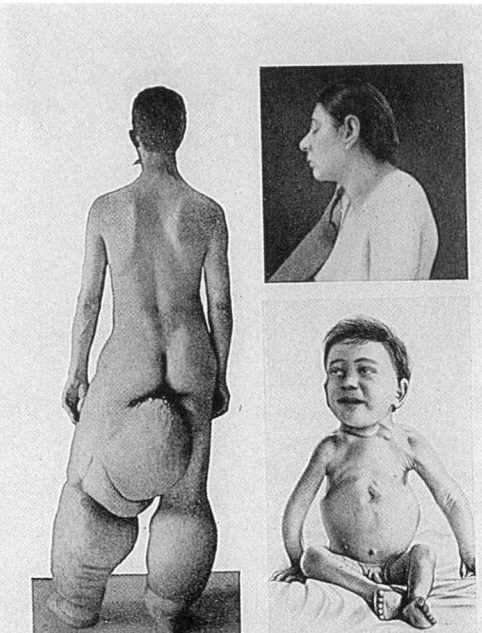

Abb. 126.

Abb. 127.

Abb. 128.

Abb. 126–128. Ausschnitte aus Bildern der „modernen" Schule

wird bei dem Menschenfreund in jeder Form das Ziel erscheinen: mit allen Mitteln der menschlichen Intelligenz daran zu arbeiten, daß die Zahl der grausam Betroffenen und vor allem der so furchtbar erblich Belasteten kleiner werde, dafür zu sorgen, daß solche Unglücklichen überhaupt nicht geboren werden und so vielleicht diese Leiden langsam verschwinden.

108

Abb. 129. Elephantiasis. Abb. 130. Mikrozephalie. Abb. 131. Rachitis

Was hat es aber für unser Volksleben zu sagen, daß eine gewisse Schicht sich künstlerisch so ausdrückt und ein weit größerer Teil es hinnimmt und wie jede andere Mode anbetet?

Es ist für einen denkenden Menschen schwer, n i c h t nach der Ursache dieser Erscheinungen zu fragen, die sich aufdringlich genug innerhalb eines Volkes zeigen, das bisher als vorwiegend nordisch eingestellt

109

Körperliche und künstlerische Entartung im Bildvergleich, aus: Paul Schultze-Naumburg, Kunst und Rasse, München 1935, S. 108-109

Zeitlang rasen und dann untergehen. Für sie ist dieses Buch offenbar nicht geschrieben«.[332] Die Gesunden aber, die Nordaus Botschaft noch erreicht, müssen dafür sorgen, daß die Nieren der Gesellschaft endlich das Gift im Volkskörper ausscheiden. Kunst darf kein straffreier Tummelplatz sein für potentielle Verbrecher. Im Interesse der Öffentlichkeit ist es dem entarteten Künstler nicht zu gestatten, »daß er seine Individualität in unsittlichen Kunstwerken auslebe«.[333] Man läßt schließlich den kriminellen Triebtäter auch nicht einfach gewähren mit dem Hinweis auf persönliche Freiheitsrechte. In schweren Fällen sind die Künstler ins Irrenhaus einzuliefern; als »Kranke« und »Krüppel«[334] verdienen sie gewiß unser Mitleid. An die weichherzig zögernden Kunstkritiker gewandt, beteuert Nordau, daß in modernen Irrenanstalten nicht mehr die rauhe Behandlung von einst vorherrsche. Für die Kranken ist gesorgt. Und ein Hauch äskulapischer Milde streift den Nervenarzt, wenn er sagt, Nietzsche sei in der Klinik von Dr. Binswanger in Jena »der rechte Mann am rechten Platze«.[335] Nicht immer ist jedoch Langmut angebracht;

332. Nordau II, S. 493
333. Nordau II, S. 134
334. Nordau I, S. 186
335. Nordau II, S. 327

256

streng muß mit dem Kreis der Naturalisten um Zola verfahren werden: Hier »ist nicht die Irrenheilkunde, sondern die Strafrechtspflege zuständig«[336]. Bei einigen unbedeutenden Mitläufern der Entartung können sich die Maßnahmen beschränken auf eine amtliche Bevormundung. Nachsicht übt Nordau mit den deutschen Literaten wie Bleibtreu, Fontane und Hauptmann. Diese »neudeutschen Nachäffer« des französischen Naturalismus haben im Grund kerngesundes deutsches Mark in den Knochen. Entwindet man ihnen ihr Modespielzeug, werden sie als Kellner, Hausknecht oder Hausierer ein ehrbares Auskommen finden.[337]

Schelte muß auch der gesunde Normalmensch einstecken. Zu lange hat er tatenlos abseits gestanden. »Unser Literaturstaat ist nicht regiert und nicht vertheidigt.«[338] An die Irrenärzte ergeht der Appell, dringende Aufklärungsarbeit zu leisten unter der Bevölkerung. Es muß eine politische Behörde geschaffen werden, welche sich der künstlerischen Belange widmet. Nicht nur Künstler, sondern auch Kunstkritiker sind fürsorglich zu überwachen von einer »kritischen Polizei«[339]. Ein argwöhnisches Auge ist nicht zuletzt auf Zeitungen zu werfen und auf die »Zweifelsucht und Gleichgültigkeit der vollständig ausgebrannten Pariser Redakteure, die gar nichts ernst nehmen«[340]. Die kulturpolitische Kontrolle nähert sich dem Ideal von Platons bestem Staat, wenn Nordau eine Gerusia fordert: einen erlesenen Männerbund zur Bekämpfung der Unsitten. Diese »Gesellschaft für ethische Kultur«[341], das höchste Organ staatlicher Zensur, besteht aus Professoren, Schriftstellern, Abgeordneten, Richtern und hohen Beamten. Sie sollen in regelmäßigen Zusammenkünften die laufende Kunstproduktion untersuchen. Ein vernichtendes Urteil aus dem Mund von Honoratioren wird einen Entarteten gesellschaftlich erledigen. Nordau ist überzeugt von der Wirksamkeit behördlicher Bannflüche, denn: »Das deutsche Volk glaubt an eine hohe Obrigkeit.«[342]

Nietzsche paraphrasierend, bezeichnet Nordau den Entarteten als »das frei schweifende, lüsterne Raubthier«[343]. Das unbeherrschte Wesen soll von den Fluren der Zivilisation vertrieben werden. Seine spontane Zuchtlosigkeit gefährdet die gesittete Menschheit. Es droht die Errungenschaften des Fortschritts in ungehemmter Schwelgerei zu vernichten. Die Entarteten sind die Feinde der Aufklärung: »Sie wollen das Bewußtsein im Unbewußten ersäufen.« Die gesunde Mehrzahl jedoch strebt nach dem Gegenteil; ihr Ziel ist es, das Unbewußte einzuschränken, indem sie das Bewußtsein durch wissenschaftliche Forschung vermehrt. »Der Fortschritt ist die Wirkung immer härterer Bezwingung des Thiers im Menschen.«[344] Die Vernunft der

336. Nordau II, S. 413
337. Nordau II, S. 419
338. Nordau II, S. 463
339. Nordau II, S. 464
340. Nordau I, S. 164
341. Nordau II, S. 503
342. Nordau II, S. 504
343. Nordau II, S. 501
344. Nordau II, S. 506

Geschichte zielt auf die Unterwerfung der Natur. Auch die Natur des Künstlers, die sich dem Endzweck entziehen möchte, soll nicht geschont sein.

›Untergang‹

Er habe nur den Wunsch beizufügen, »daß dies Buch neben den militärischen Leistungen Deutschlands nicht ganz unwürdig dastehen möge«[345], schrieb Oswald Spengler im Dezember 1917. Die deutsche Truppe feierte ihre vierte Weihnacht im Schützengraben, während in einer Literatenbude im Münchner Schwabing ein Riesenstapel von Fahnenabzügen korrigiert wurde. An der Westfront war seit Monaten kein Durchbruch gemeldet worden; die Flandernschlacht versoff in Blut und Schlamm. Lichtblicke gab es im Osten, wo Rußland, kriegsmüde nach der Revolution, mit dem Deutschen Reich einen Waffenstillstand schloß. Als Spenglers Werk im Juli 1918 in den Buchhandlungen auslag, hätte die Aussicht auf einen deutschen Sieg schon ziemlich gedrückt sein sollen. Die Frühjahrsoffensiven waren verpufft. Die zweite Marneschlacht brachte im Sommer große Verluste. Es folgte am 8. bis 11. August der Tanküberfall an der Römerstraße: Die zweite deutsche Armee wurde von Panzerverbänden überrollt, deren Nationalität man in besagtem Buch vergeblich sucht; Amerika hatte Spengler, in seiner kulturgeschichtlichen Weitsichtigkeit, noch nicht entdecken können. Im Herbst kam das Unglück Schlag auf Schlag. 15. Oktober: endgültiger Rückzug aus der Siegfriedstellung; 28. Oktober: Die Matrosenrevolte in Kiel beschleunigt den innenpolitischen Umbruch; der Kaiser dankt ab; ein Sozialist ruft die Republik aus; der Deutsche wird entwaffnet! Das war das Ende. Spengler weinte wie ein Kind, als er von der Schande hörte, die sein Volk am 11. November 1918 im Wald von Compiègne hinnehmen mußte. Doch der Literat konnte sich trösten, denn als Autor war ihm ein durchschlagender Erfolg beschieden. »Der Untergang des Abendlandes« – schon der Titel war vielversprechend. Für ein Geschäft mit dem Weltschmerz hätte kein besserer Zeitpunkt gewählt werden können. Spenglers »Untergang« gehört zu den Bestsellern dieses 20. Jahrhunderts, zu dessen Verhängnissen die Unfähigkeit zu trauern gehört. Eine Schlacht war verloren, nicht aber der Krieg: Solche Orakelsprüche ermannten den gedemütigten Frontkämpfer bei seiner Heimkehr aus Stahlgewittern. Ein begeisterter Leser des »Untergangs« war Ernst Jünger; er lobte Spengler als einen Denker, »der nach Deutschlands Entwaffnung die ersten neuen Waffen schmiedete«[346]. Die narzißtische Kränkung steigerte nur

345. Spengler, S. X
346. Zitiert in Koktanek, S. 430

den Glauben an deutsche Größe. Durch programmatischen Pessimismus wurde die geistige Wiederaufrüstung angefacht.

Er kanzle seine Epoche ab »wie der Feldwebel den Einjährig-Freiwilligen«[347], notiert Adorno zu Spenglers Sprachstil. Der Aufbau der Syntax entspricht militärischem Drill: Das Satzgefüge duldet keine Widerrede; argumentative Transparenz wird verhindert. Jedes Wort versteht sich als Befehl; jedes Urteil ist ein Hieb. »Eine Rede muß kurz und verletzend sein«[348], war Spenglers Devise. Als Vorbild schwebte ihm vor jenes Philosophieren mit dem Hammer, wie es Nietzsche gefordert hat. Der Nachahmung aber mangelt ein Wesentliches: Auf Nietzsches subversive Heiterkeit hat Spengler sich nicht verstanden. Seine Sprache erhebt sich zwar manchmal zu brillanter Härte und Bosheit – aber niemals mehr als nur das. Kühle Arroganz, über tausend Buchseiten zelebriert, wird schließlich schal ohne die verflüssigende Selbstironie. Die ununterbrochene Beschießung des Lesers mit Zynismus erinnert von ferne an das Bellen Hitlers; sein »Kampf« ist ein Feuerwerk kläffender Humorlosigkeit. Die Gebärde der deutschen Reaktion ist der Aphorismus, der schroff und herrisch den Leser anfährt. Spenglers »Untergang des Abendlandes« türmt sich auf als ein unwegsamer Steinbruch von geflügelten Worten. Logische Vermittlungsarbeit, ein demokratisches Werben für seine Überzeugung, ist dem Gegner der Weimarer Republik verpönt. Der Leser wird hilflos gemacht und abhängig von der Autorität des Vordenkers, welcher diese Wortmassen erschuf. Die Zwischentitel bieten keine Orientierungshilfe; wie Runen schweben sie über der Textwüste. Mitwissenschaft sei nur durch unbedingte Nachfolge zu erreichen, bedeutet ihr ahnungsschwerer Wink.

Wie in seiner Sprache präsentiert sich Spengler in den fotografischen Porträts. Das bekannteste zeigt ihn sitzend aus einer Blickposition, die den Betrachter in die Froschperspektive zwingt. Die aufgetürmte Leibfülle wird zugeknöpft von einem Gehrock. Darüber thront ein Haupt mit kahlem Schädel, die Augen über uns hinweg gerichtet: in die absehbare Ferne des Untergangs. Eine Büste von Fritz Behn aus dem Jahr 1928 zeigt Spenglers offiziellen Gesichtsausdruck: Zwei wulstige Stirnbögen fassen ein mitleidlos-kaltes Augenpaar; die schmalen Lippen sind in Bitterkeit erstarrt. Behn, der Spezialist für Raubtierplastik, hat den Kulturpessimisten dargestellt als einen stiernackigen Gewalttäter. Spengler dürfte es geschmeichelt haben; er schätzte es, für abweisend und böse zu gelten. Daß sich dahinter ein Mensch verbarg, der scheu war, unsicher und sehr einsam, brauchte niemand zu wissen. Spengler zelebrierte seine Glatze mit derselben Eitelkeit wie Mussolini, den er schätzte, und wie

347. Adorno, Prismen, S. 53
348. Koktanek, S. 416

Fritz Behn, *Büste von Oswald Spengler,* 1928

Tommaso Marinetti, der Futurist, mit dem er – wohl ohne ihn zu kennen – im Geist verwandt ist. Den Kahlkopf pflegte Spengler seit 1911, als er nach Mutters Tod seinen Bart abscheren ließ. Den epochalen Wechsel in der Haartracht hat er damit schon früh vollzogen; allgemein geschieht die Modernisierung der Männlichkeit erst im Lauf des Ersten Weltkriegs. Der wilhelminische Soldat rückt noch ein mit dem gezwirbelten Schnauz und der Spitzhaube, was ihm das Aussehen eines Opernhelden verleiht. Die Monate und Jahre im Dreck der Schützengräben zwingen zur Neuen Sachlichkeit: Nicht das Siegfriedsidyll, sondern das Knattern der Maschinengewehre; nicht Schwanensee, sondern die U-Boot-Flotte in eisgrauer Gischt; nicht Richard Wagner, sondern Ernst Jünger bestimmen jetzt die Ästhetik des männlichen Schneids. Spengler gehört einer Generation an von Gelehrten, die immer recht haben müssen. Knapp und ohne mit der Wimper zu zucken werden die gewaltsamsten Menschheitsprognosen aufgestellt – unwiderruflich, wie der

Entschluß zum Russischen Roulett. Ein Irrtum käme einer Entmannung gleich. »Wir brauchen eine Züchtigung, gegen die die vier Kriegsjahre noch harmlos sind«[349], schreibt Spengler im Winter 1918/19. Eine Züchtigung werden die Deutschen erfahren; ihre erzieherische Absicht sollte sie aber verfehlen. Nach Spengler würden die Deutschen aus einem künftigen Waffengang gestählt hervorgehen. Nach der Abdankung der romanischen Länder errichteten sie ein faktisches Protektorat über Europa vom Atlantik zum Ural. Dazu ist es nicht gekommen. Deutschland zerbrach an der Wirklichkeit, die sein Wahn heraufbeschwor. Preußen, das sich hätte aufschwingen sollen zum letzten Sachwalter und Vollstrecker des Abendlands, ging 300 Jahre vor Spenglers Katastrophenberechnung unter. Der Seher selber starb 1936; das demütigende Eingeständnis falschen Prophetentums blieb ihm erspart.

Spengler entfaltet sein kulturphilosophisches System mit der Frage: »Gibt es eine Logik der Geschichte? Gibt es jenseits von allem Zufälligen und Unberechenbaren eine sozusagen metaphysische Struktur der historischen Menschheit?«[350] Es gibt sie; der Verlauf des geschichtlichen Universums beruht auf drei Grundbegriffen: 1. Geschichte ist der Ausdruck ungeheurer Lebensläufe; ein Kulturkreis kann als Individuum höherer Ordnung betrachtet werden. 2. Historische Individuen und Ereignisse sind strukturell begrenzt; sie wiederholen sich in zyklischer Abfolge. Es läßt sich eine Analogie des historischen Geschehens bestimmen. 3. Die einzelnen Kulturkreise entwickeln sich aus eigener Kraft. Ihr Formgesetz ist ihnen immanent; ihr Werden und Vergehen gestalten sie als selbstgenügsame, fensterlose Monaden. Eine gegenseitige Beeinflussung findet nicht statt. Spengler nennt acht Kulturkreise: das christliche Abendland, die Antike, Ägypten, Arabien, China, Rußland, Altamerika und Indien. Diese Makroorganismen bestehen unabhängig und gleichberechtigt nebeneinander. Es gibt keine kausalen Bezüge zwischen ihnen, keinen letzten Zweck, der die Menschheit in ihren Kulturen verbände. Die Geschichte hat kein Ziel: »Die Kulturen, Lebewesen höchsten Ranges, wachsen in einer erhabenen Zwecklosigkeit auf wie die Blumen auf dem Felde.« Weltgeschichte ist »das Schauspiel einer Vielzahl mächtiger Kulturen, die mit urweltlicher Kraft aus dem Schoße einer mütterlichen Landschaft, an die jede von ihnen im ganzen Verlauf ihres Daseins streng gebunden ist, aufblühen, von denen jede ihrem Stoff, dem Menschentum, ihre eigene Form aufprägt, von denen jede ihre eigene Idee, ihre eigenen Leidenschaften, ihr eigenes Leben, Wollen, Fühlen, ihren eigenen Tod hat«[351]. Spengler entwirft eine Geschichtsbetrachtung, die von der Autonomie der

349. Koktanek, S. 212
350. Spengler, S. 3
351. Spengler, S. 29

261

Kulturen – oder treffender: von deren Apartheid – ausgeht. Geschichtsphilosophisch bedeutet diese Schau – gemäß der kühnen Selbsteinschätzung des Autors – eine ›kopernikanische Wende‹; sie widerruft die alten, ›ptolemäischen‹ Theorien, welche die eigene Kultur stets für den Mittelpunkt und Gipfel welthistorischer Bewegungen hielten. Ohne ihn namentlich je zu erwähnen, ist damit Hegel kritisiert; Hegels Lehre, wonach der menschliche Geist im Gänsemarsch durch die Kulturen den Fortschritt zur Freiheit gestalte, zeugt von blauäugigem Optimismus. Die vernünftige Universalgeschichte ist ein abendländisches Hirngespinst. Wie der Tropenwald seine Pracht entfaltet für niemanden, verschwendet sich die Menschheit schaffend, genießend und leidend an den Kreislauf ihrer Bestimmung. Jede Kultur durchlebt vier Phasen, welche je dreihundert Jahre dauern. »Am Anfang steht der verzagte, demütige, reine Ausdruck einer erwachenden Seele«. Ihr »tiefes Ahnen künftiger Gestaltfülle« durchbebt noch Kinderangst vor einer unbegriffenen Welt. Es ist die Zeit der Romanik. »Dann folgt der jauchzende Aufschwung in der hohen Gotik.« Die Kultur reift aus zur Meisterschaft einer vollkommenen Formensprache. Das äußere Zeichen und die empfundene Tiefe sind eins. Doch dieser jugendliche Rausch von Harmonie verfliegt: Das Mannesalter der Stilgeschichte tritt in Erscheinung. Im Barock beginnt die Stadt jetzt über die Landschaft zu herrschen; »sie durchgeistigt auch den Stil. Die erhabene Symbolik verblaßt; das Ungestüm übermenschlicher Formen geht zu Ende.« Mildere, weltliche Künste verdrängen die Sprache der Kathedralen. In dieses dritte Lebensalter fallen noch »die leuchtenden Herbsttage« des Kulturkreises: das Sixhuitième als »empfindsame Sehnsucht und Ahnung des Endes. Hellste Geistigkeit, heitre Urbanität und Wehmut eines Abschiednehmens: von diesen letzten farbigen Jahrzehnten der Kultur hat Talleyrand später gesagt: Qui n'a pas vécu avant 1789, ne connait pas la douceur de vivre.« Dann erlischt der Stil. Die vierte Phase, der Winter des Kulturkreises, beginnt. »Auf die bis zum äußersten Grade durchgeistigte, zerbrechliche, der Selbstvernichtung nahe Formensprache des Erechtheion und des Dresdener Zwingers folgt ein matter und greisenhafter Klassizismus, in hellenistischen Großstädten ebenso wie im Byzanz von 900 und im Empire des Nordens. Ein Hindämmern in leeren, ererbten, in archaistischer oder eklektischer Weise vorübergehend wieder belebten Formen ist das Ende. Halber Ernst und fragwürdige Echtheit beherrschen das Künstlertum. In diesem Falle befinden wir uns heute. Es ist ein langes Spielen in toten Formen, an denen man sich die Illusion einer lebendigen Kunst erhalten möchte.«[352]

352. Spengler, S. 266ff.

Alle Kulturkreise teilen denselben Biorhythmus. Auch China hat seine Barockphase, Indien seine Gotik. Das Erechtheion in Athen und der Zwinger in Dresden gehören zur gleichen, späten Altersstufe des Rokoko. Spengler spricht daher von der ›Gleichzeitigkeit‹ der Kulturen: Die strukturelle Zeit ihres Werdens und Vergehens verläuft parallel. Die Einteilung des kulturellen Wachstums in vier Phasen mochte von Goethe angeregt sein, der in seinem Aufsatz »Geistesepochen« vier Zeitalter unterscheidet: ein poetisches, ein theologisches, ein philosophisches und ein prosaisches. Die Geschichte des Menschen wächst aus der »wüsten Leerheit«, dem Uranfang, wohin sie wieder zurückkehrt nach Ablauf des vierten Alters. Ein Chaos bilden Anfang und Ende der Kultur – mit einem entscheidenden Unterschied jedoch: Das Leben wiederholt sich nicht. Das ungestalte »Tohu wa bohu« stellt sich zwar ein, »aber nicht das erste, befruchtende, gebärende, sondern ein absterbendes, in Verwesung übergehendes, aus dem der Geist Gottes kaum selbst eine ihm würdige Welt abermals erschaffen könnte.«[353] Spengler stimmt mit Goethes finsterer Prognose überein; die vierte Phase – zwischen dem 900. und dem 1200. Lebensjahr eines Kulturkreises – bringt den Zerfall: endgültig, wie der Tod. Kultur im eigentlichen Sinne wird nicht mehr hervorgebracht; die letzte dekadente Gestalt der Geschichte heißt ›Zivilisation‹. Im Abendland dauert der Kulturzustand von 900 bis 1800 des christlichen Kalenders. Zivilisation herrscht seit dem Ausgang der Wiener Klassik und dem Weimar Goethes. Um die zivilisierte Welt zu illustrieren, greift Spengler mit Vorliebe auf das Römerreich zur Kaiserzeit zurück: »Griechische Seele und römischer Intellekt – das ist es. So unterscheiden sich Kultur und Zivilisation. Und das gilt nicht nur von der Antike. Immer wieder taucht dieser Typus starkgeistiger, vollkommen unmetaphysischer Menschen auf. In ihren Händen liegt das geistige und materielle Geschick einer jeden Spätzeit. Sie haben den babylonischen, ägyptischen, indischen, chinesischen, römischen Imperialismus durchgeführt.«[354]

Zivilisation ist die Phase formloser Ausdehnung: Vernichtungskriege, Sklavenaufstände und die Errichtung despotischer Großreiche prägen das politische Gesicht. Die Geschichte zwischen Hellenismus und dem Imperium Romanum beschreibt die zivilisierte Antike. Die abendländische Zivilisation beginnt mit Napoleon: Er ist der wiederkehrende Alexander, der Makedonier unserer Zeit. Als Römer des Abendlands sind die Preußen auserwählt; die Seinsanalogie der Weltgeschichte hat sie dazu bestimmt, auf dem Amboß grauenhafter Schlachtfelder das letzte Imperium zu schmieden. »Bei Chäronea und bei Leipzig wurde zum letzten Male um eine Idee gekämpft.«[355] Eine geist-

353. Goethe, Geistesepochen
354. Spengler, S. 44
355. Spengler, S. 49

leere Gewalt setzt sich durch. Die Cäsaren beginnen die Welt anzuführen: barbarische Tatsachenmenschen von unbändiger Durchsetzungskraft. »Seelenlos, unphilosophisch, ohne Kunst, rassehaft bis zum Brutalen, rücksichtslos auf reale Erfolge haltend, stehen sie zwischen der hellenistischen Kultur und dem Nichts.«[356] Die hohe Zeit der Manager und der Diktatoren bricht an. Sie verfügen unumschränkt über eine anonyme Masse, die in enormen Ballungszentren zusammengedrängt ist. Ein neuer Menschentypus bildet sich heraus: der zivilisierte Nomade, »ein Parasit, der Großstadtbewohner, der reine, traditionslose, in formlos fluktuierender Masse auftretende Tatsachenmensch, irreligiös, intelligent, unfruchtbar, mit einer tiefen Abneigung gegen das Bauerntum (und dessen höchste Form, den Landadel), also ein ungeheurer Schritt zum Anorganischen, zum Ende … Auf Syrakus, Athen, Alexandria folgt Rom. Auf Madrid, Paris, London folgen Berlin und New York.«[357] Das Land verdorrt; die Weltstadt, ein riesiges Krebsgeschwür, zieht alle Lebenskräfte in ihren Bann. Ein kosmopolitisches Nirgendwo verdrängt die Heimat. Das Geld, eine abstrakte, anorganische Größe, beherrscht als Wertmaßstab alle Verkehrsformen. Es zerschneidet die natürlichen Bindungen zum fruchtbaren Boden. Die Scholle wird von gleichgültigen Spekulanten als Ware verschachert. Die wurzellose Masse lungert im Elend lichtloser Vorstädte herum. Was für das neronische Rom galt, gilt für das Berlin der Jahrhundertwende: Mit Brot und Spielen hält der Tyrann den Pöbel in Schach. Ein Zurück gibt es nicht. Dem Zugzwang der Spätzeit gehorchend, endet der Großstadtnomade lieber in der Gosse, als daß er dahin umkehrte, von wo er einst herkam. Sein bäuerliches Erbgut ist aufgezehrt; die Verheißung ist das Pflaster der Straße, wo man ihn bisweilen findet, am Morgen, wenn ein vorzeitlicher Rauhreif über den Dächern liegenblieb.

Die Kunst wiederum ist ganz anderswo: Sie hebt sich ab von den Vielzuvielen. Eine arrogante Elite weltstädtischer Gehirnmenschen produziert eine art pour l'art »vor einem hochintelligenten Publikum von Kennern und Käufern, mag es sich um die Bewältigung absurder instrumentaler Tonmassen oder harmonischer Hindernisse, mag es sich um das »Nehmen« eines Farbenproblems handeln. Eine neue Tatsachenphilosophie erscheint, die für metaphysische Spekulationen nur ein Lächeln übrig hat, eine neue Literatur, dem Intellekt, dem Geschmack und den Nerven des Großstädters ein Bedürfnis, dem Provinzialen unverständlich und verhaßt.«[358]

Spenglers Epoche liebt das Denken in Polaritäten. Der ›élan vital‹ – um einen Ausdruck des Zeitgenossen Henri Bergson zu

356. Spengler, S. 44
357. Spengler, S. 45
358. Spengler, S. 49

gebrauchen – bewegt sich im Wellenschlag antagonistischer Kräfte. Neben dem Gegensatzpaar ›Kultur‹ und ›Zivilisation‹ spielen die Begriffe ›Zeit‹ und ›Raum‹ eine entscheidende Rolle in Spenglers geschichtsphilosophischem System. Zeit und Raum sind die zwei Grundformen historischer Erfahrung. Spengler beeilt sich dabei, seine Lehre auf Distanz zu bringen von Kants Erkenntnistheorie. Einem kritischen Freigeist verwandt zu gelten ist kaum Spenglers Ehrgeiz. Kant denkt ihm zu nüchtern über die Möglichkeit des Erkennens; für diesen sind Zeit und Raum bloß Navigationsgerät zur Bestimmung der Lage im Ozean der Empfindungen. Spengler bedeuten sie mehr: Raum und Zeit sind nicht Formen der Anschauung im Menschen, sondern die Formen seines blinden Geschicks über ihm: zwei metaphysische Grenzsteine, welche das Weltgefühl unausweichlich umstellen.

Leben ist ein Drang vom Hier zum Dort: ein Sich-Bewegen von der Gegenwart in die Tiefe der Zukunft. Im drängenden ›Voran!‹ erlebt sich das einfache Dasein in der Zeit als ein ewig Verrinnendes. Davor ängstigt sich der bewußte Mensch. Denkend will er Fuß fassen und Abstand gewinnen von der Unumkehrbarkeit des Zeitlichen. Indem er das in der Zeit Durchmessene erkennt, schafft er sich seinen Raum. Raum entsteht im Innewerden erlebter Zeit. Raum schaffen heißt: seine erfahrene Zeit benennen. Das Benennende bannt; es entreißt die unmittelbare Lebendigkeit seinem dranghaften Dämmer, um es dingfest zu machen in stehender Gestalt. Kunst gehört zu den benennenden Werken. Ihr Ursprung liegt im überwundenen Schreck vor dem Unwiderruflichen. »Wie eine geheime Melodie, nicht jedem vernehmbar, geht die Angst durch die Formensprache eines jeden wahren Kunstwerkes.«[359] Kunst verräumlicht die Zeiterfahrung, indem sie das ewig Verrinnende in die Ruhe des Symbols zwingt.

Die Überwindung der blinden Zeitlichkeit entspringt während der Kulturphasen einer traumsichern Logik. Die Formensprache zeugt vom Instinkt dessen, der wie ein Kind seinem Schicksal sich anbefiehlt. Sein Bewußtsein ist unwillkürliche Umsetzung der erlebten Zeit; es drückt sich aus in raumhaften Bildern, nicht im Begriff. »Si nemo ex me quaerat, scio; si quaerenti explicare velim, nescio.«[360] Der Kulturmensch lebt gleichsam im Stand der Gnade; was Augustinus über den Glauben sagte, gilt für das Weltgefühl überhaupt. Eine Kultur formt ihre Gestalten nach Maßgabe der innern Gewißheit, reflektierendes Wissen ist ihr fremd. Diese spontane Sicherheit zerfällt mit dem Eintritt in die Zivilisation. Das Altern eines Kulturkreises besteht darin, daß sein Dasein in der Zeit bis ans Ende durchmessen ist.

359. Spengler, S. 108
360. Zitiert in Spengler, S. 162

Der Drang nach ›Dort!‹ hat sich selber eingeholt; die Zukunft ist aufgebraucht. Der Kulturkreis schließt sich zum vollständig erwanderten Raum. Die Formen, die den Weg der Geschichte umsäumen, sind zugleich seine Grenze. Darin will aber der Geist der Spätzeit nicht enden. Er bäumt sich auf im Käfig, in dem er sich selber verrannt hat. Er glaubt, aus dem Gewordenen ausbrechen zu können, indem er an seine Kultur den Zweifel setzt. Er rüttelt an den Gitterstäben der Tradition und will sie durch sogenannte ›Wissenschaft‹ überspringen. Die Epoche der Skepsis bricht an. Exakte Forschung scheint neue Möglichkeiten aufzudecken, die das Glück der Menschheit für machbar erklären. Es ist der Selbstbetrug der Greise, die vom Jungbrunnen träumen. Der lauthals verkündete Glaube an den ›Fortschritt‹ übertönt nur die uneingestandene Panik vor dem Ende. Von ›Fortschritt‹ spricht der zivilisierte Mensch, wenn es nicht mehr weitergeht und der tatsächliche Stillstand eintrat. Der kulturelle Instinkt ist erloschen. Bei den Künstlern macht sich dies auf tragische Weise bemerkbar. Unfähig, aus einer tief gefühlten Symbolik zu schöpfen, machen sie Jagd auf den originellen Sonderfall. Hebbel, Ibsen und Hauptmann gestalten keine Schicksale mehr; sie stilisieren »Sozialprobleme und Sexualprobleme – beide einer Physik oder Chemie des öffentlichen, allzuöffentlichen Daseins angehörend«.[361] Der zivilisierten Kunst fehlt ihre innere Notwendigkeit. Der Gegensatz von Kultur und Zivilisation läßt sich überblenden auf die Polarität von Zeit und Raum. Kultur ist Ergebung: ein unbewußtes Werden in der Zeit; Zivilisation ist das sich sträubende Wissen über das Gewordensein im Raum. Kultur ist ›organisch‹: lebendig, warm und ganz; Zivilisation ist ›mechanisch‹: tot, kalt und zersplittert. Der Kulturmensch lebt in Harmonie mit seinem Kosmos, an den ihn ein ahnendes Empfinden verbunden hält. Der zivilisierte Epigone zerstört diese stille, gemütvolle Einheit durch den Lärm des begrifflichen Denkens. Die Natur tritt ihm um so fremder und feindseliger entgegen, je sachlicher er diese zu bewältigen sucht. Ich und Welt trennen sich im Mißklang. Die Kultur geht unter an diesem Zerwürfnis. Das Abendland stirbt. Eine »Welt als Geschehen« erstarrt zur »Welt als Geschichte«[362]; und »über Geschichte soll man dichten«![363] In der Agonie ruft das Abendland nach seinem letzten Homer. Spengler vernimmt den Auftrag: Während die schöpferischen Möglichkeiten aller übrigen Künste verlöschen, ist der ›Untergang‹ das letzte, was noch zu besingen bleibt mit einem philosophischen Epos. Es soll die Physiognomie des sterbenden Kulturkreises festhalten. Weil das verunklärende Leben entweicht, wird die Arbeit an diesem Porträt erleichtert. Im Erkalten treten die historischen Züge immer schärfer hervor. Die

361. Spengler, S. 203
362. Spengler, S. 199
363. Spengler, S. 129

flüchtige Zeit ist ganz Raum geworden und ruht unter den Blicken des dichtenden Sehers. Leichenstarre überzieht das Antlitz mit bleicher Klarheit: Jetzt kann dem Abendland die Totenmaske abgezogen werden. Seine Arbeitsweise umschreibt Spengler oft mit Metaphern aus der Kunstbetrachtung. Der Historiker hat die »Formensprache der Geschichte«[364] nachzuzeichnen. Der Kulturkreis ist eine zu Formen verfestigte Bewußtseinslandschaft. Aus ihrem Umriß entziffert sich der Stil: jene tektonische Spur, in der die Bewegung der Geschichte geronnen ist. Der Geschichtsbetrachter erfaßt sie mit dem uninteressierten Wohlgefallen eines Spaziergängers von erhabener Aussicht: »Die ganze Tatsache Mensch« sei »aus ungeheurer Entfernung zu überschauen; einen Blick über die Kulturen hin, auch über die eigene, wie über die Gipfelreihe eines Gebirges am Horizont«.[365] Spenglers ästhetische Geschichtsbetrachtung ist nicht weit entfernt von den Stilanalysen Heinrich Wölfflins; die »Kunstgeschichtlichen Grundbegriffe« erscheinen zur selben Zeit (1915), als Spengler den »Untergang« entwirft. Beide gebrauchen den Begriff ›Weltanschauung‹ in seiner doppelsinnigen Wörtlichkeit. Weltanschauung ist sichtbar gemachte Erfahrung von Geschichte, deren Sinn anschaulich wird in ihrer sinnfälligen Kontur.

Goethe hat das Verfahren der beschreibenden Interpretation, das er in seinen naturwissenschaftlichen Schriften anwendet, ›Morphologie‹ genannt. Immer wieder betont Spengler die Vorbildlichkeit dieser Forschungsweise für seine Geschichtsphilosophie. »Umrisse einer Morphologie der Weltgeschichte« lautet der weniger bekannte Untertitel des »Untergangs«. Die methodische Bezugsquelle ist Goethes Gedicht von der Metamorphose der Pflanze. In Versform schildert der forschende Dichter das Wachstum einer Blume als vierfache Verwandlung der Blattgestalt: Das Blatt erhalte im Keim seinen ersten Entwurf; dann recke es sich auf, geformt zum Stengel, und vervielfältige sich zuoberst im Blütenkelch; mit dem Entstehen der Frucht sterbe es ab. Spenglers vierstufiger Kulturkreis gleicht dem Aufbau eines pflanzlichen Organismus: Er entfaltet sich von der keimenden Romanik über die sich aufstengelnde Gotik zur barocken Blütenpracht. Nur zuletzt entfremden sich Goethes Blume und Spenglers Kultur; birgt die welke Pflanze Keime neuen Lebens, so zeitigt die verdorrende Zivilisation nur taube Nüsse.

Es ist Zweck der Goetheschen Morphologie, in den Metamorphosen des Lebens das Typische und Bleibende zu erkennen. »Die Gestalt ist ein Bewegliches, ein Werdendes, ein Vergehendes. Gestaltenlehre ist Verwandlungslehre. Die Lehre der Metamorphose ist der Schlüssel zu den Zeichen der Natur.«[366] Das

364. Spengler, S. 6
365. Spengler, S. 126
366. Goethe, Morphologie, Anmerkung S. 573

Bleibende in der Artenvielfalt und im Wachstum der Pflanzen ist das Blatt: die Idee der Pflanze überhaupt – Goethe nennt es das ›Urphänomen‹. Das Urphänomen in der Weltgeschichte zu schauen ist der Inhalt von Spenglers »Untergang«. Die allgemeine Idee eines Kulturkreises ist sein Ausgedehntsein im Zeitraum. An der Art, wie der kulturelle Organismus dieses Tiefengefühl auslebt, entziffert sich das Signet seiner Weltanschauung. Für das Streben vom ›Hier‹ zum ›Dort!‹ kennt jede Kultur eine Grundfigur; deshalb – sagt Spengler – hat jede Kultur im Grunde nur einen Stil, den sie – wie eine Pflanze die Blattgestalt – moduliert nach den vier Phasen ihres Wachstums. Wie wird der Weg durch die Geschichte empfunden? Diese Frage führt zur Urform eines Kulturkreises. Arabien, beispielsweise, erlebt die Welt als magisch schimmernde Höhle; der Antike steht sie gegenüber als Kosmos von plastisch-greifbaren Körpern. ›Höhle‹ und ›Körper‹ bilden die Urphänomene Arabiens und der Antike. Für das Abendland gilt die Idee des ›All‹: Ins Unermeßliche schweift hier das Weltgefühl, auf der Suche nach Walhalla:

»Was ist Walhall? Es wurde, den Germanen der Völkerwanderung und selbst noch der Merowingerzeit unbekannt, von der erwachenden faustischen Seele erdacht, sicherlich unter Eindrücken des antik-heidnischen und des arabisch-christlichen Mythos der beiden älteren, südlichen Kulturen, die mit ihren klassischen oder heiligen Schriften, ihren Ruinen, Mosaiken, Miniaturen, ihren Kulten, Riten und Dogmen überall in das neue Leben hineinragten. Und trotzdem schwebt Walhall jenseits aller fühlbaren Wirklichkeit, in fernen, dunklen, faustischen Regionen. Der Olymp ruht auf der nahen griechischen Erde; das Paradies der Kirchenväter ist ein Zaubergarten irgendwo im magischen Weltall. Walhall ist nirgends. Es erscheint, im Grenzenlosen verloren, mit seinen ungeselligen Göttern und Recken, als das ungeheure Symbol der Einsamkeit. Siegfried, Parzival, Tristan, Hamlet, Faust sind die einsamsten Helden aller Kulturen. Man lese in Wolframs Parzival die wundervolle Erzählung vom Erwachen des Innenlebens. Die Waldsehnsucht, das rätselhafte Mitleid, die unnennbare Verlassenheit: das ist faustisch und nur faustisch. Jeder von uns kennt das.«[367]

Allerdings. Im erfüllungslosen Streben von Dr. Faustus erkennt Spenglers Epoche ihr Urphänomen. Der legendäre Schwarzkünstler erfreut sich breiter Popularität: ›Mit Goethes Faust im Tornister‹ zieht der deutsche Wehrmann in den Ersten Weltkrieg; das Goetheanum in Dornach beginnt 1919 mit seinen Faustaufführungen; einen Faust läßt sich Spengler, gemäß testamentari-

367. Spengler, S. 238f.

scher Verfügung, bei seinem Tod 1936 ins Grab legen. Thomas Mann hat 1947 dieser verhängnisvollen deutschen Identifikationsfigur eine treffende Charakterstudie gewidmet. Spengler liebt es, die faustische Seele zu modellieren vor dem Kontrast des antiken Menschenbildes: »Die apollinische Stunde ist der hohe Mittag, wenn der Pan schläft. Walhall ist lichtlos. In der Edda schon spürt man jene tiefen Mitternächte, in denen Faust in seinem Studierzimmer brütet, die Rembrandts Radierungen festhalten, in die Beethovens Tonfarben sich verlieren.«[368] In solchen Sätzen äußert sich die endgültige Abkehr von der Antikenrezeption des 19. Jahrhunderts. Das Griechentum, wie es in den Gemälden Böcklins, den Schriften Jacob Burckhardts und des jungen Nietzsche gesehen wurde, verblaßt während der 10er Jahre des neuen Jahrhunderts. Wegweisend für eine veränderte Anschauung ist die 1908 erschienene Dissertation »Abstraktion und Einfühlung« von Wilhelm Worringer. Die genialisch vorgetragene Jugendschrift unterscheidet zwischen der sinnenhaften Naturnachahmung der mediterranen Antike und der Leibverneinung des nordisch-gotischen Menschen. Worringers Thesen beeinflußten Spengler nachhaltig. Die Vorbildlichkeit der Antike, ihre normative Kraft für die aktuelle Kunst, wird verworfen. Der Rückgriff auf das Griechentum ist vergebliche Sehnsucht nach einer verlorenen Zeit. In Griechengestalt träumt der glücklose Abendländer den Traum eines erfüllten Daseins. Hellas ist ein Fluchtweg für Fausts unstillbares Verlangen: ein Nirwanawunsch und ein Jenseits, wo alles Platz findet, was die zum ewigen Schweifen verdammte Seele in Wirklichkeit entbehren muß. Auf der Suche nach endgültiger Erfüllung zwängt sich das Abendland in die wesensfremde Maske der antiken Götterwelt. Eine ›Pseudomorphose‹ nennt Spengler das irrige Bemühen eines Kulturkreises, in die vorgeprägten Formen eines andern hineinzuwachsen. Spenglers geschichtsphilosophische These, wonach jeder Kulturkreis als fensterlose Monade aufblüht und vergeht, erlaubt keine befruchtende Durchdringung verschiedener Kulturen. Ein planmäßiges Mißverstehen liegt deshalb der italienischen Renaissance zugrunde. Sie ist eine typische Pseudomorphose, der letzte Irrtum des Abendlands: ein Sich-Sträuben der faustischen Seele, bevor sie im Barock ihrer wahren Bestimmung zustrebt. Spengler nennt die Epoche der Renaissance »die Episode von Florenz«[369]; damit ist angedeutet, wie hoch der Wert humanistischer Ideale zu veranschlagen sei. Renaissance bedeutet Auflehnung des Geistes: eine einseitig-freche Unabhängigkeitserklärung des Menschen von seinem Schicksal. Rasch sollte es ihn wieder einholen. Die Kunst Leonardos, Raffaels und Giorgiones bleibt eine Fata Morgana,

368. Spengler, S. 241
369. Spengler, S. 348

welche die faustische Seele vorübergehend auf Abwege lockte. Ein wehes Gemüt gaukelt sich eine Welt von klarer Schönheit vor. Der Spuk, begünstigt im Dunstkreis »wüster Republiken«[370] in Italien, ist rasch vorüber; im Weltgefühl des Abendlands versinkt es spurlos. Unbeschadet rotiert schließlich der Kulturkreis von der Gotik zur Gegenreformation.

Was sucht Faust im Griechentum? Er verliebte sich ins Unerreichbare. In der zuwegslosen Antike erblickt er den euklidischen Körper, der ihm nicht gegeben ist. Diese sinnenfrohe Heiterkeit unter klar gezirkeltem, blauem Himmelsgewölbe; dieses selige Beisichsein in schöner Gestalt – das ist es, was Faust, der Finstere, als sein Alter ego begehrt. Mit Neid blickt er auf den unbekümmerten Hang zum selbstgefälligen Wohlleben, der bis zur Weichlichkeit führt. Er muß es sich versagen. Wie ungleich sind sich der Verehrer und sein Ideal: Der abendländische Charakterkopf ist schroff im Vergleich mit dem »weibischen Eindruck«[371], den die griechische Plastik des 5. und 4. Jahrhunderts hinterläßt. Es verwundert nicht, daß Winckelmann, dem bedeutendsten Antikenverehrer, homosexuelle Neigungen nachgesagt werden. Hauptaufgabe der bildenden Kunst in der Antike war der Akt. Die abendländischen Künstler haben sich vergeblich um die Darstellung des nackten Körpers bemüht. »Ein faustischer Akt – das ist ein Widerspruch in sich selbst.«[372] Man betrachte die entblößten Kraftnaturen eines Michelangelo: Nirgends ein harmonisches Verweilen im Wohllaut seiner Gliedmaßen; die Menschen winden sich im Käfig ihres Leibs, als wollte ein verneinender Wille Bein, Arm und Rumpf sich selbst durch unmäßige Verrenkungen entreißen. Von der Qual des Ich, in diesen Leib verbannt zu sein, sprechen die Unglücksgesichter des ›Tags‹ und der ›Nacht‹ in der Medicikapelle von Florenz. Dem unbändigen Streben nach dem Absoluten ist der Körper ein Hindernis. Nur der Abendländer erfährt die Polarität von Ich und Welt in dieser tragischen Weise. Die Antike erzeugt einen Raum des Nahen und Greifbaren; ›haptisch‹ wäre – nach einem Begriff Riegls – ihre Kultur zu nennen im Gegensatz zum ›optischen‹ Abendland. Die Griechen haben ihre Meisterschaft in der Plastik entfaltet, die Abendländer aber in der Malerei. Das Fernsichtige zieht sie an: Immer wieder verliert sich ihr Blick im Horizont, im Gewölk und im Geflimmer der Luft. »Mit Lionardo und Giorgione beginnt der Impressionismus«[373]: der Urstil faustischer Weltanschauung. Impressionismus ist so unantik wie nur möglich; er verneint die euklidische Körperwelt. Die Antike, die nur am Tastbaren ihren Ausdruck fand, hatte kein Gefühl für die Ferne. Ihre Landschaftsmalerei beschränkt sich auf die »Nachäffung des Augenscheins«[374]. Was Landschaft bedeu-

370. Spengler, S. 350
371. Spengler, S. 339
372. Spengler, S. 346
373. Spengler, S. 308
374. Spengler, S. 369

tet, wird erst wahrhaft entdeckt vom faustischen Fernweh. Der Abendländer hält es nahe bei sich nicht aus. Das Glück ist dort, wo er nicht ist. Das Fernrohr, der Kompaß und das Schießpulver konnten nur in diesem Kulturkreis erfunden werden. »Das altnordische Lebensgefühl, die Wikingersehnsucht nach dem Grenzenlosen«[375] ist der Ursprung all seiner Entdeckungen, die ins Weite ausgreifen, um es heimzuholen. Sein Unerfülltsein stiftet den Abendländer an zum ewigen Drang nach vorwärts. Der Leib wird dabei zum Instrument dieses Willens verknechtet. Hatte die antike Plastik den Körper in seinen ruhenden Proportionen aufgefaßt, so löst ihn der abendländische Bildhauer auf in die Funktionen der Bewegung. Michelangelos Mensch ist ein reines Energiebündel aus Sehnen und Muskeln; dagegen wirkt jeder antike Herakles geradezu effeminiert. Derselbe Gegensatz zeigt sich in den Mathematiken der beiden konträren Kulturkreise. Die Antike operierte nur mit ganzen Zahlen. Sie hatte eine instinktive Angst vor der Null, und die Philosophen beeilten sich zu betonen, das Nichtseiende gebe es nicht. Inbegriff ihres Zahlengefühls ist die geometrische Figur: Symbol eines ebenmäßigen und wohlgefügt dastehenden Kosmos. Der Abendländer widersetzt sich einer statischen Ordnung. Er bricht die Zahlen, denkt in Funktionsgleichungen und erfindet die Infinitesimalrechnung – ein krasser Frevel am griechischen Ideal der σωφϱοσύνη.

Dem Abendland eröffnet sich die Welt als ein Raum von enormen Distanzen, die es mit entfesselter Tatkraft erobern will. Die faustische Kultur ist eine »Willenskultur«[376]. Steingebilde dieses Strebens nach dem Unbedingten ist die Kathedrale. In der gotischen Architektur kristallisiert sich das ›Empor!‹ der faustischen Ethik. Moralische Grundsätze sind Befehle, die man den andern erteilt mit der gleichen Härte, die man gegen sich selbst übt. Dem kategorischen Imperativ des Abendländers steht das ›carpe diem‹ der Antike gegenüber. Ein Kulturkreis, der sich so wenig Selbstdisziplin zumutete, konnte keinen großen Weltentwurf hervorbringen. Nur ein Ich, das auf sein unmittelbares Glück verzichtet, wird das All begreifen lernen. Naturbeherrschung setzt die Verneinung seiner leiblichen Begehrlichkeit voraus. Durch Frustration setzt der Abendländer seine Energien frei; sein Machthunger nährt sich an der Askese. Die »blonde Bestie« wird so gezüchtet, »Menschen von Granit«, die alles wollen; eine lange Reihe hünenhafter Männer zieht durch die abendländische Geschichte: die Stauferkaiser, die Konquistadoren, die preußischen Kurfürsten und Könige, Napoleon, Bismarck, Cecil Rhodes. »Wo gab es eine zweite Kultur, die dem etwas an die Seite zu setzen hätte?«[377] Dem faustischen Men-

375. Spengler, S. 425
376. Spengler, S. 394
377. Spengler, S. 445

schen ist der antike Kosmos zu klein. Er springt ab von der Erdscheibe und zerschlägt das gläserne Himmelsgewölbe, samt dem
lächerlichen Mechanismus des Sphärenreigens, der einer Spiel-
dose gleicht. Lieber nimmt er die furchtbare Verlassenheit in
Kauf, wenn er das Weltall entdeckt, darin seine Erde, die
irgendwo verloren kreist in den Sternhaufen einer Galaxie, die
sich dreht und zugleich rasend und tonlos dem Nichts entge-
genfällt. Ohnmacht, die Schwindel erregt, und der Wille, die
Unendlichkeit zu besitzen, sind für den Abendländer eins. »Ich
lehre hier den Imperialismus«[378]: Spenglers Geschichtsphilosophie ist Metaphysik der Gewalt. Fausts herrische Natur wird
gesehen im Licht seines Strebens nach dem Absoluten. Der
Drang nach Höherem begründet den praktischen Machtanspruch. Den Griechen galt nur die überschaubare Polis; befangen
im eifersüchtigen Gerangel von Stadtstaaten, waren sie weder
fähig noch berufen, die Idee einer umfassenden Herrschaft zu
entfalten. Dem Abendland ist es beschieden, seinen Menschheitstraum vom Dritten Reich in die Tat umzusetzen. Die
Außenpolitik des NS-Staates wird ab 1937 dem faustischen
Fernweh Linderung verschaffen durch die ›Eroberung neuen
Lebensraumes‹.

Wird demnach das Abendland die Menschheitsgeschichte
vollenden? Nach Spenglers geschichtsphilosophischen Grund-
gesetzen wäre dies eigentlich nicht möglich. Die These vom
kopernikanischen Pluralismus der Kulturkreise verböte anmaßende Übergriffe. Dennoch: »Für wen gibt es Geschichte?«[379]
Spenglers sibyllinische Frage läßt nur eine Antwort offen: für das
Abendland. Es ist die einzige Kultur, die historisches Selbstbewußtsein erlangt – nach Hegel die Bedingung, um die Weltgeschichte für sich zu totalisieren. Dem Geschichtsbewußtsein
muß ein Zeitgefühl vorangehen; nur das Abendland kennt es,
und von ihm wiederum besitzt es am ausgeprägtesten ein Volk:
Es sind die Deutschen, »welche die mechanischen Uhren erfan-
den, schauerliche Symbole der rinnenden Zeit, deren Tag und
Nacht von zahllosen Türmen über Westeuropa hin hallende
Schläge vielleicht der ungeheuerste Ausdruck sind, dessen ein
historisches Weltgefühl überhaupt fähig ist.«[380] Eine rätselhafte
Zeitangst hetzt den Deutschen durch den Geschichtsraum.
Das drohende Wort ›zu spät!‹ im Gehör, setzt er vollendete Tatsachen mit einem Ungestüm, als ob seinen weltgeschichtlichen
Perspektiven der Jüngste Tag nicht zuvorkommen dürfte. Nichts
ist sicher vor diesem letzten Abendländer; nicht einmal sein
Abendland selber. Der Kulturkreis dreht sich immer schneller
vor dem Untergang. Aufgepeitscht von der Energie seines Uner-
fülltseins, läuft er Gefahr, aus seiner Monadenhaut zu fahren.

378. Spengler, S. 51
379. Spengler, S. 10
380. Spengler, S. 19

Ein Wille zur Macht, aufbrausend mit der Wucht eines choleri-
schen Anfalls, der alles kurz und klein schlägt, um dann sich
selber zu richten: Der wird auch Spenglers geschichtsphilosophische Prämissen nicht schonen.

Das Abendland erfüllt sich durch die Negation des Körpers.
Kulturgeschichtlich äußert sich diese Entwicklung in der Abkehr
vom Prinzip plastischen Gestaltens: Malerei und Musik führen
die Künste an. Die Musik bildet schließlich den Höhepunkt faustischen Strebens nach immaterieller Allgegenwart. Im 18. Jahrhundert wird alles Musik: die Architektur des Dresdener Zwingers, die Gemälde Watteaus – und die Politik: denn in dieser
Epoche sind selbst Monarchen musikalisch. Der Preußenkönig
Friedrich II., nach dessen Pfeife ganz Europa zu tanzen hat, ist
zugleich ein begabter Flötist.

Immanuel Kant mag die Komplizenschaft der Musik mit der
absolutistischen Macht herausgehört haben aus dem benachbar-
ten Königsberger Zuchthaus, von wo die grölend abgesungenen
Kirchenlieder des Gefangenenchors ihm oft störend in die
Studierstube wehen. Jedenfalls schätzt Kant die Musik nicht,
weil sie die zudringlichste aller Künste sei. Von Malerei kann
man sich abwenden, wenn sie nicht gefällt; vor Tönen die
Augen zu schließen ist jedoch zwecklos: Sie verfolgen einen
noch durch Mauern hindurch. Spenglers Auffassung von Musik
steht in der Tradition von Schopenhauer, der die Tonkunst als
eine unmittelbare Manifestation des Willens definierte. Einen
Blutzeugen fände die vitalistische Musiktheorie in Rudolf Hoeß,
dem berüchtigtsten Mozartverehrer. Das Frauenorchester von
Auschwitz sollte das Grauen durch Musik – nicht übertönen,
wie der undeutsche Banause meint – sondern emporheben ins
Licht eines kulturgeschichtlichen Auftrags. Die Todesschreie aus
den Gaskammern werden eingewoben in eine Melodie, die auf-
steigt wie Weihrauch. Per aspera ad astra! Die Verschmelzung
mit dem All läßt Leichenberge zurück: als unreinen Rest am
Weg zur Vollkommenheit.

Doch wir greifen vor. Ehe die Werke der Zivilisation zu
beschreiben sind, soll der Ausgang des Kulturzeitalters festgehalten werden. Wien und Dresden beherbergen »die rasch verlö-
schende Wunderwelt«[381], deren Schönheit schon von Wehmut
gezeichnet ist. Die Empfindsamkeit ahnt mit der Ruinenromantik das Ende der Kunst voraus. Im 19. Jahrhundert ist es soweit.
Ein paar Lichter flackern noch auf in der Malerei: Hans von
Marées, Leibl, Manet und Böcklin. Dann schließt die abendländische Kultur ihre Augen für immer. Alles Neuere ist toter,
künstlicher Trug. In den Figuren Hodlers sieht Spengler bloß
»Akrobaten, die mit Zentnergewichten von Pappe hantieren

381. Spengler, S. 299

‹›hodlern‹)«.[382] Die aktuelle Avantgarde findet schon gar keine Gnade: »Die schamlose Farce des Expressionismus« hält er für »ein Stück Kunstgeschichte, das der Kunsthandel organisiert hat«[383]. Mit diesem Urteil ist Spengler nicht allein; die Kunstszene sei korrumpiert von einer Mafia jüdischer Händler, sagen die Theoretiker der Entartung. Von den lebenden Dichtern zählt nur Stefan George. Das übrige ist ungenießbar und höchstens lästig. »Literatengeschmeiß«[384] nennt Spengler die Gründer der Münchner Räterepublik. Die Wende von Kultur in Zivilisation ist etwas Unwiderrufliches. Sie geschieht um 1800 an einem Punkt, wo die Künste die vollkommene Entstofflichung erreicht haben. Tragische Größe zeigt die Vollendung im Taubwerden Beethovens. Der Komponist hat bis zuletzt Musik geschrieben, die er nicht mehr hören, sondern nur noch berechnen konnte nach den Gesetzen der Harmonielehre. Das Schicksal hat die Person Beethovens zum lebenden Gleichnis gestaltet: Die Sinne sollten dem faustischen Menschen vergehen; jetzt mußte er begreifen lernen.

Das Zeitalter der Zivilisation schließt den Prozeß der Entsinnlichung ab. Kunst, da sie der sensitiven Erfahrung verbunden bleibt, wird überflüssig. Erkenntnis vermitteln jetzt allein die abstrakten Methoden von Wissenschaft und Technik. Sie sind Fausts letzter und eigentlichster Bereich: Im »faustischen Symbol der Maschine«[385] kommt der Wille zur Macht vollendet zum Durchbruch. Die Barocktheologie hat in Gott den Maschinenmeister gesehen, der seinen umfassenden Verstand in die bestmögliche Schöpfung gelegt hat; jetzt ist Faust angetreten, dem Allmächtigen die Weltformel zu entreißen. Kein anderer Kulturkreis vermag den unbedingten Besitzanspruch auf die Natur zu erheben; nur die Abendländer wissen theoretische Einsicht und praktische Nutzung zu verbinden, indem sie sich zur technokratisch gelenkten Industriegesellschaft formieren. Der Drang nach wissenschaftlichem Erkennen bedeutet die säkulare Fortsetzung mystischer Gottsuche: »Es ist das hinaus- und hinaufdrängende und eben deshalb der Gotik tief verwandte Lebensgefühl, wie es in der Kindheit der Dampfmaschine durch die Monologe des Goetheschen Faust zum Ausdruck gelangte. Die trunkene Seele will Raum und Zeit überfliegen.«[386] Blériots Flugmaschine hält denselben metaphysischen Kurs, den die Strebepfeiler burgundischer Kathedralen vorausgewiesen haben. Der wirkliche Sprung ins All bringt die Erfüllung frommer Heilsvisionen. Das Zeitalter des Heiligen Geistes ist angebrochen: nur sehr viel nüchterner und noch kahler, als Joachim von Fiore es in seiner Eremitenstube sich ausgemalt hat. Auch das gehört zur Größe und zur Tragik des Faustischen: Allein das

382. Spengler, S. 378
383. Spengler, S. 378
384. Spengler, Preußentum und Sozialismus, S. 9
385. Spengler, S. 929
386. Spengler, S. 1189

Unerreichte bewahrt die Aura der Seligkeit; am Eroberten zerfällt sogleich sein Zauber unter den Händen des Siegers – und
zwar um so schneller, je zäher darum gerungen wurde. Mit
jedem Stück abgetrotzter Verwirklichung wird die Luft dünner
für die Phantasie, welche die Kunst zum Leben benötigt. Wem
nichts mehr zu wünschen übrigblieb, hat alles verloren. Kunstwerke sind verschlüsselte Wunschsätze: Sie können nur gestellt
werden in einem Dämmerland, das zum Schritt ins Ungewisse
verführt. Die technische Zivilisation jedoch hat die Gegenstände
der Sehnsucht greifbar gemacht. Das Leben wird einer regelmäßigen und grenzenlos banalen Helligkeit ausgesetzt. Ein
Zurück in die Welt des Rätsels gibt es nicht; Faust kann jetzt
nicht mehr sich unwissend stellen. Er muß den bittern Kelch der
Erkenntnis zur Neige auskosten. »Wir haben mit den harten und
kalten Tatsachen eines späten Lebens zu rechnen.« Die Kunst zu
erneuern ist vergebliche Schatzgräberei; Spengler vergleicht die
Jagd nach neuen Stilformen mit dem Herumstochern in einem
erschöpften Erzlager: »Es ist wahr, daß es für einzelne tragisch
ausgehen kann, wenn sich ihrer in den entscheidenden Jahren
die Gewißheit bemächtigt, daß im Bereiche der Architektur, des
Dramas, der Malerei, für sie nichts mehr zu erobern ist. Mögen
sie zugrunde gehen.«[387] Als eine »Wohltat« betrachtet Spengler
seine Lehre: Sie erspart den Nachgeborenen falsche Hoffnun-
gen. »Wenn unter dem Eindruck dieses Buches sich Menschen
der neuen Generation der Technik, statt der Lyrik, der Marine,
statt der Malerei, der Politik, statt der Erkenntniskritik zuwen-
den, so tun sie, was ich wünsche, und man kann ihnen nichts besseres wünschen.«[388] Wer die Notwendigkeit des kulturellen Zer-
falls in der Zivilisation erkannt hat, den verwundert auch nicht
der Niedergang der Philosophie. Kann sich ein heutiger Fach-
vertreter messen mit dem Format eines Leibniz oder Thomas
von Aquin? Ein Blick auf die Katiederphilosophen heute ist
geradezu beschämend: »Welche Geringfügigkeit der Person!
Welche Alltäglichkeit des politischen und praktischen Horizon-
tes! Wie kommt es, daß die bloße Vorstellung, einer von ihnen
solle einen geistigen Rang als Staatsmann, als Diplomat, als
Organisator großen Stils, als Leiter irgend eines mächtigen kolo-
nialen, kaufmännischen oder Verkehrsunternehmens beweisen,
geradezu Mitleid erregt?«[389] Die Zeit der großen Entwürfe ist
vorbei. In den Universitäten sitzen nun die Nachlaßverwalter.
Die Zivilisation verlangt nicht nach Denkern, sondern nach
Handelnden. Spengler beschließt die Zukunft der Philosophie
mit dem Rat, »lieber einen Flugmotor zu konstruieren als eine
neue und ebenso überflüssige Theorie der Apperzeption«[390]. Der
Satz hätte Tommaso Marinetti bestimmt gefallen; der exzentri-

387. Spengler, S. 56
388. Spengler, S. 57
389. Spengler, S. 60
390. Spengler, S. 61

sche Literat hat ähnliche Maximen geprägt. Sein Ausspruch, das Automobil sei schöner als die Nike von Samothrake, gehört zu den Kernsätzen des italienischen Futurismus. Marinetti und Spengler haben mehr als nur ihren Kahlkopf gemeinsam: Beide hassen die Weiber erklärterweise und stehen ein für metallischmännliche Zucht. Marinettis Forderung, den Tango abzuschaffen, hätte Spenglers Beifall gefunden: Er konnte nicht tanzen. Beide lesen Nietzsche. Marinetti ist beeinflußt von Bergson, dessen Vitalismus man in Spenglers Gedanken wieder antrifft. Verschieden sind Marinetti und Spengler im Temperament: Marinetti, ein glühender Allitaliener und antideutsch bis ins Mark, aufbrausender Draufgänger, Liebhaber lärmender Skandale um ihn im Mittelpunkt; Spengler, der Deutsche, ein scheuer Menschenverächter, immer allein, überzeugt von der Mission des Preußentums. Marinettis exaltierter Stil liegt ihm nicht. Spengler kommt aus bescheidenen Verhältnissen; er verfügt nicht über die schneidige Arroganz der Jeunesse dorée. Seine Schroffheit kommt einher mit der Gravität eines unbeliebten, aber gefürchteten Oberlehrers. Es gibt jedoch Stellen im »Untergang«, welche die steife Gebärde abstreifen. Die folgende könnte geradezu als Spenglers Futuristisches Manifest bezeichnet werden:

»Ich liebe die Tiefe und Feinheit mathematischer und physikalischer Theorien, denen gegenüber der Ästhetiker und Physiolog ein Stümper ist. Für die prachtvoll klaren, hochintellektuellen Formen eines Schnelldampfers, eines Stahlwerkes, einer Präzisionsmaschine, die Subtilität und Eleganz gewisser chemischer und optischer Verfahren gebe ich den ganzen Stilplunder des heutigen Kunstgewerbes samt Malerei und Architektur hin.«[391]

Mit einer Radikalität, die den Pamphleten Marinettis wenig nachsteht, wendet sich Spengler gegen den Historismus und den Jugendstil. Die Ästhetik der Zivilisation muß vom Geist der Technik auch äußerlich durchdrungen sein. Laut, schnell und gewalttätig sei der Ausdruck der Moderne. Ihr Stoff sei aus Beton und Stahl; Blasorchester, nicht Kammermusik untermalen die Hektik der Großstädte. Eine beherrschende Stellung haben die Massenmedien einzunehmen. Spengler vergleicht die Presse mit einer Armee; ihre Arbeit sei ein Feldzug: »Fortsetzung – oder Vorbereitung – des Krieges mit anderen Mitteln«. Unter dem artilleristischen Dauerbeschuß der Propaganda soll der kritische Kopf sich ducken müssen. Die Zeitung »muß die Geister dauernd unter Druck halten«.[392] Die Marschrichtung der Massen ist einzupeitschen durch den Stockeinsatz von »Schlagworten«[393].

391. Spengler, S. 61
392. Spengler, S. 1139
393. Spengler, S. 117

276

Rom, Palazzo della Civiltà di Lavoro, von Guerini, La Padula und Romano erbaut für die Esposizione Universale di Roma (EUR) zum 20jährigen Jubiläum von Mussolinis ›Marsch auf Rom‹.

Die Zivilisation fragt nicht nach der Wahrheit, sondern nach der Wirksamkeit der Sprache. Spenglers brutaler Modernismus leugnet nicht seine Traditionsverbundenheit. Durch die Wolkenkratzer und die politischen Hetzkampagnen schimmert der Grundriß eines Mittelalters der Kathedralen und der Ketzerverfolgungen. Aus der Gegenwart taucht »ein Stück versunkener Frühzeit auf. Der Bogen des Geschehens ist im Begriff, sich zu schließen. Wie in den Bauten von Beton und Stahl noch einmal der Ausdruckswille der ersten Gotik hervorbricht, aber nun kalt, beherrscht, zivilisiert, so meldet sich hier der eiserne Machtwille der gotischen Kirche über die Geister … Die Zeit des ›Buches‹ wird durch die gotische Predigt und die moderne Zeitung eingefaßt.«[394]

394. Spengler, S. 1141

Spengler hat die moderne Zivilisation unbedingt bejaht; daß sie den Menschen auch glücklich mache, hat er bestritten. Er verherrlicht die technokratische Zukunft, weil sie notwendig ist, und nicht, weil sie lebenswert wäre. Immer wieder wird die anbrechende Zeit mit ›Kälte‹ und ›Winter‹ in Verbindung gebracht, während für die verflossene Kultur das Bild von ›Reife‹ und ›Sommer‹ steht. Der Gedanke, zu spät geboren zu sein, muß Spengler oft bewegt haben. In seiner Autobiographie gesteht er, lieber im 18. Jahrhundert gelebt zu haben als »allmächtiger Günstling eines tüchtigen Herrschers«[395]. Solche Wunschträume muß Spengler verscheuchen, indem er sich dieser Gegenwart in aller Schonungslosigkeit stets vergewissert. »Wer mit dem Idealismus eines Provinzialen herumgeht und den Lebensstil verflossener Zeiten sucht, der muß es aufgeben, Geschichte verstehen, Geschichte durchleben, Geschichte schaffen zu wollen.«[396] Diese Mahnung richtet Spengler an sich selber; er selbst muß sich auf den 1000 Seiten des »Untergangs« immer wieder einhämmern, nicht zu erstarren beim Rückblick auf das Vergangene. Mit seinem Tatsachenkult bekämpft Spengler seine Melancholie über die verlorene Zeit.

Die Zivilisation ist dem Abendland zugleich Erfüllung und Fluch. Sie bedeutet das Ende des faustischen Strebens; der Drang in die Ferne erschöpft sich zuletzt im Ziellosen. Die Vergangenheit schließt sich ab, und die Zukunft bietet keine Verlockungen mehr. Dem gegenwärtigen Abendländer bleibt nur das entschlossene Weitermarschieren in der eingeschlagenen Richtung, ingrimmig überzeugt, die Zivilisation werde an ihrem eigenen Wachstum ersticken, wenn man ihr tatkräftig einheizt. Der Untergang des Abendlands ist als letzte Hoffnung übriggeblieben. Das Weltende ist die »Vollendung einer innerlich notwendigen Entwicklung«[397]. Das, was fällt, noch zu stoßen, entspricht faustischer Eigendynamik. Mit Umsicht und deutscher Gründlichkeit soll die Selbstvernichtung ins Werk gesetzt werden. Durch die Zivilisation schuf sich Faust die Geißel: Sie züchtigt ihn jetzt für die frevelhafte Neugier, die ihn vom Geist der Frühe abfallen ließ. Zur Strafe muß der ungestüme Fortschritt sich selber um die Früchte bringen, die er einst anstrebte. Spenglers Modernismus bleibt nur Oberfläche: zeitgemäßes Instrument einer konservativen Kulturkritik. Die Technik liefert ihr die Waffen zum Vergeltungsschlag gegen himmelstürmende Vermessenheit. Auf die Wende zum 21. Jahrhundert prophezeit Spengler die Aufkunft des Cäsarismus; Gewaltherrscher werden erscheinen als Würgeengel der Zivilisation. Sie werden vom deutschen Volk, »der letzten Nation des Abendlandes«[398], gestellt werden. Durch sie hallt noch ein »uralter Takt aus ferner Früh-

395. Koktanek, S. 220
396. Spengler, S. 53
397. Spengler, S. 547
398. Spengler, S. 686

zeit«[399], der den Epigonen des Abendlands aufgezwungen wird. Der zivilisierten Welt ist der Pulsschlag kosmischen Regelmaßes erloschen; steuerlos treibt sie dem Chaos entgegen. Man blicke auf die »sündhafte Schönheit« der Großstädte: »Kino, Expressionismus, Theosophie, Boxkämpfe, Niggertänze, Poker und Rennwetten«[400] – die Hure Babylon geht wieder um in diesem kunterbunten, kranken Durcheinander. Echte Blutsverbundenheit baut sich ab im Stadtmenschen; in den Steinwüsten wütet ein eigentlicher »Rasseselbstmord«[401]. Mangelnden Instinkt bezeugt das Paarungsverhalten des Städters: »Statt der Kinder haben sie seelische Konflikte, die Ehe ist eine kunstgewerbliche Aufgabe.« Man erkennt in der Frau nicht mehr das Mutterweib, sondern sucht – im gepflästerten Jargon gesprochen – die »Lebensgefährtin«.[402] Stadtluft macht wurzellos auch im Gedanken: »Das bedenkliche Wort Freiheit«[403] gedeiht in diesem Treibhaus der Künstlichkeiten. Die Cäsaren werden hier mit eiserner Hand durchzugreifen wissen. Ihre beispielhafte Rücksichtslosigkeit wird lehren, daß die Geschichte bewegt wird – nicht von Büchern über Ethik – sondern durch die Tat. »Es gibt keine Wahrheiten; es gibt nur Tatsachen. Es gibt keine Gründe, keine Gerechtigkeit, keinen Ausgleich, kein Endziel; es gibt nur Tatsachen.«[404]

Philosophie kommt ohnehin immer zu spät: Wenn sie moralisch zu zetern beginnt, ist der historische Fait accompli schon gemacht. Eine gesunde Witterung ist wichtiger als das Denken. Vom weltgeschichtlichen Standpunkt betrachtet, »ist Archimedes mit all seinen wissenschaftlichen Entdeckungen vielleicht weniger wirksam gewesen als jener Soldat, der ihn bei der Erstürmung von Syrakus erschlug«[405]. Zucht, nicht Bildung, muß an den Schulen gelehrt werden. Der Ruf nach Gleichheit und Brüderlichkeit ist ein Zeichen von mangelndem Durchsetzungsvermögen. Nur Schwächlinge, die selber nichts anzubieten haben, wollen immer teilen. Der Cäsarismus wird das Vorrecht des Stärkeren durchsetzen. Der praktische Erfolg bestimmt die Politik; die Bedürfnisse des Überlegenen bilden die einzige sittliche Kraft. Unter der Willkür einer starken Führung werden die rosaroten Parteiprogramme verblassen. Das Menschheitsgedächtnis wird die Soziallehren und das Wort ›Demokratie‹ schlicht vergessen unter der Übermacht zwingender Befehle.

Die Zivilisation: Diese Flut, die aus faustischem Ungestüm über die Dämme brach, soll mit unbeugsamer Entschlossenheit – auch das ist faustisch – wieder in geordnete Bahnen geführt werden. Eine Gegenwart, die regellos in die Zukunft auszufransen drohte, bringt der Cäsarismus wieder »in Form«[406] – dieses Wort ist durchaus im sportsmäßigen Sinn aufzufassen. Ein

399. Spengler, S. 1100
400. Spengler, S. 676ff.
401. Spengler, S. 683
402. Spengler, S. 680f.
403. Spengler, S. 55
404. Spengler, S. 1015
405. Spengler, S. 576
406. Spengler, S. 1005

Arno Breker, *Der Bote*, fotografiert von M. Krajewski

gut getrimmter Volkskörper verwandelt Masse in Rasse. Unter seinen letzten Führern bewegt sich die abendländische Volksgemeinschaft wie ein Vogelzug oder eine Kompanie beim Exerzieren: beseelt durch »das pflanzenhaft sichere, das ›es‹«[407], welches alle Glieder im sprachlosen Einverständnis verbindet. Anlaß zur Ertüchtigung bietet der Krieg: »der Schöpfer aller großen Dinge«[408]. Eine ›Zeit der kämpfenden Staaten‹ bricht an, wo das Abendland sich zerstreitet »um das Erbe der ganzen Welt«[409]. Das pazifistische Schwärmen vom Weltfrieden ist, von hoher geschichtlicher Warte betrachtet, zivilisatorischer »Abfall«[410]: ein unbedeutendes Nebengeräusch des Geschichtsverlaufs, das im Geschützdonner rasch ersticken wird. Nach dem Jahr 2000 wird die ›Zeit der kämpfenden Staaten‹ einmünden in das Ringen der Macht des Geldes und der Macht des Bluts. Gegen die Händler werden die Helden antreten; der Rassemensch wird sich gegen den raffinierten, überfeinerten Stadtmenschen zur Wehr setzen. Es kommt zum Sieg des Bluts; damit wird die Zivilisation ihren Höhepunkt überschritten haben. Das Schicksal wird im Triumph der Rasse über das Geld vollstreckt sein. »So schließt das Schauspiel einer hohen Kultur, diese ganze wundervolle Welt von Gottheiten, Künsten, Gedanken, Schlachten, Städten, wieder mit den Urtatsachen des ewigen Blutes, das mit den ewig kreisenden kosmischen Fluten ein und dasselbe ist. Das helle, gestaltenreiche Wachsein taucht wieder in den schweigenden Dienst des Daseins hinab.«[411]

Die Weltgeschichte sei das Weltgericht: Spengler vergleicht den Untergang des Abendlands mit der Unausweichlichkeit einer Naturkatastrophe: »Wir sind in diese Zeit geboren und müssen tapfer den Weg zu Ende gehen, der uns bestimmt ist. Es gibt keinen andern. Auf dem verlorenen Posten ausharren, ohne Hoffnung, ohne Rettung, ist Pflicht. Ausharren, wie jener römische Soldat, dessen Gebeine man vor einem Tor in Pompeji gefunden hat, der starb, weil man beim Ausbruch des Vesuvs vergessen hatte, ihn abzulösen. Das ist Größe, das heißt Rasse haben. Dieses ehrliche Ende ist das einzige, das man dem Menschen nicht nehmen kann.«[412] Bernhard Wicki hat nach dem Zweiten Weltkrieg in seinem Film »Die Brücke« (1959) diesem grotesken Heldentum ein Mahnmal gesetzt.

Wie wird das Abendland aussehen, im 22. Jahrhundert, wenn die großen Eruptionen des Untergangs vorüber sein werden? Es wird sein, als hätte ein großes Gewitter die Luft gereinigt, daß sie jetzt röche wie am ersten Tag der Schöpfung. Der rationalistische Dunst, mit dem der Himmel verunklärt war, ist abgezogen. Die Abendlandschaft steht da in der frühen Reinheit eines Morgens. Untergang ist Vollendung. Nach vergrollendem Kriegslärm geht

407. Spengler, S. 559
408. Spengler, S. 1007
409. Spengler, S. 1098
410. Spengler, S. 781
411. Spengler, S. 1194
412. Aus Spenglers Nachlaß, zitiert nach Schoeps, S. 97

Ragnarök schweigend auf am Horizont: ein blutroter Streif, der das Weltende als Götterdämmerung verkündigt. Die Zeit des Mythos wird wiederkehren, eine ›zweite Religiosität‹, die der Inbrunst im Mittelalter gleicht. »Ein neuer Zug von Innerlichkeit«[413] glimmt schon heute auf im späten Menschen als Vorbote des kommenden Lebensgefühls. Gibt es also eine Umkehr von der Wissenschaft zum Glauben, »von Roger Bacon zu Bernhard von Clairvaux«?[414] In einem gewissen Sinne trifft es zu: Der Mensch nach dem Untergang wird vom Denken, dieser »furchtbaren Mitgift«[415], entbunden; er wird die Sprache seiner Vorfahren, der abendländischen Gelehrten, nicht einmal mehr verstehen. Die Bücher sind weggelegt und die Beweise vergessen. Und doch wird die Zeit jenseits der Zivilisation auch wieder ganz anders sein als die Epoche der Romanik. Bei aller Mystik wird kein Werden mehr fühlbar sein; das Dämmerlicht wird regungslos bleiben und keine Erwartungen wecken auf den Anbruch eines hohen Tags. Die Kultur ist erloschen, das Abendland nur mehr bestimmbar in seinen archäologischen Überresten. Der Mensch wird sich zum dumpfen Fellachen gewandelt haben, ohne Erinnerung: wie der ägyptische Bauer, dem heute die Inschriften am Amuntempel von Karnak stumm und gleichgültig sind. Er wird in namenlosen Dörfern hausen oder sich einnisten in den Skeletten früherer Städte, deren Ruinen ihm von Riesengeschlechtern erbaut scheinen. Nichts von ihrer verständigen Form wird er begreifen. Dieses Volk: staunend, tiefgläubig und duldend, wird von Soldatenkaisern und marodierenden Räuberhorden abwechselnd beherrscht und heimgesucht. Die Waffentragenden werden den Bauern als ihre natürliche Beute betrachten. Die Ausübung der Gewalt wird formlos und unberechenbar sein, wie der Überfall reißender Wölfe in eine Schafherde. Das Wirken einer historischen Vernunft wird nicht mehr zu erkennen sein, denn alles, was geschehen wird, ist zoologischer Zufall. Die Rückkehr zum Ursprung ist die ewige Wiederkunft der Geschichtslosigkeit. Mit dem Ende des Abendlands beginnt eine neue Prähistorie. Geschlechter werden gezeugt und vernichtet; sie folgen sich, rastlos und ruhig zugleich: wie der schlaffe Wellenschlag des Meers bei unendlicher Ebbe.

›Verlust der Mitte‹

Kulturgeschichte als Krankheitsgeschichte zu begreifen gehört in der ersten Hälfte des zwanzigsten Jahrhunderts zu den verbreiteten Denkmustern. Auf dem Grundriß der ehemaligen Donaumonarchie scheint dieser Topos einen besonders guten

413. Spengler, S. 548
414. Spengler, S. 1191
415. Spengler, S. 570

Nährboden gefunden zu haben. Max Nordau, der Entdecker des degenerierten Stirnlappens im Künstler, stammt aus Budapest, wie Lukács, der Kritiker moderner ›Dekadenz‹. In Wien schreibt der Arzt Sigmund Freud über das ›Unbehagen in der Kultur‹ zur selben Zeit, wo der Kunsthistoriker Hans Sedlmayr sich auf seine Universitätslaufbahn vorbereitet. Allerdings gibt es, hinter oberflächlicher Übereinstimmung, sich ausschließende Möglichkeiten, eine Krankheitsgeschichte der Kultur zu schreiben. Sie betreffen – ganz zu schweigen von ätiologischen Gegensätzen – die Art, wie der Diagnostiker zur Krankheit steht. Diese Frage wird während der dreißiger Jahre vielen zum Schicksal. Der herrschende Zeitgeist will es unzimperlich: Falsche Parteilichkeit für das Kranke, Schwache und Dunkle gilt für anstößig. Wer allzu nachsichtig oder gar teilnehmend sich beschäftigt mit dem Abartigen, macht sich als geistiger Schlappschwanz verdächtig. Das Herumkriechen in den schmierigen Zonen des Untermenschlichen deutet auf Verlust an Rasse und Charakter. Die Bücher von Freud werden deshalb am 10. Mai 1933 in Berlin öffentlich verbrannt. Sedlmayr wird in diesem Jahr Privatdozent an der Technischen Hochschule in Wien. Er steht am Beginn einer ehrenvollen Laufbahn, während andere sich beeilen müssen, die Koffer zu packen. Der Sommer 1938 gibt Freud dazu die letzte Gelegenheit: Drei Monate nach dem Anschluß Österreichs an den deutschen NS-Staat geht der verfemte Arzt ins Exil. Sedlmayr ist inzwischen zum Institutsleiter an der Wiener Universität aufgestiegen. Hier bleibt er während des ganzen Kriegs. Eine bemerkenswerte Vorlesung hält er in den Jahren 1941 und 1944; sie handelt vom »Verlust der Mitte« – ein Thema mit zeitkritischem Anspruch. Der Anlaß scheint beileibe gegeben in einem Moment, wo Europa in die Katastrophe treibt. 1941 und 1944 sind folgenschwere Daten: Sie umfassen den Bogen von Euphorie und Katzenjammer der deutschen Aggression. 1941 erfolgt Hitlers Angriff auf die Sowjetunion; 1944 landen die Alliierten in der Normandie. Wer allerdings erwartet, die epochalen Verhängnisse müßten durch eine kulturgeschichtliche Analyse hindurchschimmern, sieht sich getäuscht. Sedlmayr gelingt es, Zeitkritik zu üben bei Ausblendung des Zeitgeschehens. Kein Fliegeralarm hat seine kunstwissenschaftliche Problemstellung erschüttert. Stalingrad existiert nicht auf dieser geschichtsphilosophischen Landkarte. Als Sedlmayr »Verlust der Mitte« 1948 drucken läßt, schreibt er lakonisch, die Vorlesung sei 1941 niedergeschrieben worden; »wesentlich Neues ist seither kaum mehr dazugekommen«.[416] Das Ende der Katastrophe, die bedingungslose Kapitulation der Deutschen und die Nürnberger Prozesse haben seinen Standpunkt nicht mehr beeinflußt. So

416. Sedlmayr, Verlust, S. 249

kommt, als Europa noch in Schutt und Trümmern liegt, ein zeitkritisches Buch heraus, das vom Krieg nichts, viel aber von Künstlern und ihrem Hang zum Chaos handelt.

Der Genauigkeit halber sei festgehalten, daß Sedlmayr einmal den Krieg erwähnt, allerdings nicht den eben beendeten, sondern einen, der 300 Jahre zurückliegt. Er wird genannt im Zusammenhang mit der These, daß die äußeren Zeitumstände die Ausgeglichenheit der Kunst nicht zu trüben brauchten. »Eine so furchtbare Katastrophe wie der Dreißigjährige Krieg hat in der Kunst kaum eine Verdüsterung hinterlassen.« Wer das überstandene Unheil so gut verdrängen kann, daß es ihm nach drei Jahren schon so fern scheint wie ein Ereignis aus dem 17. Jahrhundert, hat allerdings Grund zum Optimismus. Da jeder historische Prozeß stets zur Tagesordnung zurückkehrt, hat die Kunst keinen Grund, ihre gottselige Heiterkeit zu verlieren. »Der Schrittmacher dieser Heiterkeit ist der Humor. Überall, wo in der Geschichte das Höllenbild in seiner Furchtbarkeit überwunden wurde, löst es sich auf in Gestaltungen eines befreienden, gleichsam kosmischen Humors.«[417] Hurra, wir leben noch! Man ist noch einmal glimpflich davongekommen. Die Bombennächte sind vorbei, und die vergasten Mitmenschen werden durch moralisches Raisonnement auch nicht wieder lebendig. Schwamm darüber. Auch geht es – Gott sei Dank – wieder aufwärts. Die Große Koalition verschafft Österreich in den Nachkriegsjahren politische Stabilität und wirtschaftlichen Aufschwung. Die Segnungen des Marshallplans helfen rasch über unangenehme Erinnerungen hinweg. Das Gewissen wird, bei regelmäßiger Kaubewegung, rosa und elastisch, wie der Chewing-gum der amerikanischen Soldaten, der jetzt allgegenwärtig und fühlbar die atlantische Allianz zusammenklebt.

Sedlmayrs Universitätslaufbahn bleibt ungebrochen: 1951 wird er nach München berufen. Der Spezialist für das Mittelalter und gegen das Moderne verfügt über die nötige Eignung, die Ästhetik der Adenauerära zu vertreten. Seine kunstkritischen Schriften sind sehr populär und werden in mehrere Sprachen übersetzt – darunter sogar ins Japanische. Vielleicht sollen die Bewohner von Hiroshima und Nagasaki im »Verlust der Mitte« einen Sinn für ihr Überleben finden.

Der Erfolg von Sedlmayrs Geschichtsbetrachtung in den 50er und frühen 60er Jahren liegt darin, daß sie es versteht, die Nazizeit unbewußt zu machen. Kunstgeschichte als Krankheitsgeschichte muß sich gefallen lassen, zur Gegenprobe selber auf den Schragen gelegt zu werden. Sedlmayrs Abrechnung mit der Moderne ist – nach einem Terminus des verbannten Wiener Kollegen Freud – solide Verschiebungsarbeit. Die Künstler der

417. Sedlmayr, Verlust, S. 244

letzten 150 Jahre werden zu Sündenböcken der Gegenwart gemacht. Die Verschiebung der Schuldfrage ist in folgendem Satz geradezu buchstäblich zu verfolgen: »Es bedarf heute keineswegs mehr einer ›metaphysischen‹ Einstellung, um dieser Welt des Chaotischen ansichtig zu werden, denn sie ist vollkommen real in unserer Umgebung sichtbar geworden. Die Meisterstücke des totalen Krieges zeigen sie nackt und total, aber verhüllter und fragmentarischer ist sie in der modernen Großstadt vielfach zu sehen. Im Tohuwabohu des Trödelladens haben die Surrealisten sie mit Begeisterung entdeckt.«[418] Der schleierhafte Satz – je genauer man ihn liest, desto undurchsichtiger wird die Aussage – ist an einen Leser gerichtet, der die Passage zustimmend überfliegt. Zwischen dem Chaos des totalen Kriegs und einem chaotisch anmutenden Kunstwerk ist eine diffuse Analogie hergestellt. Die Schlacht um Moskau und eine Collage von Kurt Schwitters werden durchwaltet von derselben dunklen Macht. Allerdings wird die Aufmerksamkeit durch die Satzfolge auf die Künstler gelenkt, die sich auf das »Tohuwabohu« einlassen. Der totale Krieg ist wenigstens »total«: offen und ehrlich; das weiß Sedlmayr, Offizier im Ersten Weltkrieg, aus eigener Erfahrung. »Verhüllter und fragmentarischer« geht jedoch die Kunst vor. Der Komparativ deutet auf eine gesteigerte Gefährlichkeit; denn der Künstler propagiert das Chaos hinterrücks. Wer war es schließlich, der »mit Begeisterung« das Chaotische in der Welt »entdeckt« hat? Die Surrealisten. Sie sind die wahren Hintermänner des Zusammenbruchs. Daher muß, nach Nürnberg, jetzt den Künstlern der Prozeß gemacht werden. Die Anklageschrift holt gründlich aus und entlarvt die Drahtzieher bis zurück in die Zeit der Französischen Revolution. Von Goya bis Mondrian verläuft die Ahnenreihe gefallener Geister, die das Unheil der Gegenwart heraufbeschworen. Wer diesen Zusammenhang einmal durchschaut hat, dem ist der Zweite Weltkrieg bloß der Reflex auf die Schandtaten von Baudelaire und Konsorten.

Sedlmayr nennt den Surrealismus einen »Realismus des Untermenschlichen«[419]. Das surrealistische Publikum bilde sich aus übersättigten Snobs und »Desperados der kapitalistischen Gesellschaft«[420]. Angriffe auf die Kunst als Luxus der Reichen verfehlen nie ihre populäre Wirkung. Wenn dazu noch angedeutet wird, daß die Surrealisten einst »sich als Teil der kommunistischen Weltrevolution betrachteten«[421], wird manchem anständigen Menschen die Wut hochkommen über das undurchschaubare Ränkespiel des Intellektuellenpacks. Und immer wieder muß vor Picasso gewarnt werden: Er ist »die exemplarische Verkörperung und exemplarische Darstellung des Verlustes der Mitte«.[422] Der große Zauberer der Leinwand ist beseelt vom

418. Sedlmayr, Verlust, S. 162
419. Sedlmayr, Tod des Lichtes, S. 57
420. Sedlmayr, Tod des Lichtes, S. 55
421. Sedlmayr, Tod des Lichtes, S. 46
422. Sedlmayr, Tod des Lichtes, S. 73

»linksromantischen Ideal« schrankenloser Freiheit. Seine ungezügelte Formenwelt symbolisiert den Aufruhr der Moderne gegen Gott. Die Schuld Picassos besteht in der luziferischen Vermessenheit, über alle naturgegebenen Schranken hinwegzugehen. Sedlmayrs Kunsturteil erhebt sich mit der finsteren Wucht des Inquisitors, der einen Hexer dem weltlichen Arm der Gerechtigkeit ausliefert: »homo artifex ludens sicut Deus«, lautet die Anklage gegen den Anführer der modernen Häresie.[423]

»Verlust der Mitte« bedeutet einen Schlag gegen die Bestrebungen der Kunstwissenschaft zur Nachkriegszeit, die verfemte Avantgarde zu rehabilitieren. Aufgescheucht von der unverblümten Sprache und von deren Erfolg in einer breiten Öffentlichkeit, ziehen die Fachkollegen Sedlmayr zur Rechenschaft. Am zweiten Deutschen Kunsthistorikertag von 1949 in München stellt Werner Haftmann fest: »Da dieses Buch die erste Aussage unserer akademischen Disziplin zur modernen Kunst ist, wird es im Ausland stellvertretend für die deutsche Einstellung zur modernen Kultur stehen.«[424] Unter den deutschen Kunsthistorikern breitet sich die Sorge aus, die NS-Ästhetik könne, kaum totgesagt, wieder aufleben und das kulturelle Leben vergiften. Die meisten Rezensenten erinnert Sedlmayrs »Verlust« an die Entartungs-Phraseologie der jüngsten Vergangenheit. Besonders übel wird vermerkt, daß Sedlmayr die Verlogenheit und Brutalität der NS-Kunst in seiner Kritik weitgehend ausblendet. »Es ist bekannt, daß Sedlmayr selber einstmals mit vollen Backen in die Hitlersche Posaune gestoßen hat – eine Tatsache, auf die hier nicht Bezug genommen würde, wenn nicht die Spuren davon noch heute deutlich erkennbar wären.«[425] Der Hinweis von Hermann Voss auf Sedlmayrs angebliche Nazi-Vergangenheit muß mit Vorbehalten aufgenommen werden. Gewiß: Sedlmayrs politisches Bekenntnis stimmt überein mit der nationalsozialistischen Propaganda, wenn er gleichermaßen den bürgerlichen Liberalismus und den sozialistischen Kollektivismus verwirft. Als dritten Weg sieht er einen naturwüchsig-patriarchalischen Ständestaat. Dieser unterscheidet sich vom Dritten Reich darin, daß die Diktatur für gottgewollt erklärt wird. Das hat Hitler nie behauptet. Der Herrschaftsanspruch des NS-Staates leitet sich ganz profan vom Vorrecht deutscher Rasse ab. Die führenden Faschisten Deutschlands haben die katholische Kirche stets beargwöhnt, weil sie ein ideelles Machtgefüge darstellt, dessen Einfluß durch territoriale Herrschaft nicht vollständig zu kontrollieren ist. Alfred Rosenberg, der offiziöse Kulturtheoretiker der NSDAP, hat immer wieder gegen den Katholizismus vom Leder gezogen. Die politischen Sympathien von Sedlmayr, dem Erzkatholiken, gelten eher dem Austrofaschismus, der mit Mus-

423. Sedlmayr, Tod des Lichtes, S. 212

424. In: Kunstchronik, 2. Jahrgang, Oktober 1949, Heft 10. Bericht über den Deutschen Kunsthistorikertag …, S. 227

425. Hermann Voss in: Zeitschrift für Kunst, 4. Jahrgang, 1950, Heft 1, S. 83

solini gute Beziehungen pflegt, um damit die ultramontane Tendenz zu bekräftigen[426]. Bevor der Austrofaschismus 1938 politisch ausgeschaltet wird durch den Anschluß ans Deutsche Reich, steht er mit der NSDAP in blutiger Konkurrenz, die einen Höhepunkt findet in der Ermordung von Engelbert Dollfuß. Dieser autoritäre Staatsmann – antiparlamentarisch, antisozialistisch und streng katholisch – kommt den Idealen, wie sie im »Verlust der Mitte« beschrieben sind, am nächsten.

Sedlmayrs Geschichtsphilosophie steht in der Tradition einer Mittelalterromantik, welche so rabenschwarz geworden ist wie eine pfarrherrliche Soutane. Mittelalterlich ist auch die Methode der Kunstkritik: Sie beruht auf dem Prinzip der Deduktion, wie sie Thomas von Aquin zur Grundregel katholischer Logik erhob. Die deduktive Methode ermöglicht die Erklärung der Welt in frommer Abgeschiedenheit, durch reines, folgerichtiges Denken. Damit kann empirische Erfahrung vermieden werden, welche die geistige Ruhe und Klarheit zu stören droht wie der Mittagsdämon das Gebet. Im Sinne thomistischer Logik übt Sedlmayr eine Kunstkritik ohne Kunstbetrachtung. Unbesehen kann er Kunstwerke verurteilen nach einem Schlußverfahren, das auf theologisch abgesicherten Prämissen ruht. Sedlmayrs Invektiven gegen die Moderne lassen sich auf den Syllogismus zurückführen:

Gottlose Kunst ist untermenschlich.
Der Surrealismus ist gottlos.
Also ist surrealistische Kunst untermenschlich.

Man mag einwenden, daß dieser Syllogismus zwar folgerichtig aufgebaut, der Schluß aber dennoch zu bezweifeln sei, da man die Prämissen nicht anerkenne. Dem ist entgegenzuhalten: Sedlmayrs Kunsturteile ruhen auf der Autorität katholischer Glaubenssätze. Die Prämissen sind unfehlbar, und die Vollstreckung des Schlusses bestätigt ihre Wahrheit rückwirkend noch einmal: So, wie der brennende Ketzer, weil er brennt, die Gottgefälligkeit des Urteils beweist. Dem kritischen Zweifler an solchem Richtspruch droht die Flamme des Scheiterhaufens – unerbittlich, aber gerecht – entgegenzuschlagen.

Wie schon bei Spengler umfaßt die abendländische Geschichte vier Zeitalter; sie vergegenwärtigen Gott in je verschiedener Gestalt. In der Epoche der Romanik tritt der »Gott-Herrscher« auf: Als Vater und strenger Weltenrichter thront ER über dem Portal finsterer Kathedralen. Ihn umgeben apokalyptische Wesen, geschaffen, den Menschen an den Jüngsten Tag zu erinnern. Bis ins Mittelschiff dringen die Gelächter von äffenden

426. Berichtigung: Aus dem Wiener Universitätsarchiv geht hervor, daß Sedlmayr der NSDAP angehörte. Mitteilung von Peter Haiko, Wien

Teufeln und Greifsgestalten, zur Versuchung gläubiger Andacht. In der Gotik heitert sich der Himmel auf: Der »Gott mensch« erscheint. Ihm zur Seite stehen Maria, ›unsere liebe Frau‹, und die Heiligen. Die Natur wird darstellungswürdig als Abbild der Allmacht, Weisheit und Güte ihres Schöpfers. Die Kunst rundet sich zum wirklichen, greifbaren Raum; sie überwindet die Fläche, in welcher die Romanik ihre stummen Zeichen eingrub. Das Übermenschliche erfreut sich der sinnlichen Gestalt. Von Giotto bis van Eyck schärft sich die Beobachtung für die Natur des Sichtbaren. Die Malerei bereitet ein Fest: die Epiphanie der Dinge. Hat sich die Gotik nicht gescheut, die Vermenschlichung Gottes zu steigern bis zur Erbärmlichkeit des leidenden Menschenwurms, ermannt sich das dritte Zeitalter zum Erhabenen. In der Renaissance und im Barock wird Gott als »Gottmensch« und »göttlicher Mensch« offenbar. Der triumphierende Christus steigt auf in die Wolken, welche die Decke des feudalen Prunksaals durchstößt. Seine rauschende Himmelfahrt rechtfertigt die Herrschaft der Mächtigen auf der Erde. Der im Fleisch auferstandene Himmelsfürst gleicht dem olympischen Apoll; die leibliche Schönheit der Antike hat sich mit dem Geist des Christentums vereinigt. Der Künstler selber ist von heroischer Statur: Typus des uomo universale, »der mit Leonardo da Vinci erscheint und mit Goethe endet«[427]. Mit der Französischen Revolution beginnt das vierte Zeitalter. Die Vermittlung zwischen göttlicher und menschlicher Sphäre zerbricht. Der Mensch erklärt sich »autonom«, indem er Gott leugnet und ersetzt »durch neue Götter und Götzen«.[428] Damit verliert die Kunst ihren zentralen Halt; der Zerfall der abendländischen Kultur ist die unausweichliche Folge.

Die drei großen Kunstepochen der Vergangenheit waren vor die Aufgabe gestellt, der Herrlichkeit Gottes und seinem weltlichen Arm, den Königen und Fürsten, zu dienen. Kirche und Palast bildeten die zwei Brennpunkte, um die sich das Künstlertum scharte. In dem Maß, als die Macht dieser traditionalen Ordnungsträger eingeschränkt wurde, verfiel auch ihre stilbildende Kraft. Das »Stilchaos«[429] der Moderne hob an. An der Architektur ist das Durcheinander beispielhaft zu beobachten: Seit Kirche und Palast ihre führende Stellung verloren, pocht jede Bauaufgabe auf das Recht, zur Kunst gezählt zu werden. Sogar die Fabrik und der hinterletzte Speicher verlangen nach der Würde einer ästhetischen Behandlung. Es wirkt das Gedankengift der Aufklärung; wo die Künste nach »Gleichberechtigung«[430] schreien, zerfällt der Stil. Stil ist Ausdruck einer naturwüchsig wirkenden Autorität; die Moderne, in ihrer aufrührerischen Art, kann daher wesensmäßig keinen Stil hervor-

427. Sedlmayr, Verlust, S. 224
428. Sedlmayr, Verlust, S. 226
429. Sedlmayr, Verlust, S. 60
430. Sedlmayr, Verlust, S. 63

bringen. Was in der Baukunst seit 1800 als ›Stilpluralismus‹ bezeichnet wird, gleicht eher dem Gezänk politischer Parteien, die im Parlament mit wechselndem Erfolg sich Einfluß und Macht streitig machen. Klassizismus, Neurenaissance, Jugendstil bedeuten nichts als die Namen ästhetischer Programme, die einander ablösen im Ringen um die Herrschaft über die Baumassen. Doch es ist keiner architektonischen Strömung gelungen, endgültig eine formstiftende Ordnung wiederherzustellen. Der tiefe Grund des Versagens liegt darin, daß der moderne Bau das Bild Gottes ausgeblendet hat.

Die moderne Gesellschaft bringt eine Vielfalt neuer architektonischer Bedürfnisse hervor. Im 19. Jahrhundert kämpfen das Denkmal, der bürgerliche Salon, das Museum, das Theater, die Weltausstellung um die Hegemonie der Künste. Das Feiertägliche verändert seine Gestalt: hin zu »Revue« und zur »Show«.[431] Nach dem prunkvollen Lärm der Gründerzeit nimmt seit der Jahrhundertwende der technoide Charakter der Architektur überhand. Prototyp ist die Eisen-Glas-Konstruktion des Londoner Cristal Palace. Der Nutzbau wird zum Ideal der Architektur erhoben. Mit der Betonästhetik kommt die »radikale Gleichmacherei«[432] im Stadtbild zum Durchbruch. Als Symbol des Bauens heute kann der Perron betrachtet werden: Sein Wesen ist, »nach oben massiv geschlossen, nach den Seiten aber grenzenlos geöffnet zu sein (und man achte auf den sublimen Sinn dieser einfa-

431.   Sedlmayr, Verlust, S. 53
432.   Sedlmayr, Verlust, S. 56

El Lissitzky, Wolkenbügel, Projekt eines Bürogebäudes auf dem Nikitzki-Platz in Moskau, 1924

chen Feststellung). Der ›Perron‹ ist eine Art materialistischer Baldachin.«[433] Sich gegen den Himmel zu verschließen, um sich auf die ganze Breite des Menschenmöglichen einzulassen: Das ist die Todsünde der Moderne. Die letzte Konsequenz zieht Le Corbusier; er fordert die Abschaffung der Architektur. Statt erdverbundener Bauten werden mobile Wohnmaschinen propagiert. Damit beginnt – wie schon Spengler erkannt hat – ein neues Nomadentum. »Ein tieferstehendes Idol als die Maschine ist kaum vorzustellen.«[434]

Das letzte Zeitalter frönt dem Schnellen und der Beweglichkeit. Die Bindung an eine festgefügte, wohlgegliederte Ordnung wird abgeschüttelt. Ein wahrer Haß »der Maschinenmenschen gegen das Architektonische«[435] entlädt sich. Die Krise der Moderne kann daher als eine architektonische Krise bezeichnet werden. Das Ende der hohen abendländischen Kultur wird eingeleitet durch einen »Angriff auf die Architektur«[436]. Eine schleichende Zersetzung des überlieferten Baugedankens äußert sich bereits am englischen Garten des 18. Jahrhunderts. Das feudale Selbstbewußtsein erlischt. Vom Auftrag zu herrschen zieht sich der Bau zurück hinter hohe, rauschende Bäume. Eine melancholische Passivität kennzeichnet die Empfindsamkeit. In der Ruinenromantik träumt die Tektonik von ihrer Selbstauflösung. Dieser Herrschaftsmüdigkeit gibt schließlich die Revolutionsarchitektur ihren Todesstoß. ›Archi-Tektur‹: Der gefügte Bau – aufruhend auf der Erde, ordnet und trägt er die Massen – wird untergraben. Boullée entwirft als Idealform des Hauses die Kugel: ›Anti-Tektur‹. Die Raumhülle löst sich von der Erdbasis. Der moderne Bau verliert die vertikale Ausrichtung; er schafft »die Möglichkeit, unten und oben zu vertauschen«[437]. Damit wird die Grundlage von Ordnung überhaupt zerstört. Ohne ein Unten und ein Oben gibt es keinen Gehorsam. Der Gehorsam aber bildet die Grundlage der Kulturfähigkeit. Das Verwurzeltsein in der Scholle ist dem modernen Haus abhanden gekommen. Selbst wo der Historismus am Überlieferten anknüpfen will, bleibt das Nachgeahmte blutleer. Ein neubarockes Mietshaus wird nicht mehr durchströmt vom kosmischen Puls einer gottgewollten Einheit. Es ist das Resultat abstrakter Reißbrettplanung; aus jeder säuberlich hingezirkelten Form spricht die »Unfähigkeit, anders als geometrisch zu gestalten«[438]. Man betrachte dagegen ein Schloß des 17. Jahrhunderts: Als Blüte, die ihr Wachstum dem himmlischen Licht verdankt, krönt es die Latifundien des weltlichen Fürsten.

In starken Kulturepochen wird die Gesamtheit der Künste gehalten vom Bau. Dieses Gefäß zerschlägt die Moderne, indem sie die Architektur aufsplittert in eine Vielzahl von neuen Bau-

433. Sedlmayr, Verlust, S. 105
434. Sedlmayr, Verlust, S. 59
435. Sedlmayr, Verlust, S. 108
436. Sedlmayr, Verlust, S. 93
437. Sedlmayr, Verlust, S. 97
438. Sedlmayr, Verlust, S. 99

aufgaben: das Denkmal, das Wohnhaus, das Museum, das Theater, den Nutzbau. Wo die herrische Naturwüchsigkeit des Bauens erlischt, tritt der Tod des Gesamtkunstwerks ein. Auf die
absolute Architektur folgt die reine Plastik und der autonome
Farbfleck. Als Surrogat der Einheit wirkt das Museum: künstliches Gesamtkunstwerk der Künste. Dieses Asyl sammelt wieder
ein, was in der »Heimatlosigkeit des Kunstmarktes«[439] sich verirrte. Da sie die leitende Hand verließ, wird die Kunst haltlos.
Im aktuellen Schaffen tritt eine Primitivierung der Form ein.
Der gottverlassene Mensch regrediert ins Frühkindliche. Ein
alarmierendes Ausmaß ist im Dadaismus erreicht; die Sprache
zerfällt dem entwurzelten Subjekt zum Gestammel.

Von allen Künsten bewahrt allein die Skulptur »durch das
ganze 19. Jahrhundert hindurch etwas von der Würde des
Menschlichen«[440]. Solange sie sich bemüht um die Gestaltung
des schönen Menschenleibs, bleibt sie der echten Tradition: der
»Nähe zum Zeitlosen des Griechentums«[441], verbunden. – Daß
diese Nähe während der 30er und 40er Jahre besonders blutvoll
von Nazikünstlern wie Thorak und Breker aufrechterhalten
wurde, darüber kann sich Sedlmayr ausschweigen. Die Standbilder kraftstrotzender Rassemenschen hat man inzwischen zwar
verschämt von Straßen und Plätzen entfernt, ihr Umriß aber ist
als Abdruck und bleibende Gußform für neue, alte Inhalte in der
ästhetischen Erinnerung haftengeblieben.

Die am meisten gefährdete von allen Künsten ist die Malerei.
Während der Architektur und der Plastik immerhin noch
Schranken gesetzt sind durch das bestimmende Verhältnis zum
Auftraggeber, entfallen bei der Malerei alle Bindungen. »Sie ist
bedroht von der Abstraktion«[442] in dem Maß, als sie sich abwen-
det von allgemeinen Wertbegriffen. Zu den ersten Künstlern,
welche die Tradition endgültig verlassen, gehört Francisco Goya,
der »Alleszermalmer«[443]. Er wagt sich vor in die Welt des Traums,
des Alogischen und Unfaßbaren. Seine Bilder werden nicht
mehr gespeist vom Konsens einer vernünftigen Gesellschafts-
ordnung, sondern spiegeln die Visionen einer kranken Seele.
»Ihre ›Ikonographie‹ wird später die Psychoanalyse zu schreiben
versuchen.«[444] Kennzeichen moderner Imagination ist das
Absolutwerden der Hölle. Dargestellt wird der Zustand aus-
sichtsloser Verdammnis. Die Apokalypse scheint über die Wirklichkeit hereingebrochen. Daumiers fratzenhafte Karikaturen
bedeuten die »säkularisierte Hölle«[445]. Die Idee des schönen
Menschen erstickt im beklemmenden Gelächter einer dämoni-
sierten Unterwelt. Oder Grandville: Das Wachsein vergeht zum
gärenden Traum, dessen Gestalten in einer ungeheuren, teuflischen Inzucht durcheinanderpurzeln. Neben die Bildsprache

439. Sedlmayr, Verlust, S. 87
440. Sedlmayr, Verlust, S. 137
441. Sedlmayr, Verlust, S. 138
442. Sedlmayr, Verlust, S. 137
443. Sedlmayr, Verlust, S. 110
444. Sedlmayr, Verlust, S. 112
445. Sedlmayr, Verlust, S. 119

des Höllentraums tritt, im Werk von Cézanne erstmals aufzuspüren, das zweite folgenschwere Symptom: die Abspaltung der
Sinnenreize von der inhaltlichen Wertung. Durch den Verzicht
auf moralische Durchdringung des Erlebten gewinnt die Farbe
an Eigenleben. Alle sichtbaren Dinge werden für gleichwertig
gehalten. Angestrebt ist ein »Zustand äußerster Teilnahmslosigkeit des Geistes und der Seele an den Erlebnissen des Auges«[446].
Was die Kunsttheorie beschönigend als ›reine Sichtbarkeit‹
bezeichnet, bedeutet nichts anderes als den Verlust des absoluten
Wertmaßstabs. Das »Versagen der Einfühlung« ist ein krankhaf-
ter Befund. Der moderne Künstler flieht vor einer klaren Entscheidung in den Schlaf. Dämmerlandschaften des Unbewußten
zeigt die Kunst von Cézanne: »Sie bereitet in ihrer unnatür-
lichen Stille den Ausbruch des Untermenschlichen vor.«[447]
Und es bricht aus, mit urtümlicher Gewalt, in den 10er Jahren
dieses Jahrhunderts. Ein großer Teil der Gegenwartsmalerei ist
»tatsächlich nicht mehr Kunst«, eher ein »Zerrbild der Apokalypse«. Angetrieben von der schamlosen »Sucht nach Neuem
um jeden Preis«, wird die »Konjunktur des Entsetzlichen« angefacht von gewinnsüchtigen Schwindlern. »Es gibt das oberflächliche zynische Spiel und den bewußten Bluff, es gibt die kalte
Ausnützung dieser Kunst als Mittel, alle Ordnungen aufzulösen.«[448] Zu den »extremsten Ausartungen«[449] – man bemerke,
wie sorgfältig Sedlmayr das Schlagwort der NS-Ästhetik abwan-
delt – gehören: Kubismus, Expressionismus, Surrealismus. Alle
Ismen unterliegen dem widernatürlichen Trieb nach dem Kranken, dem Toten und Perversen. Daher erregt die Moderne zwar
»auf die direkteste Weise den instinktiven Widerwillen des
›natürlichen‹ Menschen«[450]; trotzdem wird der höllischen Versuchung zu wenig entschlossen begegnet. Dem gesunden Menschenverstand wirft Sedlmayr vor, er verschließe die Augen vor
der surrealistischen Gefahr. »Es hilft nichts, eine solche Erscheinung zu bagatellisieren.«[451] Man braucht nur genau hinzusehen
und zu hören, denn die Rädelsführer: Aragon, Breton, Dalí
bekennen ihre Absichten ohne Umschweife. »Die Masken hat
der Surrealismus abgeworfen: Offen und schamlos schmäht er
Gott und die Menschen, die Toten und die Lebenden, die
Schönheit und die Sittlichkeit, die Struktur und die Gestaltung,
die Vernunft und die Kunst: ›Die Kunst ist eine Dummheit‹.
Offen bekennt er sich zur Allmacht der Lust, zur Revolte in Per-
manenz, zum ›monstre‹ und zum Skandal.«[452] Überall – »nicht
nur in europäischen Ländern« – haben sich bereits surrealistische
»Zellen« gebildet.[453] Sie unterwandern die Fundamente einer
vernünftigen Gesellschaft. Ihr Ziel ist das »entfesselte Chaos«[454].
Der Wahnsinn ihrer Methode liegt im Bejahen des Unter-

446. Sedlmayr, Verlust, S. 125
447. Sedlmayr, Verlust, S. 126
448. Sedlmayr, Verlust, S. 132
449. Sedlmayr, Verlust, S. 133
450. Sedlmayr, Verlust, S. 131
451. Sedlmayr, Verlust, S. 136
452. Sedlmayr, Verlust, S. 135
453. Sedlmayr, Verlust, S. 136
454. Sedlmayr, Verlust, S. 109

menschlich-Unbewußten; sie überlassen sich willentlich den Wogen der Raserei. Nichts nehmen sie ernst: Darin liegt die größte Gefahr. Ihr absurdes Lächeln erschüttert das Bauwerk systematischer Ordnung. Oben und unten stürzen in sich zusammen, und auf steht die verkehrte Welt, die der Langmut Gottes kopfüber ins Gesicht furzt.

»Und schließlich ist der Surrealismus nur die letzte Beschleunigung im Sturze des Menschen und der Kunst.«[455] Sedlmayr sieht in der Moderne einen zweiten Sündenfall. Das moderne Menschenbild ist eine Häresie. Ihr Ideal nennt sich zwar ›Humanismus‹; eher wäre jedoch die Bezeichnung »Hominismus«[456] am Platz für jenen Götzendienst, der die Menschen einer wurzellosen Ungebundenheit ausliefert. Die Forderung nach der Freiheit des Subjekts geht auf die luziferische Versuchung zurück: sein zu wollen wie Gott. Diese »ungeheure innere Katastrophe«[457] kommt mit der Französischen Revolution zum Ausbruch. Die »Proto-Häresie«[458] ist von der Aufklärung verkündet worden; sie besteht in der anmaßenden These von der Selbstbestimmung des einzelnen Menschen. Der Autonomie-Wahn hat die Kunst vergiftet. Ihre sogenannte ›Befreiung‹ führt zur Verneinung. ›Freiheit‹ ist polemisch gegen Gott gerichtet. Indem der Mensch sich absolut setzt, blendet er die Realität Gottes aus; und »der Verlust der Realität Gottes zerstört das ursprüngliche Gefühl für die Realität«[459] überhaupt. Abstrakte Kunst ist eine Folge des Atheismus.

Wie konnte die Abkehr von Gott ein derart heilloses Ausmaß annehmen? Sedlmayr scheut sich nicht, den Finger an einen wunden Punkt im Kapitalismus zu legen. Allzu einseitig hat das Bürgertum den materiellen Fortschritt vorangetrieben. Man vergaß, die Industriegesellschaft im Sinne der religiösen Traditionen zu läutern. »Weder der Arbeiter, noch die neue technische Architektur ist christianisiert worden.«[460] Die Fabrikgebäude und Mietskasernen bilden weiße Flecken in der Landkarte der religiösen Sendung. Aufgewachsen in einem heidnischen Niemandsland, ist der Arbeiter »der erste Mensch ohne Kunst«.[461] Der bloße Umgang mit technischem Gerät hat ihn entfremdet von den natürlichen Kreisläufen der Schöpfung. Nicht nur die Kunstform zeigt eine Tendenz zum Anorganischen; »überall erkaltet die lebendige Beziehung, an ihre Stelle treten kühle Verstandesverhältnisse«.[462] Die heile Gesellschaft vor dem Verlust bildete eine lebendige Ganzheit, geeint im christlichen Glauben. Dieses geistige Zentrum hat die Aufklärung zersetzt; die naturwüchsige Ordnung zerfiel in die Bestandteile eines mechanischen Weltbildes.

455. Sedlmayr, Verlust, S. 136
456. Sedlmayr, Tod des Lichtes, S. 179
457. Sedlmayr, Verlust, S. 7
458. Sedlmayr, Tod des Lichtes, S. 109
459. Sedlmayr, Verlust, S. 171
460. Sedlmayr, Verlust, S. 18
461. Sedlmayr, Tod des Lichtes, S. 190
462. Sedlmayr, Verlust, S. 173f.

»Verlust der Mitte« heißt Sedlmayrs Diagnose. Die Krise hat eine apokalyptische Bedeutung. »Das allerwesentlichste der Erkenntnis – und damit wird der höchste Punkt dieser Untersuchung erreicht – besteht also darin, eingesehen zu haben, daß der gegenwärtige Zustand des Menschen, der in den Symbolen der Kunst transparent geworden ist, eine Störung bedeutet, und daß diese Störung zentral eine kosmische und anthropische und nur peripher eine Störung im sozialen, wirtschaftlichen, kulturellen Feld ist.«[463]

Der Kosmos ist gestört durch die Hoffart des Menschen. In einer andern Kampfschrift mit dem Titel »Tod des Lichtes« wird die moderne Krise mit einer endzeitlichen Sonnenfinsternis verglichen. Die »Verfinsterung des geistigen Zentrallichts«[464] offenbart sich alarmierend in der Malerei: Seit Cézanne werde »das Licht von der Farbe verschluckt«[465]. Das Durchscheinen des Jenseitigen erlischt im Gemälde; sichtbar wird die nackte Materiatur des Farbauftrags. Was hat diese Verfinsterung zu bedeuten? Zwei konträre Möglichkeiten bieten sich an als Erklärung. Die eine hat Oswald Spengler formuliert im »Untergang des Abendlandes«: Die gegenwärtige Verfallzeit bekunde die Agonie eines Kulturkreises, der zu sterben habe, wie jedem Organismus verhängt ist. Die andere Möglichkeit lautet – und Sedlmayr, der Katholik, bekennt sich dazu –, daß der Tod des Lichts die Ankunft des Antichrist verheißt. Die Gegenwart läßt sich erahnen als »Wendepunkt der Weltgeschichte«[466]. Es naht das Jüngste Gericht; die Maschine erscheint als »Affe Christi«[467], um Gottes Güte herauszufordern zum endgültigen Kampf zwischen Gut und Böse. Der Mensch sehe sich vor, auf der richtigen Seite zu stehen. Sedlmayr ermahnt die Guten, wachsam zu sein und sich zu rüsten für die Ankunft des Weltenrichters. In der Heilsperspektive unterscheidet sich diese Botschaft von Spenglers Nihilismus, welcher das Abendland ersatzlos streicht. Die Warnung über den Verlust der Mitte entläßt den, der Ohren hat zu hören, nicht ohne Hoffnungsschimmer. Sedlmayrs Kulturkritik gleicht einer Kapuzinerpredigt, die dem Sünder die Verdammnis in grellster Farbe schildert, um ihn zu Reue und Buße zu bewegen.

Was tun? Der moderne Starrkrampf, »das Sich Versperren nach ›Oben‹ «[468], muß sich lösen. Die Umkehr zu Gott erfolgt durch die Christianisierung des Materialismus. Dem technischen Zeitalter muß der Teufel ausgetrieben werden, indem man Maschinen segnet und Arbeiter tauft. Es geht nicht darum, die Technokratie abzuschaffen; es genügt, sie zum Glauben zu führen. Auch ein konservativer Christ arrangiert sich mit dem 20. Jahrhundert und sieht keinen Vorteil darin, die Basis des konjunkturellen Aufschwungs zu untergraben. Es reicht daher, wenn der Materialis-

463. Sedlmayr, Verlust, S. 161
464. Sedlmayr, Tod des Lichtes, S. 13
465. Sedlmayr, Tod des Lichtes, S. 15
466. Sedlmayr, Verlust, S. 202
467. Sedlmayr, Verlust, S. 234
468. Sedlmayr, Verlust, S. 178

mus unbewußt waltet. Der Kopf braucht von der Peristaltik
nichts zu wissen, welche tief im Innern des volkswirtschaftlichen
Bauchs am Werk ist. Das Wirtschaftswunder soll den Bescherten
im Licht der himmlischen Offenbarung erscheinen. Die Restau-
rationspolitik der 50er Jahre kann den Wiederaufbau nicht allein
durch den Glauben meistern; aber sie kann durch den Glauben
die Vergangenheit in Schach halten und dafür sorgen, daß die
Segnungen des Fortschritts frohgemut erarbeitet und mit blan-
kem Gewissen verzehrt werden können. Kunst ist vor die Aufgabe gestellt, keine quälenden Gedanken anzurühren. Man greife
auf die positiven Grundwerte! Sedlmayr vertraut auf einen
»großen Stock von Gesundheit« und bezeichnet es als »die
konservative Aufgabe«, das »Noch-Gesunde« zu bewahren vor
den Gefährdungen des Untermenschlichen. Die Irrwege der
Moderne mögen schließlich »zu einer großen Auferstehung,
Ordnung und Reinigung im Gesamtzustand des Menschen und
seiner Welt auffordern«.[469] Damit der Geist gesäubert werde,
muß ein kräftiger Schritt hinter die Aufklärung zurück gewagt
werden. Der Anspruch auf ›Freiheit‹ und ›Autonomie‹ ist zu vergessen. Statt dessen steht auf dem Programm: »Hetoimasia«[470]. –
Mit Vorteil übersetzt Sedlmayr das unselige Wort ›Bereitschaft‹
ins Griechische; im Deutschen hat es die NS-Propaganda zu sehr
verbraucht. Die Künstler sind aufgerufen, an die Stelle der verlorenen Mitte den »leergelassenen Thron« zu schaffen: zum Zeichen, daß auch sie den »vollkommenen Menschen, den Gottmenschen« erwarten, der uns alle ins Heil führen wird.[471] Der
Künstler sei in Zukunft Befehlsempfänger: »nicht von einem
autonomen Ich, sondern ›von oben‹«[472] nehme er die ästhetischen Weisungen entgegen.

Künstler, welche renitent an ihrer Freiheit festhalten wollen,
werden gewarnt. Das schrankenlose Spiel mit der Form ist ein
Spiel mit dem Feuer. »Die moderne Kunst, gerade auch in ihren
unmenschlichen Ausartungen, ist ein Lieblingskind jener unsi-
cheren Humanisten, die gerne mit dem Ungeheuren spielen,
aber entrüstet nach Hilfe schreien, wenn es ausbricht.«[473] Damit
wird noch einmal – und deutlich genug – verwiesen auf die
eigentlichen Urheber der jüngst vergangenen Barbarei. Es sind
die Künstler und die Intellektuellen, welche das Chaos provo-
ziert haben. Sollten sich diese noch einmal erfrechen, das Untermenschliche aufzuwecken, darf es sie nicht wundern, wenn ihr
Teufelswerk abermals exorziert wird mit Stumpf und Stiel. Sedlmayrs Kunstkritik will einem künftigen Saubermann nicht im
Weg stehen. Sie wird ihn walten lassen als Werkzeug des Allmächtigen.

469. Sedlmayr, Verlust, S.
206ff.
470. Sedlmayr, Verlust, S. 246
471. Sedlmayr, Verlust, S. 248
472. Sedlmayr, Verlust, S. 216
473. Sedlmayr, Verlust, S. 211f.

›Dekadenz‹

Philosophie sei eigentlich Heimweh: »der Trieb, überall zu Hause zu sein«[474]; mit diesem Satz von Novalis umschrieb Georg Lukács einst seine eigene Überzeugung, daß die Wahrheit ein Ganzes sei, nach dessen Universum sich der Erkennende sehnt. Überall zu Hause zu sein ist im 20. Jahrhundert zunehmend schwieriger geworden. Seit der Konferenz von Jalta im Jahr 1945 besteht die Welt aus zwei Teilen, wovon jeder beansprucht, das Ganze zu vertreten durch die Leugnung der andern Hälfte. Wehe dem, der über die Trennung hinweggeht, wer, trunken von Heimweh, die Gesetze des Grenzgangs beidwärts mißachtet: Der verirrt sich im Niemandsland, das von beiden Seiten argwöhnisch bewacht wird mit Schlagbaum, Selbstschußanlagen und stehendem Heer. Zu großes Heimweh nach Ganzheit macht heimatlos. So ist es Georg Lukács ergangen. Seine Lieblingsidee ›Totalität‹ hat die herrschende Zerrissenheit real nicht zu überwölben vermocht. Verwirrt zwischen den Fronten, wurde der Philosophentraum vom Sperrfeuer des ideologischen Stellungskriegs zerfetzt.

Lukács ist ein Königsphilosoph im Sinne Platons. Er gehört zu den wenigen großen Gelehrten, die über Geschichte nicht nur nachgedacht haben, sondern an ihr auch maßgeblich mitwirkten. Kurz nach dem Ersten Weltkrieg tritt Lukács der neugegründeten Kommunistischen Partei Ungarns bei. 1919, während der Räterepublik unter Béla Kun, wird er Volkskommissar für das Unterrichtswesen, später politischer Kommissar der 5. Roten Division. Nach dem Sturz der Räteregierung noch im selben Jahr flieht Lukács vor Admiral Horthys Militärregime in die Illegalität. Es folgen die Jahrzehnte des Exils, die er in Wien, in Berlin und seit 1933 in Moskau verbringt. Er wirkt hier als Beauftragter der Komintern für Literaturfragen; betreibt Schulungsarbeit unter den Exil-Schriftstellern; ist Mitarbeiter am Moskauer Marx-Engels-Institut und seit 1938 Mitglied des Büros der Deutschen Sektion des Sowjetischen Schriftstellerverbands. Lukács, der Hegelianer, hat von erster Stunde an Partei ergriffen für den Weltgeist, der durch die revolutionäre Arbeiterbewegung sich verwirklichen sollte. Hat er Stalin als dessen Agenten unumschränkt gebilligt? Fritz Raddatz, Lukács' Biograph, hat wohl recht, wenn er die Beziehung von Lukács zu Stalin als ähnlich ambivalent bezeichnet wie die Bewunderung Hegels für Napoleon. Eine Mischung von Faszination und Furcht kennzeichnet das Verhältnis politischer Philosophie zur praktischen Herrschaft grundsätzlich. Der Königsphilosoph nimmt zwar teil an der Macht, der er vordenkend dient; aber er muß ihr zugleich mißtrauen, weil sie dieselbe Instanz ist, die das

474. Zitiert in: Lukács, Theorie des Romans, S. 6

Denken gewährt oder verhindert. Die Philosophie braucht ein Mindestmaß an politischer Gunst, um bestehen zu können; Politik hingegen bedarf der Philosophie nicht, im Gegenteil: Sie verfährt sogar weit effektiver, wenn sie auf diese verzichtet. In späten Äußerungen zum Moskauer Exil pflegt Lukács den bitteren Scherz zu machen, Stalin habe die Hegelsche Dialektik: These, Antithese, Synthese, ersetzt durch: Denunziation, Gegendenunziation, Liquidierung.[475] Die geheimpolizeiliche Form des Dreischritts hätte sich an Lukács beinahe selber vollstreckt. 1941 wird er unter dem Verdacht auf Konspiration in der Fünften Kolonne verhaftet und kommt erst wieder frei durch Fürsprache von Rákosi und anderen, führenden Genossen der KPU.

Eine Eigentümlichkeit Stalinscher Dialektik ist allerdings auch im Denken von Lukács wiederzuerkennen; sie betrifft das Verhältnis von Bewegung und Stillstand: ein epochales Problem der 30er Jahre. Politisch äußert sich diese Eigentümlichkeit im Begründen der Herrschaft auf die Revolution, bei Aufhebung jeder revolutionären Dynamik für die Gegenwart durch dieselbe Herrschaft. Das Prinzip der Bewegung gilt als historisch abgeschlossen; mit Stalins Parole ›Sozialismus in einem Land!‹ wird die These von der permanenten Revolution, zusammen mit Leo Trotzkij, deren Verfechter, liquidiert. Die ästhetische Parallele findet sich in der Literaturkritik von Lukács: Er sieht die Kulturgeschichte zwar als Geschichte des Fortschritts, für die Gegenwart aber fordert er den Rückgriff auf Klassik. Bewegung, angezettelt vom avantgardistischen Unruheherd, muß neutralisiert werden. Progressive Inhalte haben sich in konservativen Formen auszudrücken. Begreift man die 30er Jahre als eine Phase der globalen Reaktion auch im sozialistischen Lager, so ist in Stalin ein politischer und in Lukács ein ästhetischer Vertreter dieses Zeitgeists zu erkennen.

Daß die Synthese den Widerspruch und die Bewegung aufhebe, bedeutete schon für Hegel das Ziel der Dialektik. Wie aber hat dieser Prozeß zu geschehen? Etwa dadurch, daß die These die Antithese totschlägt? Oder geht aus dem Ringen der Gegensätze ein Neues, ein Drittes hervor? Unversöhnliche Polarität oder ›Dritter Weg‹ lauten zwei Alternativen. Stalin und die orthodoxen Marxisten vertreten die erste Lösung, welche schon Lenin in die knappe Formel: ›Wer – Wen?‹ gefaßt hat. Der Kampfruf ›Klasse gegen Klasse‹ entspricht einer Dialektik, welche nur die Überlebenden aussöhnt. Lukács wirkt nicht so entschlossen. Sein Schwanken äußert sich darin, daß er das ›Dritte‹ teils als Schimpfwort, teils als Chance versteht. Als Schimpfwort wird es angewandt gegen den Revisionismus, der sich durch einen angeblich ›Dritten Weg‹ zu drücken versucht um den Klassen-

475. In: Raddatz, S. 122

kampf, der nur zwei Wege kennt: für oder gegen die Sache des Proletariats. Der Vorwurf des ›Dritten Wegs‹ trifft die avantgardistische Kunst so gut wie Sartres Existentialismus oder die westliche Sozialdemokratie. Neben dem orthodoxen Entweder-Oder kennt Lukács jedoch auch die weichere, listigere Form der Dialektik, die aus dem Prozeß des Widerspruchs ein Drittes entstehen läßt; ›tertium datur‹ nennt er dann die Synthese. Dieser Standpunkt prägt das späte Denken seit den 50er Jahren. In der Zwischenkriegszeit überwiegt bei Lukács die Dialektik der starren Fronten. Seine Ästhetik ist der Widerschein jener allgemeinen Erstarrung, die Europa am Vorabend des Zweiten Weltkriegs überzieht.

»Was sind das für Zeiten, wo
Ein Gespräch über Bäume fast ein Verbrechen ist
Weil es ein Schweigen über so viele Untaten einschließt!«

Diese Zeilen von Bert Brecht, »An die Nachgeborenen«, deuten auf die Verbissenheit zurück, mit der damals ästhetische Debatten geführt worden sind. So handfest wie bei politischen Haltungen, so handfest wird bei künstlerischen Entscheidungen Parteilichkeit gefordert. Den hauptsächlichen Streitpunkt bildet die Frage, wieweit man sich in sensible Formprobleme einlassen dürfe. Sind die avantgardistischen Experimente ein revolutionäres Kunstmittel? Von der einen Seite wird dies energisch bestritten. Die neumodischen Tendenzen gelten als Ausdruck des bürgerlichen Subjektivismus. »Sollen wir denn heute wirklich dem Künstler, dem Sowjetkünstler und dem ausländischen, revolutionären Künstler sagen: ›Schau in deine Eingeweide!!?‹ Nein! Wir müssen ihm sagen: ›Schau – ein Weltkrieg wird vorbereitet; schau, die Faschisten wollen die Reste der Kultur ersticken und dem Arbeiter das letzte Recht nehmen; schau – die sterbende kapitalistische Welt will die Sowjetunion erdrosseln.«

Mit diesem Aufruf warnt Karl Radek am ersten Sowjetischen Schriftstellerkongreß von 1934 in Moskau vor der dekadenten Innerlichkeit der Expressionisten. Das moderne Montageverfahren findet keine Gnade: Radeks Urteil über James Joyce: »Er stellt dem Künstler die Aufgabe, einen Misthaufen mit Hilfe eines Filmapparates durch ein Mikroskop zu photographieren.«[476] Statt Zerfallskunst fordert der Sowjetische Schriftstellerverband den ›sozialistischen Realismus‹, auf den sich jedes eingeschriebene Mitglied satzungsgemäß verpflichtet. Die Verbandsstatuten definieren den sozialistischen Realismus als »die wahrheitstreue, historische konkrete Darstellung der Wirklichkeit«[477]. Die sowjetischen Künstler kommen darin einer Forderung nach, die

476. Zitiert in: Schmitt, S. 17
477. Zitiert in: Schmitt, S. 15

Stalin vier Jahre zuvor schon erhoben hat. Im Rahmen der Richtlinien gegen rechte und linke Abweichung hat dieser am XVI. Parteitag der KPdSU 1930 den sozialistischen Realismus für verbindlich erklärt. Ein offizieller Beschluß des Zentralkomitees der Partei folgte am 23. April 1932. Seither braucht sich der marxistisch-leninistische Künstler nicht mehr den Kopf über Formprobleme zu zerbrechen. In Deutschland ist es noch nicht soweit. Erst fünf Jahre später, mit der Ausstellung ›Entartete Kunst‹ in München, werden auch hierorts dem Künstler klare Richtlinien verschafft. Zur selben Zeit, 1937/38, wird von deutschen Exilschriftstellern die sogenannte ›Expressionismusdebatte‹ geführt; als Sprachrohr dient die in Moskau verlegte Zeitschrift ›Das Wort‹. Auslöser der Debatte ist die Parteinahme Gottfried Benns für den NS-Staat: den Gegnern avantgardistischer Kunst ein Beweis für die Wesensverwandtschaft von Expressionismus und Faschismus. Klaus Mann und Alfred Kurella vertreten diese These; unterstützt werden sie vom theoriegewaltigen Georg Lukács. Doch auch die Gegenseite hat gewichtige Anwälte: Ernst Bloch und Bert Brecht gehören zu den Verteidigern moderner Kunstverfahren. Angesichts der unerhörten Heftigkeit, mit der künstlerische Positionen vertreten werden, spricht Johannes R. Becher von »Schriftstellern neuen Typs«, welche »dem dichterischen Wort kühn und anfeuernd eine neue Wirksamkeit zu erobern gewillt, sich auch nicht zu schade waren, um in Straßenkämpfen und Saalschlachten ihren Mann zu stellen«.[478] Die friedlose Zeit hat eine friedlose Sprache hervorgebracht. In den kulturpolitischen Diskussionen der dreißiger Jahre bürgert sich der Jargon des Standrechts ein. Das ›Ausmerzen‹ gehört zu den geläufigen Forderungen – und sei es nur das ästhetische Geschmacksurteil des Gegners. Der Ernst der Kunstkritiker wird todernst durch die Praxis der Machthaber.

Zwanzig Jahre später: Ein heißer Krieg ist zum kalten Krieg erstarrt. Zwar versuchen die 50er Jahre in Deutschland sich in der Wiedergutmachung an der modernen Kunst. Doch ein Gespräch über Bäume ist kaum weniger verkrampft. Von zwei Seiten wird mit Erfolg gegen die Avantgarde gewettert. Das rechte Spektrum des gesunden Menschenverstands bestimmen Leute wie Hans Sedlmayr; links führt Georg Lukács. 1957 erscheint die schriftliche Fassung einer Vortragsreihe, die Lukács zuvor in mehreren Akademien und Universitäten Deutschlands, Österreichs und Italiens gehalten hat: »Die Gegenwartsbedeutung des kritischen Realismus.« Die Argumente sind die alten geblieben; er habe »sachlich nichts wesentlich Neues« vorzutragen, beteuert der Autor selber.[479] Ein Tatwort gleich zu Beginn des Textes erinnert noch an die schlagfreudigen Tage der Expres-

478. Zitiert nach: Lexikon Sozialistischer Deutscher Literatur von den Anfängen bis 1945. Halle (Saale) 1963, S. 133

479. Lukács, Realismus, S. 459

sionismusdebatte: »Abrechnen«[480] will die Schrift mit den Positionen ihrer Gegner. Mit einer geräuschvollen Ladebewegung werden die Argumente in Stellung gebracht. Allerdings besänftigt sich der Tonfall überraschend schnell nach dieser präventiven Drohgebärde. Diskutiert wird Gewehr bei Fuß, im Vertrauen auf den Anbruch zivilerer Zeiten. Stalin ist 1953 gestorben; mit Chruschtschow beginnt eine Ära des politischen Tauwetters über die ideologischen Grenzen hinaus. Lukács' Aufsatz versteht sich als ein Angebot zur Koexistenz auf dem Gebiet der Kunst. Eine gemeinsame ästhetische Plattform soll ausgearbeitet werden zwischen Ost und West, Bürgertum und Arbeiterbewegung. Zwar betont Lukács, die gegenwärtige Epoche werde, nach wie vor, bestimmt durch den Kampf zwischen Kapitalismus und Sozialismus. Doch in die gefrorene Dialektik – das starre ›Wer – Wen?‹ zwischen den Kriegen – soll wieder Bewegung kommen durch den Schritt auf ein »tertium datur«[481]. Das kämpferische Zusammengehen von Bürgerlichen und Sozialisten in der Volksfront habe gezeigt, daß es neben ideologischen Unterschieden auch Verbindendes gibt: Die politischen Überzeugungen treffen sich in der Ablehnung von Faschismus und Krieg; in der »Macht der Vernunft«[482] fluchten die Leitlinien gemeinsamer Interessen. Den ästhetischen Nenner, gleichsam das »Urphänomen«[483] der friedlichen Koexistenz, bildet die künstlerische Tradition des Realismus.

Jedes Bündnis hat sein Opfer. Lukács' Vorschlag zur ästhetischen Koexistenz geht auf Kosten der Avantgarde-Kunst. Schon äußerlich: In ihrer disharmonischen Erscheinung versperrt sich die Avantgarde den Weg zu einer Übereinkunft im Sinne des Realismus. Doch die Gründe, welche den Ausschluß der Modernen vom tertium datur nahelegen, wiegen weit schwerer: Der ›Avantgardeismus‹ – mit vornehmer Unzeitgemäßheit besteht der Sohn eines von Habsburg geadelten Bankiers auf der umständlichen Intonation dieses Wortes –, der ›Avantgardeismus‹ sympathisiere, offen oder versteckt, mit Unvernunft, Faschismus und Krieg. Diese schweren Vorwürfe werden im folgenden erläutert.

Alle Kunst, schreibt Lukács, dreht sich um die Frage: Was ist der Mensch? Nach Aristoteles ist er ein ζῷον πολιτικόν, ein auf Öffentlichkeit sich beziehendes Lebewesen. Weil es den politischen Menschen wesentlich zum Gegenstand hat, formt jedes Kunstwerk, bewußt oder unbewußt, die Weisen, wie jener seiner Umwelt leidend und handelnd gegenübersteht. Kunst erzeugt Weltbilder. Das Weltbild des Avantgardeismus zeigt einen Menschen, der das aktive und verantwortliche Verhältnis zur Umwelt aufgekündigt hat. Der avantgardistische Künstler sieht sich

480. Lukács, Realismus, S. 460 und 462
481. Lukács, Realismus, S. 460
482. Lukács, Realismus, S. 464
483. Lukács, Realismus, S. 465

absolut; sein Denken kreist um das leere Ich. Der Verlust an konkreter Objekterfahrung wird mit viel Aufhebens gefeiert. Auf der Terrasse des berühmten »Grand Hotel Abgrund«[484] sonnen die décadents ihren Weltschmerz. Eine kosmische Einsamkeit sei dem Menschen wesentlich, sagen sie. Daß allein der angestrengte Röhrenblick auf den eigenen Nabel sie blind machte für alles, was sie umgibt, realisieren sie nicht. Nur ein tätiges, zielgerichtetes Handeln verbindet Ich und Welt zur sinnvollen Ganzheit. Wer diesen Stoffwechsel unterbricht, wer stillsteht in fassungsloser Kontemplation, dem brechen Subjekt und Objekt auseinander. Mit der aktiven Auseinandersetzung verliert der Dekadente auch den kognitiven Bezug zur Umwelt. Sie erstarrt ihm zur Larve; sein Leben beschränkt sich auf ein Phantasieren in abstrakten Möglichkeiten. Die Nagelprobe der Verwirklichung wird umgangen. Wo der subjektive Gestaltungswille nicht gehalten wird von der Schwerkraft objektiver Tatsachen, versteigt sich jener in die Sphären des Wahns. Die Realität sinkt ab und verblaßt zur Nebelbank. Das Sich-Absolutsetzen des Subjekts und die Entwirklichung der Welt gehören zusammen. Fern von den realen Prozessen des Lebens verkümmert die schöpferische Objekterfahrung. Ohnmacht stellt sich ein; das Handeln gilt als sinnlos und das Scheitern für gewiß. Das beherrschende Lebensgefühl des Avantgardeismus ist die Angst: Angst vor einer ewig fremden und feindlichen Wirklichkeit. Unter den imaginären Schritten dekadenter Kunst bricht die Erde, wie eine harstige Schneedecke, fortwährend ein. Hofmannsthals Lord Chandos stürzt schließlich zwischen den Begriffen ab; als modrige Pilze sind ihm die Wörter zerfallen, mit denen er Erfahrung hat benennen wollen. Der Verlust an tragender Realität »führt unter allen Umständen mit sich, daß sich die Konturen der menschlichen Persönlichkeit tief auflösen«.[485] Kein Wunder, wenn der Avantgardeist sich vom Pathologischen mächtig angezogen fühlt. Oft flüchtet er sich am Ende selbst in die Krankheit, wenn nach fortgeschrittener Entwirklichung sein Leben buchstäblich gegenstandslos wurde.

Die Faszination für das Krankhafte führt zur offenen Verherrlichung »des Pathologischen, der Perversität, des Idiotismus«. Darin liegt der »Antihumanismus« – Sedlmayr würde sagen: ›das Untermenschliche‹ – der Dekadenz.[486] Randerscheinungen der Gesellschaft werden künstlich in den Mittelpunkt gerückt. Der gebannte Blick auf das Abartige verliert den gesunden Maßstab aus den Augen. Diesen Vorwurf muß sich übrigens auch die Psychoanalyse gefallen lassen, die Lukács, als strenggläubiger Marxist, schon deshalb verwerfen muß, weil man sich nicht gleichzeitig zu zwei geschlossenen Systemen der Welterklärung

484. Lukács, Theorie des Romans, S. 16
485. Lukács, Realismus, S. 475
486. Lukács, Realismus, S. 484

bekennen kann. Freuds Fehlschluß liegt darin, daß er »in der Psychoanalyse des Abnormalen, des kranken Menschen den Schlüssel zum Verständnis des Normalen zu finden meint«[487]. Die Wahrheit ist wesentlich gesund. In einem System, das vom Wahren als unanfechtbar Ganzem ausgeht, kann dem Kranken kein Platz zugewiesen werden – es sei denn im Irrenhaus: dem Bauwerk, das als Mikrokosmos die herrschende Normalität abbildet, um dem unbrauchbaren, fehlerhaften Rest, den es verwahren muß, wenigstens äußerlich ein bißchen Form zuzufügen.

Wie in der Psychoanalyse wird in der dekadenten Kunst die Verzerrtheit zur Norm. Wie kommen die Verzerrungen zustande? Die dekadente Form entspringt nämlich nicht bloß phantastischer Willkür; im Detail pflegt sie sogar eine minutiöse, sachtreue Wiedergabe. Das Werk wird – man denke an eine Collage von Kurt Schwitters – zusammengebaut aus unzähligen realen Partikeln der Wirklichkeit. Doch die Auswahl und die Zusammenstellung ergeben schließlich den schiefen Ausdruck. Sei es im freien Assoziieren des Surrealismus, in der kubistischen Montage, im inneren Monolog der Romane von Dos Passos und Döblin: Alle künstlerischen Verfahren der Dekadenz folgen einem Gestaltungsprinzip, welches darin besteht, richtig gesehene Einzelbeobachtungen ohne Zusammenhang aufzuhäufen. Quelle der modernen Strömungen ist der Naturalismus des 19. Jahrhunderts. Erstmals wird hier das Einzelne aufgebläht und vom sinnvollen Ganzen isoliert. Der Naturalist sieht nur den Dreck: Aus dem Strandgut der Gesellschaft und zivilisatorischem Gerümpel bastelt er ein völlig entstelltes Weltbild. Das »Fehlen einer Hierarchie«[488] macht diese Gestaltungen unlesbar. Die Totalität des Lebens zersplittert unter den Händen dieser Künstler, weil kein schöpferisches Ich das Chaos der Empfindungen

487. Lukács, Realismus, S. 482
488. Lukács, Realismus, S. 486

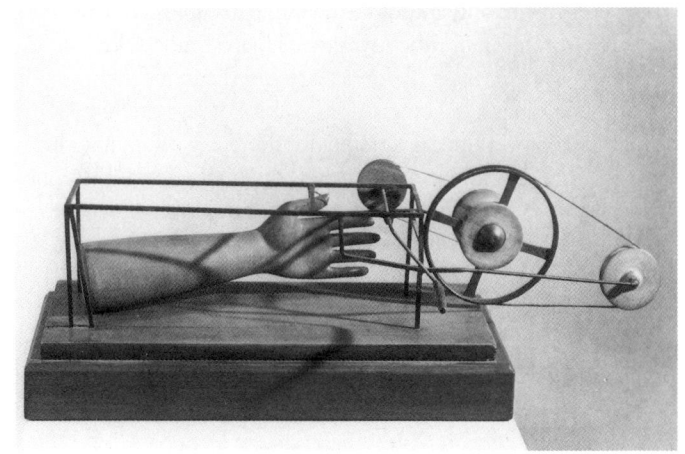

Alberto Giacometti, *Main prise,*
1932. Zürich. Alberto-Giacometti-Stiftung © VG Bild-Kunst,
Bonn 1997

zusammenfügt. Paradox läßt sich die Wirkung dekadenter Kunstverfahren bezeichnen als »ein Umschlagen des Realismus der Details in ein Leugnen der Realität dieser Welt«[489].

Kulturgeschichtlich fußt das Montageprinzip auf dem allegorischen Denken. Lukács begreift hier Allegorie im Sinne von Walter Benjamin, der sie deutet vor dem Hintergrund des barocken Trauerspiels. Allegorien besagen nichts als die Vielgestalt der Namen, welche die Vanitas schmücken: Gedankensplitter, beliebig vertauschbar, in kaleidoskopisch wechselnder Anordnung, sind sie ausgeschüttet von der Melancholie über die Vergänglichkeit. Als Rebus schaut hinter jedem Bildzeichen, knochig und höhnisch feixend, der Tod hervor, da er als letztes Rätsel zugleich letzte Antwort ist, in der alles Fragen verlöscht. Allegorien bilden die Chiffren des Nichts; ihr starrer Blick auf die Todverfallenheit der Welt leugnet einen immanenten Sinn des Lebens. »Der leergewordene Himmel« ist Gegenstand allegorischer Klage. »Wir sind nihilistische Gedanken, Selbstmordgedanken, die in Gottes Kopf aufsteigen«, schreibt Franz Kafka, der Dichter, der den Typus des modernen Allegorikers exemplarisch verkörpert.[490]

Gewiß hat der Pessimismus der Dekadenz einen wahren Kern; Lukács wäre der letzte, welcher bestreiten möchte, daß im Kapitalismus notwendig das Gefühl der Entfremdung vorherrschen müsse. Der Hinweis auf ein entfremdetes Leben ist zwar richtig, aber er wird durch die dekadente Kunst falsch dargestellt. Einem »wahllosen Naturalismus« fehlt der »kritische Abstand«[491], welcher den analytischen Zugang zu den Problemen der Gegenwart erst ermöglichte. Avantgardeismus reagiert spontan, aber ohnmächtig auf das Leiden an der Entfremdung. Dekadenz ist selbst nur Symptom gesellschaftlicher Widersprüche: Sie bietet keine Analyse und eine Therapie schon gar nicht. Weil sie das Unbehagen nur stammelnd zu protokollieren vermag, zeigt sie keinen Ausweg. Alles Übel in der Welt erscheint als unausweichliches Verhängnis. Die Avantgardeisten begehen den sträflichen Fehler, daß sie blindlings die Verzerrtheiten des kapitalistischen Alltags nachahmen, statt diese zu durchschauen. Sie verdoppeln erfahrene Entfremdung, indem sie diese anschauen im Zerrspiegel ihrer beschädigten Subjektivität. Entfremdung richtig wiedergeben heißt: die Verzerrung der kapitalistischen Gesellschaft abbilden im klar geschliffenen Spiegel sozialistischer Wahrheit.

Zur wahrheitsgetreuen Abbildung der Wirklichkeit gehört ein fester Standpunkt. Sich nicht forttreiben lassen vom Chaos der Empfindungen, wie die décadents zu tun pflegen, sondern die Welt zu betrachten, beharrend auf Distanz und Nüchternheit, ist ästhetische Pflicht. Der feste Standpunkt wird gewonnen durch

489. Lukács, Realismus, S. 501
490. Lukács, Realismus, S. 497
491. Lukács, Realismus, S. 504

die Frage nach dem ›Woher und Wohin?‹ des Lebens. Die Wegmarken zwischen Vergangenheit und Zukunft sind durch ein Gespinst von Linien so zu verbinden, daß ein perspektivisch geordneter Raum entsteht: das Gehäuse einer zielgerichteten Geschichte. Die Zentralperspektive der fortschreitenden Zeit bildet den Wertmaßstab für die Rangordnung der Dinge. Das Wichtige ist groß und steht vorne; das Unwichtige wird durch Verkürzung vom Sog der Raumflucht zurückgenommen, bis es im Horizont als Aufgehobenes verschwindet. Die Zentralperspektive verleiht der Kunst innere Geschlossenheit; sie ist das Rückgrat gegen die Auflösungstendenzen der Unvernunft. Das oberste Formgesetz übersteigt damit den Rahmen des bloß Ästhetischen. Standort und Blickrichtung, welche die Kunst bestimmen, liegen außerhalb ihrer selbst. Man kann den Kunstraum mit einer barocken Guckkastenbühne vergleichen: Ihr Aufbau richtet sich nach der bestmöglichen Wirkung für die Königsloge, wo der maßgebende Zuschauer sitzt. Zwischen dem Gesicht des Königs und dem ideellen Endpunkt seines Blicks weit hinter der realen Kulisse wurde, gleichsam an unsichtbaren Fäden, die Illusion des vollkommenen Raums aufgespannt. Der Zug dieser Fäden, die das Kunstwerk ins Lot setzen, richtet sich nach der vernünftigen Frage: Wie ist die Zukunft des Menschen zu gestalten?[492] Die Fluchtlinien der künstlerischen Zentralperspektive verlaufen also stets parallel zur Perspektive des politischen Fortschritts. Ihre gemeinsame Richtung bricht eine Schneise in die Zukunft: ein heller Keil der Zuversicht, der Chaos, Angst und Unwissenheit ins Abseits drängt. Kunst ist der sichtbare und spürbare Teil einer vorwärts stürmenden Geschichte; sie bildet die »Weltanschauungsatmosphäre«[493], wo der Königsweg der Menschheit sinnlich ins Blickfeld gerät. Die Entschiedenheit, mit der die Perspektive des Fortschritts von der Kunst unterstrichen wird, soll zielwärts mitreißen: damit wir alle mit anpacken und mitziehen in den Horizont der Verheißungen, die im Hintergrund des Kunstraums aufscheinen.

Das perspektivische Gestalten ist Realismus. Die realistische Tradition geht zurück auf die bürgerliche Aufklärung und reicht bis zur Kunst im Sozialismus. Die Stilgeschichte ist mithin selber zentralperspektivisch angeordnet; sie besteht aus zwei großen Bewegungen, die in derselben Fortschrittslinie fluchten. Lukács nennt sie ›kritischen Realismus‹ und ›sozialistischen Realismus‹. Der kritische Realismus findet seinen Höhepunkt im Erziehungsroman des 19. Jahrhunderts, zwischen Goethe und Balzac. Der sozialistische Realismus wächst organisch aus dem kritischen hervor, indem er dessen Gestaltungsprinzipien beerbt. In der gegenwärtigen Phase bestehen die beiden Strömungen noch

492. Lukács, Realismus, S. 525
493. Lukács, Realismus, S. 518

gleichzeitig nebeneinander. Die Ausläufer des kritischen Realismus fließen über in die aufsteigende Welle der sozialistischen Kunst. Beide führen zum nämlichen Horizont; nur lahmt dem kritischen Realismus die Kraft zum Fortschritt vor der Zeit; seine Weltanschauung bleibt kurzsichtig und reicht höchstens zu einem passiven »Nicht-Verneinen des Sozialismus«[494]. Während er das Ziel der Reise blaß und utopisch eher ahnt als erkennt, gestaltet der sozialistische Künstler die Perspektive von innen heraus »mit einem richtigen Bewußtsein«[495]. Kritischer und sozialistischer Realismus mögen daher zwar ästhetisch gleichwertig sein, ethisch ist letzterer weit überlegen. »Die weltanschauliche Grundlage dieser Überlegenheit liegt in der klaren Einsicht, die die sozialistische Weltanschauung, die Perspektive des Sozialismus für die Literatur besitzt: die Möglichkeit, das gesellschaftliche Sein und Bewußtsein, die Menschen und die menschlichen Beziehungen, die Problematik des menschlichen Lebens und ihre Lösungen umfassender und tiefer zu spiegeln und darzustellen, als es der Literatur auf Grundlage früherer Weltanschauungen gegeben sein konnte.«[496] Mit dem Marxismus-Leninismus erlangt die Menschheit den Begriff ihrer selbst. Wovon die griechischen Malermönche, inbrünstig versunken vor ihren Ikonen, nur träumen konnten; worum Giotto und van Eyck bei aller akribischen Hingabe an die gesehene Wirklichkeit zuletzt doch vergeblich gerungen hatten; wovon alle Kulturen der Erde bisher nur stammelten – dem sozialistischen Künstler wird es zuteil: nichts als die lautere, reine Wahrheit abzuschildern ist er befähigt. Die Kunst der Zukunft breitet sich aus wie das Spiegelbild des Himmels auf der Oberfläche eines klaren und tiefen Wassers am Abend. Untrüglich schwebt das Menschheitsziel vor Augen; der Künstler braucht nur richtig hinzusehen. Dabei muß er diese Reihenfolge beobachten: Erstens ist die objektive Wahrheit, wie sie durch die großen Schriften und die tätige Weisheit der Arbeiterklasse gelehrt wird, zunächst sich anzueignen. Dieses Wissen ist – zweitens – in die ornamentalen Formen zu gießen, welche das 19. Jahrhundert als Erbschaft zurückließ. Als ein »gedankliches Aufdecken«, gefolgt von einem »künstlerischen Zudecken«[497], definiert sich die doppelte Arbeit der sozialistischen Kunst. Wahrheit sei, für sich genommen, jenseits des Schönen: Diese Ansicht verbindet Lukács mit Hegel. Kahl ist der Blick in den objektiven Fortschritt; der Künstler hat die gesellschaftliche Pflicht, dieses stählerne Gerüst mit Soffitten und Kulissen aus überliefertem Fundus zu behängen, um der Perspektive die Farben einer frohen Aussicht zu unterlegen.

›Realismus‹ bedeutet für Lukács nicht bloß einen historischen Stil, sondern ist ein Wertbegriff. Ästhetik bildet den sichtbaren

494. Lukács, Realismus, S. 526
495. Lukács, Realismus, S. 555
496. Lukács, Realismus, S. 578
497. Lukács, Realismus, S. 324

Wera Ignatjewna Muchina,
Arbeiter und Kolchosbäuerin.
Kolossalstatuen auf dem
Sowjetischen Pavillon der Pariser
Weltausstellung 1937

Teil einer geschichtsphilosophischen Ethik. So wie der Fluchtpunkt der Perspektive außerhalb des Kunstraums liegt, wird auch
für das Kunsturteil ein archimedischer Punkt außerhalb der
Kunst angenommen. Schön ist, was sich mit den Fluchtlinien des
gesellschaftlichen Fortschritts parallel stellt; was quer steht und
den Blick aufs Menschheitsziel versperrt, ist häßlich. Es verwundert nicht, daß der Avantgardeismus die Zentralperspektive verleugnet. Der Kubismus ist unfähig, das Besondere durch die Perspektive zu disziplinieren; chaotisch drängt jede Einzelform zur
Bildoberfläche. Dasselbe tut der Montageroman, indem er den
ordnenden Erzähler ausschaltet und die Handlungsebenen wahllos durcheinanderbringt. Die freie Assoziation der Gedanken,
wie sie der Surrealismus fordert, entspricht dem Verhalten des
Lumpenproletariats: Hungerleidern gleichen die Formen, die,
jede für sich nach vorne drängend, nach der Gunst des Augenblicks gieren. Während die Dekadenz in der Jagd nach dem ›Hier
und Jetzt!‹ ihre Zukunft verspielt, scharen sich die Besonnenen

hinter die Fahne der Arbeiterklasse. Die Reihen schließen sich, der Zug bricht geordnet auf: der historischen Erlösung entgegen. Kunst begleitet den Fortschritt als Marschkapelle. Sozialistischer Realismus ist das hingezauberte Lächeln auf den Mündern aller Vereinigten mit hochgerecktem Haupt und freiem Blick vorwärts. Ins Ununterscheidbare fließt die endlose Perspektive der Massen, die entschlossen lachend vorangehen. Die empirisch einzelnen verschmelzen zum einen transzendentalen Subjekt der Geschichte, geeint in der ernsten Froheit, wie sie von Plakatsäulen und Hauswänden, weit überlebensgroß und ansteckend, herunterschaut. Wehe dem, der solches Lachen nicht erwidert! Ihn trifft der Ernst dieser Zuversicht mit voller Wucht.

Der Avantgardeismus gehört zu denen, die nicht mitmachen wollen. Er verschließt sich der frohen Aussicht, welche die Geschichte beflügelt. Aus dekadenter Kunst ist das Schmettern einer »zugeschlagenen Tür«[498] zu hören. Störrisch kehrt sie der Perspektive den Rücken, um sich im weinerlichen Kult des Sinnlosen und der Verzweiflung zu ergehen. Statt tatkräftig die Notwendigkeiten des gesellschaftlichen Aufbaus zu benennen, trödelt Beckett, wartend auf Godot, herum. Die Verbohrtheit erzeugt schließlich ein Weltbild, das der dialektischen Totalität völlig entbehrt. Avantgardeismus bedeutet »ein Verstümmeln und Verstückeln des wirklichen Wesens des Menschen«[499]. Die Teile verselbständigen sich gegen das Ganze. Besonders ausgeprägt ist »die Reduktion der Erotik auf das Phallische«[500]. Die entstellende Montage bewirkt »ein Herunternivellieren des Menschen, ein Ausmerzen des menschlich Wesentlichen«[501]. Die Entstellung der Humanität durch die dekadente Kunst steht letztlich im Dienst der Panikmacherei. Avantgardeismus heißt: stehenbleiben bei der Angst und beim Chaos. Diese Haltung ist nicht nur falsch, sondern auch gefährlich: Dekadenz spielt dem Faschismus in die Hände. Lukács deutet den Expressionismus der dreißiger Jahre als ein Vernebelungsmanöver der politischen Reaktion. Skeptische und nihilistische Ideen werden ausgestreut und gefördert, um den Intellektuellen die Orientierung zu nehmen. Durch eine gesteuerte weltanschauliche Verunsicherung soll ein Terrain für Pessimismus und Gleichgültigkeit entstehen. In seiner Lethargie wird der Künstler verfügbar für faschistische Propaganda. Der bürgerliche Intellektuelle wittert schließlich in Hitler den Übermenschen, der ihn aus seinem sinnlosen Leben hinausführt.

Die Kunst der Gegenwart kennt zwei Richtungen, die sich ausschließen: »artistisch interessante Dekadenz oder lebenswahren kritischen Realismus«.[502] An dieser Wegscheide steht der Künstler heute. Lukács stellt dem Gegensatz zwei literarische

498. Lukács, Realismus, S. 530
499. Lukács, Realismus, S. 532
500. Lukács, Realismus, S. 531
501. Lukács, Realismus, S. 532
502. Lukács, Realismus, S. 550

Leitfiguren voran: »Zwischen den Polen Franz Kafka und Thomas Mann liegt die reale Entscheidung der bürgerlichen Schriftsteller unserer Tage.«[503] Mit dieser Entscheidung fällt ein weltan-
schauliches Bekenntnis. Kafka ist der typische Schriftsteller der
imperialistischen Periode; sein Werk erniedrigt den Menschen
zum Opfer unüberwindbarer, dunkler Mächte. Mann hingegen
bietet das helle Gegenbild; seine Figuren bewegen sich deutlich
in den Koordinaten des Fortschritts: »Er setzt« – trotz bürgerlicher Herkunft – »mit ruhiger Klarheit die Perspektive des Sozialismus«.[504] Mit Franz Kafka für den Krieg oder mit Thomas
Mann für den Frieden? Die Vernunft wird nicht zögern, sich für
die Macht des Guten zu entschließen, um nicht durch falsche
Lektüre den Dritten Weltkrieg heraufzubeschwören. »Unser
Urphänomen ist also diese Konvergenz der beiden Kontrast-
paare: Realismus und Antirealismus (Avantgardeismus, Dekadenz) einerseits und Kampf um Frieden oder Krieg andererseits.«[505] Auf Grund dieser globalen Einschätzung rät Lukács zum
»Bündnis beider Stilrichtungen«[506], dem kritischen und dem
sozialistischen Realismus gegen die Kräfte der ästhetischen
Unvernunft und des Faschismus. Dieses Bündnis soll die politische Koexistenz zwischen den fortschrittlichen Kräften in Ost
und West auf Kunstebene widerspiegeln: als Volksfront gegen die
Dekadenz. Eindringlich wird vor deren subversiven Absichten
gewarnt. Kafka als Schlüsselfigur der imperialistischen Propagan-
damaschine entlarvt zu haben gehört zu den merkwürdigsten
Leistungen von Lukács' Literaturkritik. Auch Breton und seinen
Spießgesellen ist nicht zu trauen; in den dreißiger Jahren haben
sie sich einzuschleusen versucht ins linke Bündnis. Anbiede-
rungsversuche des Avantgardeismus jedoch entspringen nur der
»Sensationslüsternheit« und der »Sehnsucht nach dem Neuen
um des Neuen willen«.[507] Man lasse sich nicht blenden und halte
die Reihen dicht. Es darf nicht geschehen, daß die fortschrittliche Kulturpolitik von einer Fünften Kolonne unterwandert
wird, die den Friedenskampf sabotiert. Den »reaktionären oder
dekadenten Strömungen«[508] muß im Rahmen der west-östli-
chen Koexistenz eine energische Abfuhr erteilt werden. Die
Stoßrichtung des Bündnisses zwischen kritischem und sozialistischem Realismus heißt: Friede, Fortschritt, Sozialismus. Der
stete Vormarsch dieser Prinzipien in die gesellschaftliche Realität wird den Spielraum der Dekadenz immer mehr einengen
und damit die Ausrottung des Avantgardeismus weltweit vorantreiben.

Innerhalb des Bündnisses fällt dem sozialistischen Realismus
die natürliche Führung zu. Der kritische Realismus hat sich
mit einer Hilfsstellung zu begnügen: Ihm obliegt die uneigen-

503. Lukács, Realismus, S. 557
504. Lukács, Realismus, S. 536
505. Lukács, Realismus, S. 465
506. Lukács, Realismus, S. 560
507. Lukács, Realismus, S. 565
508. Lukács, Realismus, S. 564

nützige Aufgabe, die »Entwicklung zum Sozialismus im nicht sozialistischen Bewußtsein aufzuzeigen«[509]. Ist dieser ideologische Schlepperdienst vollendet, schlägt auch dem bürgerlichen Bündnispartner die Stunde. Die Literatur Thomas Manns ist »Kunst der Abendröte«[510], die verglimmt vor der Aufkunft des Sozialismus. Am Ziel des Fortschritts wird der kritische Anteil am Realismus »absterben«[511]. Der politische Jargon, dem das Wort ›absterben‹ entliehen wurde, ist in dessen Auslegung nicht eben zimperlich. Ob der theoretischen Metaphorik allenfalls nachgeholfen werden muß, bleibt, wie die Kulakenbeschlüsse, dem Ermessensspielraum herrschender Praxis überlassen.

Adorno hat Lukács' Angebot eines tertium datur als »erpreßte Versöhnung« bezeichnet. Die dialektische Vereinigung kultureller Widersprüche kommt dadurch zustande, daß ein Feind des Feindes als gemeinsamer Sündenbock totgeschlagen und der Komplize kurz darauf erdrosselt wird. Bei seinem Gewaltstreich, der gleich zwei Fliegen auf einen Schlag treffen möchte – die Kunst der Avantgarde und den bürgerlichen Realismus –, stolpert Lukács jedoch und fällt zuletzt zwischen alle Stühle. Er verschätzt sich völlig in der kulturellen Entwicklung des Westens zur Nachkriegszeit. Nicht der konservativ-gepflegte Habitus eines Thomas Mann setzt sich durch unter den kritischen Intellektuellen, sondern die undogmatische Herausforderung der ›Avantgardeisten‹. Standhaft unter dem Banner der Unzeitgemäßheit reitet Lukács groteske Feldzüge gegen Simone de Beauvoir, Merleau-Ponty und Jean-Paul Sartre; letzteren bezeichnet er als einen Agenten des Imperialismus und stößt damit einen gewichtigen Teil der westlichen Intelligenz vor den Kopf. Doch auch die sozialistischen Kulturfunktionäre nehmen seine Ansichten ungnädig auf. Von dieser Seite wird beanstandet, daß Lukács zwar immer die Überlegenheit des sozialistischen Realismus vertrete, ohne jedoch Beispiele zu nennen. Tatsächlich fehlen im Aufsatz von 1957 die konkreten Hinweise. Der mächtige Bündnispartner, der sich der bürgerlichen Kunst anempfiehlt, gewinnt geisterhafte Züge, da er sein Gesicht nicht zeigt. Der Verdacht kommt auf, daß der sozialistische Realismus, von dem die Rede ist, nur in Lukács' ästhetischer Theorie bestehe. Das normative Anschauungsmaterial entfaltet sich ausschließlich an Vertretern der bürgerlichen Tradition: Tolstoj, Balzac, Stefan Zweig, Thomas Mann. Für den sozialistischen Realismus, wie er real existiert, bleibt hingegen nur Kritik übrig. Lukács weigert sich, das offiziell empfohlene Gütesiegel ›revolutionäre Romantik‹ einer Kunst zuzubilligen, wo beim besten Willen nur Sozialkitsch zu sehen ist. Er verurteilt die »happy-endartige Verniedlichung der sozialistischen Perspektive«[512] und charakterisiert die Kunst

509. Lukács, Realismus, S. 570
510. Lukács, Realismus, S. 558
511. Lukács, Realismus, S. 577
512. Lukács, Realismus, S. 503

der Stalinära als einen neuen Naturalismus, der sich durch Personenkult und »sektiererischen Dogmatismus«[513] auszeichne. Solche Töne sind untragbar für die von der Partei verordneten Richtlinien der Kulturbetrachtung. Hierorts geht man aus von der grundsätzlichen Überlegenheit der Sowjetliteratur. »Die Sowjetliteratur ist führend!« lautet die offizielle Parole der marxistisch-leninistischen Literaturkritik. Alexander Shdanow, der Leiter der Propagandaabteilung des ZK der KPdSU, definiert die Sowjetliteratur als »die ideenreichste, fortschrittlichste und revolutionärste Literatur« und begründet ihren Führungsanspruch folgendermaßen: »Eine solche fortschrittliche, ideenreiche, revolutionäre Literatur konnte nur die Sowjetliteratur werden, die vom gleichen Fleisch und Blut ist wie unser sozialistischer Aufbau.«[514] Lukács wird angeprangert als aristokratischer »Feinschmecker«[515], dessen Theorien nicht für das Volk geschrieben seien. – Der Vorwurf der Feinschmeckerei ist soweit richtig, als Lukács sich mit Fleisch und Blut niemals abspeisen ließ; im Literaturverzehr verträgt sein Geschmack – bei allen vorschnellen Idiosynkrasien – nur das wissenschaftliche Argument.

Als konsequenter Königsphilosoph verfolgt Lukács mit seinem Aufsatz »Die Gegenwartsbedeutung des kritischen Realismus« zugleich politisch-praktische Ziele. Nicht zufällig ist die Schrift 1957 erschienen, kurz nach dem Scheitern des Ungarnaufstands. Lukács gehörte im März 1956 zu den Gründern des Petöfi-Kreises, welcher eine Reform des ungarischen Sozialismus anstrebte. In Artikeln, Rundfunksendungen und Vorlesungen machte sich Lukács zu einem intellektuellen Anwalt der Erneuerungsbewegung. Er wurde Mitglied des ZK der KP Ungarn und trat der Regierung Imre Nagy als Volksbildungsminister bei. Was sich ästhetisch darstellte als Konvergenz von bürgerlichem und sozialistischem Realismus, sollte sich politisch umsetzen als Öffnung Ungarns zum Westen. Lukács selber war durchaus der Meinung, im Sinne von Chruschtschows Entspannungsprogramm zu handeln. Doch die ungarischen Reformer haben den Auftrag zur Entstalinisierung offenbar zu wörtlich genommen. Im Winter rückt die sowjetische Armee ein und setzt der ›revisionistischen Opposition‹ ein Ende. Lukács wird als einer der Rädelsführer verhaftet und nach Rumänien deportiert. Am 10. April 1957 kommt er wieder frei und betritt Budapest nunmehr als geächteter Privatgelehrter. Imre Nagy findet weniger Gnade; er wird – wie die Geschichtsbücher es auszudrücken pflegen – im Januar '57 liquidiert. Die Aussage hat, bei aller Furchtbarkeit, etwas Wohltuendes: Ob man auf der Flucht erschossen wurde, zu Tod gefoltert oder gehenkt nach Arbeits-

513. Lukács, Realismus, S. 589
514. Zitiert nach Koch, S. 21
515. Koch, S. 27

lager und zermürbenden Verhören – das abstrakte Tatwort ›liquidiert‹ legt sich schweigend darüber. Mit bleicher Strenge bedeckt es die häßlichen Umstände: wie das Tuch, das uns den Anblick eines entstellten Leichnams erspart.

Den Ausspruch von Marx: »Sie wissen es nicht, aber sie tun es«, hat Lukács als Leitmotiv seiner »Ästhetik« vorangestellt. Der Satz beschreibt das Auseinanderklaffen von Bewußtsein und gesellschaftlichem Handeln: Die ideologische Absicht decke sich nicht mit dem schließlich erreichten, tatsächlichen Resultat. Diesem Sachverhalt ist auch Lukács erlegen. Er tut stets, als wäre er mit der absoluten Identität im Bunde, und weiß nicht, daß er immer wieder abgedrängt wird auf die Seite des Nicht-identischen: zu den Opfern, welche der realgeschichtliche Prozeß ausscheidet. Man kann Stalins höhnische Frage auch an Lukács richten: ›Wie viele Divisionen hat deine Philosophie?‹ Dialektik kann nur mit physischer Gewalt in die Tat umgesetzt werden; zur Vollstreckung der reinen Identität fehlen der Philosophie die Gewehre. So bleiben ihr denn nur zwei Möglichkeiten, um am Wahren und Ganzen teilzuhaben: Anpassung oder Exil. Lukács hat beides, ohne nachhaltige Spuren der Verbitterung, mit unglaublicher Disziplin auf sich genommen. Vor dem Faschismus flieht er zweimal: 1920 von Ungarn nach Wien und 1933 von Wien nach Moskau. Doch auch das sozialistische Lager läßt ihn nicht ungeschoren. Mehrmals muß Lukács öffentliche Selbstkritik üben: zuerst 1923 für das Buch »Geschichte und Klassenbewußtsein«. 1928 eckt er an mit den Blum-Thesen, die wegen abweichender Äußerungen zum Begriff der proletarischen Diktatur als »Verbrechen gegen die Partei« gebrandmarkt werden. 1941 verhaftet ihn die Geheimpolizei in Moskau wegen Kollaborationsverdacht. 1949–1951 schwelen die Attacken ungarischer Kulturfunktionäre wegen angeblicher ›Rechtsabweichung‹; Lukács beschäftigt sich damals zuviel mit Hegel und zuwenig mit dem Vernünftig-Wirklichen der Parteidisziplin. Der Revisionismusvorwurf von seiten der aufrechten Genossen erhält schließlich durch Lukács' Rolle im Ungarnaufstand eine klare Bestätigung. Er wird 1956 aller Ämter enthoben und mit Schimpf und Schande aus der Partei ausgeschlossen.

Es ist zum Verzweifeln: Nichts anderes hat Lukács zeit seines Lebens angestrebt, als ein guter Marxist-Leninist zu sein. Er ist immer stolz gewesen auf seine persönliche Begegnung mit Lenin am III. Weltkongreß der Komintern 1921. Auf das Ärgernis des Buches »Geschichte und Klassenbewußtsein«, das er sogleich pflichtschuldigst zurückzieht, versucht er den Führer der Oktoberrevolution zu besänftigen, indem er eine Lenin-Broschüre publiziert.[516] Es nützt alles nichts; kurz und schroff ist Lenins

516. Lenin. Studie über den Zusammenhang seiner Gedanken. Wien 1924

Urteil: »Marxismus der bloßen Worte«[517] nennt er einen Artikel von Lukács. Wie viele andere Königsphilosophen vor ihm muß der ungarische Gelehrte die Erfahrung machen, daß der beste Staat, den man ausbrüten half, sich seiner Vordenker entledigt wie der ausschlüpfende Kuckuck. Das Denken, so sehr es sich auch die Mühe gibt, kann es der Realpolitik nie ganz recht machen. Im Philosophieren lauert stets die Gefahr unwillkürlicher Insubordination. Dies wittert der Mächtige und verfolgt daher das Denken mit Argwohn. Orwell hat den Intellektuellen, der seinen Kopf der Herrschaft zur Verfügung stellen will, gewarnt. Um der Gefahr plötzlicher Ungnade zu entgehen, darf er sich niemals als zu gescheit herausstellen; stets muß »ein rettendes Quentchen Dummheit« seine Dienstfertigkeit begleiten. »Eifer allein genügte noch nicht. Der strenge Glaube handelte unbewußt.«

Es gab Augenblicke, wo der Theoretiker der vernünftigen Perspektive nur noch kapitulieren konnte vor der Irrationalität der Wirklichkeit. Ironisch faßt der alte Lukács diese Lebenserfahrung zusammen im berühmten Bonmot, Talent sei eine Rechtsabweichung. Bei der Deportation nach Rumänien soll er, wie Fritz Raddatz erzählt, sich sogar in seinem ästhetischen Schreckbild wiederentdeckt haben:

»Nach nächtlicher Verhaftung in Budapest 1956, rasender Wagenfahrt mit verhängten Fenstern zu einem unbekannten Militärflugplatz, Abflug in einer Maschine ohne Hoheitsabzeichen in ein unbekanntes Land und Ankunft in einer schloßartigen Villa an blinkendem Meeresstrand, in der er lebte, halb zeremoniös behandelter Staatsgast, halb Zuchthäusler, noch immer ohne Kenntnis, wo er sich überhaupt befand, sagte Georg Lukács: ›Kafka war doch ein Realist‹.«[518]

Ist es die List der Vernunft, die dem Leben von Lukács so heftig zugesetzt hat? Nach 1956 entsteht eine paradoxe Situation. In den sozialistischen Ländern wird der Philosoph allmählich kaltgestellt. Nach Ungarn folgen die übrigen Staaten des Warschauer Pakts. Die DDR zieht 1960 alle Publikationen von Lukács zurück, welche bisher, in meist hoher Auflage, im Berliner Aufbau-Verlag erschienen sind. Der damnatio memoriae geht das Scherbengericht deutscher Literaturfunktionäre voraus; die obrigkeitlich entfachte ›Lukács-Debatte‹ verfolgt das Ziel, kulturpolitische Auffassungen zu überwinden, »die der Durchsetzung des leninistischen Prinzips der Parteiliteratur hemmend im Wege stehen«.[519] Der bisher tonangebende sozialistische Kritiker deutscher Literatur wird abgewertet zum bourgeoisen Einzel-

517. Zitiert nach Raddatz, S. 42
518. Raddatz, S. 113ff.
519. Koch, S. 28

kämpfer, der nicht zum Kern des Marxismus-Leninismus vorgedrungen sei. Ausgerechnet Lukács trifft der Vorwurf des ›dritten
Wegs‹: Er wird mit dem Begriff geschlagen, den er selber mitge-
prägt hat. Seine Ansichten hätten der sozialistischen Wissenschaft
in Deutschland »beträchtlichen ideologischen Schaden zuge-
fügt«, bekundet die offizielle Lehrmeinung; »sein Name und sein
Werk sind … zu einem Banner des Feindes geworden«.[520] In der
Tat: Im Westen wird das Gesamtwerk herausgegeben, und 1970
verleiht die Stadt Frankfurt am Main Lukács den Goethepreis.
Lukács erhält den Beifall von der falschen Seite, während der real
existierende Sozialismus ihn totschweigt. Der Weltgeist scheint
mit dem Gelehrten Hansdampf zu spielen: Was er hat, das will er
nicht, und was er will, das hat er nicht. Dennoch hält Lukács
unerschütterlich zu Ungarn und zum sozialistischen Staatensy-
stem. Er denkt nicht daran zu emigrieren; niemals hätte er sich
vom Westen zum Märtyrer stilisieren lassen. Den sozialen Tod
hebt sein Heimatstaat zwei Jahre vor dem physischen auf: 1969
schenkt ihm die Partei wieder die Mitgliedschaft. Die Gedanken
aber werden noch immer in Schach gehalten. Während die politischen Werke wohl im Giftschrank bleiben werden, sind in der
DDR inzwischen seit 1977 ein paar Schriften zu Literatur und
Ästhetik neu herausgegeben worden – eine Genugtuung, gewiß;
aber zu spät, zu kärglich und nur von halbem Herzen, für diese
lebenslange, hartnäckige Treue.

Seit Platon sind die Königsphilosophen immer wieder in
Ungnade gefallen. Sie heißen Machiavelli, Thomas Morus, Cam-
panella; sie wurden verfemt, geköpft, eingesperrt. Lukács wurde
– Zeichen fortschreitender Menschlichkeit? – von der Realität
seiner Ideen bloß ausgeschlossen. Das Harmoniestreben von
Denken und Macht hat einen bitteren Preis: Statt eins zu sein in
satter Totalität findet es sich allein mit seinem Heimweh überallhin.

Lukács hat der modernen Kunst ein Unrecht angetan, das
um so schwerer wiegt, als gerade die grobschlächtigsten Vorur-
teile aus seiner Ästhetik den Bannfluch heil überstanden haben
und in die Praxis sozialistischer Kulturpolitik eingegangen sind.
Unrecht hat Lukács aber auch selber reichlich erfahren müssen. So stimmt sein Schicksal im Rückblick versöhnlicher, zumal er selber nach Gelegenheiten gesucht hat, eine schüchterne
Hand zur Versöhnung auszustrecken. Gegen Ende des Realis-
mus-Aufsatzes zitiert Lukács eine Passage aus den Svendborger
Gedichten von Bert Brecht, dessen literarische Methoden er
noch in den dreißiger Jahren als ›avantgardeistisch‹ verurteilt
hatte.

520. Lexikon Sozialistischer
Deutscher Literatur von den
Anfängen bis 1945. Halle (Saale)
1963, S. 341ff.

»Dabei wissen wir doch:
Auch der Haß gegen die Niedrigkeit
Verzerrt die Züge.
Auch der Zorn über das Unrecht
Macht die Stimme heiser. Ach, wir
Die wir den Boden bereiten wollten für Freundlichkeit
Konnten selber nicht freundlich sein.«

Das Gedicht ist »An die Nachgeborenen« gerichtet:

»Ihr aber, wenn es so weit sein wird
Daß der Mensch dem Menschen ein Helfer ist
Gedenkt unsrer
Mit Nachsicht.«

Die Anrede kann uns, guten Gewissens, nicht betreffen. Es
scheint, die Botschaft sei an weiter entfernte Empfänger gerichtet. Trotzdem wäre Nachsicht schon heute zu üben. Dem philosophischen Heimweh – jenem Trieb, überall zu Hause zu sein –
wiese vielleicht das Verzeihen einen Weg.

ÜBERLISTETE VERNUNFT

Die Logik ist zwar unerschütterlich, aber einem Menschen, der leben will, widersteht sie nicht.[521]

Utopien, die diesen Namen verdienen, sind wie Fixsterne, die, dem Wanderer ungreifbar, voranleuchten. Gerade die erratische Entrücktheit macht sie zum objektiven Maßstab einer Epoche. Sittlich gute Weltentwürfe haben eine unbestechliche Distanz zur Wirklichkeit. Wo die Utopie behändigt wurde von den Machern der Geschichte, erlischt ihr beispielgebender Glanz. Ideen werden verwirklicht stets um den Preis ihrer Banalisierung. Dies macht den Unterschied aus zwischen Boullées Entwurf zum ›Tempel der Vernunft‹ und Speers Architektur für Hitler. Boullées Visionen waren nicht für den Gebrauch bestimmt, zumal die damalige Technik nicht imstande war, solche Projekte zu realisieren. Was seinen Modellen an Wirklichkeit abgeht, gewinnt der ethische Anspruch: das Überzeugtsein von der Verbesserungsfähigkeit des Menschen durch die Vernunft. Von der französischen Revolutionsarchitektur des ausgehenden 18. Jahrhunderts ist nun allerdings das faschistische Bauen beeinflußt. Doch so brutal, wie die Verbesserung der Menschheit sich jetzt ins Werk setzte, so schroff wurde die Unschuld des ästhetischen Vorbilds Lügen gestraft. Das lautere Pathos erstarrt in den tatsächlichen Ausmaßen seiner Gewalt, von denen der Entwurf nur im Gleichnis geraunt hat. Das Erhabene entweicht den Formen; vom Faschismus à pied de la lettre übersetzt, ist diese Architektursprache nur lärmend, nur arrogant und schrecklich simpel.

Dieselbe Rücksicht gilt auch für Hegel: Seine Geschichtsphilosophie soll verteidigt werden gegen den tatsächlichen Verlauf der Geschichte. Wenn Hegel bisher von den Konsequenzen her beurteilt wurde, in die sein Denken wirklich einmündet, ist nun die Differenz zu seinen Nachfolgern – vor allem den ungebetenen – ausdrücklich festzuhalten. Hegels geschichtsphilosophisches System genießt das Vorrecht der Frühe. In obiger Darstellung wurde vielleicht zu sehr der beamtete preußische Denker in den Vordergrund gerückt; das Bild soll jetzt korrigiert werden. Ein richtiger Königsphilosoph, wie sein geistiger Schüler Georg Lukács, war Hegel nie. Neben einer Handvoll aufgeklärter Beamter war es das sich emanzipierende Bürgertum, das er ansprach. Wer damals wirklich das Sagen hatte im Restaurationsstaat Preußen, nahm von Hegel keine Notiz. Zu den Kreisen des Hofs fand der Zugezogene, der stockend sprechende Schwabe, keinen Zutritt; er war ja auch zu wenig geschliffen im Umgang und so schwer verständlich. Nachdem der Philosoph zu seinen

521. Kafka, Prozeß

Lebzeiten der Krone nicht sonderlich aufgefallen war, geruhte erst Friedrich Wilhelm IV., der sogenannte Romantiker auf dem Thron, bei seinem Amtsantritt 1841 – zehn Jahre nach Hegels Tod –, ›die Drachensaat des Hegelianismus auszurotten‹. Hegel konnte zu seiner Zeit nicht mit der Gunst der Mächtigen rechnen, auch wenn sein Werk um sie geworben hat: Wohlfeil war sein Denken nie. Dies unterscheidet ihn von Autoren wie Nordau, Spengler und Sedlmayr, deren Bestseller sich dienstfertig zum offiziösen Sprachrohr der schweigenden Mehrheit machten.

Uralt ist die Idee einer vernünftigen Geschichte. An einem strahlenden Pfingstmorgen, zu Ende des 12. Jahrhunderts, in der Abgeschiedenheit der kalabrischen Wälder, hatte Joachim von Fiore eine Erleuchtung. Vertieft in die Offenbarung des Heiligen Johannes, blendete ihn mit einemmal die Erkenntnis, daß die Menschheit sich vollende über drei Stufen, wie sie der Dreifaltigkeit Gottes gemäß sind. Jetzt sah er das letzte Zeitalter im Anbruch: die lichterfüllte Epoche des vollkommenen Wissens im Heiligen Geist. Es ist, als atmete Hegels Geschichtsidee noch leise vom kalabrischen Thymian jenes warmen Frühjahrsmorgens. Wie der fromme Zisterziensermönch aus Fiore sieht sich der Philosoph des frühen 19. Jahrhunderts auf der letzten Anhöhe der Welt: eine Menschheit überblickend, die zur Vollendung drängt. Daß das Wahre das Ganze sei, ist ein Grundsatz Hegelscher Logik, der auch im Geschichtsbild wirksam wird. Geschichte entfaltet sich als sinnvolle Totalität. Ihr Bewegungsgesetz ist der Fortschritt, durch den der Geist in der Zeit zu sich kommt. Die Entfaltung der geschichtlichen Totalität bedeutet das Aussprechen der ganzen Wahrheit. Die vollendete Geschichte ist die absolute Offenbarung; durch die historische Menschheit rechtfertigt sich der göttliche Geist. Hegel war der letzte Philosoph, der guten Gewissens noch so denken durfte. Seine idealistische Zuversicht kann angesichts der Geschichte danach in keiner Weise mehr aufrechterhalten werden. Die Überzeugung, daß die Zukunft in der bürgerlichen Gesellschaft zum Abschluß kommen sollte, wurde von der Wirklichkeit nicht bestätigt. Der Katarakt der Zeit hat sich nicht ermäßigt, und die Menschheit wurde in neue Widersprüche getrieben. Die sozialen Kämpfe der Industriegesellschaft, der Streit um die imperiale Neuverteilung der Erde und nationaler Chauvinismus haben eine Katastrophe herbeigeführt, die jeden geschichtsphilosophischen Optimismus verhöhnt. Noch bis zu Beginn unseres Jahrhunderts mochte es scheinen, als wäre jeder Krieg der letzte gewesen und jenseits des Leids und des Unrechts eröffne sich, nach notwendigem Dulden, ein glückliches Reich. Die modernen Zerstörungspotentiale haben solche Verheißungen als Lügen entlarvt. Seit Auschwitz, Katyn und Hiroshima ist Geschichte als Theodizee nicht mehr denkbar. Nicht, daß die Vergangenheit je humaner verfahren wäre mit ihren Opfern; doch zwischen den Massengräbern Namenloser aus früherer Zeit und dem Gelände um Treblinka, Auschwitz und Majdanek gibt es einen Unterschied: Nicht nur primitive Schlächternaturen waren an den Vernichtungslagern beteiligt, sondern ausgebildete Wissenschaftler. Hätten nur die Verblendung und blutrünstiger Haß die Täter bewegt, so wäre der Massenmord – man verzeihe diesen unmöglichen Komparativ – menschlicher gewesen. Man hätte die Taten aus der menschlichen Schwäche – aus affektiven Entgleisungen und Unwissenheit – irgendwie erklären können. Doch das Funktionieren der Liquidationskette wurde weniger von jenen gewährleistet, welche das minderwertige Leben tollwütig zu Tode prügelten, sondern von denen, welche für die Güterzüge nach Osten die Fahrpläne erstellten. Zur geschichtsüblichen Barbarei trat ein neues Motiv: die Vernichtung aus Pflichtgefühl, gewissenhaft, pünktlich und sauber. Etwas Entsetzliches ist geschehen, was die Geschichte in diesem Ausmaß bisher nicht gekannt hat: ein Kurzschluß zwischen Aufklärung und Bestialität. Karl Marx konnte die Technik noch als natürlichen Verbündeten des Fortschritts betrachten. Diesen Kredit hat eine Disziplin verloren, die sich die Effektivität der Zerstörung zur Aufgabe macht. Es bestünde eigentlich genügend Anlaß, den ›Fortschritt‹ als Begriff des Zukunftsoptimismus im 19. Jahrhundert, heute für unbrauchbar zu erklären. ›Fortschritt‹ erwies sich real als Rückfall in eine der dunkelsten Epochen der Neuzeit. Erstaunlicherweise überstand das Wort den Zweiten Weltkrieg unbeschädigt. Kaum war der Schock überwunden und waren die Trümmer beseitigt, nahm der Fortschritt wieder seinen alten Lauf. Die 50er Jahre hielten das 20. Jahrhundert für das beste aller möglichen Zeitalter. Die naive Arroganz der Technokraten nahm überhand, deren Pläne sich als Erfüllung der Menschheit darstellten. Käme Joachim von Fiore zurück aus den kalabrischen Wäldern: Es wäre nicht anzunehmen, daß er im Zeitalter der Elektronik jene plenitudo intellectus erkennen würde, die er einst seinen Jüngern, den Hungernden nach Glückseligkeit, vorausgesagt hatte.

An der Wahrheit des Ganzen läßt sich nach Hegel nicht mehr festhalten. Bei Lukács wird die Idee zerrieben von der machtvolleren Logik der geteilten politischen Einflußsphären. Ein weltumspannender Idealismus ist anachronistisch geworden. Wer, wie Lukács, an seiner Vision gegen die Zeit unbeirrbar festhält, bezeugt wenigstens im Scheitern seine persönliche Integrität. So viel Mut haben die konservativen Kulturkritiker hingegen nicht aufbringen müssen: Nordau, Spengler, Sedlmayr begnügen sich mit einem Ganzen, das bloß die schäbige Wirklichkeit einer herrschenden Meinung totalisiert. Nordau reduziert das Ganze auf den wissenschaftlichen Perfektionismus, welcher die Menschheit diszipliniert sehen möchte nach dem Vorbild einer reibungslos abschnurrenden Maschine. Das Ganze bei Spengler beschränkt sich auf den Vollständigkeitsfimmel eines Gymnasiallehrers, der über alles Bescheid weiß. Nicht ein Weltgeist ist Beweger der Geschichte, sondern die Stimme des Bluts, die Spenglers Bildungsfragmente in den Untergang spült. Sedlmayr denkt sich das Ganze als ein Gesamtkunstwerk, das als finsteres Barockspital die Aufklärung internieren soll. Seine Rekonstruktion der Kunstgeschichte beschränkt sich auf die erbaulichen Ausmaße der Kapuzinerpredigt. In jedem Fall verkümmert Hegels Pathos der Wahrheit zur Rechthaberei.

Je dürftiger das geschichtsphilosophische System, desto aggressiver werden die Ausfälle gegen mögliche Störfaktoren. Die Zweifel über die Wahrheit des Ganzen können nur noch mit Lärm beseitigt werden. Zu offensichtlich klaffen die Risse im Gebäude: Die Erfüllung der Geschichte und die Vollendung der Kunst wollen sich nicht mehr zum gemeinsamen Scheitelpunkt fügen. Dies unterscheidet wesentlich die Kulturkritik Hegels von den Nachfolgern. Zwar erkennen alle übereinstimmend in der Goethezeit den normativen Nullwert künstlerischer Produktion. Nur – Hegel war ein Zeitgenosse von Goethe; die Erfüllung der Geschichte im bürgerlichen Staat und der Kunst in der Dichtung von Goethe schienen, einander zustrebend, sich gegenwärtig zu verwirklichen. Die Kunst, ein Mikrokosmos der Harmonie zwischen Notwendigkeit und Freiheit, war berufen, diese Versöhnung vorauszubedeuten. Ihr Urphänomen bildete die griechische Heldengestalt; Hegel schöpfte noch unmittelbar von der Ästhetik der Aufklärung, wenn er in der Antike zugleich einen utopischen Hinweis sah. Die republikanischen Tugenden der Athener sollten erinnern an die Zukunft demokratischer Sittlichkeit. Die edle Einfalt, mit welcher der antike Leib in sich selber zu ruhen schien, präfigurierte das moderne, freie Subjekt. Gerade dieser zentrale Deutungsgehalt wurde vom Neuklassizismus des 20. Jahrhunderts weggesprengt. Das Stilzitat antiker Harmonie geriet durch Übersteigerung zum kolossalen Widerruf der Aufklärung. Die Muskelhelden eines Thorak und Breker sind keine Sinnbilder des mündigen Bürgers; sie fordern den straffen Gehorsam von Wachhunden heraus. Am Menschenleib interessiert jetzt bloß die ›Rasse‹. Nordau und Spengler können dieses Wort noch unverblümt anwenden. Sedlmayr sieht sich nach 1945 gezwungen, den Begriff zu umgehen, indem er der Kunst vorschreibt, sie habe den Menschen ›naturwüchsig‹ und ›kreatürlich‹ zu schildern. Aber auch Lukács, des Rassismus unverdächtig, entblödet sich nicht, Klassizismus mit Humanismus zu verwechseln; gegen die ›ungesunden‹ Zersetzungsabsichten der Dekadenz bietet er die Idee des ›organischen Menschen‹ auf, dessen Abguß als überdimensionierter Arbeitsheld die Stalinalleen aller Länder massenhaft ziert.

Die faschistische Rassentheorie ist die letzte Station des Klassizismus gewesen. Sie verzweigte sich in zwei Disziplinen: medizinisch in die Schädelmessung und kulturpolitisch in die Bücherverbrennung. Die Mischung von wissenschaftlicher Akribie und ästhetischem Banausentum ist kennzeichnend. Daß ausgerechnet ein jüdischer Arzt, Max Nordau, diese Mentalität mitbegründete, ist ein kulturgeschichtlicher Zynismus. Nordaus Begriff der ›Entartung‹ wurde zum Fluch, der über sein eigenes Volk kommen sollte, wie das Blut, das der leichtfertige Hohn der Juden vor Pilatus beschworen hatte.

Was an vormoderner Kunst als Harmonie erscheint, wird mißbraucht zur Zwangsjacke für eine widerspenstige Wirklichkeit, welche sich gegen die Nötigungen des Wahren und Ganzen sträubt. Neben den Versatzstücken aus der Antike gelten auch die starken Auftraggeber als vorbildlich; sie bestimmten in vorrevolutionären Epochen die Kunst des Abendlands. Der Künstler hatte, im Einklang mit der Gesellschaft, die herrschenden Mächte zu rechtfertigen. Zum Lohn wurde er beteiligt an einer Ordnung, die, jenseits des Ästhetischen, alle Bereiche des Lebens umfaßte. Eine Kultur, die nicht nur schön war, sondern mit väterlicher Hand jedem seinen Sinn stiftete, lag als Geborgenheitswunsch der Mittelalterverehrung Spenglers und Sedlmayrs zugrunde. Doch nicht nur die Konservativen erlagen dieser regressiven Verführung; auch avancierte Künstler, wie die Lehrer des Bauhauses, sehnten sich nach dem übergreifenden Dach einer Dombauhütte. Volkshäuser wurden als ›Kathedralen des Sozialismus‹ über schimmernden Gebirgsketten entworfen. Das Programm einer umfassenden Versöhnung von Kunst und Leben wurde schließlich in der Kulturpolitik der sozialistischen Staaten in die Tat umgesetzt. Die Rückbindung des ästhetischen Ausdrucks an den gesellschaftlichen Konsens weist der Kunst wieder eine Stelle zu, wie sie einst in der Feudalkultur üblich war. Kunst ist Apotheose der Wirklichkeit: die ideale Abspiegelung der realen Verhältnisse.

Für die Sehnsucht nach der großen Einheit von Kunst und Leben hat die Moderne einen Begriff gefunden, der auf Richard Wagner zurückgeht: das Gesamtkunstwerk. Kunst träumt darin von ihrer Selbstaufhebung im umfassenden Organon. Das

Gesamtkunstwerk begünstigt die Embryonalstellung des Subjekts, das sich vergessen möchte. Hinter der Kritik an autonomer Kunst steht immer die Angst vor Subjektsautonomie. Ganzheitsphantasien zeugen von der Müdigkeit, ›Ich‹ sagen zu müssen. Man ist es satt, seine Selbstbehauptung stets von neuem zu begründen auf der konfliktreichen Auseinandersetzung zwischen Ich und Welt. Es soll endlich Ruhe sein. Der konservative Kulturkritiker sehnt sich nach der verlorenen Kindheit des Abendlands. Der voranstürmende Künstler vollzieht eine narzißtische Identifikation mit dem Kosmos; seine Schaffenskraft hat jetzt die Wucht des Sphärenreigens. Aus dieser künstlerischen Selbstüberschreitung entstanden die verwegenen Konzepte des Expressionismus: mit allhafter Gebärde, die ganze Menschheit aufrufend, in die Sterne geschleudert. Im Entwurf ist diese Kunst ernst zu nehmen: als Ermächtigungswunsch des machtlosen Subjekts. In die Tat umgesetzt aber wird die Allmachtsphantasie zum realen Alptraum. Auch die geschichtsphilosophische Ästhetik orientiert sich an der Idee des Gesamtkunstwerks. Am Wahren und Ganzen wird teilhaftig nur, wer bereit ist, seinen Eigensinn zu opfern. Das autonome Subjekt stört die Eurhythmie der Universalgeschichte; die Kulturkritiker möchten es daher wieder abschaffen. Nordau spricht von der krankhaften ›Ich-Sucht‹ der Modernen. Sedlmayr und Lukács pflichten dieser Ansicht bei; für beide ist ›Autonomie‹ ein eigentliches Schimpfwort. Daß die konservativen Patriarchen das Rad der Geschichte gern zurückdrehen möchten, hinter die Französische Revolution, ist sofort einsichtig. Daß aber auch Lukács den freien und selbstbestimmten Menschen ablehnt, scheint zunächst unverständlich. Schließlich beruft er sich doch stets auf das Erbe der bürgerlichen Emanzipationsbewegungen. Vergegenwärtigt man sich jedoch das intellektuelle Klima der Weimarer Republik, tritt die Konvergenz von rechts und links in dieser Frage schon bald hervor. ›Scheißliberal‹ empfanden sowohl die Deutschnationalen wie die Kommunisten die bürgerliche Auffassung der persönlichen Freiheit. Eine breite Front verhalf von rechts und von links zur Unterhöhlung des Weimarer Verfassungswerks; der ›scheißliberale Kompromiß‹ entsprach nicht dem Zeitgeschmack. Rein und unbedingt sollte die große Idee sich verwirklichen. Die tonangebenden Intellektuellen waren alle, mehr oder minder, besessen vom Absolutheitsanspruch ihrer Visionen. Einwände des Besonderen gegen das Allgemeine waren unzulässig. Die Selbstbestimmung des einzelnen kam nicht in Frage. Wo käme man denn hin, wenn jeder ins Gesamtkunstwerk der neuen Gesellschaft dreinreden möchte? Für Lukács war Revolution die Angelegenheit einer Elite; er gehörte zur Generation, die den ›demokratischen

Zentralismus‹ erfunden hat. Der Fortschritt kam von oben. Als Vorbild war ihm Platon lieber als die Pariser Commune. Die Königsphilosophen wußten schon, was gut ist für das Volk.

Nordau, Spengler, Sedlmayr und Lukács wurden zwischen 1849 und 1896 in die Kultur der alten Donaumonarchie und des Deutschen Reichs hineingeboren. Die patriarchalische Erziehung spiegelt sich in ihren Geschichtsentwürfen wider. Außer Nordau haben zwar alle den Zusammenbruch der königlich-kaiserlichen Epoche lange überlebt, doch eine gewisse ›Haltung‹ überdauert in ihrem Denken. Es steckt gleichsam in einer gestärkten Hemdbrust, die so blütenweiß ist wie die systematische Reinheit; wie ein Stehkragen schnürt das Harmoniegebot die freie Bewegung ab. Das Schöne kommt zustande durch die Anstrengung eines ästhetischen Dauerkrampfs. Ein Gegenbegriff zur geschichtsphilosophischen ›Haltung‹ ist das ›Chaos‹. Vor dem Chaos warnen alle Kulturkritiker der Moderne. Mit diesem Wort wird das gebannt, worüber der Benutzer sich bedeutungsvoll ausschweigen möchte: um die Ängste nicht zu wecken, die er unter der verständigen Rede verborgen hält. Chaotisch in phänomenaler Bedeutung ist: das Dunkle, der Schmutz und das Fließende; alles Unkontrollierte und Unkontrollierbare, wie es in der Kunst der Moderne zum Vorschein kommt. Im anthropologischen Sinn ist im ›Chaos‹ das Triebhafte bezeichnet, die animalischen Vorgänge im Körper, über die man nicht gerne spricht. Die Leibfeindlichkeit gehört zum verhängnisvollen Erbe des deutschen Idealismus. Hegels Kulturgeschichte ist ein einziger gigantischer Kraftakt des Geistes gegen die physische Natur. Im Ekel vor seinem eigenen Körper setzt sich der Idealismus fort am Individuum; es muß als Einzelwesen durchleiden, was historisch bereits der Gattung verhängt war. Prüderie, das steife Gebaren, Gehemmtsein im persönlichen Verkehr, gab sich aus als Kulturfortschritt. Deshalb konnte Spengler die Darstellung des nackten Körpers als ›unabendländisch‹ weit von sich weisen. Die Mißbilligung eines ausschweifenden Sexuallebens, dem der moderne Künstler angeblich frönt, ist in jeder Kulturkritik zu hören. Mit dem Triebhaften deckt das Wort ›Chaos‹ auch die Sphäre des Unbewußten. Ihr Unbewußtes zu beherrschen, seien die Avantgardisten unfähig. Nordau findet für die Ausfallserscheinung rationaler Kontrolle einen medizinischen Grund. Mit dem Wort ›Dekadenz‹ gibt auch Lukács seiner Literaturkritik eine klinische Färbung. ›Unbewußt‹ heißt soviel wie ›krank‹. Sedlmayr kann dieser Meinung nur beipflichten. Er hält, übereinstimmend mit Lukács, die Psychoanalyse Freuds deshalb für falsch, weil sie die klaren Grenzen zwischen gesund und bewußt, krank und unbewußt verwischt. Freud macht sich hier einer wissenschaftlichen

Fahrlässigkeit schuldig, deren ästhetische Konsequenzen im Surrealismus offen zum Ausdruck kommen. Die unité de doctrine über die Gesundheit des Wissens mag wohl auch den Ausschlag gegeben haben, daß der katholisch-konservative Münchner Professor Sedlmayr unbedenklich zum Mitglied der Wissenschaftlichen Gesellschaften Erfurt (DDR) ernannt werden konnte.

Das Chaos, als die dunkle, triebhafte Macht des Unbewußten, hat auch eine geschichtsphilosophische Dimension: Es bedeutet das Noch-Nicht-Gewußte. In den gärenden Formen des Zufalls und der Überraschung machen sich die Triebkräfte der Zukunft bemerkbar. Geschichtsphilosophie will darüber Herrschaft gewinnen; sie stellt sich die Aufgabe, das Unvorhergesehene durch Systematik zu bannen. Dem Chaos des Werdens werden Gesetze auferlegt, welche die Berechnung der Zukunft ermöglichen sollten. Die Vergangenheit ist nach Maßgabe der herrschenden Vernunft dergestalt zu rekonstruieren, daß Gegenwart und Zukunft als sinnvolle Folgen daraus hervorgehen. Für Nordau ist die Menschheit ein transzendentaler Gesamtforscher mit dem historischen Auftrag, sich die Natur immer gründlicher zu unterwerfen; Sedlmayr erkennt in der Kunstgeschichte Gottes unumstößlichen Heilsplan; bei Lukács führen alle Wege der Vergangenheit zum Sozialismus. Selbst bei Spengler, dem keine konstruktive Aussicht auf Vollendung sich eröffnet, ist jeder Zufall aus dem Geschichtsgang entfernt. Das Schicksal hat eine festumrissene, morphologische Gestalt; der Untergang läßt sich pünktlich voraussagen. Geschichtsphilosophie ist der Versuch, den Zufall abzuschaffen. Gegen die Moderne muß daher das große Werk perspektivischer Klärung besonders energisch vorgehen. Avancierte Kunst ist der unmittelbar ästhetische Ausdruck des zuvor nicht Gesehenen. Ihre Innovationen durchbrechen immer wieder das Trägheitsmoment gesellschaftlicher Anschauungen. Deshalb wird sie vom geschichtsphilosophischen Ästhetiker abgelehnt: Er stellt mit Verärgerung fest, daß, trotz seiner systematischen Umsicht, der Zufall noch nicht ganz beseitigt ist. Die Kunst rührt das Chaos immer wieder auf, das der historische Fortschritt verdrängen möchte. Solche Störmanöver sind – wie später noch eingehender zu beschreiben sein wird – nicht erst seit der Moderne festzustellen. Stets stand die Kunst im heimlichen Widerspruch zum Prozeß der Zivilisation; unwillkürlich malten die Künstler schon immer auch die Schattenseite der Erleuchtung. Die Widerspenstigkeit des Surrealismus gegen die instrumentelle Vernunft erinnert an die figürliche Bauplastik mittelalterlicher Kathedralen. Skurrile heidnische Dämonen verhöhnen die strenge Klarheit der Architektur. Schon damals wurde im Namen einer gottgewollten Reinheit gegen die teuflischen Ausgeburten der Verzierungskunst gewettert. Kulturkritiker, welche in der Moderne die Zerstörung der Vernunft beklagen, können sich in Bernhard von Clairvaux auf einen würdigen Ahnherrn berufen. Kunst und heiliger Eifer haben sich im Grunde nie vertragen.

Kennzeichnend für die geschichtsphilosophische Ästhetik ist die Ambivalenz von Geringschätzung und Angst, die sie der Moderne entgegenbringt. Die Kunst der Gegenwart wird zwar – mit einem Wort von Sedlmayr – als seichtes Delta[522] betrachtet; dieses Urteil steht jedoch im genauen Gegensatz zur Warnung vor dem Chaos, das die Menschheit zu überfluten drohe. Die lautstarke Entwertung beschwichtigt bloß die Angst vor einer unheimlichen Macht, als deren Zauberlehrling der entartete Künstler auftritt. Kein Kulturkritiker zögert, avancierte Kunst als Erfüllungsgehilfen des Todfeinds zu sehen: Fürchtet Nordau im Naturalismus den Rückfall in den kindlichen Unverstand, so entdeckt Lukács hinter der Avantgarde den Agenten des Imperialismus und Sedlmayr gar das Grinsen des Leibhaftigen. Die Angst, das Chaos könne stärker sein als die ordnungstiftende Theorie, ist nie ganz niederzuringen. Die Sorge um den Bestand eines Systems erinnert an den Kampf gegen Schmutzflecken, die um so störender und hartnäckiger wieder auftreten, je emsiger sich die Reinlichkeit an ihnen zu schaffen macht. Das Unbegriffene dringt durch das Begriffsgewebe wieder ins System ein. Was aus Gründen der Ordnung und der Symmetrie verbannt wurde, kehrt als rächender Widersacher zurück, wie die dreizehnte Fee, die man zu Dornröschens Wiegenfest nicht eingeladen hat, weil das schöne Geschirr nicht gereicht hätte. Das Chaos der Kulturkritiker ist nichts anderes als der Widerspruch, der aus dem eigenen Denkgebäude gekehrt wurde und sich nun draußen als bedrohlich starrender Unrat auftürmt.

Jeder Monismus wirft einen dualistischen Schatten. Wer die totale Harmonie anstrebt, produziert nebenher, als dessen Abfallprodukt, das Chaos. Ein Dualismus ist bereits in Hegels Ästhetik angelegt; man kann ihn bezeichnen als den Widerspruch zwischen dem Reich der Schönheit und dem Reich des Notwendigen. Hegel hat ihn selber anerkannt, und seine geschichtsphilosophische Dialektik ist darauf angelegt, beide Pole zur Versöhnung zu bringen. Das Schönere genossen zwar die Griechen, das Höhere aber: die Einsicht in die Notwendigkeit, gebührt der Jetztzeit. So hat jeder Teil seinen Platz, und zusammengefügt zum vernünftigen Ganzen genießt es der Erkennende als Gesamtkunstwerk des absoluten Bewußtseins. Hegels Geschichtsphilosophie findet seine dichterische Entsprechung in Goethes poetischer Naturlehre. Sein Gedicht über »Die Metamorphose der

522. Sedlmayr, Tod des Lichtes, S. 214

Pflanze« ist gleichfalls bemüht, antiken Wohllaut und neue Erkenntnis zu vereinen. Dieser letzte große Versuch, Forschung und Poesie übereinzustimmen, wurde vom Industriezeitalter zum Verstummen gebracht. Die Entwicklung der Wissenschaft nach Goethe schlug einen Takt an, der nicht mehr wie »des Springquells flüssige Säule« dahinplätscherte. Das Reich der Schönheit und die Notwendigkeiten schienen endgültig auseinanderzubrechen.

Um die Jahrhundertwende kommt ein populäres Begriffspaar in Umlauf: ›Kultur‹ contra ›Zivilisation‹. Spengler baut es an zentraler Stelle in sein System ein. Untergründig findet sich diese Polarität bei jedem Kulturkritiker. Als nüchterne Geschichtsphilosophen gehen sie alle aus von der Gegenwart als einer vernünftig-wirklichen: Die Zivilisation, das Reich der Notwendigkeit, rechtfertigt sich dadurch, daß sie da ist. Die industrielle und technische Entwicklung der Moderne wird als Tatsache hingenommen oder gar als historische Errungenschaft begrüßt. Allerdings – und hier beginnt der zentrale Widerspruch – gilt dieselbe zivilisierte Gegenwart als nicht kulturfähig. Bereits in seinem Äußern ist der Fortschritt häßlich und daher nicht darstellungswürdig. Auch nach seinem gesellschaftlichen Konzept beurteilt, erweist sich die Zivilisation für unfähig, dem hohen Harmonieanspruch des Kulturkritikers zu genügen. Verelendung, Landflucht, entfremdete Arbeit, Verstädterung, ein gehetzter Lebensrhythmus: Sie bilden das Häßliche, welches das moderne Leben mit dem Ernst der Notwendigkeit zeichnet. Die Kunst soll hinwegsehen über diese Züge; sie stimme ein in die Harmonie vergangener, glücklicherer Zeiten. Wehe dem Künstler, der sich erdreistet, die Gegenwart an ihr unschönes Antlitz zu erinnern! Ihn trifft der Haß, den man dem Alltag gegenüber erfolgreich unterdrückt hat. Fortschrittsfatalismus und konservative Kunstkritik scheren sich am selben geschichtsphilosophischen Angelpunkt auf. Es ist dieselbe Instanz, welche die Notwendigkeit des Fortschritts verteidigt mit Argumenten des Sachzwangs und welche von der Kunst gleichzeitig ein Rückschreiten verlangt: hin zum angeblich ›Echten‹, zum ›Gesunden‹, zur Harmonie. Das Reich der Schönheit verengt sich zum hortulus clausus, der immer weiter nach innen abdriftet, je mehr man die Häßlichkeiten des praktischen Lebens akzeptiert.

Das Verhältnis von schöner Kunst und häßlicher Zivilisation wird innerhalb der unheiligen Allianz unterschiedlich dargestellt. Beispielhaft für den klassischen Bildungskonservatismus verfährt Sedlmayr: Das Reich der Notdurft wird überhaupt ausgeblendet. Man steht am Anfang des Wiederaufbaus, wo die amerikanische Zivilisation in Form von Wirtschaftshilfe zwar willkommen ist;

der Blickwinkel zur Kunstgeschichte bleibt jedoch präkolumbianisch. Dieser Widerspruch im eigenen Kopf wird verschoben auf einen Sündenbock: Der kritische Künstler ist schuld an der Unordnung in der Welt. Die offiziöse Ästhetik der fünfziger Jahre beruht auf einem Verschnitt von Moderne und überliefertem Mief. Die häßlichen Neubauten entstehen, welche Kleinkariertes mit Funktionalität verwechseln. An der eierschalengrau verputzten Eingangsfront des Bungalows prangt vielleicht eine Mosaikkopie des pompejanischen Kettenhundes; mit der Warnung ›CAVE CANEM‹ wird der kulturelle Hintergrund zivilisierten Besitzstandes illustriert. Im Gegensatz zu einem Bildungskonservatismus, der die Gegenwart schlicht ignoriert, macht sich Nordau, der Materialist und Technokrat, wenigstens keine Illusionen über die Zukunft vergangener Kultur. Die Bewältigung der Notwendigkeiten hat absoluten Vorrang vor dem Schönen; der technische Fortschritt ist hierfür das unerläßliche Instrument. Wenn überhaupt Kunst, dann soll sie allerdings harmonisch sein, damit sie, wie andere Freizeitbeschäftigungen auch, der Ertüchtigung für den modernen Alltag dient. Ein gesunder und kräftiger Mensch braucht wenig Entspannung und wird womöglich in Zukunft auf das Schöne ganz verzichten können. Vom Ende der Kunst ist auch Spengler überzeugt. Nur ist sein Bekenntnis zur technischen Zivilisation eher laut als ehrlich; in schwächeren Augenblicken fällt die futuristische Gebärde von ihm ab, und hervor tritt ein todtrauriger Konservativer, der gesteht, daß er eigentlich doch lieber im 18. Jahrhundert gelebt hätte. Während der normale Bildungsbürger die Nase stoisch über den Dreck der Geschichte hinweghaben darf, gehörte es zur erklärten Pflicht des Marxisten Lukács, die Häßlichkeiten der Zivilisation zu durchschauen und zu verändern. Der Königsphilosoph hat denn auch handfest eingegriffen in die epochalen Konflikte. Um so erstaunlicher ist, daß der unbequeme Zeitgenosse eine ähnlich bequeme Kunst fordert wie die angepaßteren Kollegen. Wer gesellschaftliche Widersprüche darstellt, soll dies auf harmonische Weise tun. Entfremdung darf nicht auch auf die Kunst übergreifen. Das reale Elend sei ästhetisch zu frisieren: am besten im Sprachstil einer abgeklärten Prosa. Das geschlossene Kunstwerk muß wohl durch Harmonisierung das gesellschaftliche Wohlverhalten vorwegnehmen, das eintreten wird, wenn einst alle Gegensätze liquidiert sind.

Eine Zwischenbemerkung zu den Ausdrucksformen ästhetischer Polarisierung im Alltag sei hier eingeschoben: Das Unterscheiden zwischen ›Kultur‹ und ›Zivilisation‹ ist so deutsch wie nur möglich. Eine große Verbreitung fand der Topos durch die sehr populäre, 1890 erstmals publizierte Kampfschrift des ›Rembrandtdeutschen‹[523]. Ursprünglich hatte die Denkfigur einen national-chauvinistischen Einschlag. ›Kultur‹ kam dem Deutschen zu: Er war der naturwüchsige, tiefsinnige biedere Landmann. Der Franzose war ›zivilisiert‹: spöttisch und oberflächlich, ein Rationalist und Stadtmensch. Der völkische Kampfruf gegen das Zivilisierte verrät den deutschen Neid auf eine Tradition, wie sie im romanischen Kulturraum viel selbstverständlicher gepflegt wird. Der Mangel an heiterer Urbanität soll durch die Aufwertung des Hinterwäldlers wettgemacht werden. Auch wenn die Gegensatzbegriffe ›Kultur‹ und ›Zivilisation‹ mittlerweile aus dem aktiven Bewußtsein verlorengingen, so hat sich doch dieses im deutschen Denkschatz erhalten: Heil und gesund ist die ländliche Natur; alles, was krank macht, kommt von der Stadt und moderner Technik. Die Abspaltung eines natürlich reinen Horts der Sehnsucht von der häßlichen Realität ist nicht nur Sache des politischen Konservatismus; er kommt ebenso daher im alternativen Gewande. Mit viel Selbstgestricktem und Dörrpflaumen im Rucksack reist man nach Griechenland – mit dem Charterflugzeug – und ärgert sich dort über die vielen Touristen. Jede Urlauberwelle demonstriert es: Der innere Rückzug auf eine kulturelle Utopie begünstigt gerade den zivilisatorischen Wildwuchs von der schlechtesten Sorte. Je irrealer der Traum, desto unkontrollierter wuchert die herrschende Wirklichkeit. Gewiß ist der Unterschied zwischen dem Reich der Schönheit und dem Reich des Notwendigen nicht aufzuheben; nicht einmal wünschbar wäre ihre totale Identität, wie die politischen Gesamtkunstwerke der jüngeren Vergangenheit gezeigt haben. Das Schöne und das Notwendige dürfen weder ineinanderfallen noch in abstrakter Polarisierung erstarren. Sie wollen im Geist lebendiger Zwietracht aufeinander bezogen bleiben. Die Aufspaltung von Wunsch und Wirklichkeit führt zur schöpferischen Verarmung. Die Gegensätze entfremden sich zu feindlichen Prinzipien, die sich ewig, aber tot gegenüberstehen. Die zivilisatorische Praxis kommt um den Auftrag, schöner zu werden, und den ästhetischen Modellen bleibt die Mühe erspart, sich auf das Notwendige einzulassen. Der anthroposophisch empfundene Gartenzaun macht die Tatsache nicht ungeschehen, daß das Einfamilienhaus dahinter ein Stück Natur zerstört, um deretwillen man aus der wüsten Stadt geflohen ist. Die Zivilisationsmüdigkeit reproduziert das kulturelle Elend. Wer diesen Zwangszusammenhang verkennt, kann sich nur in den Trost des Gerechten versteifen: Das Chaos, das stiften die andern; man selbst hat wenigstens eine lautere Gesinnung.

Die ästhetische Polarisierung stellt das allgemeine Legitimationsproblem der Industriegesellschaft dar: Wie können Produk-

523. alias August Julius Langbehn

tionsweisen gerechtfertigt werden, die so häßlich scheinen, daß man sich kulturell mit ihnen kaum identifizieren möchte? Eine Lösung dieses Legitimationsproblems bildet beispielsweise die Autobahnraststätte mit idyllischem Flurnamen und rustikaler Ausstattung. Dem modernen Produkt der Notwendigkeit werden die Versatzstücke einer vergangenen Zeit appliziert. Die Agrarkultur ist zwar durch die technische Zivilisation verdrängt worden; die Gemütlichkeit aber, welche zur guten alten Zeit angeblich geherrscht hat, ist im Hegelschen Sinne aufgehoben mit den schönen Heugabeln, die jetzt die Wand des Schnellimbisses verzieren. Als Dekoration versöhnt sich die verlorene Zeit mit der nützlichen. Die geschichtsphilosophische Ästhetik verfährt nach demselben dialektischen Muster: Kunst synchronisiert als Blendfassade ungesättigte Sehnsucht mit den häßlichen Bedürfnissen der Zivilisation.

Die historischen Entwicklungskonzepte der Kulturkritik stehen auf der soliden Grundlage eines freudlosen, aber tatkräftigen Pragmatismus. Die Geschichte geht mitleidlos und unbeirrt um die Glücksansprüche der Menschen ihrem höheren Endziel entgegen. Nordaus Fortschrittspathos ist darin exemplarisch. Er gesteht zwar, daß die Quelle der Zivilisationskrankheiten, die er am Künstler feststellt, in der rücksichtslosen Entfaltung von Industrie und Technik zu suchen sei. Und dennoch muß der Prozeß mit allen Mitteln durchgepeitscht werden: Die Menschheit ist gleichsam abzuhärten, damit sie reif werde für die Segnungen aus Stahl, Elektrizität und Geschwindigkeit. Daß die historische Vollendung hinter unmäßigem Erdauern liege, erinnert an die Sage vom Eingang ins Schlaraffenland: Man muß sich zuvor durch einen Berg von fadem Hirsebrei gegessen haben. Der geschichtsphilosophische Wanderer hat aber seinen Schatten. Während er verbissen vorangeht, die Zukunft als Pflicht zu erfüllen, begleitet ihn hartnäckig das Unbehagen, alles versäumt zu haben. Er gleicht dem Bildungsreisenden, der, einem starren Fahrplan folgend, sich kein Verweilen gönnen darf. Die knapp bemessenen Unterbrechungen der Fahrt reichen nicht aus, den Eindruck mit Unmittelbarkeit zu füllen. Die Orte bleiben fern: unbetretene Bilder. Versteinerte Blicke der Rastlosigkeit gehen aus dem Fenster, wo die Zeit unter dem donnernden Flug des Fortschritts pausenlos in die Tiefe fällt. Weil ihm durch die angespannte Tätigkeit des Beobachtens sein eigenes ›Hier und Jetzt!‹ vorenthalten ist, glaubt er seine ungelebte Gegenwart von der Geschichte mitgerissen. Nur das Gewesene scheint die Ruhe zu haben, die ihm mangelt. Er beneidet die Vergangenheit darum, daß sie einfach daliegen darf, als abgeschlossene, schön gefügte Landschaft, während er sich begreifend abmühen muß. Sie wird von der Unruhe des Werdens nicht mehr angefochten. Vergangenheit ist das Projektionsfeld des geschichtsphilosophischen Ruhebedürfnisses. Aus sentimentaler Perspektive gesehen, gerinnen alte Epochen zu Wunschvorstellungen, die mehr über den Historiker aussagen als über Historie selbst. So malt beispielsweise eine gängige konservative Vorstellung die Gotik sich aus als die inbrünstige Jugendzeit des Abendlands. Dem Mittelalter selber war – ganz im Gegenteil – ein solches Weltgefühl völlig fremd; es hielt sich für alt und sündig, das Jüngste Gericht war nahe, und eifernde Bußprediger verkündeten die Ankunft des Antichrists mit einer Eindringlichkeit, welche die Sedlmayrschen Bannflüche gegen die Moderne weit in den Schatten stellt. Die Kathedrale als »jauchzenden Aufschwung«[524] zu deuten zeugt von der Unfähigkeit einer formalen Kunstgeschichte, die Vergangenheit aus deren Lebensgefühl heraus zu verstehen. Kunstgeschichte als Stilgeschichte begnügt sich damit, aus den leeren Gehäusen erloschenen Lebens eine Kette zu fügen, um damit ihre modernen Ordnungsphantasien auszustatten. Das Faktum historischer Abgeschlossenheit wird als Nachweis von Ruhe und Harmonie betrachtet; keine Flagellantenzüge, nicht die Orgien minoritischer Sekten, keine Scheiterhaufen erschüttern das Wunschmittelalter. Der Lärm des vergangenen Lebens und seine Gerüche – vor allem die üblen – dringen nicht mehr an die Sinne des Kunsthistorikers. Die konservative Wahrnehmung eines Sedlmayr ist getrübt vom Weihrauch des 19. Jahrhunderts, das den Geschichtsraum eingehüllt hat in einen nazarenisch frommen Dunst. Seine Stilanalysen frisieren die Vergangenheit zum geschmackvoll arrangierten Gesamtkunstwerk; die harmonisierte Form der Geschichte wird zum Inhalt rückwärtsgewandter Utopie.

Geschichtsphilosophische Ästhetik will die endzeitliche Ruhe herstellen. Im systematischen Überdenken wird die reale Mühsal in der Geschichte ausgelöscht; als wäre schon alles getan, steht die Kultur als abgeschlossene Ganzheit vor Augen. Die Gegenwart, die man sich als begehrendes und leidendes Selbst versagte, wird dichterisch hergestellt in Gestalt der ewigen Wiederkehr von Vergangenheit im Begriff. Der Denkende genießt das Bewußtsein, sich selbst jetzt als transzendentales Subjekt der historischen Menschheit zu erfahren. Doch die Stille im Denken trügt. Die endgültige Ruhe im Begreifen der Universalgeschichte wird vom Alltag immer wieder störend durchbrochen. Täglich muß der Geschichtsphilosoph entdecken: Geschichte ereignet sich in die Zukunft hinaus, unabsehbar und oft anders, als er gedacht und gewünscht hätte. Dauernd ist sein Pragmatismus aufgefordert, die aktuellen Häßlichkeiten irgendwie hinzu-

524. Spengler, Untergang, S. 266

328

nehmen und zu erklären. Das Lästige und Widersprüchliche in der Gegenwart muß zum Vernünftig-Wirklichen gebändigt werden, und je mehr diese Arbeit sich auftürmt, desto zehrender wird das Verlangen nach Elysium jenseits des Alltags. Pragmatismus und Melancholie sind unzertrennlich. Es ist, als rächte die Vergangenheit sich für den voyeuristischen Mißbrauch durch die Nachgeborenen. So bequem, wie sie die konservative Ästhetik behändigen möchte, gibt sie sich nicht preis. Stacheln der Schwermut umschließen schützend alles Gewesene. Wer sich daran vergreift, schlägt sich eine ätzende Wunde auf; Erinnerung ungenutzter Möglichkeiten schürt der Blick auf vergangene Schönheit. Geschichtsphilosophische Ästhetik ist mißlungene Trauerarbeit; sie wird überwältigt von der Geschichte, die sie zu vollenden trachtete. Der Kulturkritiker bleibt gebannt von der Vergangenheit, weil er seine eigene Gegenwart nicht besetzt hält. Die Melancholie verewigt sich im unverwandten Hinstarren auf das Verlorene. In den Augenhöhlen erloschener Schönheit spiegelt sich das leere Selbst des rückwärtsgewandten Betrachters.

Der Haß des Melancholikers trifft alles, was ihn an seinen rettungslosen Zwiespalt erinnert. Die Verdikte geschichtsphilosophischer Ästhetik gegen die Moderne haben darin ihren letzten Grund. Avancierte Kunst verweist auf das Uneingestandene, womit die pragmatische Vernunft nicht fertig wurde. Was die Kulturkritiker das Chaotische nennen, ist eigentlich der verdrängte Teil ihrer selbst: die ungelebte Gegenwart, die im systematischen Ordnungswahn erstickte. Melancholie mag Bewegung nicht, weil sie an den eigenen Immobilismus erinnert. Gegen den möglichen Aufruhr der ästhetischen Erfahrung ist Harmonie verordnet. Im Angesicht des Chaos würde Melancholie fassungslos; nur im Stillhalten klingen ihre Schmerzen ab. Weil der Melancholiker, befangen im Korsett seiner Zwangsvorstellungen, selber nicht leben kann, soll auch das Lebendige um ihn her verschwinden. Die These vom Ende der Kunst entspringt einer Mischung von Angst und Haß vor der vitalen Buntheit der Welt, welche den Ordnungssinn unerträglichen Zumutungen aussetzt. Daß die Geschichte, ohne absehbaren Zweck, einst über ihn hinweg – vielleicht unendlich! – weitergehen könnte: das kränkt den endlichen Geschichtsphilosophen. Er entschädigt sich für die real erfahrene Ohnmacht, indem er die Zukunft wenigstens in seinen Gedanken enden läßt. Um der Müdigkeit des Begriffs im Kampf gegen die Erfahrung stattgeben zu können, wird die Ruhe herbeigesehnt, welche am Tag nach der Apokalypse endgültig eintritt. »Wenn alles getan ist ...«: Mit diesem Satz wünscht eine populäre Bierreklame einen schönen Feierabend. In gleicher Weise vertröstet die geschichtsphilosophische Ästhetik ihren Nirwanawunsch.

Lukács' Literaturkritik – sagt Brecht – erinnere ihn an eine burleske Szene aus der Stummfilmzeit, wo Chaplin einen Koffer packt. Aller Plage zum Trotz quillt der Inhalt immer wieder unter dem Deckel hervor, bis Chaplin, kurzentschlossen, eine Schere nimmt und die Kleiderzipfel abschneidet, die sich nicht einpressen lassen. Gemäß dem Leitsatz, daß das Besondere im Allgemeinen aufzugehen habe, wird das einzelne Kleidungsstück verstümmelt und unbrauchbar, der Koffer aber macht auf der Reise eine ordentliche Figur. Die Harmonie ist Ästhetik der Maßregelung. Gewalt wird über das Besondere ausgeübt zugunsten des Gesamteindrucks. Bezeichnend ist der Harmonieanspruch für restaurative Phasen der Politik. Nordau schreibt seine Thesen nach dem Zusammenbruch des Boulangismus; Lukács und Sedlmayr räsonieren in der Adenauerära, während des kalten Kriegs. Es sind Epochen, die der spontanen Regung wenig Raum gestatten, da die Gesellschaft für Krisen anfällig scheint. Die Konfliktfähigkeit ist gehemmt. Die staatlichen Organe fühlen sich sofort angefochten und reagieren empfindlich. Den Herrschenden fehlt die Großzügigkeit und der öffentlichen Meinung der Mut für Experimente. Mit moralischen Argumenten wird die Kunst genötigt, sich in den Dienst des allgemeinen Genesungsprozesses zu stellen. Statt Exzentrik ist ›Mitte‹, ›Perspektive‹, ›Normalität‹ angesagt. Daß die Durchsetzung einer geschichtlichen Vernunft die Menschheit schließlich vom Chaos bewahren könnte: davon sind Nordau, Sedlmayr und Lukács überzeugt. Für Nordau wird der technische Fortschritt den allgemeinen Wohlstand herbeiführen und so die Quellen des Anarchismus austrocknen. Sedlmayr glaubt, daß mit Adenauer ein erneuertes christliches Zeitalter anbrechen könnte, gefeit gegen die dämonischen Verzerrungen des Geistes, welche kulturellen Zerfall und Krieg hervorriefen. Nach Lukács beginnt mit der friedlichen Koexistenz von Kapitalismus und Sozialismus die Chance einer weltweiten Entspannung; der friedliche Wettbewerb der Gesellschaftssysteme wäre wirtschaftlich allen Menschen von Vorteil. Restaurative Phasen versuchen den Auftrag einer gesellschaftlichen Konsolidierung zu erfüllen. Trotz Einschränkung von ästhetischen, politischen und intellektuellen Freiheiten herrscht Zuversicht vor. Der Zwang, welcher einer individuellen Entfaltung angetan wird, erfolgt mit Berufung auf das Gesamtwohl. Die kollektive Anstrengung, welche die Harmonie abverlangt, soll sich einst auszahlen; der gesellschaftlich geleistete Triebverzicht hat einen Sinn: Er stellt für alle nur das Gute in Aussicht. Nordau, Sedlmayr und Lukács entwerfen einen historischen Optimismus, der auf einer ethischen Grundlage beruht. Dieser Sachverhalt zügelt die Gewalt der restaurativen Ordnungssysteme und bindet diese an die Grenzen eines pragmatischen Geistes.

Die Ausnahme bildet Oswald Spengler. Sein »Untergang des Abendlandes« zerschlägt jede Hoffnung. Im Unterschied zu den drei andern geschichtsphilosophischen Modellen entsteht sein Werk am Vorabend eines revolutionären Umbruchs; der »Untergang« wird verfaßt in einer Situation, die für einen Konservativen zum Verzweifeln sein muß: Ein Krieg ist verloren, eine Monarchie zerbrochen, und als Ersatz steht das ungewisse Abenteuer einer sozialistischen Räterepublik ins Haus. Spenglers rückwärtsgewandtes Ruhebedürfnis findet keinen Halt in der realen Entwicklung. Wird in restaurativen Phasen die Melancholie durch Pragmatismus gebunden, ist ihr jetzt der Boden entzogen. Der Sog der Ereignisse zerstört die Brückenpfeiler, auf der die konservative Sehnsucht über die Zeit hinweg zur Verheißung setzen könnte. Melancholie schlägt um in narzißtische Wut: ›Dann eben gar nicht!‹ Weil er für die Rückkehr zur alten Harmonie alle Wege verstellt sieht, wählt Spengler die Flucht nach vorn: in den Weltenbrand. Reaktionäre Konfliktstrategie trägt – neben der linksradikalen – eine wesentliche Verantwortung für den Zusammenbruch der Weimarer Republik. ›Alles oder nichts!‹ ist eine Maxime des Terrors. Entweder läßt sich die Wirklichkeit zur reinen Idee verwandeln, oder sie verliert ihr Existenzrecht. Kompromisse werden keine geduldet. Das empirische Leben aber, mit seinem Hang zum Vorläufigen, zum Improvisierten bis hin zur Schlamperei, sträubt sich gegen die Oktroyierung einer totalen Vollkommenheit. Das Reine und Unbedingte kann dem Leben gefährlich werden; der Perfektionismus ist gezwungen, die Naturgrundlage auszulöschen, wenn er sich, seinem Begriff gemäß, verwirklichen will. Buchstäblich nur über seine Leiche betritt der Mensch die kristallklaren Visionen, wohin die kühnsten Gedanken drängen. Der Leib, dieses knurrende und schläfrige Wesen, wird ihn bis dahin niemals begleiten; er ist zu bestechlich für die Verführungen des Augenblicks, und es fehlt ihm naturgemäß der lange Atem, den das Verfolgen großer Pläne abverlangt. Totale Reinheit ist nur als totale Vernichtung realisierbar. Spenglers Geschichtsphilosophie beschreibt nichts anderes als den Jähzorn über dieses unzulängliche Leben. Er zerstört sein Gesamtkunstwerk ›Abendland‹, das er erträumt hat, weil dessen schäbige Wirklichkeit den Allmachtsphantasien nicht standhält.

Im Stadium des kulturkritischen Jähzorns gehen die Forderungen nach Vollendung und nach Vernichtung ineinander über. In den »Comédies humaines« erzählt Balzac die Geschichte

Pablo Picasso, *Modell, Maler und Idee,* Radierung, 5. Mai 1968
© Succession Picasso/VG Bild-Kunst, Bonn 1997

vom »Chef-d'œuvre inconnu«: Ein alter Maler in Paris mit dem Namen Meister Frenhofer – verwundert es, daß Balzac sich diesen Sonderling nur als Deutschen vorstellen konnte? – arbeitet die letzten Jahre seines Lebens ausschließlich und in asketischer Abgeschlossenheit an einem weiblichen Akt. Ein atmendes, lebendes Kunstwerk sollte entstehen: das verwirklichte Ideal der Frau schlechthin, ein Gemälde, welches, alle Erkenntnisse der Kunstgeschichte in sich aufnehmend, das Höchste und Letzte böte, wozu Malerei überhaupt fähig wäre. Der einzige Schüler Mabuses und Kenner von dessen Geheimrezepten merkt nicht, daß er das gelungene Werk durch übermäßige Gründlichkeit allmählich wieder zerstört. Als Frenhofer seinen zwei Freunden: Porbus und dem jungen Poussin, das fast vollendete Meisterwerk vorführt, muß er die schreckliche Wahrheit erfahren. Auf der Leinwand ist nichts mehr zu sehen als ein wirres Knäuel von Pinselstrichen. Nur ein verblüffend lebendig gemalter Fuß ragt noch aus der formlosen Farbmasse hervor: das vorzügliche Fragment einer Schönheit, die der Vollendungswahn zertrümmert hat. Frenhofer vernichtet sein ganzes Lebenswerk und stirbt in der gleichen Nacht.

Schlimmer als der Vollendungswahn eines einzelnen ist der kollektive Griff nach dem Absoluten. Unmäßig wütet der Jähzorn über das Scheitern politischer Allmachtsphantasien. Göring war in seiner Nürnberger Todeszelle überzeugt, ein verkanntes Genie zu sein. Die amerikanischen Verhörrichter galten ihm als kulturlose Banausen, die keine Ahnung hatten von Fausts Sehnsucht nach der Harmonie im Unendlichen. Er konnte mit der triumphalen Genugtuung sterben, das Mißlingen des deutschen Gesamtkunstwerks gerächt zu haben durch das größte Vernichtungswerk der Menschheitsgeschichte.

Die Grenze der unheiligen Allianz ist an dieser Stelle deutlich zu machen; die Differenz zwischen Spengler einerseits, Nordau, Sedlmayr und Lukács andererseits darf in einem wesentlichen Punkt nicht verwischt werden. Gemeinsam beginnen zwar alle vier beim Mythos der Aufklärung, wonach das Ganze das Wahre sei. Darauf baut der Glaube an die Möglichkeit, die Menschheitsgeschichte als Totalität zu rekonstruieren − wobei der Fluchtpunkt des historischen Gesamtprozesses verschiedene Gestalt annehmen kann. Die geschichtliche Vernunft äußert sich: bei Nordau als allseitige Entfaltung von Technik und Wissenschaft; bei Spengler als streng gesetzlicher Biorhythmus der Kulturkreise; bei Sedlmayr als die Emanation der christlichen Offenbarung; bei Lukács als Vollendung der Gerechtigkeit im Sozialismus. Zweck der Geschichte ist in jedem Fall das Erreichen einer harmonischen Totalität. Tendenzen, welche der Gesamtbewegung zuwiderlaufen, müssen bekämpft werden. Bei Nordau, Sedlmayr und Lukács beruht das Zwangsmoment der Harmonisierung auf einer ethischen Grundlage; Antrieb und Ziel des historischen Prozesses ist das Gute. Hier liegt der radikale Unterschied zu Spengler. Er stellt die Harmonisierung der Geschichte dar als reinen Selbstzweck von Herrschaft. Sein Ganzheitsanspruch kennt keinerlei moralische Verpflichtungen. Spengler ist fähig, »für die Barbarei zu optieren, ohne in ihr einen Gesundbrunnen zu sehen«[525]. Das Festhalten am Begriff der Totalität ohne Idee des Guten führt zur Entropie des geschichtsphilosophischen Systems. Kulturkritik schlägt um in nackte Destruktion. Spengler hat die Entwicklung vorausgedacht, und der Faschismus hat sie vollzogen. Die Forderung nach der Vorherrschaft des Allgemeinen über das Besondere degenerierte zum vulgären Dschungelgesetz der Stärke; die logische Regel der Subsumtion verwirklichte sich im Aggressionskrieg und in der Ausmerzung minderwertigen Lebens.

Diese historische Katastrophe hat Adorno vor Augen, wenn er, dem Mythos der Aufklärung mißtrauend, den Satz Hegels umkehrt und sagt: »Das Ganze ist das Unwahre.«[526] Dabei bleibt unbestritten, daß die historische Entwicklung der Industriegesellschaft aufs Ganze zusteuert. Ihrer verallgemeinernden Gewalt unterwirft sich die ursprüngliche Vielfalt der Natur und der menschlichen Kulturen. Wahr ist dieser Griff zum Ganzen jedoch nur im Sinne der platten Tatsächlichkeit; unwahr bleibt der Ganzheitsanspruch im ethischen Sinne, weil er den an sich zweckfreien Überfluß der Dinge auslöscht im Egoismus der uni-

525. von Martin, S. 41
526. Adorno, Minima moralia, S. 57

versellen Verwertung. Die Paradoxie liegt in der Bewegung des aufgeklärten Geistes selber: Er war es, der die vielfältige Welt der Erscheinungen entdeckt und gesammelt hat mit enzyklopädischem Eifer. Er erforschte das Fremde in der Natur, in entlegenen Völkern und im einzelnen Menschen. Er gab allen Besonderheiten einen Namen und verlieh damit jedem Ding die Würde eines selbstseienden Wesens. Doch mit zunehmendem Erfolg verschwand die Ehrfurcht vor dem Erforschten. Der resultierende Vektor der enzyklopädischen Bewegung verläuft konzentrisch: Er zielt auf die Aufhebung von Vielfalt. Der Zugzwang der instrumentellen Vernunft sammelt wieder ein, was das Interesse am Besonderen ausgebreitet hat. Das Vielfältige wurde nicht seiner selbst willen entdeckt, sondern darum, dem Erkennenden verfügbar zu sein. Die enthüllte Fremdheit verlor ihre Qualität als Andersseiende; ihr Fremdsein ist durch Aneignung ausgelöscht. Aus dem Besonderen wird ein Mittel zum Zweck der Herstellung von Allgemeinheit.

Zu den Opfern der Vernunft, die alles nach ihren Gesetzen homogenisieren möchte, gehört die Kunst. Dieselbe Dialektik der Aufklärung läßt sich auch an ihr namhaft machen. Die geschichtsphilosophische Ästhetik wertet zwar die Kunst auf zum Gegenstand wissenschaftlichen Interesses, zugleich aber erfolgt die Degradierung zum Erfüllungsgehilfen historischer Ordnungsphantasien. Daß Kunst die begriffliche Ordnung der Dinge gerade unterbricht, indem sie auf das ineffabile hindeutet: Darüber hat sich der aufgeklärte Geist mit überlegenem Kopfschütteln hinweggesetzt. Die Zeit der exakten Erleuchtung ist angebrochen. Seither gibt es nichts mehr zu staunen. Die Wahrheit will mannhaft ausgesprochen sein. Kunst kann sich in der Kunstgeschichte nützlich machen. Die historische Hilfswissenschaft liefert dem Fortschritt die anschaulichen Belege; Kunstgeschichte dient gleichsam als biblia pauperum des prozessierenden Bewußtseins.

Um 1900, als der naturwissenschaftliche Positivismus sich mit lärmender Selbstverständlichkeit breitmachte, brauchte es sehr viel Mut, »das viel mißbrauchte Vorrecht der bewußten Tätigkeit« anzuprangern. Gegen eine Zeit, die auf die Berechenbarkeit aller Erscheinungen eingeschworen war, lenkte Freud seine Aufmerksamkeit auf das Unberechenbare. Seine ›Traumdeutung‹ streift – nur am Rand zwar – auch den psychischen Ursprung kultureller Tätigkeit. Freud kritisiert die gängige Überschätzung, die dem Wachbewußtsein zugemutet wird beim Entstehen von wissenschaftlichen und künstlerischen Ideen. Sich beziehend auf Mitteilungen von Helmholtz und Goethe, kommt er zum Schluß, »daß das Wesentliche und Neue ihrer Schöpfungen

ihnen einfallsartig gegeben wurde und fast fertig zu ihrer Wahrnehmung kam«[527]. Nicht das Genie und der Musenkuß sollten
damit wieder eingeführt werden; Freud erklärt die produktiven
Einfälle mit dem Auftauchen unbewußter Gedanken. Das Unbewußte wird von einer andauernden Denkbewegung durchflutet.
Wie Wolken, die sich in wechselnder Bildung zusammenballen
und auflösen, ziehen vergessene Erinnerungen in losen Assozia-
tionsbändern über die Landschaft der Seele. Das wache Bewußtsein nimmt davon kaum Notiz; vielmehr ist die menschliche
Rationalität gezwungen, Botschaften aus dem Unbewußten nie-
derzuhalten, damit ihr Funktionieren im Alltag ungestört bleibt.
Beim Träumenden entfällt die Kontrolle durch den Schlafzu-
stand. Der Künstler hat die Fähigkeit, selbst im Wachen das helle
Bewußtsein soweit abzuschirmen, daß er in die Dämmerung des
Unbewußten zu sehen beginnt. Künstlerische Produktivität ist
die Fähigkeit, das Tagesbewußtsein zu überschreiten, um zu den
unbewußten Gedanken vorzustoßen. Freud stützt seine These ab
mit der Autorität eines Dichters, der über den Verdacht surrealistischen Delirierens hoch erhaben ist: mit Friedrich Schiller. In
einem Brief an Körner betont Schiller die Bedeutung des freien
Assoziationsflusses vor der verengenden Rigidität der Verstandestätigkeit. Der Brief vom 1. Dezember 1788 antwortet auf Fragen
von Körner, der sich über seine mangelnde Produktivität
beklagt:

»Der Grund Deiner Klage liegt, wie mir scheint, in dem
Zwange, den Dein Verstand Deiner Imagination auflegt. Ich
muß hier einen Gedanken hinwerfen und ihn durch ein Gleichnis versinnlichen. Es scheint nicht gut und dem Schöpfungs-
werke der Seele nachteilig zu sein, wenn der Verstand die zuströ-
menden Ideen, gleichsam an den Toren schon, zu scharf mustert.
Eine Idee kann, isoliert betrachtet, sehr unbeträchtlich und sehr
abenteuerlich sein, aber vielleicht wird sie durch eine, die nach
ihr kommt, wichtig, vielleicht kann sie in einer gewissen Verbindung mit anderen, die vielleicht ebenso abgeschmackt scheinen,
ein sehr zweckmäßiges Glied abgeben: – Alles das kann der Verstand nicht beurteilen, wenn er sie nicht solange festhält, bis er sie
in Verbindung mit diesen anderen angeschaut hat. Bei einem
schöpferischen Kopfe hingegen, deucht mir, hat der Verstand
seine Wache von den Toren zurückgezogen, die Ideen stürzen
pêle-mêle herein, und alsdann erst übersieht und mustert er den
großen Haufen. – Ihr Herren Kritiker, und wie Ihr Euch sonst
nennt, schämt oder fürchtet Euch vor dem augenblicklichen,
vorübergehenden Wahnwitze, der sich bei allen eigenen Schöp-
fern findet und dessen längere oder kürzere Dauer den denken-

527. Freud, Traumdeutung,
S. 581

den Künstler von dem Träumer unterscheidet. Daher Eure Klagen der Unfruchtbarkeit, weil Ihr zu früh verwerft und zu strenge sondert.«[528]

Schillers letzter Satz trifft auch die geschichtsphilosophische Ästhetik: Sie gehört zu jenen strengen Wächtern, welche die spontanen Regungen der Phantasie schon vor dem Tor abweisen; lieber nimmt sie ein Ende der Kunst in Kauf, als daß sich ihre Systematik von der kreativen Willkür überrumpeln ließe. Schillers Brief bezeugt es: Was André Breton im surrealistischen Manifest zum radikalen Programm erhebt, haben die Künstler – in weniger spektakulären Formen und ohne Aufhebens – schon immer getan. Sie machen sich ihr Unbewußtes vernehmlich, indem sie das monotone Getöse der instrumentellen Vernunft im Kopf unterbrechen. Die geschichtsphilosophische Ästhetik, welche die Kunst als bloße Illustration des Bewußtseins betrachtet, wird durch die künstlerische Verfahrensweise widerlegt. Kunst ist gerade nicht der Beleg des Bewußtseins, sondern dessen Schattenspiel: der verräterische Hinweis darauf, was beim Prozeß der Bewußtwerdung unterschlagen blieb. Sowenig die rationale Verstandestätigkeit zur Kreativität taugt, sowenig ist sie berufen, ästhetische Maßstäbe zu setzen. Die Vorschriften, welche Lukács und Sedlmayr zu einer vernünftigen Kunst erlassen haben, sind so dürftig und blutleer, daß kaum ein ernstzunehmender Künstler sie je befolgt hätte. Aus dem Extrakt historischer Gesetzmäßigkeiten lassen sich keine normativen Rezepte ableiten. Kunst ist wesentlich unberechenbar. Wo sie gegängelt wird von den Anforderungen des Vernünftig-Wirklichen, wird sie zum Tagtraum, der gesteuerte, verharmloste Wünsche produziert: Reklame und Propaganda des herrschenden Bewußtseins. Der echten Traumarbeit hingegen ist die authentische Kunst zu vergleichen. Ihre Quelle ist das gesellschaftliche Unbewußte; durch sie blickt der Alltag in die Möglichkeiten, die seine Rationalität verschüttet hat. Das Uneingestandene kommt zum Vorschein, welches die Vernunft immer schon vergessen haben möchte, weil sie ohne Einsicht dessen problemloser verführe. Deshalb ist das rationale Bewußtsein ein schlechter Berater in ästhetischen Fragen; als Agent im Dienst des gesunden Menschenverstands wird es unbequeme Signale stets auszuschalten suchen.

Geschichtsphilosophische Ästhetik möchte die Kunst wieder vernünftig machen. Sie blickt zurück auf die Epochen vor der Moderne, wo der Künstler sich noch als nützliches Glied der Gesellschaft zu erweisen schien. Während der Avantgardist heute einem verantwortungslosen Subjektivismus huldige, hätten es frühere Meister nicht verschmäht, ihre Fertigkeit in den Dienst

528. Zitiert nach Freud, Traumdeutung, S. 123

allgemeiner Belehrung zu stellen. Diese idealisierende Sicht auf die frühere Neuzeit überschätzt die didaktischen Fähigkeiten der Kunst. Niemals geht der Begriff im Bild vollkommen auf; oft widerspricht das Unbegriffliche an der Form der öffentlich gewollten Aussage. Kunstformen sind wie freche Schüler, die hinterrücks dem Lehrer Grimassen schneiden. Gerade die vordergründig braven und angepaßten Werke treiben ihr lügenhaftes Possenspiel faustdick. Die lautstarke Zurschaustellung des Einverständnisses mit den Herrschenden hält einem zweiten Blick nicht stand. Wenn die Auguren sich begegnen, dann lächeln sie. Dem Kenner zwinkert das affirmative Kunstwerk zu: ›Da siehst du den ganzen Zauber!‹ Dem Mitverschworenen wird in heimlichen Gebärden die Macht des Auftraggebers denunziert. Kunstgeschichte kann als Verdrängungsgeschichte gelesen werden. Jedes Werk läßt sich gegen den Strich der prozessierenden Vernunft auffassen. Seit dem Mittelalter, als kultischer Zweck und ästhetische Mittel auseinanderzutreten beginnen, eignet den Werken eine unwillkürliche Dissidenz gegen die verordnete Aussage. Es mischen sich Zwischentöne ein, die vom Auftraggeber nicht erwünscht und vom Künstler nicht immer beabsichtigt sind.

Als einziges Beispiel diene die Ausmalung der Kirche San Francesco in Assisi mit der Vita des heiligen Franz. Den Anfang macht die Geschichte des Vernünftig-Wirklichen. Franziskus war am 3. Oktober 1226 gestorben, ausgezehrt vom Fieber der Gottseligkeit, dem der zerbrechliche Körper nach 45 irdischen Jahren keinen Widerstand mehr leisten wollte. Mancher geistliche Würdenträger, dessen Leib und Gut sich in Ehren gerundet hatte, mochte erleichtert gewesen sein, daß die Kirche diesen asketischen Spinner endlich loswurde. Nun galt es, die Hinterlassenschaft des unbequemen Reformers im Geist der Armut vernünftig zu regulieren. Die beste Methode war: Neutralisierung durch Integration. Dem Volk mußte gezeigt werden, daß im glanzvollen Bau der Ecclesia Raum genug war: auch für die Botschaft dieses Büßers und Bettlers, der allen Glanz stets zurückgewiesen hat. Bereits zwei Jahre nach dem Tod wurde Franziskus heiliggesprochen, von Papst Gregor IX., demselben Mann, der als Kardinal und Graf Hugolin von Segni dafür gesorgt hatte, daß die franziskanische Regel auf das kirchlich tragbare Maß zurechtgestutzt wurde. Doch so billig kam die herrschende Vernunft nicht davon; durch Heiligsprechung war Franz zwar in den Chor der himmlischen Heerscharen abberufen, doch im Volk lebte er hartnäckig weiter. Ein bunter Strauß von Legenden wucherte um den Mann, dem die einfachen Leute einen Namen gegeben haben, der wie eine Liebkosung klingt: ›Il Poverello‹. Dem Wildwuchs solch abgöttischer Verehrung mußte ein Riegel vorgeschoben werden. 1260 verfaßte Bonaventura, der damalige Ordensgeneral und spätere Kirchenlehrer, mit der »Legenda maior« eine offizielle Lebensbeschreibung des Heiligen. Um diesen Anspruch zu bekräftigen, kam es sechs Jahre später zum Erlaß, alle anderen schriftlichen Überlieferungen seien zu vernichten. Wer die Vergangenheit beherrscht, beherrscht die Zukunft; Orwells ›Gedächtnislöcher‹ sind immer im Einsatz gewesen.

Doch auch diese Maßnahme war noch nicht hinreichend. Um die Jahrhundertmitte polarisierte sich die franziskanische Bewegung immer mehr: Auf der einen Seite standen die Spiritualen, welche mit dem Armutsgebot des Gründers heiligen Ernst machen wollten; die Konventionalen andererseits waren bestrebt, die traditionellen Besitzansprüche der Kirche nicht über Gebühr zu erschüttern. Letztere gewannen die Oberhand in der Ordensleitung und begannen seit 1280, gegen die Armutseiferer in ihren Reihen durchzugreifen. Noch brannten keine Scheiterhaufen. Fratizellen wurden erst seit 1317 angezündet, als die Disputation von Avignon nichts gefruchtet hatte. 1296 begnügten sich die Oberen noch mit unmißverständlichen Zeichen der Kulturpolitik. In diesem Jahr berief, nach Mitteilung Vasaris, der Ordensgeneral Giovanni di Muro della Marca den jungen Maler Giotto nach Assisi, damit dieser sich an der Ausmalung der Franziskuskirche beteilige. Bruder Giovanni galt als Spiritualenfresser. Mit seiner Tätigkeit als Bauherr verfolgte er erzieherische Absichten: Die Armutseiferer sollten über die wahre Armut belehrt werden. Mit dem Bau und der Ausstattung des franziskanischen Mutterhauses wurde, neben Giotto, die gesamte Künstlerelite von Rom, Florenz, Pisa und Siena betraut. Der Grundstein zum Bau war bereits 1228, im Jahr der Heiligsprechung, gelegt worden und diente, wie diese, dem pastoralen Auftrag. Das schimmernde Bauwerk über den Paradieshügeln bei Assisi brauchte einen Vergleich mit dem päpstlichen Rom nicht zu scheuen; allein die Krypta für den ›Poverello‹ hat königliche Ausmaße. Die zweigeschossige Kirche stellt sich provokativ gegen die strenge Auslegung der Armutsidee. Dabei nahmen es die Bauherren in Kauf, regelwidrig nach Maßgabe der selbst verordneten Baugesetze zu verfahren. Ein Generalkapitel hatte nämlich noch 1266, während der Bauzeit von San Francesco, verlauten lassen: »Da Anreiz zu Neugierde und Überfluß der Armut geradezu widersprechen, ordnen wir an, daß die curiositas der Bauten durch Malereien, Bildnereien, Säulen und dergleichen Dinge und ebenso der Überfluß hinsichtlich der Länge, Breite und Höhe ... streng vermieden werden muß.«[529] Das

529. Zitiert nach Schrade, S. 13

338

vollendete Stammhaus der Franziskaner setzte, indem es den Absichtserklärungen eines Bettelordens genau widerspricht, ein Fanal im Armutsstreit. Die tragenden Häupter hatten es richtig eingeschätzt: Man brauchte den Franziskanern nur die Armut zu rauben, dann war ihre Botschaft entschärft, und sie konnten gefügig an die weite Brust der Ecclesia gedrückt werden. Armut im Geiste war hinreichend; daneben gebühre jedem das Seine.

Soviel zur Geschichte der prozessierenden Vernunft. Die Kunst war nun berufen, in deren Sinn wirksam zu werden. Die Bauherren von San Francesco hatten recht genaue Vorstellungen, was ihr Mutterhaus aussagen solle. Haben die Künstler ihren Auftrag geflissentlich ausgeführt? In ihrem subjektiven Wollen bestimmt. Giotto wird sogar nachgesagt, er wäre gegen die Spiritualen eingestellt gewesen. Auch wenn sich seine Parteinahme nicht mehr rekonstruieren läßt, so ergibt sie sich zumindest passiv aus seiner Künstlerrolle. ›Wes Brot ich eß', des Lied ich sing'‹: Die Devise hatte zu einer Zeit, da Kunst noch als Handwerk betrachtet wurde, nichts Ehrenrühriges. Die Bauherrschaft muß Giotto auch persönlich nähergestanden haben, als jene religiösen Fanatiker, die sich aus Kunst bestimmt nichts gemacht haben. Asketen sind keine Auftraggeber; ethischer Rigorismus gehört, im Gegenteil, zu den gefährlichsten Feinden der Kunst. Im Namen der Armut haben die Fratizellen Kirchen gestürmt und geplündert. Ein rechtschaffener Künstler konnte solche Vandalenakte niemals unterstützen; der Armutseifer drohte ihm das zu zerstören, was er mit Fleiß und Können geformt hatte. An der Loyalität Giottos zur Ordensleitung war also nicht zu zweifeln. Und doch läßt sein Werk, vom Standpunkt der Vernunft gesehen, zu wünschen übrig.

Die These sei aufgestellt, daß das herrschende Bewußtsein immer etwas vergessen machen muß. Die Kunst wird dazu in Dienst genommen; doch diese scheitert an der Aufgabe, und zwar um so gründlicher, je mehr Vergessenheit von ihr gefordert wird. Wenn dieser Satz stimmt, muß die Ausstattung von Assisi verräterische Einblicke gewähren in das, was am Kult um den heiligen Franz öffentlich unterdrückt wurde. Zur Prüfung der These genüge ein Gang in die Oberkirche: Die Längsseiten des Kirchenschiffs und des Chores sind mit Szenen aus dem Leben von Franziskus bemalt. Die traditionelle Ansicht, die in Giotto den Urheber des Zyklus sieht, ist seit dem 19. Jahrhundert immer wieder in Zweifel gezogen worden; in diesem Zusammenhang bedarf die Zuschreibungsfrage keiner eingehenden Erörterung. Giotto, der oder die Meister waren von der Ordensleitung beauftragt, sich an Bonaventuras Legenda maior zu halten, welche die Vita in 28 Szenen erzählt; der Bilderzyklus folgt dieser

Einteilung. Die 13. Station, hingemalt an die Nordwand, als letztes Bild vor dem Chorbogen, zeigt das Krippenwunder von Greccio. 1223 hat sich Franziskus in die Berge bei Arezzo zurückgezogen. Weihnachten feiert der Heilige dieses Jahr mit den Bewohnern von Greccio. Um das Gedächtnis an die Heilige Nacht möglichst nahezubringen, läßt er Ochs und Esel und eine Krippe mit Heu herbeischaffen. Während der Feier soll in der Krippe das Jesuskind erschienen sein. Bonaventura erzählt die Begebenheit so:

»Contigit autem anno tertio ante obitum suum, ut memoriam nativitatis pueri Jesu ad devotionem excitandam apud castrum Graecii disponeret agere, cum quanto maiore solemnitate valeret. Ne vero hoc novitati posset adscribi, a Summo Pontifice petita et obtenta licentia, fecit praeparari praesepium, apportari foenum, bovem et asinum ad locum adduci. Advocantur fratres, adveniunt populi, personat silva voces, et venerabilis illa nox luminibus copiosis et claris laudisbusque sonoris et consonis et splendens efficitur et solemnis. Stabat vir Dei coram praesepio pietate repletus, respersus lacrimis et gaudio superflusus. Celebrantur missarum solemnia super praesepe, levita Christi Francisco sacrum Evangelium decantante. Praedicat deinde populo circumstanti de nativitate pauperis Regis, quem, cum nominare vellet, puerum de Bethlehem prae amoris teneritudine nuncupabat. – Miles autem quidam virtuosus et verax, qui, propter Christi amorem saeculari relicta militia, viro Dei magna fuit familiaritate coniunctus, dominus Ioannes de Graecio, se vidisse asseruit puerulum quemdam valde formosum in illo praesepio dormientem, quem beatus pater Franciscus, ambobus complexans brachiis, excitare videbatur a somno.«[530]

530. Legenda maior, X, 7. Zitiert in Smart, S. 275. »Es begab sich aber drei Jahre vor seinem Tod, daß er in Greccio das Gedächtnis der Geburt Christi darstellen ließ, um Andacht zu wecken, mit großer Feierlichkeit. Damit dieses ihm nicht als Neuerung ausgelegt werde, bat er beim Papst um eine Erlaubnis, die er auch bekam. Er ließ eine Krippe bereiten und Heu, Ochs und Esel zum Ort führen. Die Brüder werden gerufen, das Volk strömt zusammen, der Wald durchschallt von Stimmen. Ehrwürdig war diese Nacht, mit reichlichen Lichtern, hell klingenden und harmonischen Lobgesängen; es wurde ein glänzendes und feierliches Fest. Der Mann Gottes stand neben der Krippe, voller Frömmigkeit, Tränen vergießend und von Freude überströmt. Über der Krippe wurde eine Meßfeier abgehalten, während der Priester Christi, Franziskus, das heilige Evangelium sang. Darauf predigt er dem umherstehenden Volk von der Geburt des ›Armen Königs‹, als den – weil er ihn preisen wollte – er den Knaben von Bethlehem in liebender Zärtlichkeit benannte. – Ein Ritter von tapferer und wahrhaftiger Art, der den Hofdienst aus Liebe zu Christus verlassen hatte, war dem Mann Gottes in großer Freundschaft verbunden. Dieser Herr, Johannes aus Greccio, hat beteuert, ein sehr wohlgestaltes Knäblein in jener Krippe schlafend gesehen zu haben, welches der selige Vater Franz, mit beiden Armen umfassend, aus dem Schlaf zu wecken schien.«

Die offiziell beglaubigte Erzählung schildert das Ereignis als glanzvolle Mette, mit vielen Lichtern, klaren, hellen Stimmen der Freude im Gesang: »Et venerabilis illa nox luminibus copiosis et claris laudisbusque sonoris et consonis et splendens efficitur et solemnis.« Die Malerei übersetzt die Beschreibung in den prachtvollen Chorraum einer romanischen Kirche. Der marmorgetäferte Lettner ist mit Goldleisten versehen; sein Gesims schmückt ein zierlicher Konsolenfries. Links führt eine massive Treppe zum Ambo: auch er in hellem Marmor ausgekleidet und mit Intarsien versehen. Rechts steht das Ziborium auf schlanken Säulen, gebildet nach der Ordnung des Überschwangs: der korinthischen. Der Baldachin darüber – aus purem Gold die Wimperge, in neumodischer Machart – hätte selbst dem Poverello ein Kopfschütteln entlockt. Die Spiritualen jedenfalls muß

Giotto, *Das Krippenwunder von Greccio,* um 1297-1300. Assisi, San Francesco, Oberkirche

der heilige Zorn erfaßt haben über diese stinkende Hoffart, welche hier die Kunst über den Ordensbegründer ausschüttet. Mit unmißverständlichem Nachdruck hält die offizielle Bildaussage fest: Das Wunder ereignete sich in einem Kirchenraum, der kostbar und daher würdig genug ist, dieses Ereignis zu beherbergen. Um zu zeigen, daß auch der Heilige klerikalen Anstand und Sitte zu wahren wisse, wird er dargestellt in einem Diakonsgewand aus schwerem Brokat: eine Ohrfeige für die Armutseiferer, die sich den Franziskus mit seiner zerschlissenen Kutte zum Vorbild genommen haben.

Im Gemälde scheint protokollarisches Wohlverhalten die Regie zu führen. Doch man soll sich nicht täuschen lassen von den Zeichen äußerlicher Pracht; an diesem geweihten Ort geschehen zu viele Dinge, die sich für einen Chorraum nicht geziemen. Da ist einmal das Verhalten des Heiligen: Verzückt wirft sich Franziskus auf den Boden – nicht vor dem Altar, sondern vor einem ganz gewöhnlichen Futtertrog mit Stroh. Selbst Bonaventura, dem als Ordensleiter die vernünftige Einhaltung

341

der Regel und der Liturgie mehr angelegen sein mußte als der Ausbruch von Ekstasen, kommt auf das unkonventionelle Gebaren zu sprechen: Der Mann Gottes habe dagestanden, voller Frömmigkeit, von Freudentränen überquellend, angesichts dieser Futterkrippe (»Stabat vir Dei coram praesepio pietate repletus, respersus lacrimis et gaudio superflusus«). Beschwichtigend folgt auf diese Beschreibung der Satz, über der Adoration der Krippe werde auch eine ordentliche Messe abgehalten (»Celebrantur missarum solemnia super praesepe«). Das Gemälde rückt allerdings nicht die Meßfeier in den Vordergrund; das Wundergeschehen nimmt kompositorisch die Mitte ein. Der Altar ist auf die rechte Seite abgerückt, liturgische Geräte fehlen. Statt die Messe zu zelebrieren, widmet der Priester seine ganze Aufmerksamkeit dem mystischen Vorgang. Und siehe: Soeben hat Franziskus ein Kind aus dem Heu gehoben! Sein Haupt ist vom Kreuznimbus umstrahlt, kein Zweifel: Dieses Neugeborene ist der wiedergekommene Jesusknabe. Der Priester ist im Begriff, das Christkind aus den Händen des heiligen Franz zu empfangen. Das blutrote Wickeltuch und das blutrote Kruzifix, das sich vom Lettner entgegenneigt, deuten das Kreuzopfer voraus. In einer Eindringlichkeit, die fast makaber anmutet, entledigt sich das Wesen der Eucharistie ihrer symbolischen Hüllen: Der Corpus Christi wird wahrhaftig am Altar dargebracht. Die Direktheit dieser rituellen Aussage muß auf die Zeitgenossen überwältigend gewirkt haben. Der Chronist Thomas von Celano – seine frühe, nicht autorisierte Vita des heiligen Franz entging dem Säuberungsauftrag der Visitatoren – spricht über das Krippenwunder von Greccio als einem »Novum mysterium«[531]. Krippenspiele waren im 13. Jahrhundert noch nicht gebräuchlich; das Wunder von Greccio steht am Anfang dieser langen volkstümlichen Tradition. Es wäre daher unzutreffend, Ochs und Esel, welche der Maler en miniature neben den Futtertrog gestellt hat, als Krippenfiguren anzusehen. Die ersten vielfigurigen Krippendarstellungen mit Puppen sind seit dem mittleren 15. Jahrhundert in Neapel und in der Toskana nachgewiesen; der Brauch verbreitete sich erst durch die Jesuiten. Giotto schildert Ochs und Esel als lebende Tiere, jedoch verkleinert gemalt im Sinne der mittelalterlichen Bedeutungsperspektive.[532] Der Künstler hat es nicht gewagt, die Tiere in natürlicher Größe zum Altar vordringen zu lassen. Die ungeheuerliche Tatsache, daß die vernunftlose Kreatur unmittelbar dem Allerheiligsten beiwohnen darf, muß maßstäblich für das Auge gedämpft werden. Der Meister der Franziskuslegende, der sonst so kompromißlos seinen Wirklichkeitsanspruch durchsetzt, beugt sich hier dem Respektsgebot einer geweihten Stätte.

531. Zitiert in Schrade, S. 73

532. Adolf Reinle wies im Gespräch darauf hin, daß das Miniaturformat angeregt sein könnte von der Epiphanie des Arnolfo di Cambio in der Kirche S. Maria Maggiore in Rom. Die kleine Skulpturengruppe, um 1290 entstanden, enthält auch Ochs und Esel. Aus der Mitte des 13. Jahrhunderts stammt die Geburtsdarstellung am Lettnerfragment von Chartres, das beide Tiere ganzfigurig, aber verkleinert neben der Krippe stehend zeigt.

Daß es damals nicht unbedenklich war, die Heilige Nacht realistisch zu gestalten, bezeugt der Hinweis von Bonaventura: Franz habe, um dem Vorwurf unerlaubter Neuerung zu entgehen, für die Aufstellung des Futtertrogs eine päpstliche Genehmigung eingeholt (»Ne vero hoc novitati posset adscribi, a Summo Pontifice petita et obtenta licentia«). Eine liturgische Kleinigkeit konnte dieses Fest in Greccio nicht gewesen sein, wenn sich der Heilige Stuhl einschalten mußte. Daß der Chronist die Tatsache eigens erwähnt, tönt als nachträgliche Rechtfertigung eines eher zweifelhaften Geschehens. Die Schultheologie jedenfalls begegnete solch mutwilligen Abänderungen der Liturgie mit großem Mißtrauen; sie befürchtete ein unkontrollierbares Ausufern magischer Praktiken. Krippenspiele schürten beim einfachen Volk die Sucht nach Schauwundern. Die heilige Messe war wunders genug. Jahrhundertelang hatten die Theologen gestritten um die Bedeutung des Meßopfers: War Gott bei der Feier, im metabolischen Sinne, unmittelbar anwesend? Oder war das Brechen des Brots nur ein Symbol zur Erinnerung an das letzte Abendmahl? Das Vierte Laterankonzil von 1215 konnte sich schließlich auf die in der katholischen Kirche noch heute gültige Transsubstantiationslehre festlegen. Darin wurde der Glaube an die Realpräsenz Gottes bekräftigt: In den Gestalten Brot und Wein ist Christi Fleisch und Blut wahrhaft enthalten durch den Akt der Wandlung, die der Priester vornimmt. Symbolik und Realpräsenz sind in dieser Doktrin zu einem Ausgleich gelangt. Nur acht Jahre nach dem Konzilsbeschluß kam nun dieser Schamane daher und drohte das ganze Lehrgebäude wieder umzustürzen. Unbekümmert um das Jonglieren der Doktoren mit Substanz und Akzidentien zauberte Franziskus der staunenden Menge kurzerhand ein richtiges Christkind in eine Krippe. Das Wunderbare konnte sich der Gunst des Volks augenblicklich gewiß sein, während die Theologen, die nur gelehrtlateinische sermones zu bieten hatten, gut daran taten, diesen Rattenfänger argwöhnisch zu überwachen. Es entspricht daher ganz dem Geist herrschender Schultheologie, wenn Bonaventura das Krippenwunder von Greccio herunterspielt, soweit es geht. Er beschreibt das Erscheinen des Christkindes als die Vision eines einzelnen Festteilnehmers. Ein gewisser Johannes von Greccio habe erklärt, ein sehr wohlgestaltes Knäblein, schlafend in jener Krippe, gesehen zu haben (»se vidisse asseruit puerulum quemdam valde formosum in illo praesepio dormientem«). Bonaventura unterläßt es, den »puerulum quemdam« als Christus zu bezeichnen. Zusätzlich wird die Glaubwürdigkeit jenes Johannes von Greccio abgewertet, indem ihm der Chronist eine Empfehlung – at whom it may concern – mit Pferdefuß ausstellt.

343

Johannes sei ein tapferer und wahrhaftiger Ritter, der aus lauter Liebe zu Christus den weltlichen Hofdienst verlassen habe (»Miles autem quidam virtuosus et verax, qui, propter Christi amorem saeculari relicta militia«). Was von der privaten Verzükkung eines Mannes zu halten sei, der in seiner Gottesfurcht soweit ging, daß er die ständische Ordnung verletzte – darüber werden sich Bonaventura und seine standesgemäßen Leser einig gewesen sein.

Das Weihnachtsfest von 1223 in Greccio hätte sich kaum in der volkstümlichen Legende überliefert, wenn die Erscheinung des Christkinds bloß von diesem einen, empfindsamen Deserteur beteuert worden wäre. Die ganze Gemeinde war ergriffen von der Ekstase des heiligen Franz; alle hatten das Wunder gesehen. Franzens Theologie besteht in einem radikalen Wirklichkeitsanspruch der Schrift: Das Verheißene wird so wörtlich genommen, daß das Wort verblaßt, um der mystischen Gegenwart Platz zu machen. Das Wirklichwerden der aufgeschriebenen Wunder löscht die Schrift aus. Symbolische Vermittlungen sind dann nicht mehr vonnöten, wenn Gott wieder wahrhaftig unter den Menschen wohnt. Für dieses Versprechen hat Giotto eine eindrückliche Formulierung gefunden. Ein Lesepult mit aufgeschlagenem Evangeliar markiert die ideelle Mitte des Bildraums. In erster, vordergründiger Auslegung bedeutet das Buch ein offizielles Placet zum Wunder von Greccio. Was hier sich ereignet hat, sei gemäß der Schrift, wird versichert. Die Abbildung des Evangeliars bezieht sich auf den Text von Bonaventura, welcher erzählt, daß Franziskus während der Feier das heilige Evangelium gesungen habe (»levita Christi Francisco sacrum Evangelium decantante«). Der Satz steht unmittelbar nach der Versicherung, über der Futterkrippe sei die heilige Messe gelesen worden. Im Gemälde ist dieser Legitimationszusammenhang verschoben: Nicht den lesenden, sondern den wundertätigen Franziskus hält der Augenblick fest. Bei genauer Betrachtung des Lesepults ergibt sich sogar die merkwürdige Tatsache: In diesem Buch kann man gar nicht lesen; der verstellbare Arm des Pults ist übermannshoch geschraubt. Diese Beobachtung ist um so befremdlicher, als der Künstler sich durchaus Gedanken gemacht hat über die Lesbarkeit: Damit die Buchseiten im mitternächtlichen Kirchenraum sichtbar werden, sind Kerzen rings um das Pult aufgestellt. Diese praktische Maßnahme wird nun durch das Hochschwenken des Pultarms nutzlos gemacht. Gleichsam als Monstranz der Heilswahrheiten schwebt das beleuchtete Evangeliar über dem Wundergeschehen im Chorraum. Die symbolische Inszenierung der Schrift entspricht einem urtümlichen Fetischismus, der Franziskus nachgesagt wird. Er soll alle Bücher für heilig gehalten haben, weil das geschriebene Wort, paradox ausgedrückt, vom selben Fleisch und Blut sei wie der Name ›Jesus‹. Buchstaben waren ihm die Reliquien göttlicher Heilstatsachen. Jedes Schriftwerk bildete einen Schrein, der die Substanzen der Offenbarung aufbewahrte. In diesem Sinne hat Giotto das Evangeliar vom Zeichenträger zum Kultobjekt verwandelt. Das Buch verkörpert die heilige Überlieferung; es thront über der Feier, um die leibliche Gegenwart des Mythos zu versichern: Was die Schrift verhieß, ist hier und heute wieder eingekehrt.

Diese Deutung des überhöht aufgestellten Buches begreift allerdings nur die symbolische Seite der Aussage. Zu den zentralen Errungenschaften der Epoche Giottos gehört, daß die Symbolsprache der Kunst immer entschiedener durchsetzt wird vom Anspruch auf sichtbare Wahrhaftigkeit der dargestellten Dinge. Wo ein Symbol mit diesem Kunstwollen zu kollidieren scheint, eröffnet sich in zweiter Lesung immer auch eine realistische Erklärung. Das auffallendste Beispiel aus dem Legendenzyklus von Assisi ist das erste Bild im zweiten Joch der Chorwand, welches die Zwiesprache des heiligen Franz mit dem Kruzifix von San Damiano festhält. Die Szene ereignet sich in einer nach Gesetzen der Baustatik unmöglichen Kirchenruine. Daß das Gebäude jeden Moment einstürzen könnte, entspricht aber der symbolischen Lesart: Gezeigt wird die morsche Ecclesia, die von Franziskus erneuert werden sollte. Doch Giotto stellt das Symbol in den Dienst der Sichtbarkeit. Das Sprachbild verschafft ihm die Erlaubnis, ganze Kirchenmauern einzureißen, damit ein klarer Blick in den Raum der Handlung möglich wird. Auch für das hochgeschraubte Pult in der Krippenwunder-Szene gibt es eine zweite, antisymbolische Deutung. Die scheinbare Nutzlosigkeit des in die Höhe gerückten Buchs wird durch ein ganz konkretes optisches Bedürfnis widerlegt. Das Buch mußte in die Höhe geschwenkt werden, damit alle Teilnehmer des Festes zur Krippe sehen können. Wäre das Evangeliar auf Augenhöhe fixiert, so würde den Frauen am Eingang des Lettners der Blick zum Wunder verstellt. Die symbolische Entrückung des Buchs zum Kultobjekt macht sich ein subversiver Realismus zunutze. Das Buch soll weg; die Gläubigen wollen jetzt nicht lesen, sondern sehen! Statt immer nur mit den dürren Zeichen der Verheißung abgespeist zu werden, strömen diese Menschen in die Kirche, um das Wesen Gottes voll und ganz und selber zu schauen.

Das Kunstwerk macht, in verschlüsselter Form, Andeutungen zum religiösen Spontaneismus des heiligen Franz, den die Ordensleitung lieber ganz vertuscht haben möchte. Der archaische Wunderglaube, im Volk tief verwurzelt und vom Charisma des Poverello immer aufs neue genährt, war der hochscholastischen Theologie längst suspekt geworden. Wenn Franziskus in seinem Gebet die Gestirne und alle Lebewesen unterschiedslos als seine Schwestern und Brüder ansprach, mußte solche Rede einem aufgeklärten Gelehrten des 13. Jahrhunderts als Relikt eines naiven Animismus erscheinen. Der heidnisch anmutende Glaube an die Allbeseeltheit der Natur war gründlich widerlegt vom rationalen Lehrgebäude des Thomas von Aquin, der die Welt eingeteilt hatte in einen vernünftigen Stufenbau des Seins. Aber nicht nur die von Gott errichtete Hierarchie in der Schöpfung, sondern auch die Hierarchie in der Kirche wurde durch die spontane Wundersucht gefährdet. Der maßlose Drang nach dem unverhüllten Wesen Gottes warf den sorgfältigen Aufbau sakraler Formen durcheinander. Der Fortbestand kirchlicher Ordnung gründete auf der strengen Würde äußerer Zeichen. Der Pragmatismus des Priesteramts lehrte den sparsamen Gebrauch des Wunderbaren: Denn Gott war unerforschlich und pflegte mitunter lange zu schweigen. Der kunstreiche Glanz der Kirchen überbrückte diese Pausen und regelte dadurch ein kontinuierliches Wirken der Priester für jene Zeiten, wo Wunder ausblieben. Überhaupt schien es gottgefälliger, wenn der Alltag bei weitem überwog; eine Kirchengemeinde in fortwährender Verzükkung wäre auf Dauer nicht anzuführen gewesen. Statt hinter dem Wunderbaren herzujagen, war es einem normalen Erdenleben zuträglicher, die Bibel auszulegen im Sinne der Kirchenväter, Synoden und Konzile abzuhalten für den hohen Klerus und für das Volk eine Liturgie von feierlichem Ernst zu pflegen.

Der Legendenzyklus von Assisi kann die Probleme der Kirche mit der franziskanischen Bewegung nicht vergessen machen, obwohl sich die Kunst alle Mühe gibt, den Bedürfnissen des Auftraggebers zu genügen. Giotto schildert das Krippenwunder in einem Kirchenraum, um die Vereinnahmung der Legende durch die Ecclesia sinnbildlich zu bekräftigen. Es ist nicht anzunehmen, daß die wunderbare Begebenheit von Greccio sich wirklich in einer Kirche abgespielt hatte. Franziskus bevorzugte für seine kultischen Feiern ›verborgene Orte‹ im Wald. Bonaventura bleibt wohlweislich unbestimmt und spricht von einem »locus«; nur indirekt läßt sich aus dem Text schließen, daß das Ereignis im Freien stattgefunden habe, denn es heißt, der Wald habe widergehallt von den Stimmen des festlichen Gesangs (»personat silva voces«). Die Malerei verlegt das Weihnachtsfest in die Schloßkirche von Greccio. Der Szenenwechsel könnte durchaus von Giovanni di Muro aufgetragen worden sein. Eine Darstellung des Festes unter freiem Himmel hätte Wasser auf die Mühlen des

ekstatischen Armutseifers geführt. Dem Ordensgeneral mußte
daran gelegen sein, das Wunder von Greccio im Rahmen eines
zivilisierten Gottesdienstes erscheinen zu lassen. Doch die Zen-
surmaßnahme mißlingt; der Versuch, das historische Geschehen
durch die künstlerische Wiedergabe zu disziplinieren, bewirkt
das genaue Gegenteil der offiziellen Absicht. Realistisch betrachtet, mußte die Szene auf einen zeitgenössischen Benediktiner
haarsträubend gewirkt haben. Unglaubliches ereignet sich hier
im Chorraum, der damals ausschließlich dem Klerus vorbehalten
ist. Nicht nur gewöhnliche Bürger und Tiere stehen herum:
Sogar Weiber strömen in Scharen dem Allerheiligsten zu! Hinter dem Lettner hat sich eine bunt zusammengewürfelte Gesellschaft eingefunden. Die Mönche, die einzigen, welche diesen
Ort überhaupt zu betreten befugt wären, sind weit in der Min-
derzahl und haben sich zwanglos unter die Laien gemischt.
Unordentlich wirkt ihr Auftreten; kein Chorbuch versammelt
ihre Blicke; sie recken die Hälse, und von den Mündern er-
schallt, ohne Vorlage, aus freier Brust gesungen, die Weihnachtsfreude in alle Himmelsrichtungen. Die Zeichen geistlicher
Hierarchie sind aufgebrochen. Geradezu sakrilegisch ist der
Standort, welchen das Gemälde dem Betrachter aufnötigt. Wir
stehen in der Nische der Apsis: ein ungehöriger Aufenthalt für
Laien. Carl Friedrich von Rumohr, einer der Neuentdecker
Giottos im frühen 19. Jahrhundert, hatte an dessen Kunst den
Beginn einer »zunehmenden Entfremdung von den Ideen des
christlichen Alterthumes«[533] erkannt. Der Säkularisierungsprozeß
mache sich vernehmlich durch »einen gewissen Grad von
Leichtfertigkeit und Nichtachtung der Sinnbilder des Heiligen«[534]. Die Krippenwunder-Szene gewährt einen mutwilligen Blick hinter die Kulissen. In der mittelalterlichen Liturgie
bildete der Lettner die steinerne Schranke, welche den Laien
vom Chorraum ausschloß. Durch einzelne Öffnungen waren
die Vorgänge am Altar nur undeutlich zu erkennen, zumal die
demutsvolle Haltung des Gläubigen einen forschen Blick nach
vorne verbot. Der Gesang der Mönche bildete allein den Kompaß für das entrückte Geschehen jenseits der Chorschranken.
Direkten Kontakt nahm die Geistlichkeit auf von oben herab,
wenn sie den Ambo bestieg zur Lesung oder zur donnernden
Predigt. Die Aussicht auf das Wunder der Wandlung wurde
durch die künstlich gestaltete Barriere verstellt und, eingehüllt
von der Dunkelheit des Kirchenraums, in heilige Unsichtbar-
keit getaucht. Giottos Malerei entlarvt das Fassadenhafte der
liturgischen Praxis durch einen schonungslos nüchternen Blick
aus unerlaubtem Winkel. Höhepunkt ästhetischer Blasphemie
ist die Darstellung des geweihten Kruzifixes über dem Eingang

533. von Rumohr, S. 273
534. von Rumohr, S. 255

des Lettners. Was vom Kirchenschiff her als Kultgegenstand in Erscheinung tritt: schwebend, der Goldgrund leuchtend im Dämmerlicht, erweist sich, von hinten betrachtet, als gezimmertes Machwerk aus Holz. Der unbestechliche Pinsel malte sogar die Schnur, woran das Idol an einem Ständer befestigt ist: so, daß es schief nach vorn sich neigt, um der leichtgläubigen Menge den Eindruck unwirklichen Schwebens vorzutäuschen. ›Seht her, diesen Plunder!‹ scheint das Fresko zu sagen. ›Nur Tand wird euch geboten anstelle des Blicks auf das göttliche Wesen.‹ Mit der Entlarvung heiliger Zeichen ergeht der Appell, die hemmenden Schranken zu überschreiten. Die Figuren im Bild sind dem Aufruf gefolgt. Eben kommen die Frauen herein: Sie, die vom Kirchenleben stets am schärfsten ausgegrenzt worden sind, dringen jetzt hinter den vorgeblendeten Zauber aus Kunst und Marmor, um das Christkind leiblich zu schauen. Daß die klerikale Hoffart am Heil vorbeiführe, spricht das Bild deutlich genug aus: Nur das Laienvolk sieht das Christkind in der Krippe, während die Mönche buchstäblich Löcher in die Luft gucken. Hochnäsig verharrend im Himmelfahrtsblick, entgeht ihnen das Wunder, das sich hier, auf Erden, in ihrer unmittelbarsten Nähe ereignet.

Der Versuch, die franziskanische Botschaft zu vereinnahmen, bleibt nicht ungestraft. Die mißlungene ästhetische Integration entspricht der Funktionsweise des Angsttraums, wie sie Freud erklärt hat: Angst empfindet der Träumer, wenn er die verbotenen Wünsche trotz deren sorgfältigen Verschlüsselung wiedererkennt. In diesem Sinne stellt das ›Krippenwunder von Greccio‹ den Alptraum eines Klerikers dar, welcher den verdrängten Wunsch nach mystischer Spontaneität wiederaufstehen sieht in Gestalt einer unwillkürlichen, künstlerischen Regelwidrigkeit. Die Aufnahme der Franziskuslegende in Assisi durch Giottos Zeitgenossen läßt sich nicht mehr belegen; gewiß gab es Bildbetrachter, die Anstoß nahmen an der provozierenden Sachlichkeit, mit der hier heilige Gewohnheiten verletzt wurden. Die Sedlmayrs, die überall nur Auflösung der Hierarchie und Chaos entdeckt haben wollten, bevölkerten auch das 13. Jahrhundert. Giottos Malerei konnte ihnen den Verlust der Mitte nur bestätigen. Trotzdem hat man deren unkonventionelle Bildinhalte wohl gebilligt mit dem Hinweis, daß Kunst ja immer nur symbolisch spreche. Der Chorraum der Krippenwunder-Szene bedeute die Ecclesia, die alle Geschöpfe, ohne Ansehen von Stand und Geschlecht, in ihre Obhut nehme. Selbst die Tiere dürften einstimmen in das Lob Gottes, wie ihnen Franziskus einst gepredigt habe. Ochs und Esel stünden dem Krippenwunder gar am nächsten: Damit lohne Gott die Geduld und die

Demut der wehrlosen Kreatur gemäß der Schrift, wonach die Letzten die Ersten sein würden. Daß dieser poetische Überschwang der Bildsprache nicht zu sehr ins wirkliche Leben ausarte, dafür wollten die verantwortlichen Seelenhirten schon besorgt sein.

Das Vertrauen der herrschenden Vernunft in ihre eigene Durchsetzungskraft gewährt der Kunst einen gewissen Spielraum; je selbstsicherer die Macht, desto großzügiger kann sie Ungehörigkeiten ästhetischer Inszenierung durchgehen lassen. Häufiger aber als Toleranz ist Unachtsamkeit der Grund obrigkeitlicher Nachsicht: Die künstlerische ›Fehlleistung‹ wird nicht erkannt, weil sie formal hinreichend verschlüsselt ist. So wie das Wachbewußtsein einen verworrenen Traum einfach vergißt, geht auch die Vernunft über die Kunst hinweg zur Tagesordnung. Sie beschränkt sich auf Stichproben des oberflächlichen Wohlverhaltens, wie es beispielsweise im Fresko des Krippenwunders zur Schau gestellt wird durch die Wiedergabe eines konventionell ausgestatteten Kirchenraums. Durch äußere Anpassung überlistet die Kunst die Zensoren der Vernunft. Unter dem Mantel der Affirmation schmuggelt sie subversive Botschaften in die Zukunft hinaus. Die Mimikry an den Machtstandpunkt erzeugt das Rätselhafte in den Werken, das schließlich an die Grenzen der Verstehbarkeit von aktueller Kunst führt. Dem Zeitgenossen raunt sie oft nur ein Orakel, ohne begreiflichen Sinn. Kunst ist wie der delphische Spruch, den erst entschlüsselt, wen das Geschick schon traf. Ältere Werke zu deuten ist daher leichter, weil post festum das geschichtliche Nachspiel und die ästhetische Prophetie sich wechselseitig erhellen.

Die verrätselte Subversion ist die Form, wie Kunst sich an der Wirklichkeit rächt. Ihre machtlose Hinterlist denunziert eine prozessierende Vernunft, die sie zum Dienen zwang. Der Legendenzyklus von Assisi unterläßt es, die Widersprüche gemäß dem Machtstandpunkt ganz zu glätten; die realen Risse setzen sich unauslöschbar im Kunstwerk fort. Einen Konflikt in der Epoche Giottos bildete das Anwachsen einer Kirche der Armen; diese bedrängte eine Kirche des feudalen Grundbesitzes, welche das Volk nur durch einschüchternde Zurschaustellung ihres Reichtums auf Distanz zu halten wußte. Der Glaube sollte dem Pöbel durch die Macht äußeren Glanzes eingeprägt werden. Die Armutsidee des heiligen Franz widersprach diesem traditionellen Konzept der Herrschaftssicherung. Sie forderte die Verteilung des Wunderbaren an alle Gläubigen. Die Priester beanspruchten es bisher für sich, indem sie die alleinige Verfügungsgewalt über die heiligen Zeichen innehielten; durch ein System strenger Vorschriften und Regeln sicherte sich der Klerus den exklusiven

Zugang zu den Geheimnissen der Offenbarung. Den Armuts-
eiferern hingegen schien es, als würde das Mysterium vom glitz-
rigen Pomp der Kirchen geradezu verscheucht. Das Wesen
Gottes offenbarte sich ihnen jenseits äußerer Zeichen. Daß der
künstlerische Wirklichkeitssinn eines Giotto und der franziskanische Wunderglaube ein heimliches Bündnis eingingen, ist nur
scheinbar ein Widerspruch. Der Drang nach dem Wesen im religiösen Sinne findet an der Schwelle zur Neuzeit sein ästhetisches
Äquivalent im Drang nach Sachlichkeit. Giotto und Franz von
Assisi verbindet der unvoreingenommene Respekt vor allen
Dingen der Schöpfung. Der eine predigte den Vögeln, der andere
malte sie mit einer Hingabe, über die nur verfügt, wer vom
Daseinsrecht auch des unbedeutendsten und kleinsten Dings im
großen Kosmos durchdrungen ist. Der Realismus Giottos und
die franziskanische Frömmigkeit setzen den hierarchischen
Seinskategorien des Mittelalters ein Ende. Der Gedanke beginnt
zu dämmern, daß die Natur das große Buch der Offenbarung
sei und nicht die Bibel. Es kündigt sich ein Bruch an mit der
scholastischen Lehre, welche für empirische Welterfahrung nur
geringes Interesse zeigte. Ihr schien sich die Schöpfung zu erklären mittels logischer Schlüsse, die bequem hinter geschlossenen
Klostermauern zu ziehen waren. Das Verfahren der Deduktion
glich dem Regelmaß der Kreuzgänge oder gewaltiger Kirchen-
gewölbe: Die Hecken am Wegrand, das heimlich belebte Dik-
kicht hinter dem Kräutergarten und die Wälder jenseits der
Kirchengüter grenzten sie aus. Die Tradition mittelalterlicher
Bücherweisheit hatte das magische Verhältnis zur Natur bekämpft und zugeschüttet; es wurde wieder freigelegt durch
das Anknüpfen an eine archaisch anmutende Zwiesprache mit
allen Dingen, wie sie im Sonnengebet des Franziskus überliefert ist.

Die Hinwendung zur empirisch erfahrenen Welt ist begleitet
von einem Purismus, der den Reichtum der überlieferten, stark
formalisierten Zeichensprache ablehnt. Die spröde Sachlichkeit
Giottos entspricht dem franziskanischen Armutsideal: Das göttliche Sein offenbart sich in der Erbärmlichkeit der wirklichen
Welt. Die Kritik am Bilderdienst in der Kirche ist getragen vom
Pathos einer asketischen Wahrhaftigkeit. Giottos Malerei will das
Schauwunder realisieren: Gegenstände durch das Abbild wirklich
erscheinen zu lassen, in ihren scharf beobachteten Zufälligkeiten,
die Gott geschaffen hat, ohne Goldgrund. So muß auch das
Wunder jener Weihnacht von Greccio auf die Teilnehmer
gewirkt haben: Nicht von aufwendigem Zeremoniell und nicht
vom Glanz liturgischer Gefäße verstellt, sondern unverborgen
war das Christkind in der Krippe zu sehen. Mit solcher Wesens-

gier stößt aber die Kunst am Beginn der Neuzeit auf einen inneren Widerspruch, der sie von nun an nie mehr verlassen wird; der Drang nach Wirklichkeit ruft in letzter Konsequenz nach der ästhetischen Selbstaufhebung. Die Bilder gewinnen etwas Bilderstürmerisches: ein Zug, der mit der Moderne radikal zum Ausbruch kommen wird.

Ende der Kunst? In ihrem Hang zur Selbstaufhebung scheint die künstlerische Intention das Bewegungsgesetz zu bestätigen, welches Hegel der geschichtsphilosophischen Ästhetik unterlegt hat. Doch es besteht ein zentraler Unterschied im Realitätsgrad der Absichten. Kunst kann ihre Selbstaufhebung nur mit künstlerischen Mitteln propagieren; die Zurschaustellung ihres Ikonoklasmus ist zugleich der Garant für den Fortbestand der Kunst. Jedes Kunstwerk will über sich hinaus und bleibt dennoch stets bei sich selber. Es bewahrt die Identität seines Wesens im nichtidentischen Material. Ein Bild ist nicht das, woraus es dinglich gemacht ist; es ist der Schein, der sich an ihm darstellt und der zugleich sich verleugnen möchte, um ganz das Wesen zu werden, das es jetzt so nur andeuten kann. Das Ende der Kunst, welches hingegen die geschichtsphilosophische Ästhetik sich erträumt, wäre durch ein Machtwort tatsächlich herbeizuführen. Fordert die Kunst die Identität unter der Suprematie des Ideals, will die geschichtsphilosophische Ästhetik Identität erzwingen unter der Suprematie der Wirklichkeit. Unheimlich wäre die Erreichung dieses Ziels; Ideal und Wirklichkeit würden tautologisch. Was die Kunst stets aufrechterhält: die Spannung zwischen Sein und Sollen, bräche in sich zusammen. Eine fraglose Vorherrschaft der instrumentellen Vernunft erzeugte eine Implosion der Werte. Was in solcher zivilisatorischen Nacht ohne Sterne allenfalls gedeihen könnte, wäre ein Byzantinismus, der die Auftraggeber unverhohlen durch seine häßliche Starrheit verhöhnte.

EPILOG

Die Kunst ist nicht an die Bedürfnisse herrschender Vernunft
zu binden. Eine aufgeklärte Gesellschaft benötigt die Gewalten-
trennung zwischen ästhetischer und politischer Praxis. Kunst ist
der konstitutionelle Widerpart der Wirklichkeit; sie muß es sein,
um ihre Aufgabe glaubhaft zu erfüllen: Als Anwalt des machtlosen Subjekts prozessiert sie gegen die Aufklärung im Sinne der
Ideale, welche diese vergessen hat. Der Vernunft stellt sie Ärger-
nisse in den Weg, damit die Nachdenklichkeit nicht ganz von
den Sachzwängen des Handelns überrollt werde. Das Kopfzer-
brechen, das künstlerische Freiheit und Frechheit dem vernünftigen Menschen bereitet, hat Franz Kafka verdichtet in der Parabel von der ›Sorge des Hausvaters‹:

»Die einen sagen, das Wort Odradek stamme aus dem Slawischen
und sie suchen auf Grund dessen die Bildung des Wortes nach-
zuweisen. Andere wiederum meinen, es stamme aus dem Deutschen, vom Slawischen sei es nur beeinflußt. Die Unsicherheit
beider Deutungen aber läßt wohl mit Recht darauf schließen,
daß keine zutrifft, zumal man auch mit keiner von ihnen einen
Sinn des Wortes finden kann.

Natürlich würde sich niemand mit solchen Studien beschäftigen, wenn es nicht wirklich ein Wesen gäbe, das Odradek heißt.
Es sieht zunächst aus wie eine flache sternartige Zwirnspule, und
tatsächlich scheint es auch mit Zwirn bezogen; allerdings dürften
es nur abgerissene, alte, aneinander geknotete, aber auch ineinander verfilzte Zwirnstücke von verschiedenster Art und Farbe
sein. Es ist aber nicht nur eine Spule, sondern aus der Mitte des
Sternes kommt ein kleines Querstäbchen hervor und an dieses
Stäbchen fügt sich dann im rechten Winkel noch eines. Mit Hilfe
dieses letzteren Stäbchens auf der einen Seite, und einer der Aus-
strahlungen des Sternes auf der anderen Seite, kann das Ganze
wie auf zwei Beinen aufrecht stehen.

Man wäre versucht zu glauben, dieses Gebilde hätte früher
irgendeine zweckmäßige Form gehabt und jetzt sei es nur zerbrochen. Dies scheint aber nicht der Fall zu sein; wenigstens findet sich kein Anzeichen dafür; nirgends sind Ansätze oder
Bruchstellen zu sehen, die auf etwas Derartiges hinweisen würden; das Ganze erscheint zwar sinnlos, aber in seiner Art abgeschlossen. Näheres läßt sich übrigens nicht darüber sagen, da
Odradek außerordentlich beweglich und nicht zu fangen ist.

Er hält sich abwechselnd auf dem Dachboden, im Treppenhaus, auf den Gängen, im Flur auf. Manchmal ist er monatelang
nicht zu sehen; da ist er wohl in andere Häuser übersiedelt; doch

kehrt er dann unweigerlich wieder in unser Haus zurück.
Manchmal, wenn man aus der Tür tritt und er lehnt gerade
unten am Treppengeländer, hat man Lust, ihn anzusprechen.
Natürlich stellt man an ihn keine schwierigen Fragen, sondern
behandelt ihn – schon seine Winzigkeit verführt dazu – wie ein
Kind. ›Wie heißt du denn?‹ fragt man ihn. ›Odradek‹, sagt er.
›Und wo wohnst du?‹ ›Unbestimmter Wohnsitz‹, sagt er und
lacht; es ist aber nur ein Lachen, wie man es ohne Lungen hervorbringen kann. Es klingt etwa so, wie das Rascheln in gefallenen Blättern. Damit ist die Unterhaltung meist zu Ende. Übrigens sind selbst diese Antworten nicht immer zu erhalten; oft ist
er lange stumm, wie das Holz, das er zu sein scheint.

Vergeblich frage ich mich, was mit ihm geschehen wird. Kann
er denn sterben? Alles, was stirbt, hat vorher eine Art Ziel, eine
Art Tätigkeit gehabt, und daran hat es sich zerrieben; das trifft bei
Odradek nicht zu. Sollte er also einstmals etwa noch vor den
Füßen meiner Kinder und Kindeskinder mit nachschleifendem
Zwirnsfaden die Treppe hinunterkollern? Er schadet ja offenbar
niemandem; aber die Vorstellung, daß er mich auch noch überle-
ben sollte, ist mir eine fast schmerzliche.«

Kulturelle Tätigkeit entsteht aus dem Bedürfnis, das Schweigen
der Welt zu brechen. Da die Natur für ihr Wirken keine Begründung liefert, benennt es der Mensch. Durch Entwerfen und
Deuten wird Sinn gewirkt; ein buntes Gespinst von Lauten, Farben und Linien breitet sich schützend aus als Schleier vor der
ewigen Nacht. Das Nichts scheint dahinter gebannt. Undurchlässig sollen die Begriffe und die Ideen gespannt sein und sich
fügen zum festen Haus. Das Deutungswerk muß den Ursprung
des Deutens vergessen machen: daß das Ganze nur Schein ist, ein
kleines, lichtes Zelt, aufgespannt unter der stummen Schwärze
im All.

Nichts darf an das Nichts erinnern, das rundum und ewig
wartet. Doch so folgerichtig das Gespinst der Sinnstiftung gezogen ist, immer bilden sich Laufmaschen im System, wo das
Unsinnige hereinkollert: Odradek! Er ist ein unliebsamer Bote
der Nacht, ewig wie diese, weil er sich nicht abnutzt durch
nützliche Tätigkeit, die sein Dasein vor dem Hausvater rechtfertigte. Über Odradek stolpert der ichsüchtige Zwang, welcher
die Unendlichkeit der Welt in einen praktischen Futtersack
umschneidern will. Schmerzlich ahnt der Hausvater, daß seine
Absicht, die Bedürfnisse seines Haushalts zur Weltordnung zu
erklären, sich nicht durchsetzen läßt. Die instrumentelle Vernunft bangt um ihren zureichenden Grund, seitdem kein Gott
mehr den Besitzanspruch der Menschen auf die Erde verbrieft.

James Ensor, *Skelett, zarte Albernheiten zeichnend,* 1889. Paris, Musée du Louvre, Cabinet des Dessins

Von den technischen Utopien geht, noch bevor diese restlos erfüllt sind, eine beängstigende Banalität aus. Eine Übermittlung der Rüge an den Stern α Centauri, sein Leuchten sei Unsinn, weil es keinem Menschen die Nacht zum Tag mache, benötigte zwar nur vier Lichtjahre; aber dann wäre niemand da, der den Vorwurf zur Kenntnis nähme.

Kunstwerke – sagt Adorno[535] – ahmen die Natur nach, jedoch nicht in deren Erscheinung, sondern in deren Ansichsein. Gewiß: Kunst erzählt auch, belehrt und macht Späße, aber jenseits jeder Unterhaltung bringt sie stets Gegenstände hervor, die keinem praktischen Zweck dienen. Kant dachte sehr aktuell, als er Schönheit definierte als Zweckmäßigkeit ohne Zweck.[536] Die Blume ist ein in sich zweckmäßig organisiertes Lebewesen; und doch kann kein Mensch die betörende Buntheit begründen, mit der eine Orchidee im unzugänglichen Tropenwald aufblüht. Odradek, die Kunstfigur, gleicht dem Naturschönen: Er scheine zwar sinnlos, aber in seiner Art abgeschlossen, heißt es in der Parabel. Kunst entzieht sich zuletzt immer wieder der Verfügbarkeit durch den Begriff: Darin ahmt sie Natur nach. Die vernünftigen Kritiker, welche die künstlerische Tätigkeit für etwas

535. Adorno, Ästhetische Theorie, S. 113ff. und 191
536. Kant, Kritik der Urteilskraft, § 11

354

Veraltetes ansehen, haben im Grunde recht; im Kunstwerk ist jene frühe Scheu vor dem Fremdsein der Dinge aufbewahrt, die dem instrumentellen Denken der Moderne verlorenging. Die-ser magische Anachronismus könnte heilsam wirken. Aus den zweckfreien Beschwörungen wäre die Mahnung zu lesen, der Mensch solle die Kunst nachahmen, um naturgemäßer zu leben. Die Kunst verspricht, Identität zu stiften – allerdings nicht jene Identität, die hinter der herrischen Aneignung der Natur eintreten soll, sondern eine Identität, die in der Erfahrung seiner Einzigkeit inmitten des Vielfältigen aufgeht. Ästhetische Betrachtung gibt den Dingen ihre unantastbare Würde wieder und läßt hinhorchen, wo auch die eigene Stille rauscht. So führt das Deuten zum Schweigen zurück.

CREDO QVIA ABSVRDVM

Das abgeschlossene Buch, sagt Thomas Mann, bringt den Autor über den Standpunkt hinaus, den jenes noch vertritt. Um so mehr trifft dies zu für ein Buch, dessen Niederschrift 14 Jahre zurückliegt. Öffne ich es, so blicke ich einem Autor als jungem Mann über die Schultern.

Ich hatte den Text 1982/83 niedergeschrieben in einem Zug, mitgerissen vom Weltgeist Hegels, dem ich zugleich widerstreben und widersprechen wollte. Daher die atemlos langen Kapitel, die dem Publikum ohne Zwischentitel zugemutet werden. Und überhaupt: der manierierte Schreibstil! Ihm ist das Lampenfieber des Debütanten auf der Bücherbühne anzumerken. Daß sie sich darob von einer Neuauflage nicht abschrecken ließen, danke ich Volker Gebhardt und dem DuMont Buchverlag. Brigitte Mirche kümmerte sich um die Bildrechte. Yvonne Paris und Helga Berger haben mir die Pein erspart, meine akademische Jugendsünde - unerbittlich im Detail, aber nachsichtig in der Gesamtanlage - auf die Fehler hin durchzukämmen.

Als ich Kunstgeschichte studierte, galt die Beschäftigung mit Philosophie für eher abwegig. Kontextforschung beschränkte sich auf den engeren Rahmen neuzeitlicher Ikonologie. Hegels Werke standen, wenn überhaupt, seit den Tagen Jacob Burckhardts im Giftschrank kunsthistorischer Bibliotheken. Die Ambivalenz gegenüber dem Übervater ist auch meinen Ausführungen noch deutlich anzumerken. Heute würde ich Hegel als Mitbegründer deutscher Kunstgeschichte positiver werten.

Bei der Niederschrift ging es mir darum, Hegels *Vorlesungen über die Ästhetik* mit den Augen des Kunsthistorikers zu lesen. Daraus ist eine Art *esthétique illustrée et moralisée* geworden. Es war ein Schritt zur Normalisierung des Verhältnisses zwischen der Philosophie und einer ihrer entlaufenen Mägde. Die rezeptionsgeschichtlichen Zusammenhänge könnten noch schärfer nachgezeichnet werden: die Bedingungen, unter denen Hegel auf seinen Reisen die Kunst- und Bauwerke vorfand, sein Verhältnis zu den Sammlern und zur kunsthistorischen Literatur seiner Zeit. Inzwischen sind Untersuchungen erschienen, die in dieser Richtung weitergeforscht haben; sie zu berücksichtigen, hätte den Rahmen dieser Neuauflage gesprengt. So muß ich für die *Trauer der Vollendung* mit ihren Mängeln auf das Wohlwollen der Leserinnen und Leser hoffen. Ihr Urteil

falle gnädiger aus als das jener Kommission, die meine Ha-
bilitationsschrift einst abgelehnt hatte unter dem Hinweis,
es hätte darin zu wenig Fußnoten. Ihnen sei die dritte,
durchgesehene Auflage gewidmet, erweitert nur um die
Anmerkung:

HABENT SUA FATA LIBELLI.

B.W.
Köln, 19. Juni 1997

LITERATURVERZEICHNIS

ADORNO, Theodor W.:
- Minima Moralia, Reflexionen aus dem beschädigten Leben, Frankfurt a. M. 1951
- Spengler nach dem Untergang. In: Th. A., Prismen. Frankfurt a. M. (1955) 1976, S. 51ff.
- Erpreßte Versöhnung. In: Th. A., Noten zur Literatur II, Frankfurt a. M. 1961, S. 152ff.
- Ästhetische Theorie. Frankfurt a. M. 1970

ARISTOTELES:
De arte poetica liber. Oxford 1965

de BALZAC, Honoré:
Le chef-d'œuvre inconnu, In: H. de B., Etudes philosophiques II, œuvres complètes, tome 28. Paris 1925, S. 3ff.

BATAILLE, Georges:
- Das theoretische Werk, Band I, die Aufhebung der Ökonomie, aus dem Französischen von Gerd Bergfleth. (1967) München 1975, 1985
- Die psychologische Struktur des Faschismus, die Souveränität, aus dem Französischen von Rita Bischof, Elisabeth Lenk, Xenia Rajewsky. (1970) München 1978

BENJAMIN, Walter:
Gesammelte Schriften, 5 Bände. Frankfurt a. M. 1971–1982. Darin:
- Ursprung des deutschen Trauerspiels, Band I.1, S. 203ff.
- Über den Begriff der Geschichte, Band I.2, S. 691ff.

Berlin
und die Antike, Ausstellungskatalog der Staatlichen Museen Preußischer Kulturbesitz, 2 Bände. Berlin 1979

BLOCH, Ernst:
Das Prinzip Hoffnung, Band 5 der Gesamtausgabe. Frankfurt a. M. 1977

BLOCH, Peter:
Goethe und die Berliner Bildhauerkunst. Berlin 1976

BOHRER, Karl Heinz:
Plötzlichkeit, zum Augenblick des ästhetischen Scheins. Frankfurt a. M. 1981

BOULLÉE, Etienne Louis:
- Architecture. Essai sur l'art, hg. v. Jean Marie Pérouse de Montclos. Paris 1968
- Versuch über die Kunst, hg. v. Beat Wyss, übers. v. Hanna Böck, mit einer Einleitung von A. M. Vogt. Zürich 1987

BRECHT, Bertolt:
  Svendborger Gedichte. In: B. B., Gesammelte Werke 9,
  Gedichte 2. Frankfurt a. M. 1967, S. 631ff.
BURCKHARDT, Jacob:
  – Griechische Kulturgeschichte, IV Bände. Berlin und Stutt-
    gart 1898–1902
  – Weltgeschichtliche Betrachtungen, über geschichtliches
    Studium. In: J. B., Gesammelte Werke, Band IV, Basel 1956
BÜCHNER, Georg:
  Dantons Tod. In: G. B., Werke und Briefe. München 1965,
  S. 5ff.
de CERVANTES, Miguel Saavedra:
  Leben und Thaten des scharfsinnigen Edlen Don Quijote
  von La Mancha, aus dem Spanischen von Ludwig Tieck
  (1799–1801), illustriert von Gustave Doré, 2 Bände, Berlin
  und New York 1868
DAMUS, Martin:
  Sozialistischer Realismus und Kunst im Nationalsozialismus.
  Frankfurt a. M. 1981
DESPIAU, Charles:
  Arno Breker. Paris 1942
DILLY, Heinrich:
  Kunstgeschichte als Institution, Studien zur Geschichte einer
  Disziplin. Frankfurt a. M. 1979
MacDONALD, William L.:
  The Pantheon, Design, Meaning and Progeny. Cambridge,
  Mass. 1976
FRANK, Manfred, und Gerhard KURZ:
  Materialien zu Schellings philosophischen Anfängen. Frank-
  furt a. M. 1975. Darin:
  – Das sogenannte ›Älteste Systemprogramm‹, S. 110ff.
FREUD, Sigmund:
  Studienausgabe, X Bände, Frankfurt a. M. 1969–1975. Darin:
  – Vorlesungen zur Einführung in die Psychoanalyse und Neue
    Folge, Band I
  – Die Traumdeutung, Band II
  – Zur Einführung des Narzißmus, Band III, S. 37ff.
  – Trauer und Melancholie, Band III, S. 193ff.
  – Das Ich und das Es, Band III, S. 273ff.
  – Das Unbehagen in der Kultur, Band IX, S. 191ff.
  – Totem und Tabu, einige Übereinstimmungen im Seelen-
    leben der Wilden und der Neurotiker, Band IX, S. 287ff.
GETHMANN-SIEFERT, Annemarie, und Otto PÖGGELER
  (Hg.):
  Kunsterfahrung und Kulturpolitik im Berlin Hegels. Hegel-

Studien, Beiheft 22, 1983
GLUCKSMANN, André:
Les maîtres penseurs. Paris 1977. Deutsch: Die Meisterdenker, übers. v. Jürgen Hoch. Reinbek bei Hamburg 1978
von GOETHE, Johann Wolfgang:
Werke, XIV Bände, ›Hamburger Ausgabe‹. München 1972–1976. Darin:
– Die Metamorphose der Pflanzen, Band I, S. 199ff.
– Hermann und Dorothea, Band II, S. 437ff.
– Geistesepochen, Band XII, S. 298ff.
– Schriften zur Morphologie, Band XIII, S. 53ff.
– Zur Farbenlehre, Band XIII, S. 314ff.
HABERMAS, Jürgen:
– Der philosophische Diskurs der Moderne, zwölf Vorlesungen. Frankfurt a. M. 1985
– Die neue Unübersichtlichkeit, kleine politische Schriften V. Frankfurt a. M. 1985
Der Hang
zum Gesamtkunstwerk, europäische Utopien seit 1800, Ausstellungskatalog des Kunsthauses Zürich, Aarau und Frankfurt a. M. 1983
HEGEL, Georg Wilhelm Friedrich:
Theorie-Werkausgabe, XX Bände, Frankfurt a. M. 1969–1971. Darin:
– Phänomenologie des Geistes, Band III
– Nürnberger und Heidelberger Schriften, Band IV
– Wissenschaft der Logik, Bände V und VI
– Grundlinien der Philosophie des Rechts, Band VII
– Enzyklopädie der philosophischen Wissenschaften III, Band X
– Vorlesungen über die Philosophie der Geschichte, Band II
– Vorlesungen über die Ästhetik, Bände XII–XV
Hegel
in Berlin, preußische Kulturpolitik und idealistische Ästhetik, zum 150. Todestag des Philosophen, Ausstellungskatalog. Berlin 1981
HEINRICH, Klaus:
– Versuch über die Schwierigkeit nein zu sagen. Frankfurt a. M. 1964
– Parmenides und Jona, vier Studien über das Verhältnis von Philosophie und Mythologie. Frankfurt a. M. 1966
– Tertium datur, eine religionsphilosophische Einführung in die Logik. Basel und Frankfurt a. M. 1981
HENRICH, Dieter (Hg.):
G. W. F. Hegel, Philosophie des Rechts. Die Vorlesung von

1819/20 in einer Nachschrift. Frankfurt a. M. 1983

HENTZEN, Alfred:
Spiegelungen. In: Intuition und Kunstwissenschaft, Festschrift
Hanns Swarzenski. Berlin 1973

HINZ, Berthold:
Die Malerei im deutschen Faschismus, Kunst und Konterrevo-
lution. Frankfurt a. M. 1977

HINZ, Sigrid:
C. D. Friedrich in Briefen und Bekenntnissen. München 1968

HÖLDERLIN, Johann Christian Friedrich:
Sämtliche Gedichte, II Bände, hg. v. Detlev Lüders. Bad Hom-
burg 1970

HOFFMEISTER, Johannes:
Briefe von und an Hegel, IV Bände. Hamburg 1952–1960

von HOFMANNSTHAL, Hugo:
Ein Brief. In: H. v. H., Gesammelte Werke in Einzelausgaben,
hg. v. Herbert Steiner, Prosa II. Frankfurt a. M. 1951, S. 7ff.

HOMERS Werke:
hg. und übers. v. Johann Heinrich Voss, IV Bände. Altona 1793

HORKHEIMER, Max, und Theodor W. ADORNO:
Dialektik der Aufklärung, philosophische Fragmente. (1944)
Amsterdam 1968

HUMMEL, Georg:
Der Maler Erdmann Hummel, Leben und Werk. Leipzig 1954

JACOBUS de Voragine:
Die Legenda aurea, aus dem Lateinischen von Richard Benz.
Heidelberg 1979

JEDLICKA, Gotthard:
Pieter Brueghel, der Maler in seiner Zeit. Erlenbach und Leipzig 1939

KAFKA, Franz:
Gesammelte Schriften, hg. v. Max Brod, V Bände. Berlin und
Prag 1935/36.
Darin:
– Die Sorge des Hausvaters, Band I, S. 155f.
– Amerika, Band II
– Der Prozeß, Band III
– Beim Bau der Chinesischen Mauer, Band V, S. 67ff.

KANT, Immanuel:
– Über das Gefühl des Schönen und Erhabenen. In: I. K.,
Werkausgabe Band II., vorkritische Schriften bis 1768.
Frankfurt a. M. 1968, S. 825ff.
– Kritik der Urteilskraft. Frankfurt a. M. 1974

KOCH, Hans (Hg.):
Georg Lukács und der Revisionismus, eine Sammlung von

Aufsätzen. Berlin 1960

KOHLER, Georg:
Geschmacksurteil und ästhetische Erfahrung, Beiträge zur Auslegung von Kant's »Kritik der ästhetischen Urteilskraft«. Berlin 1980

KOKTANEK, Anton Mirko:
Owald Spengler in seiner Zeit. München 1968

KOSELLEK, Reinhart:
Vergangene Zukunft, zur Semantik geschichtlicher Zeit. Frankfurt a. M. 1979

Der Kunstbrief
Italia und Germania von Pforr und Overbeck, zwei Gemälde der Frühromantik: hg. v. Werner Teupser, Berlin o. J.

LANGBEHN, August Julius:
Rembrandt als Erzieher, von einem Deutschen. Leipzig 1890

LANKHEIT, Klaus:
Der Tempel der Vernunft, unveröffentlichte Zeichnungen von Boullée. Basel und Stuttgart 1968

LAUGIER, Marc Antoine:
Essai sur l'architecture, Paris 1753. Deutsch: Das Manifest des Klassizismus, übers. v. Hanna Böck, Einleitung von Wolfgang Herrmann, Nachwort von Beat Wyss. Zürich 1989

LEHR, Fritz Herbert:
Die Blütezeit romantischer Bildkunst, Franz Pforr, der Meister des Lukasbundes. Marburg a. d. Lahn 1924

LEIBNIZ, Gottfried Wilhelm:
Opera philosophica, quae exstant Latina, Gallica, Germanica omnia, ..., hg. v. Renate Vollbrecht. (1840) Aalen 1958. Darin:
– Essais de Théodicée, sur la bonté de Dieu, la liberté de l'homme et l'origine du mal (1710), S. 468ff.

LISSITZKY, El, Maler, Architekt, Typograf, Fotograf:
– Erinnerungen, Briefe, Schriften, übergeben von Sophie Lissitzky-Küppers. Dresden 1976
– 1929. Rußland: Architektur für eine Weltrevolution. Hrsg. Ulrich Conrads, Berlin 1965

LÖWITH, Karl:
Weltgeschichte und Heilsgeschehen, die theologischen Voraussetzungen der Geschichtsphilosophie. Stuttgart 1953

LÜBBE, Hermann:
– Geschichtsbegriff und Geschichtsinteresse, Analytik und Pragmatik der Historie. Basel und Stuttgart 1977
– Der Fortschritt und das Museum: über den Grund unseres Vergnügens an historischen Gegenständen. London 1982

LUKÁCS, Georg:
– Die Theorie des Romans, ein geschichtsphilosophischer Ver-

such über die Formen großer Epik. Neuwied 1963

– Die Gegenwartsbedeutung des kritischen Realismus. In: G. L., Werke, Band IV: Essays über Realismus, S. 457ff. Neuwied und Berlin 1971

– Ästhetik, IV Bände. Neuwied und Berlin 1972

MARQUARD, Odo:
Schwierigkeiten mit der Geschichtsphilosophie. Frankfurt a. M. 1973

von MARTIN, Alfred:
Geistige Wegbereiter des deutschen Zusammenbruchs, Hegel, Nietzsche, Spengler. Recklinghausen 1948

MARX, Karl, und ENGELS, Friedrich:
Werke, XXXIX Bände, Berlin 1967–1974. Darin:

– Einleitung (Zur Kritik der politischen Ökonomie), Band XIII, S. 615ff.

– Das Kapital, Kritik der politischen Ökonomie, Bände XXIII–XXV

MITSCHERLICH, Alexander und Margarete:
Die Unfähigkeit zu trauern. München 1967

MÖRIKE, Eduard:
Auf eine Lampe. In: E. M., Sämtliche Werke, Briefe, III Bände, hg. v. Gerhard Baumann und Siegfried Große. Stuttgart 1959–1961, S. 93

Monuments de l'Aegypte:
Edition Impériale de 1809. Texte von Michel de Wachter und Charles C. Gillespie. (Reprint) Paris 1988

MOXEY, Keith P. F.:
Pieter Aertsen, Joachim Beuckelaer, and the Rise of Secular Painting in the Context of the Reformation. New York and London 1977

NIETZSCHE, Friedrich:
Werke in III Bänden. München 1966. Darin:

– Die Geburt der Tragödie oder Griechentum und Pessimismus, Band I, S. 7ff.

– Unzeitgemäße Betrachtungen, zweites Stück: Vom Nutzen und Nachteil der Historie, Band I, S. 209ff.

– Also sprach Zarathustra, ein Buch für Alle und Keinen, Band II, S. 275ff.

NORDAU, Max:
Entartung, II Bände, Berlin 1892/93

ORWELL, George:
1984, aus dem Englischen von Kurt Wagenseil. Zürich 1950

OVIDIUS Naso, Publius:
Metamorphosen, aus dem Lateinischen von Erich Rösch. München 1952

PLATON:
Res publica. In: Platonis opera, tomus IV; ed. Steph. p. 327ff.
Oxford 1902
PODRO, Michael:
The Critical Historians of Art. Yale 1982
PÖGGELER, Otto:
Hegels Kritik der Romantik. Bonn 1956
RADDATZ, Fritz:
Georg Lukács in Selbstzeugnissen und Bilddokumenten.
Hamburg 1972
ROSENKRANZ, Karl:
Georg Friedrich Wilhelm Hegels Leben. (1844) Darmstadt
1963
von RUMOHR, Carl Friedrich:
Italienische Forschungen, hg. v. Julius Schlosser. Frankfurt
a. M. 1920
SCHELLING, Friedrich Wilhelm Joseph:
Philosophie der Kunst. (1859) Darmstadt 1980
von SCHILLER, Friedrich:
Sämtliche Werke, V Bände. München 1966–1981. Darin:
– Die Götter Griechenlands, Band I, S. 163ff.
– Über die ästhetische Erziehung des Menschen in einer
  Reihe von Briefen, Band V, S. 570ff.
– Über naive und sentimentalische Dichtung, Band V, S. 694ff.
– Über das Erhabene, Band V, S. 792ff.
SCHMITT, Hans-Jürgen (Hg.):
Die Expressionismusdebatte, Materialien zu einer marxisti-
schen Realismuskonzeption. Frankfurt a. M. 1976
SCHOEPS, Hans Joachim:
Vorläufer Spenglers, Studien zum Geschichtspessimismus im
19. Jahrhundert. Leiden 1955
SCHRADE, Hubert:
Franz von Assisi und Giotto. Köln 1964
SEDLMAYR, Hans:
– Verlust der Mitte, die bildende Kunst des 19. und 20. Jahr-
  hunderts als Symptom und Symbol der Zeit. Salzburg 1948
– Tod des Lichtes, übergangene Perspektiven zur modernen
  Kunst. Salzburg 1963
SILVA, Umberto:
Ideologia e Arte del Fascismo. Milano 1973. Deutsch: Kunst
und Ideologie des Faschismus, übers. v. Arno Widmann. Frank-
furt a. M. 1975
SIMMEN, Jeannot:
Kunst – Ideal oder Augenschein, Systematik – Sprache – Male-
rei, ein Versuch zu Hegels Ästhetik. Berlin 1980

SLOTERDIJK, Peter:
Kritik der zynischen Vernunft. 2 Bände, Frankfurt a. M. 1983
SMART, Alastair:
The Assisi Problem and the Art of Giotto, a Study of the Upper
Church of San Francesco, Assisi. Oxford 1971
SPENGLER, Oswald:
– Der Untergang des Abendlandes, Umrisse einer Morpholo-
gie der Weltgeschichte. München (1918–1923) 1980
– Preußentum und Sozialismus. München 1920
SZONDI, Peter:
Poetik und Geschichtsphilosophie I, Antike und Moderne in
der Ästhetik der Goethezeit, Hegels Lehre von der Dichtung,
hg. v. Senta Metz und Hans Hagen Hildebrandt. Frankfurt
a. M. 1974
THORWALDSEN, Bertel,
ein dänischer Bildhauer in Rom, Ausstellungskatalog. Köln
1977
VOGT, Adolf Max:
Boullées Newton-Denkmal, Sakralbau und Kugelidee. Basel
und Stuttgart 1969
de VOLNEY, Constantin François:
Les ruines, ou méditations sur les révolutions des empires. Paris
1791
WARNKE, Martin (Hg.):
Bildersturm, die Zerstörung des Kunstwerks. München 1973
WIEDMANN, Franz:
Hegel in Selbstzeugnissen und Bilddokumenten. Hamburg
1965
WINCKELMANN, Johann Joachim:
– Geschichte der Kunst des Altertums. Dresden 1764
– Gedanken über die Nachahmung der griechischen Werke in
der Malerei und Bildhauerkunst; Sendschreiben über die
Gedanken ...; Erläuterung der Gedanken ...; Beantwortung
des Sendschreibens ...; Beschreibung des Torso von Belve-
dere zu Rom. In: J. J. W., Werke, hg. v. C. L. Fernow, Dresden
1808–1824, Band I, S. 5ff.; S. 63ff.; S. 129ff.; S. 267ff.
WORRINGER, Wilhelm:
Abstraktion und Einfühlung. Ein Beitrag zur Stilpsychologie.
München 1908

BEAT WYSS: DER WILLE ZUR KUNST

Zur ästhetischen Mentalität der Moderne

Künstlerische Revolution, Bruch mit den Traditionen – diese Schlagwörter markieren das Verständnis der Moderne in der Kunstgeschichtsschreibung. Beat Wyss hingegen zeigt, wie stark die Klassische Moderne im 19. Jahrhundert verankert ist. Im Zentrum stehen die Werke von Künstlern, die die Moderne im Zeitraum von 1870 bis 1950 philosophisch, kunsttheoretisch und praktisch geprägt haben. Als intellektuelle Klammer zwischen Mondrian und Heidegger, Kandinsky und Wölfflin, Le Corbusier, Nietzsche und Malewitsch macht Wyss die Rezeption des Werkes von Arthur Schopenhauer aus, dessen überwältigender Einfluß auf den Begriff des ›Schaffens‹ – ein Schlüsselwort der Jahrhundertwende – von der Kunstgeschichte bisher vernachlässigt wurde. Ein brillant formulierter, provokanter Essay zur Ästhetik der Moderne.

»Geistreich, mit philosophischem Begriffsapparat, doch nie um funkelnde Sprachpointen verlegen, unterzieht der Autor sich der ‚Traumarbeit‘, eine ‚Mentalität‘ der Klassischen Moderne zu ergründen.« *Spiegel Special*

272 Seiten mit 93 einfarbigen Abbildungen, kartoniert
DM 49,90 /
öS 364,– / sFr. 48,–
(ISBN 3-7701-3769-8)

BEAT WYSS: DIE WELT ALS T-SHIRT
Ein Daumenkino der Mediengeschichte.

»Ausgangspunkt seiner [Wyss'] Mediengeschichte von der Renaissance bis heute ist die Annahme, daß jede Epoche Produkte entwickelt, in deren Form die herrschende Mentalität zum Ausdruck kommt. In der Schreibmaschine erkennt Wyss die dialektische Identität von Form und Inhalt, den Leitgedanken der zu Ende gehenden Industriekultur.« *Tagesanzeiger, Berlin*

»600 Jahre Kunstgeschichte als Geschichte der Medien läßt Wyss im ›Rasterbild‹ auf seinem Fototisch erscheinen. Man schaut erfreut aufs ›tendenziöse Moiré‹, das sich darüberlegt und das Alte im Halogenlicht des Neuen erscheinen läßt. Der Austausch erbaulicher Pergamentbildchen als ›Vorläufer des Bildtelefons‹, das Kartenspiel als ›Gameboy der Drucktechnik‹ – solche Vergleiche haben den Vorteil, Epochen per Zoom zusammenzubringen, ohne dabei theoretische Kurzschlüsse zu produzieren. Wyss mobilisiert seine Belesenheit, und daß der Schweizer mit Bochumer Kunstgeschichtsprofessur schreiben kann, muß schon erwähnt werden, weil nur die wenigsten seiner Kollegen dazu in der Lage sind.« *Frankfurter Rundschau*

140 Seiten mit 27 einfarbigen Abbildungen, kartoniert DM 29,90 / öS 218,– / sFr. 29,90 (ISBN 3-7701-4020-6)

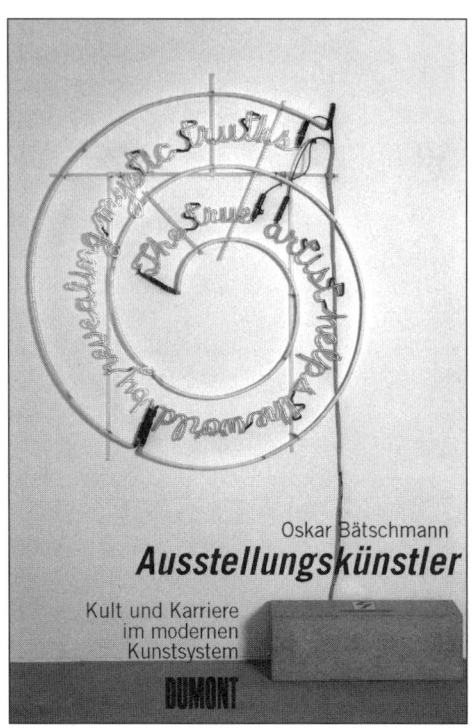

OSKAR BÄTSCHMANN:
AUSSTELLUNGSKÜNSTLER
Kult und Karriere im modernen Kunstsystem

Seit der zweiten Hälfte des 18. Jahrhunderts ist die öffentliche Präsentation in Ausstellungen das Forum für die Akzeptanz oder Verwerfung von Kunstwerken. Die Auftraggeber traten in den Hintergund, und die bis dahin maßgeblichen Künstlertypen – Hofkünstler und Unternehmerkünstler – wurden abgelöst.

Als neuer dominanter Typus entstand der Ausstellungskünstler: die Adressaten seiner Kunst sind das Publikum und die Kritik. Das brisante Zusammenspiel zwischen Kunstproduktion und Kunstrezeption verfolgt Oskar Bätschmann von seinen Anfängen bis in unsere aktuelle Gegenwart hinein: Wie werden die Rezeptionsvorgaben in den Werken der Bedingung der massenhaften Betrachtung angepaßt? Wie verändern sich die Mechanismen der Definition von Kunst? Welche Strategien entwickelt der moderne Künstler im Spannungsfeld zwischen schöpferischer Freiheit und den Erwartungen des Marktes? Welche Rolle spielen Galerien?

Etwa 350 Seiten mit 120 einfarbigen Abbildungen, kartoniert
DM 49,90 /
öS 364,– / sFr. 48,–
(ISBN 3-7701-4024-9)